AÑO 2020: TU HORÓSCOPO PERSONAL

Joseph Polansky

Año 2020:
Tu horóscopo personal

Previsiones mes a mes
para cada signo

Traducción de Núria Martí

Kepler

Argentina – Chile – Colombia – España
Estados Unidos – México – Perú – Uruguay

Título original: *Your Personal Horoscope 2020*
Editor original: Aquarium, An Imprint of HarperCollins Publishers
Traducción: Núria Martí

Copyright © 2019 by Star Data, Inc.
73 Benson Avenue
Westwood, NJ 07675
U.S.A.
www.stardata-online.com
info@stardata-online.com
© 2019 *by* Ediciones Urano, S.A.U.
Plaza de los Reyes Magos, 8, piso 1.º C y D – 28007 Madrid
www.edicioneskepler.com

ISBN: 978-84-16344-41-3
E-ISBN: 978-84-17780-33-3
Depósito Legal: B-14.134-2019

33614082039479

Fotocomposición: Ediciones Urano, S.A.U.
Impreso por Romanyà-Valls, S.A. – Verdaguer, 1 – 08786 Capellades (Barcelona)

Impreso en España – *Printed in Spain*

Índice

Introducción

He escrito este libro para todas aquellas personas que deseen sacar provecho de los beneficios de la astrología y aprender algo más sobre cómo influye en nuestra vida cotidiana esta ciencia tan vasta, compleja e increíblemente profunda. Espero que después de haberlo leído, comprendas algunas de las posibilidades que ofrece la astrología y sientas ganas de explorar más este fascinante mundo.

Te considero, lector o lectora, mi cliente personal. Por el estudio de tu horóscopo solar me doy cuenta de lo que ocurre en tu vida, de tus sentimientos y aspiraciones, y de los retos con que te enfrentas. Después analizo todos estos temas lo mejor posible. Piensa que lo único que te puede ayudar más que este libro es tener tu propio astrólogo particular.

Escribo como hablaría a un cliente. Así pues, la sección correspondiente a cada signo incluye los rasgos generales, las principales tendencias para el 2020 y unas completas previsiones mes a mes. He hecho todo lo posible por expresarme de un modo sencillo y práctico, y he añadido un glosario de los términos que pueden resultarte desconocidos. Los rasgos generales de cada signo te servirán para comprender tu naturaleza y la de las personas que te rodean. Este conocimiento te ayudará a tener menos prejuicios y a ser más tolerante contigo y con los demás. La primera ley del Universo es que todos debemos ser fieles a nosotros mismos; así pues, las secciones sobre los rasgos generales de cada signo están destinadas a fomentar la autoaceptación y el amor por uno mismo, sin los cuales es muy difícil, por no decir imposible, aceptar y amar a los demás.

Si este libro te sirve para aceptarte más y conocerte mejor, entonces quiere decir que ha cumplido su finalidad. Pero la astrología tiene otras aplicaciones prácticas en la vida cotidiana: nos explica hacia dónde va nuestra vida y la de las personas que nos rodean. Al leer este libro comprenderás que, si bien las corrientes cósmicas no nos obligan, sí nos impulsan en ciertas direcciones. Las secciones «Horóscopo para el año 2020» y «Previsiones mes a mes» están destinadas a orientarte a través de los movimientos e influencias de los planetas, para que te resulte más fácil dirigir tu vida en la dirección deseada y sacar el mejor partido del año que te aguarda. Estas previsiones abarcan orientaciones concretas en los aspectos que más nos interesan a todos: salud, amor, vida familiar, profesión, situación económica y progreso personal. Si en un mes determinado adviertes que un compañero de trabajo, un hijo o tu pareja está más irritable o quisquilloso que de costumbre, verás el porqué cuando leas sus correspondientes previsiones para ese mes. Eso te servirá para ser una persona más tolerante y comprensiva.

Una de las partes más útiles de este libro es la sección sobre los mejores días y los menos favorables que aparece al comienzo de cada previsión mensual. Esa sección te servirá para hacer tus planes y remontar con provecho la corriente cósmica. Si programas tus actividades para los mejores días, es decir, aquellos en que tendrás más fuerza y magnetismo, conseguirás más con menos esfuerzo y aumentarán con creces tus posibilidades de éxito. De igual modo, en los días menos favorables es mejor que evites las reuniones importantes y que no tomes decisiones de peso, ya que en esos días los planetas primordiales de tu horóscopo estarán retrógrados (es decir, retrocediendo en el zodiaco).

En la sección «Principales tendencias» se indican las épocas en que tu vitalidad estará fuerte o débil, o cuando tus relaciones con los compañeros de trabajo o los seres queridos requerirán un esfuerzo mayor por tu parte. En la introducción de los rasgos generales de cada signo, se indican cuáles son sus piedras, colores y aromas, sus necesidades y virtudes y otros elementos importantes. Se puede aumentar la energía y mejorar la creatividad y la sensación general de bienestar de modo creativo, por ejemplo usando los aromas, colores y piedras del propio signo, decorando la casa con esos colores, e incluso visualizándolos alrededor de uno antes de dormirse.

Es mi sincero deseo que *Año 2020: Tu horóscopo personal* mejore tu calidad de vida, te haga las cosas más fáciles, te ilumine el camino, destierre las oscuridades y te sirva para tomar más conciencia de tu conexión con el Universo. Bien entendida y usada con juicio, la astrología es una guía para conocernos a nosotros mismos y comprender mejor a las personas que nos rodean y las circunstancias y situaciones de nuestra vida. Pero ten presente que lo que hagas con ese conocimiento, es decir, el resultado final, depende exclusivamente de ti.

Glosario de términos astrológicos

Ascendente

Tenemos la experiencia del día y la noche debido a que cada 24 horas la Tierra hace una rotación completa sobre su eje. Por ello nos parece que el Sol, la Luna y los planetas salen y se ponen. El zodiaco es un cinturón fijo que rodea la Tierra (imaginario pero muy real en un sentido espiritual). Como la Tierra gira, el observador tiene la impresión de que las constelaciones que dan nombre a los signos del zodiaco aparecen y desaparecen en el horizonte. Durante un periodo de 24 horas, cada signo del zodiaco pasará por el horizonte en un momento u otro. El signo que está en el horizonte en un momento dado se llama ascendente o signo ascendente. El ascendente es el signo que indica la imagen de la persona, cómo es su cuerpo y el concepto que tiene de sí misma: su yo personal, por oposición al yo espiritual, que está indicado por su signo solar.

Aspectos

Los aspectos son las relaciones angulares entre los planetas, el modo como se estimulan o se afectan los unos a los otros. Si dos planetas forman un aspecto (conexión) armonioso, tienden a estimularse de un modo positivo y útil. Si forman un aspecto difícil, se influyen mutuamente de un modo tenso, lo cual provoca alteraciones en la influencia normal de esos planetas.

Casas

Hay doce signos del zodiaco y doce casas o áreas de experiencia. Los doce signos son los tipos de personalidad y las diferentes maneras que tiene de expresarse un determinado planeta. Las casas indican en qué ámbito de la vida tiene lugar esa expresión (véase la lista de más abajo). Una casa puede adquirir fuerza e importancia, y convertirse en una casa poderosa, de distintas maneras: si contiene al Sol, la Luna o el regente de la carta astral, si contiene a más de un planeta, o si el regente de la casa está recibiendo un estímulo excepcional de otros planetas.

Primera casa: cuerpo e imagen personal.
Segunda casa: dinero y posesiones.
Tercera casa: comunicación.
Cuarta casa: hogar, familia y vida doméstica.
Quinta casa: diversión, creatividad, especulaciones y aventuras amorosas.
Sexta casa: salud y trabajo.
Séptima casa: amor, romance, matrimonio y asociaciones.
Octava casa: eliminación, transformación y dinero de otras personas.
Novena casa: viajes, educación, religión y filosofía.
Décima casa: profesión.
Undécima casa: amigos, actividades en grupo y deseos más queridos.
Duodécima casa: sabiduría espiritual y caridad.

Fases de la Luna

Pasada la Luna llena, parece como si este satélite (visto desde la Tierra) se encogiera, disminuyendo poco a poco de tamaño hasta volverse prácticamente invisible a simple vista, en el momento de la Luna nueva. A este periodo se lo llama fase *menguante* o Luna menguante.

Pasada la Luna nueva, nuestro satélite (visto desde la Tierra) va creciendo paulatinamente hasta llegar a su tamaño máximo en el momento de la Luna llena. A este periodo se lo llama fase *creciente* o Luna creciente.

Fuera de límites

Los planetas se mueven por nuestro zodiaco en diversos ángulos en relación al ecuador celeste (si se prolonga el ecuador terrestre hacia el Universo se obtiene el ecuador celeste). El Sol, que es la influencia más dominante y poderosa del sistema solar, es la unidad de medida que se usa en astrología. El Sol nunca se aparta más de aproximadamente 23 grados al norte o al sur del ecuador celeste. Cuando el Sol llega a su máxima distancia al sur del ecuador celeste, es el solsticio de invierno (declinación o descenso) en el hemisferio norte y de verano (elevación o ascenso) en el hemisferio sur; cuando llega a su máxima distancia al norte del ecuador celeste, es el solsticio de verano en el hemisferio norte y de invierno en el hemisferio sur. Si en cualquier momento un planeta sobrepasa esta frontera solar, como sucede de vez en cuando, se dice que está «fuera de límites», es decir, que se ha introducido en territorio ajeno, más allá de los límites marcados por el Sol, que es el regente del sistema solar. En esta situación el planeta adquiere más importancia y su poder aumenta, convirtiéndose en una influencia importante para las previsiones.

Karma

El karma es la ley de causa y efecto que rige todos los fenómenos. La situación en la que nos encontramos se debe al karma, a nuestros actos del pasado. El Universo es un instrumento tan equilibrado que cualquier acto desequilibrado pone inmediatamente en marcha las fuerzas correctoras: el karma.

Modos astrológicos

Según su modo, los doce signos del zodiaco se dividen en tres grupos: *cardinales, fijos* y *mutables.*

El modo *cardinal* es activo e iniciador. Los signos cardinales (Aries, Cáncer, Libra y Capricornio) son buenos para poner en marcha nuevos proyectos.

El modo *fijo* es estable, constante y resistente. Los signos fijos (Tauro, Leo, Escorpio y Acuario) son buenos para continuar las cosas iniciadas.

El modo *mutable* es adaptable, variable y con tendencia a buscar el equilibrio. Los signos mutables (Géminis, Virgo, Sagitario y Piscis) son creativos, aunque no siempre prácticos.

Movimiento directo

Cuando los planetas se mueven hacia delante por el zodiaco, como hacen normalmente, se dice que están «directos».

Movimiento retrógrado

Los planetas se mueven alrededor del Sol a diferentes velocidades. Mercurio y Venus lo hacen mucho más rápido que la Tierra, mientras que Marte, Júpiter, Saturno, Urano, Neptuno y Plutón lo hacen más lentamente. Así, hay periodos durante los cuales desde la Tierra da la impresión de que los planetas retrocedieran. En realidad siempre avanzan, pero desde nuestro punto de vista terrestre parece que fueran hacia atrás por el zodiaco durante cierto tiempo. A esto se lo llama movimiento retrógrado, que tiende a debilitar la influencia normal de los planetas.

Natal

En astrología se usa esta palabra para distinguir las posiciones planetarias que se dieron en el momento del nacimiento (natales) de las posiciones por tránsito (actuales). Por ejemplo, la expresión Sol natal hace alusión a la posición del Sol en el momento del nacimiento de una persona; Sol en tránsito se refiere a la posición actual del Sol en cualquier momento dado, que generalmente no coincide con la del Sol natal.

Planetas lentos

A los planetas que tardan mucho tiempo en pasar por un signo se los llama planetas lentos. Son los siguientes: Júpiter (que permanece alrededor de un año en cada signo), Saturno (dos años y medio), Urano (siete años), Neptuno (catorce años) y Plutón (entre doce y treinta años). Estos planetas indican las tendencias que habrá durante un periodo largo de tiempo en un determinado ámbito de la vida, y son importantes, por lo tanto, en las previsiones a largo plazo. Dado que estos planetas permanecen tanto tiempo en un signo, hay periodos durante el año en que contactan con los planetas rápidos, y estos activan aún más una determinada casa, aumentando su importancia.

Planetas rápidos

Son los planetas que cambian rápidamente de posición: la Luna (que solo permanece dos días y medio en cada signo), Mercurio (entre veinte y treinta días), el Sol (treinta días), Venus (alrededor de un mes) y Marte (aproximadamente dos meses). Dado que estos planetas pasan tan rápidamente por un signo, sus efectos suelen ser breves. En un horóscopo indican las tendencias inmediatas y cotidianas.

Tránsitos

Con esta palabra se designan los movimientos de los planetas en cualquier momento dado. En astrología se usa la palabra «tránsito» para distinguir un planeta natal de su movimiento actual en los cielos. Por ejemplo, si en el momento de tu nacimiento Saturno estaba en Cáncer en la casa ocho, pero ahora está pasando por la casa tres, se dice que está «en tránsito» por la casa tres. Los tránsitos son una de las principales herramientas con que se trabaja en la previsión de tendencias.

Aries

El Carnero

Nacidos entre el 21 de marzo y el 20 de abril

Rasgos generales

ARIES DE UN VISTAZO

Elemento: Fuego

Planeta regente: Marte
   Planeta de la profesión: Saturno
   Planeta del amor: Venus
   Planeta del dinero: Venus
   Planeta del hogar y la vida familiar: la Luna
   Planeta de la riqueza y la buena suerte: Júpiter

Colores: Carmín, rojo, escarlata
   Colores que favorecen el amor, el romance y la armonía social: Verde, verde jade
   Color que favorece la capacidad de ganar dinero: Verde

Piedra: Amatista

Metales: Hierro, acero

Aroma: Madreselva

Modo: Cardinal (= actividad)

Cualidad más necesaria para el equilibrio: Cautela

Virtudes más fuertes: Abundante energía física, valor, sinceridad, independencia, confianza en uno mismo

Necesidad más profunda: Acción

Lo que hay que evitar: Prisa, impetuosidad, exceso de agresividad, temeridad

Signos globalmente más compatibles: Leo, Sagitario

Signos globalmente más incompatibles: Cáncer, Libra, Capricornio

Signo que ofrece más apoyo laboral: Capricornio

Signo que ofrece más apoyo emocional: Cáncer

Signo que ofrece más apoyo económico: Tauro

Mejor signo para el matrimonio y/o las asociaciones: Libra

Signo que más apoya en proyectos creativos: Leo

Mejor signo para pasárselo bien: Leo

Signos que más apoyan espiritualmente: Sagitario, Piscis

Mejor día de la semana: Martes

La personalidad Aries

Aries es el activista por excelencia del zodiaco. Su necesidad de acción es casi una adicción, y probablemente con esta dura palabra la describirían las personas que no comprenden realmente la personalidad ariana. En realidad, la «acción» es la esencia de la psicología de los Aries, y cuanto más directa, contundente y precisa, mejor. Si se piensa bien en ello, este es el carácter ideal para el guerrero, el pionero, el atleta o el directivo.

A los Aries les gusta que se hagan las cosas, y suele ocurrir que en su entusiasmo y celo pierden de vista las consecuencias para ellos mismos y los demás. Sí, ciertamente se esfuerzan por ser diplomáticos y actuar con tacto, pero les resulta difícil. Cuando lo hacen tienen la impresión de no ser sinceros, de actuar con falsedad. Les cuesta incluso comprender la actitud del diplomático, del creador de consenso, de los ejecutivos; todas estas personas se pasan la vida en interminables reuniones, conversaciones y negociaciones, todo lo cual parece una gran pérdida de tiempo cuando hay tanto trabajo por hacer, tantos logros reales por alcanzar. Si se le explica, la persona Aries es capaz de comprender que las conversaciones y negociaciones y la armonía social conducen en último término a acciones mejores y más eficaces. Lo interesante es que un Aries rara vez es una persona de mala voluntad o malévola, ni siquiera cuando está librando una guerra. Los Aries luchan sin sentir odio por sus contrincantes. Para ellos todo es una amistosa diversión, una gran aventura, un juego.

Ante un problema, muchas personas se dicen: «Bueno, veamos de qué se trata; analicemos la situación». Pero un Aries no; un Aries piensa: «Hay que hacer algo; manos a la obra». Evidentemente ninguna de estas dos reacciones es la respuesta adecuada siempre. A veces es necesario actuar, otras veces, pensar. Sin embargo, los Aries tienden a inclinarse hacia el lado de la acción, aunque se equivoquen.

Acción y pensamiento son dos principios totalmente diferentes. La actividad física es el uso de la fuerza bruta. El pensamiento y la reflexión nos exigen no usar la fuerza, estar quietos. No es conveniente que el atleta se detenga a analizar su próximo movimiento, ya que ello solo reducirá la rapidez de su reacción. El atleta debe actuar instintiva e instantáneamente. Así es como tienden a comportarse en la vida las personas Aries. Son rápidas e instintivas para tomar decisiones, que tienden a traducirse en acciones casi de inmediato. Cuando la intuición es fina y aguda, sus actos son poderosos y eficaces. Cuando les falla la intuición, pueden ser desastrosos.

Pero no vayamos a creer que esto asusta a los Aries. Así como un buen guerrero sabe que en el curso de la batalla es posible que reciba unas cuantas heridas, la persona Aries comprende, en algún profundo rincón de su interior, que siendo fiel a sí misma es posible que incurra en uno o dos desastres. Todo forma parte del juego. Los Aries se sienten lo suficientemente fuertes para capear cualquier tormenta.

Muchos nativos de Aries son intelectuales; pueden ser pensadores profundos y creativos. Pero incluso en este dominio tienden a ser pioneros y francos, sin pelos en la lengua. Este tipo de Aries suele elevar (o sublimar) sus deseos de combate físico con combates intelectuales y mentales. Y ciertamente resulta muy convincente.

En general, los Aries tienen una fe en sí mismos de la que deberíamos aprender los demás. Esta fe básica y sólida les permite superar las situaciones más tumultuosas de la vida. Su valor y su confianza en sí mismos hacen de ellos líderes naturales. Su liderazgo funciona más en el sentido de dar ejemplo que de controlar realmente a los demás.

Situación económica

Los Aries suelen destacar en el campo de la construcción y como agentes de la propiedad inmobiliaria. Para ellos el dinero es menos importante de por sí que otras cosas, como por ejemplo la acción, la aventura, el deporte, etc. Sienten la necesidad de apoyar a sus socios y colaboradores y de gozar de su aprecio y buena opinión. El dinero en cuanto medio para obtener placer es otra importante motivación. Aries funciona mejor teniendo su propio negocio, o como directivo o jefe de departamento en una gran empresa. Cuantas menos órdenes reciba de un superior, mucho mejor. También trabaja más a gusto al aire libre que detrás de un escritorio.

Los Aries son muy trabajadores y poseen muchísimo aguante; pueden ganar grandes sumas de dinero gracias a la fuerza de su pura energía física.

Venus es su planeta del dinero, lo cual significa que necesitan cultivar más las habilidades sociales para convertir en realidad todo su potencial adquisitivo. Limitarse a hacer el trabajo, que es en lo que destacan los Aries, no es suficiente para tener éxito económico. Para conseguirlo necesitan la colaboración de los demás: sus clientes y colaboradores han de sentirse cómodos y a gusto. Para tener éxito, es necesario tratar debidamente a muchas personas. Cuando los Aries desarrollan estas capacidades, o contratan a alguien que se encargue de esa parte del trabajo, su potencial de éxito económico es ilimitado.

Profesión e imagen pública

Se podría pensar que una personalidad pionera va a romper con las convenciones sociales y políticas de la sociedad, pero este no es el caso de los nacidos en Aries. Son pioneros dentro de los marcos convencionales, en el sentido de que prefieren iniciar sus propias empresas o actividades en el seno de una industria ya establecida que trabajar para otra persona.

En el horóscopo solar de los Aries, Capricornio está en la cúspide de la casa diez, la de la profesión, y por lo tanto Saturno es el planeta que rige su vida laboral y sus aspiraciones profesionales. Esto nos dice algunas cosas interesantes acerca del carácter ariano. En primer lugar nos dice que para que los Aries conviertan en realidad todo su potencial profesional es necesario que cultiven algunas cualidades que son algo ajenas a su naturaleza básica. Deben ser mejores administradores y organizadores. Han de ser capaces de manejar mejor los detalles y de adoptar una perspectiva a largo plazo de sus proyectos y de su profesión en general. Nadie puede derrotar a un Aries cuando se trata de objetivos a corto plazo, pero una carrera profesional es un objetivo a largo plazo, que se construye a lo largo del tiempo. No se puede abordar con prisas ni «a lo loco».

A algunos nativos de Aries les cuesta mucho perseverar en un proyecto hasta el final. Dado que se aburren con rapidez y están continuamente tras nuevas aventuras, prefieren pasarle a otra persona el proyecto que ellos han iniciado para emprender algo nuevo. Los Aries que aprendan a postergar la búsqueda de algo nuevo hasta haber terminado lo viejo, conseguirán un gran éxito en su trabajo y en su vida profesional.

En general, a las personas Aries les gusta que la sociedad las juzgue por sus propios méritos, por sus verdaderos logros. Una reputación basada en exageraciones o propaganda les parece falsa.

Amor y relaciones

Tanto para el matrimonio como para otro tipo de asociaciones, a los Aries les gustan las personas pasivas, amables, discretas y diplomáticas, que tengan las habilidades y cualidades sociales de las que ellos suelen carecer. Nuestra pareja y nuestros socios siempre representan una parte oculta de nosotros mismos, un yo que no podemos expresar personalmente.

Hombre o mujer, la persona Aries suele abordar agresivamente lo que le gusta. Su tendencia es lanzarse a relaciones y matrimonios. Esto es particularmente así si además del Sol tiene a Venus en su signo. Cuando a Aries le gusta alguien, le costará muchísimo aceptar un no y multiplicará los esfuerzos para vencer su resistencia.

Si bien la persona Aries puede ser exasperante en las relaciones, sobre todo cuando su pareja no la comprende, jamás será cruel ni rencorosa de un modo consciente y premeditado. Simplemente es tan independiente y está tan segura de sí misma que le resulta casi imposible comprender el punto de vista o la posición de otra persona. A eso se debe que Aries necesite tener de pareja o socio a alguien que tenga muy buena disposición social.

En el lado positivo, los Aries son sinceros, personas en quienes uno se puede apoyar y con quienes siempre se sabe qué terreno se pisa. Lo que les falta de diplomacia lo compensan con integridad.

Hogar y vida familiar

Desde luego, el Aries es quien manda en casa, es el Jefe. Si es hombre, tenderá a delegar los asuntos domésticos en su mujer. Si es mujer, querrá ser ella quien lleve la batuta. Tanto los hombres como las mujeres Aries suelen manejar bien los asuntos domésticos, les gustan las familias numerosas y creen en la santidad e importancia de la familia. Un Aries es un buen miembro de la familia, aunque no le gusta especialmente estar en casa y prefiere vagabundear un poco.

Para ser de naturaleza tan combativa y voluntariosa, los Aries saben ser sorprendentemente dulces, amables e incluso vulnerables con su pareja y sus hijos. En la cúspide de su cuarta casa solar, la del hogar y la familia, está el signo de Cáncer, regido por la Luna. Si en su carta natal la Luna está bien aspectada, es decir, bajo influencias favorables, la persona Aries será afectuosa con su familia y deseará tener una vida familiar que la apoye y la nutra afectivamente. Tanto a la mujer como al hombre Aries le gusta llegar a casa después de un arduo día en el campo de batalla de la vida y encontrar los brazos comprensivos de su pareja, y el amor y el apoyo incondicionales de su familia. Los Aries piensan que fuera, en el mundo, ya hay suficiente «guerra», en la cual les gusta participar, pero cuando llegan a casa, prefieren la comodidad y el cariño.

Horóscopo para el año 2020*

Principales tendencias

Te has estado volcando en tu profesión durante muchísimos años. Y desde la entrada de Saturno en tu décima casa de la profesión en 2018, esta se ha vuelto incluso más importante para ti. Has tenido que trabajar de forma infatigable y metódica. Este año cosecharás los resultados. Tu carrera laboral prosperará. Volveremos a este tema más adelante.

Durante los últimos dos años has estado teniendo problemas con tu salud. No has gozado de la energía abundante y dinámica que te caracteriza. Y este bajo tono vital podría haberte hecho más vulnerable a los problemas de salud. Será la tendencia para este año, e incluso aumentará más aún. Pero la buena noticia es que la mayoría de problemas de salud desaparecerán a finales de año. Tu salud irá mejorando sistemáticamente. Volveremos a este tema más adelante.

Este año predomina sobre todo la mitad oriental de tu carta astral, la del yo. Habrá temporadas en las que no transitará ningún planeta —ni uno solo, nada de nada— por la mitad occidental, la de la vida social. Y aunque la mitad occidental vaya cobrando más fuerza en el transcurso del año, nunca llegará a predominar en tu carta astral. Solo transitarán por ella planetas rápidos. Por lo que no es un año especialmente favorable al amor. Propicia la independencia y la autonomía personal, un estado que a ti te gusta. Volveremos a este tema más adelante.

Urano ingresó en tu casa del dinero en marzo de 2019. Y la ocupará muchos años. Así que experimentarás numerosos cambios económicos importantes, algunos serán voluntarios y otros involuntarios. En el aspecto económico te puedes esperar lo inesperado. Volveremos a este tema más adelante.

Ya hace muchos años que Neptuno se aloja en tu casa doce de la espiritualidad, y seguirá en ella muchos años más. De modo que te volcarás en la espiritualidad y en un gran crecimiento interior.

---

* Las previsiones de este libro se basan en el Horóscopo Solar y todos los signos que derivan de él; tu Signo Solar se convierte en el Ascendente, y las casas se numeran a partir de él. Tu horóscopo personal, el trazado concretamente para ti (según la fecha, hora y lugar exactos de tu nacimiento) podrían modificar lo que decimos aquí. Joseph Polansky

Compaginar esta situación con tu ajetreada vida cotidiana supondrá un reto para ti. Pero saldrás airoso de la situación.

Este año Marte se quedará mucho más tiempo de lo habitual en tu signo. Normalmente se queda en un signo cerca de un mes y medio, pero esta vez estará en Aries seis meses, cuadriplicando su tránsito habitual. Esta coyuntura, como he indicado anteriormente, fomenta que este año estés más absorto en ti y seas más independiente. Mientras no te excedas en ello, también puede ser bueno para tu salud.

Como a lo largo de este año habrá más eclipses de lo habitual, afrontarás más cambios repentinos y radicales de lo acostumbrado. Normalmente se producen cuatro eclipses al año, pero en este ocurrirán seis, un 50 por ciento más. En general, se dan dos eclipses lunares al año, pero en este habrá cuatro, el doble de lo normal. Esta mayor cantidad de eclipses influirá en las facetas del hogar, la familia y la situación doméstica. Volveremos a este tema más adelante.

Las áreas que más te interesarán este año serán tu profesión (todo el año); la espiritualidad (todo el año); la economía (todo el año); y los amigos, los grupos y las actividades grupales (del 23 de marzo al 2 de julio y del 18 al 31 diciembre).

Lo que más te llenará este año será la profesión (hasta el 20 de diciembre); los amigos, los grupos y las actividades grupales (del 20 al 31 de diciembre); el hogar y la familia (hasta el 16 de mayo); y los hijos, la diversión y la creatividad (del 16 de mayo al 31 de diciembre).

Salud

(Ten en cuenta que se trata de una perspectiva astrológica de la salud, no una médica. En el pasado, no había ninguna diferencia, ambas eran idénticas, pero en la actualidad podrían diferir mucho. Para obtener un punto de vista médico, consulta a tu médico de cabecera o a un profesional de la salud.)

Como he indicado, la salud es un aspecto importante que tener en cuenta. Buena parte del año, tres planetas lentos formarán una alineación desfavorable en tu carta astral. Y este aspecto es un problema en sí. Pero habrá temporadas en las que los planetas rápidos también se unirán a esta delicada coyuntura, constituirán tus meses más vulnerables. Los periodos serán del 1 al 20 de junio, del 21 de junio al 20 de julio (aunque los efectos no serán tan fuertes como los de enero) y del 22 de septiembre al 23 de octubre. Asegúrate de tomártelos con calma.

La débil situación de tu sexta casa de la salud te complicará aún más las cosas. Como solo la visitarán planetas rápidos, tenderás a ignorar tu salud o a no valorarla. No cometas este error. Procura —aunque a veces no te apetezca— prestar atención a tu salud.

Los astrólogos medievales creían en el Destino. A propósito, hay muchos astrólogos modernos que siguen creyendo en él. Piensan que si va a ocurrir algo, no podemos hacer nada al respecto. Pero mis años de experiencia me han enseñado que nuestro libre albedrío nos permite alterar el Destino. Y aunque no podamos alterarlo del todo, podemos suavizarlo y aligerarlo. El Destino tal vez nos traiga mala salud, pero nuestra forma de afrontarlo puede hacer una gran diferencia.

Hay muchas cosas que puedes realizar para mejorar tu salud y prevenir la aparición de enfermedades. Presta más atención a las siguientes zonas vulnerables de tu carta astral.

La cabeza, la cara y el cuero cabelludo. Estas zonas siempre son importantes para los Aries. Una medida preventiva que funciona de maravilla son los masajes regulares en la cara y en el cuero cabelludo. Además de fortalecer estas zonas, le sientan bien a todo el cuerpo. Te irá bien trabajar los puntos reflejos de estas áreas. La terapia craneosacral también es excelente para estas zonas y mejora el estado del cuerpo entero.

La musculatura. Esta parte también es importante para los Aries. No hace falta que seas un culturista o que te dediques a muscularte en el gimnasio, lo que cuenta es tener un buen tono muscular. Una musculatura débil o fofa puede desalinear la columna vertebral o el esqueleto y causar todo tipo de problemas. Así que es importante hacer un ejercicio físico vigoroso, de acuerdo a tu edad y etapa de la vida.

Las suprarrenales. Te irá bien trabajar los puntos reflejos de esta zona. Aunque lo más importante es evitar sobre todo la ira y el miedo (como nuestros lectores saben), las dos emociones que sobrecargan las suprarrenales. La meditación va de maravilla para ello.

Los pulmones, los brazos, los hombros, el intestino delgado y el sistema respiratorio. Estas partes del cuerpo también son importantes para los Aries. Te sentará bien trabajar con regularidad los puntos reflejos de estas zonas. Te convienen los masajes regulares en los brazos y hombros. Como la tensión se acumula en los hombros, es necesario eliminarla.

El corazón. Este órgano ha adquirido importancia para ti desde la entrada de Plutón en Capricornio en 2008. En los dos últimos años se ha vuelto incluso más importante aún. Te irá bien trabajar los puntos reflejos del corazón. Evita, sobre todo, las preocupaciones y la ansiedad, las dos emociones que lo estresan. Reemplaza las preocupaciones por la fe.

Si eres un Aries, lo más probable es que cualquier problema de salud que tengas (espero que no sufras ninguno), se manifieste en estas zonas. La mejor medicina preventiva es mantenerlas sanas y en buena forma.

Como Mercurio, tu planeta de la salud, es raudo (y de trayectoria errática), hay muchas tendencias de corta duración relacionadas con la salud que dependen de dónde esté Mercurio y de los aspectos que reciba. La mejor forma de afrontarlas es leyendo las previsiones mes a mes.

Hogar y vida familiar

Aquí vemos otra de las maravillosas contradicciones en un horóscopo. Por un lado, tu cuarta casa del hogar y de la familia está prácticamente vacía. A lo largo del año, solo la visitarán planetas rápidos. De modo que tu vida familiar seguirá como siempre. Indica que te sentirás satisfecho con tu situación actual. Pero como este año habrá cuatro eclipses lunares, el doble de lo normal —un detalle importante—, y la Luna tiene que ver con la vida familiar de los Aries, este aspecto muestra que se producirán muchos cambios, agitación y crisis en la familia y quizá en el hogar. La situación normal se verá afectada. Ten también en cuenta que dos de los seis eclipses de este año (dos solares y 4 lunares) ocurrirán en tu cuarta casa del hogar y de la familia: el eclipse lunar del 10 de enero y el eclipse solar del 22 de junio. Así que habrá mucha actividad cósmica.

Tu décima casa de la profesión está abarrotada de planetas y es muchísimo más fuerte que tu casa cuatro. Y los problemas te pueden venir en buena parte de ello, ya que al estar tan centrado en tu profesión y en tus objetivos externos, es posible que pases por alto los asuntos del hogar. Los eclipses te recordarán —de formas inevitables— que debes estar más pendiente de la familia.

De modo que ocurrirán dramas —a menudo os cambiarán la vida— en la vida de los miembros de tu familia, de tus padres o figuras parentales. Probablemente debas tomar unas medidas que no serán agradables. También es probable que te veas obligado a hacer reparaciones en el hogar.

Uno de tus padres o figura parental se redefinirá a sí mismo en numerosas ocasiones este año. El concepto que tiene de sí mismo —la autoimagen que se ha hecho— cambiará, y esto le llevará a cambiar de vestuario y su forma de «presentarse» ante la gente. Esta situación se dará todo el año. El matrimonio de tus padres o figuras parentales no ha estado pasando por un buen momento los últimos dos años. Pero las cosas mejorarán este año. En las previsiones mes a mes hablaré del tema con más detalle.

Tus hermanos o figuras fraternas están viviendo este año la misma situación de siempre. Parecen estar satisfechos con cómo les va todo y no necesitan tomar ninguna medida. Sin embargo, este año harán muchos cambios económicos importantes.

Tus padres o figuras parentales están teniendo dramas en sus vidas, como he señalado, pero no es probable que cambien de vivienda. En cambio, tus hijos o figuras filiales probablemente lo hagan. Sus matrimonios (o su relación actual) atravesará momentos delicados. Tendrán muchas oportunidades laborales. Los que están en edad de concebir, son más fértiles de lo habitual. Tus nietos (en el caso de tenerlos) llevarán la misma vida familiar de siempre. La alcanzaron en 2018 y, por lo visto, se sienten a gusto con ella.

Si estás planeando hacer reformas en tu hogar, del 21 de junio al 22 de julio es un buen momento. Si quieres mejorar la estética de tu hogar —o si piensas comprar objetos bonitos para decorarlo, del 7 de agosto al 6 de septiembre es un buen momento. Tu sentido de la estética estará más fino y tus decisiones serán más acertadas en esta temporada.

Profesión y situación económica

Desde la entrada de Urano en tu casa del dinero (marzo de 2019) y su larga estancia en ella, esta esfera se ha vuelto importante en tu vida. También es un aspecto astrológico muy interesante y apasionante. Puede ocurrirte cualquier cosa en cualquier momento en el sentido económico. El dinero, y las oportunidades económicas, pueden aparecer de pronto como por arte de magia. Tus ingresos pueden aumentar hasta unos extremos inauditos o caer en picado. Por eso tu situación financiera es tan interesante y apasionante. Durante esos días la economía será una montaña rusa para ti.

Cada persona, como nuestros lectores saben, se rige por sus propias leyes. Cada una es única. Lo que le funciona a una, puede que no le vaya bien a otra. Incluso la sabiduría convencional —una parte de ella es muy positiva— no se aplica a todo el mundo. Tú no eres una estadística, eres una persona en sí misma con tus propias características. Así que tu tarea ahora es averiguar lo que a ti te funciona. Significa que te desprendes de la sabiduría convencional y descubres cuál es tu propia ley económica. Estás en un periodo de experimentación económica. Algunos experimentos te funcionan y otros, no. Las cosas son así. Pero es experimentando cómo descubres lo que mejor te funciona en las finanzas.

Urano es el planeta de la ciencia y la tecnología, el planeta de los inventos recientes y las innovaciones. Por eso todas estas áreas son tan interesantes en el sentido económico. Los ordenadores, los móviles inteligentes, las actividades en Internet y la programación son una buena idea como trabajo, negocio o inversión. Los próximos años Urano se alojará en tu casa del dinero, por lo que tus ingresos te pueden llegar de tecnologías que aún no se han inventado. Urano también rige la astrología. Y aunque no llegues a ser un astrólogo profesional, los astrólogos disponen de una información económica importante para ti, y si tienes que tomar alguna decisión en este sentido, es sensato pedirle consejo a uno.

Dado que Urano esta en tu casa del dinero, tus ingresos tenderán a variar. Puedes ganar unas sumas estratosféricas de dinero o unas cantidades bajísimas. Vivirás situaciones económicas extremas. Por eso es una buena idea ahorrar en las épocas de bonanza, para estar preparado en los tiempos de escasez.

Urano rige los amigos —los amigos de la mente—, las amistades platónicas. Indica que tus amigos —los contactos sociales— son importantes para tu economía. Por lo visto, te son útiles en este sentido. También te conviene implicarte más con grupos y con organizaciones mercantiles o profesionales, ya que también te serán útiles en las finanzas.

Venus es tu planeta de la economía. Como nuestros lectores saben, es un planeta rápido. Así que este año se darán en tu vida muchas tendencias de corta duración relacionadas con la economía que dependerán de dónde esté Venus y de los aspectos que reciba. En las previsiones mes a mes hablaré de estas tendencias con más detalle.

Venus realizará este año uno de sus inusuales movimientos retrógrados del 13 de mayo al 25 de junio. Solo ocurre una vez cada dos años. Aprovecha esos días para revisar tu economía. No serán buenos momentos para hacer compras de envergadura ni para tomar decisiones económicas importantes.

Venus estará cuatro meses (aproximadamente) en el signo de Géminis, cuatro veces más del tiempo habitual. Este aspecto indica que los ingresos te llegarán de ventas, mercadotecnia, relaciones públicas, publicidad, enseñanza, escritos y actividades comerciales. La profesión es el titular más importante para el año. Tu profesión ha supuesto un reto para ti los dos últimos años. Has tenido que trabajar infatigablemente. No has parado de hacerlo. Te lo has tenido que ganar todo a pulso. Muchos Aries se han enfrentado a jefes, o quizá a clientes, exigentes. Les han obligado a rendir más de la cuenta. Pero ahora que Júpiter estará en tu décima casa casi todo el año, verás los resultados. Empezarás a gozar de merecidos descansos. Te aguardan ascensos en el trabajo. Tu situación pública y profesional mejorará. Si tienes un negocio, este prosperará. Pero la buena suerte te viene de tu propio esfuerzo. Este año también harás muchos viajes laborales.

Amor y vida social

Como he indicado, este año no será especialmente romántico. Algunos años son así. La profesión será para ti mucho más importante que la vida social. Esta mejorará a finales de año, cuando Júpiter ingrese en tu casa once de los amigos. Pero esta situación no tiene nada que ver con las relaciones amorosas, sino con las amistades y con pasar tiempo con los amigos y con grupos.

Tu séptima casa del amor estará vacía este año. Solo la visitarán planetas rápidos, y aunque en esos días tu vida sentimental mejore, solo será temporalmente. Lo que cuenta es que todos los planetas lentos ocuparán la mitad oriental de tu carta astral. La mitad occidental, la de la vida social, no predominará en todo el año. De ahí que ahora las relaciones sean para ti menos importantes de lo habitual. No sientes la necesidad de desarrollar tus habilidades sociales. Eres más independiente y prefieres crearte tú mismo las situaciones para ser feliz.

Las cosas tenderán a seguir como siempre. Si no mantienes una relación, seguirás sin pareja. Y si mantienes una relación, seguirás con tu pareja.

Venus no solo es tu planeta de la economía, sino también del amor. Indica que el dinero y el amor van unidos. Cuando el amor te va bien, la situación económica también te va viento en popa. Y cuando la situación económica es buena, la vida amorosa también te funciona. Los problemas en una de estas áreas de tu vida afectan a la otra.

Venus es un planeta rápido. Normalmente transita por todos los signos y casas de tu carta astral en un año. Pero en este, al ser retrógrado una temporada, solo transitará por once signos y casas. Aun así, es mucho movimiento. Por eso se darán en tu vida numerosas tendencias de corta duración relacionadas con el amor que dependerán de dónde esté Venus y de los aspectos que reciba. En las previsiones mes a mes hablaré de estas tendencias de corta duración con más detalle.

Venus, como he indicado, estará cuatro meses (aproximadamente) en el signo de Géminis, tu tercera casa. Es un 400 por ciento más del tiempo que suele quedarse en un signo. Y este dato es importante si no tienes pareja. Indica que surgirán oportunidades sociales y románticas en tu barrio y quizá con vecinos. La nueva expresión de «ahora lo sexi es ser listo» se puede extrapolar sin duda este año a tu vida. Te atraerán las personas intelectuales, con el don de la palabra, o aquellas con las que te resulta fácil conversar. Las conversaciones y una buena comunicación son una especie de juego erótico. El magnetismo sexual siempre es importante en una relación, pero a ti ahora no te bastará, también desearás ser compatible mentalmente con tu pareja. Surgirán oportunidades románticas en la universidad, en las actividades educativas, los seminarios, las conferencias, los actos literarios e incluso en las librerías o las bibliotecas. Si persigues tus intereses intelectuales, el amor te encontrará por sí solo. Venus estará en Géminis del 3 de abril al 7 de agosto.

Progreso personal

La profesión, como he indicado, es el área más importante para ti este año, más que el amor, la economía e incluso la salud. Este año se te podría describir como una persona «volcada en tu profesión». Esto tiene sus pros y sus contras. Hay momentos en la vida en los que es necesario esta clase de actitud. Sin embargo, no debes dejar que te afecte la salud. Triunfarás realmente en tu profesión a medida que aprendas a tener éxito gozando de buena salud. Significa trabajar con más ingeniosidad y no con más dureza. Aprender a delegar tareas y rendir a un cierto ritmo sin pasarte nunca de la raya.

Este año se darán varias cosas interesantes en tu vida espiritual. Neptuno, que lleva en tu duodécima casa muchos años, puede convertirte en una persona mística y soñadora. Ahora eres propenso a soñar despierto. Pero Júpiter en Capricornio en tu décima casa muestra una clase de teología más práctica. Sientes que Dios quiere que triunfes y que tu profesión es una «labor divina». Esta fe te será útil en tu profesión. Las personas que se encuentran en tu lugar de culto también tenderán a serte útiles en tu carrera.

Júpiter en Capricornio favorece la religión tradicional. Se da un conservadurismo en tu vida. Neptuno en Piscis quiere trascender toda religión, vivir en un lugar «más allá de la religión». Estos deseos encontrados deben «unirse» e integrarse en uno solo. Cada cual lo hace a su manera. En muchos casos tendrás un pie en los reinos místicos y el otro en la religión tradicional. En otras ocasiones, se apoyarán mutuamente. Verás que en realidad no hay conflicto alguno. Todas las religiones no son más que efectos secundarios de las experiencias místicas de sus fundadores. Serás capaz de ver por qué han surgido todas estas prácticas religiosas, el sinfín en apariencia de normas y regulaciones.

He mencionado antes que este año predomina sobre todo la mitad oriental de tu carta astral. Marte, tu planeta regente, también ocupará tu signo más de seis meses, desde el 28 de junio hasta finales de año. Aunque seas una persona independiente y obstinada por naturaleza, este año el problema puede ser que te excedas en ello. Tenderás a ignorar o a pasar olímpicamente de los demás, quizá a humillarlos. Creerás que tu forma de ser es la mejor, pero con todo debes tratar a la gente con amor y respeto. Puedes vivir a tu manera sin ofender a nadie. Aunque necesitarás hacer un cierto trabajo espiritual para lograrlo.

Previsiones mes a mes

Enero

Mejores días en general: 2, 3, 12, 20, 21, 29, 30, 31
Días menos favorables en general: 9, 10, 16, 22, 23
Mejores días para el amor: 13, 14, 16, 18, 19, 27, 28
Mejores días para el dinero: 5, 6, 13, 14, 22, 23
Mejores días para la profesión: 6, 14, 15, 22, 23

Empiezas el año encontrándote en uno de tus mejores momentos profesionales. Tu décima casa de la profesión es ciertamente la más poderosa de tu carta astral, ya que el 50 por ciento y, a veces, el 60 por ciento de los planetas se alojan en ella o la están visitando. Por lo que estás triunfando en tu profesión, pero también te exige mucho trabajo. Estás centrado en tu carrera, como debe ser, sin embargo si te vuelcas demasiado en csta faceta de tu vida puedes tener problemas en tu hogar. El eclipse lunar del 10 ocurrirá en tu cuarta casa y trastocará las cosas. Puede crear dramas en la vida de los miembros de tu familia, de tus padres o figuras parentales (por ambas partes), y te obligará a menudo a hacer reparaciones en tu hogar. A tus hermanos o figuras fraternas también les influirá el eclipse. Se verán obligados a hacer cambios económicos importantes, normalmente debido a algún contratiempo o incidente inesperado.

Como este eclipse es bastante potente, tómate esta temporada con calma. Descansa y relájate más de lo acostumbrado, sobre todo hasta el 20, pero en especial los días del eclipse. El problema es que ahora que tu profesión te exige tanta dedicación, tal vez no te resulte fácil «descansar y relajarte». Procura resolver los asuntos laborales y familiares, pero céntrate en lo esencial. Aunque como dice el refrán, no te ahogues en un vaso de agua.

Tu salud será un problema este mes, sobre todo hasta el 20. Como este eclipse también le afecta a tu planeta de la salud, habrá cambios en tu programa de salud y quizá también en cuanto a tus médicos o a tu póliza sanitaria. Es posible que tu salud te dé algún que otro susto, en este caso asegúrate de pedir segundas opiniones. Más adelante, en este mes y quizá en el siguiente, será un momento más favorable para pedirlas. El cuerpo no es una «máquina», sino un sistema energético dinámico. Responde al mundo energético. Las analíticas realizadas cuando la energía está baja pueden revelar una información errónea.

Mejora tu salud este mes con masajes en la espalda y las rodillas hasta el 16, y con masajes en las pantorrillas y los tobillos el resto de enero. Lo esencial es mantener un nivel alto de energía.

En el trabajo también pueden suceder cambios. Tal vez ocurran en tu empresa actual o en otra. En tu profesión se darán cambios inesperados, ya que el eclipse afectará a Saturno, tu planeta de la profesión. Pueden manifestarse como cambios en el equipo directivo de tu empresa o en la política empresarial, como dramas en las vidas de tus jefes o como modificaciones en tu sector laboral. A veces el gobierno también puede cambiar regulaciones que afectan a tu actividad económica.

Febrero

Mejores días en general: 8, 9, 16, 17, 26, 27
Días menos favorables en general: 6, 7, 12, 13, 18, 19, 20
Mejores días para el amor: 7, 8, 12, 13, 16, 17, 26, 27
Mejores días para el dinero: 1, 2, 7, 8, 10, 11, 16, 17, 19, 20, 26, 27, 28, 29
Mejores días para la profesión: 2, 11, 18, 19, 20, 29

Si el mes anterior conseguiste no enfermar y sentirte bien mentalmente, felicítate. Lo hiciste de maravilla. Sigue vigilando tu salud, aunque este mes la situación ya no sea tan delicada como en el anterior. Mejora tu salud con los métodos descritos en la previsión anual y con masajes en las pantorrillas y los tobillos hasta el 3, y en los pies después de este día. A partir del 4, responderás muy bien a los sistemas de curación espiritual, y si te sientes bajo de ánimos ve a ver a un sanador espiritual.

Este mes es potente a nivel social. Tu casa once de los amigos será poderosa hasta el 19, y el 7 tu planeta del amor ingresará en tu signo y se quedará en él el resto del mes. Venus en tu signo es un tránsito favorable. Te aporta belleza y elegancia social. Hace que tengas un aspecto fabuloso. Y que vistas con estilo siguiendo la moda. El amor y las oportunidades románticas te perseguirán a ti en lugar de irlos tú a buscar. Gozarás del amor en tus propios términos. Si estás casado o casada, o tienes pareja, descubrirás que tu cónyuge, pareja o amante actual está más entregado a ti, deseando complacerte.

La entrada de Venus en tu signo es también un buen tránsito en el terreno financiero. El dinero y las oportunidades económicas te llegarán por sí solas. No hará falta que las persigas. Este extraordinario aspecto planetario también indica que gozarás de ingresos inesperados y que te llegarán prendas de ropa o complementos en forma de regalo.

Marte, tu planeta regente, ingresará en tu décima casa el 16. Este tránsito indica que tendrás éxitos en tu profesión, aunque te los ganarás con tu propio esfuerzo. Estarás en lo más alto de tu mundo laboral, al mando. La gente te admirará. Deseará ser como tú.

La entrada de Marte en tu décima casa hace que todos los planetas se encuentren en la mitad oriental de tu carta astral, incluso la Luna la visitará el 18. Esta coyuntura es muy inusual. Ahora te sientes de lo más independiente (el próximo mes, también). Eres autosuficiente y te ocupas de tu destino. Apenas necesitas la aprobación de los demás. Sabes lo que más te conviene y debes seguir ese camino. Los demás al principio quizá no estén de acuerdo contigo, pero acabarán aceptándolo. Haz, pues, los cambios que consideres necesarios. Tienes un gran poder personal. Puedes, y debes, hacer las cosas a tu manera.

Venus, tu planeta del amor y del dinero, alcanzará su solsticio del 8 al 10. Se detendrá en el firmamento y luego cambiará de sentido (en latitud). De modo que la economía y el amor experimentarán una pausa en tu vida y después cambiarán de dirección.

Marzo

Mejores días en general: 6, 7, 14, 15, 24, 25
Días menos favorables en general: 4, 5, 10, 11, 17, 18
Mejores días para el amor: 8, 10, 11, 17, 18, 27, 28
Mejores días para el dinero: 1, 8, 9, 17, 18, 27, 28
Mejores días para la profesión: 1, 9, 17, 18, 28, 29

La espiritualidad ha sido tu punto fuerte todo el año, pero ahora —a partir del 19 de febrero— se volverá más potente aún. Tu casa doce es poderosísima. Así que es una buena temporada para las prácticas espirituales, la meditación, el estudio de la literatura sagrada y la lectura de libros de temas espirituales. También es una etapa muy creativa. La inspiración te llegará de lo alto, sobre todo el 8 y el 9. Es un periodo para las experiencias de tipo sobrenatural y para una percepción extrasensorial más agudizada.

Tus hijos o figuras filiales de edad adecuada son más activos sexualmente este mes.

Todos los planetas siguen en la mitad oriental de tu carta astral, solo la Luna transitará por la mitad occidental, la de la vida social, del 4 al 16. Además, tu primera casa se volverá poderosa a partir del 20. Sigue haciendo los cambios que consideres necesarios y crea las condiciones para ser feliz. Al igual que en el mes anterior, puedes —y debes— hacer las cosas a tu manera. No te sientas culpable por seguir los dictados de tu corazón mientras no hagas daño a nadie. Tus propios deseos son tan importantes como los de los demás.

Sigue vigilando tu salud, no la des por sentada, aunque ahora es mucho mejor que la de enero. Como el mes anterior, los masajes en las pantorrillas y los tobillos (del 4 al 16), y en los pies (del 1 al 4 y a partir del 16) son buenos para ti. Los métodos de curación espiritual seguirán siendo poderosos en tu vida del 1 al 4, y a partir del 16.

Tu profesión es importante todo el año, pero este mes lo será menos. Saturno abandonará tu décima casa el 23, y Marte también el 31. Tus jefes serán ahora menos exigentes contigo.

El Sol ingresará en tu signo el 20 y empezarás uno de tus momentos más placenteros del año. Es un tiempo para la diversión y los placeres físicos. Un buen momento para ponerte en forma de la manera que desees. Surgirán oportunidades para la diversión y el ocio, y probablemente las aprovecharás. Tus hijos o figuras filiales estarán más entregados a ti de lo habitual. Tu aspecto será radiante. Estar lleno de energía es el mejor producto de belleza del mundo.

Este mes también será próspero. Venus entrará en tu casa del dinero el 5 y la ocupará el resto del mes. Al estar en su propio signo y casa, Venus es poderoso. Este tránsito también favorece los contactos sociales, la relación con tu cónyuge, pareja o amante actual, y las oportunidades para montar negocios con otros socios o personas. Venus viajará con Urano del 6 al 9, y este tránsito te puede traer entradas extras de dinero y oportunidades sociales inesperadas.

Abril

Mejores días en general: 3, 4, 11, 12, 20, 21, 22
Días menos favorables en general: 1, 2, 7, 8, 13, 14, 28, 29
Mejores días para el amor: 7, 8, 15, 16, 17, 25, 26
Mejores días para el dinero: 6, 7, 8, 14, 15, 16, 17, 23, 24, 25, 26
Mejores días para la profesión: 6, 7, 13, 14, 15, 24, 25

Te espera un mes feliz y próspero. Disfrútalo. Todavía estás viviendo una de tus temporadas más placenteras hasta el 19. Como el mes anterior, tendrás muchas oportunidades para divertirte y pasártelo bien. Ahora tienes un aspecto estupendo. Irradias carisma y un aura de estrella.

Continúa siendo una etapa de gran independencia y poder personal en tu vida. Los demás siempre son importantes, pero ocúpate de ti primero. La mitad occidental de tu carta astral, la de la vida social, será un poco más poderosa después del 3, a medida que Venus transite por ella. Pero la mitad oriental, la del yo, es sobre todo la que predomina.

Venus saldrá «fuera de límites» a partir del 3. Se podría decir que seguirá así el mes entero, y esto describe cómo será tanto tu vida económica como amorosa este mes. Necesitarás moverte más allá de tu terreno habitual en el aspecto social y económico. En tus círculos de contactos usuales no encontrarás las respuestas o las oportunidades que buscas. Esto se puede también interpretar como que tus deseos económicos y sociales te harán traspasar las esferas por las que te mueves. Tu cónyuge, pareja o amante actual también irá más allá de sus propios ámbitos habituales. Las personas adineradas de tu vida se aventurarán en lo desconocido.

Este mes tu salud es buena, sobre todo comparada con la de los últimos meses. Ahora solo tienes dos planetas lentos desfavorables en tu carta astral y dispones de la ayuda de planetas rápidos. Así que tu salud y energía están en su mejor momento del año. Puedes mejorar más aún tu salud con masajes en los pies hasta el 11, masajes en el cuero cabelludo y la cara del 11 al 27, y masajes en el cuello y la garganta a partir del 27. El ejercicio físico siempre te sienta bien, en especial del 11 al 27.

Mercurio alcanzará su solsticio del 14 al 16. Se detendrá en el firmamento y luego cambiará de sentido (en latitud). O sea que se dará una pausa en el trabajo y en la salud, y después un cambio de dirección en tu vida. Es una pausa renovadora, una pausa cósmica.

Júpiter viajará con Plutón todo el mes, lo cual se puede interpretar de muchas formas. Es un buen mes para saldar deudas o pedir préstamos, depende de lo que necesites. También es un buen mes para contactar con inversores del extranjero para que financien tus proyectos. Tu cónyuge, pareja o amante actual tendrá un mes excelente en el terreno económico. Tú también lo estás teniendo, ya que el 19 empezaste uno de tus mejores momentos económicos del año. Es un buen mes para la planificación tributaria o la contratación de pólizas. Si tienes la edad adecuada, es un momento propicio para la planificación testamentaria.

Mayo

Mejores días en general: 1, 8, 9, 18, 19, 27, 28
Días menos favorables en general: 4, 5, 10, 11, 25, 26
Mejores días para el amor: 4, 5, 13, 14, 23, 24
Mejores días para el dinero: 3, 4, 5, 12, 13, 14, 20, 21, 22, 23, 24
Mejores días para la profesión: 4, 10, 11, 12, 13, 22

Este mes aumenta la actividad retrógrada en tu carta astral. A partir del 16 el 40 por ciento de los planetas serán retrógrados. Aunque no sea el punto máximo anual, continúa siendo un porcentaje elevado. El ritmo de la vida bajará un poco.

Venus retrógrado es quizá lo más importante para ti. Este planeta rige tanto la vida amorosa como la economía. Se trata de un movimiento retrógrado inusual —ocurre cada dos años— que empezará el 16 de mayo. Por lo que es aconsejable realizar compras o inversiones importantes antes del 16. Después de este día, evita llevarlas a cabo. Haz balance de tu vida económica. Analízala a fondo y averigua si la puedes mejorar. Ten en cuenta que las acciones mentales se consideran acciones. No solo existen las físicas. Esto también se aplica a tu cónyuge, pareja o amante actual. La única diferencia es que acusará los efectos del movimiento retrógrado de Venus el mes entero y durante algunos más. Con todo, prosperará este mes. Los ingresos te llegarán, aunque con más lentitud que de costumbre.

Tu vida amorosa también bajará de ritmo después del 16. Las relaciones o las amistades parecerán retroceder. Pero al igual que ocurre con la economía, no tomes decisiones importantes relacionadas con el amor después del 16.

Venus pasará el mes en tu tercera casa. Indica que las oportunidades amorosas y románticas se presentarán cerca del hogar, en tu barrio o quizá con los vecinos. Las oportunidades económicas también se darán en este entorno.

Saturno, tu planeta de la profesión, iniciará su movimiento retrógrado el 11. Coincidirá con fuerza en la mitad inferior de tu carta astral. La mitad superior, el hemisferio diurno, sigue siendo la que predomina, pero la mitad inferior es más poderosa de lo que lo ha sido en los meses anteriores. (En el próximo mes la actividad retrógrada en la mitad inferior de tu carta astral alcanzará su punto máximo anual.) O sea que puedes dedicar más tiempo al hogar y a tu familia. Tu profesión continúa siendo importante para ti, pero la actividad se ralentizará en esta faceta. Habrá muchos asuntos que te exigirán que dispongas de tiempo para resolverlos.

Seguirás estando en tu mejor momento económico hasta el 20. Pero debido al movimiento retrógrado de Venus, cierra todas tus transacciones económicas antes del 16.

Continúa siendo un buen mes para saldar deudas o pedir préstamos, sobre todo antes del 16. También es un buen momento, como el mes anterior, para la planificación testamentaria (si tienes la edad adecuada).

Tu salud será incluso mejor que el mes pasado. Mercurio, tu planeta de la salud, también saldrá «fuera de límites» este mes, a partir del 17. Esto indica que intentarás resolver problemas relacionados con la salud con originalidad.

Junio

Mejores días en general: 5, 6, 14, 15, 24, 30
Días menos favorables en general: 1, 7, 8, 21, 22
Mejores días para el amor: 1, 9, 10, 19, 20
Mejores días para el dinero: 1, 8, 9, 10, 16, 17, 18, 20, 21, 27
Mejores días para la profesión: 2, 7, 8, 9, 18, 19

La actividad retrógrada aumentará incluso más aún este mes. Habrá 3 días —del 23 al 25— en los que un 60 por ciento de los planetas —la mayoría— serán retrógrados. Es la cantidad máxima anual, aunque en septiembre este porcentaje volverá a repetirse. La actividad retrógrada es molesta para todos, pero en especial para los Aries. El ritmo de la vida bajará incluso más todavía que en el mes anterior. Los Aries, a los que les encanta la acción, necesitan aprender a ser pacientes.

Buena parte de la actividad retrógrada es el cosmos advirtiéndonos que seamos más perfectos en todo cuanto hacemos. Ocúpate de los detalles de tu vida a la perfección. Evita las soluciones provisionales a modo de parches (este mes son meras ilusiones), y progresa de manera lenta y sistemática. Hacerlo todo perfectamente no eliminará los retrasos, pero los reducirá.

Tu salud será un problema este mes a partir del 21. No es una situación tan delicada como la de enero, pero aun así no bajes la guardia. Procura al máximo mantener un nivel alto de energía. Haz este mes todo lo posible para reducir tu agenda durante los dos periodos en los que habrá eclipses.

Como el eclipse lunar del 5 de junio ocurrirá en tu novena casa, afectará a los estudiantes universitarios. Pueden darse trastornos en su facultad y cambios en los planes de estudios. Si estás envuelto en problemas jurídicos, la situación dará un gran giro en un sentido o en otro. Cada eclipse lunar afecta a la familia y a los familiares, y en este caso no se da una excepción. Es posible que tengas que reparar algunas cosas en casa y que las pasiones en el hogar estén más enardecidas que de costumbre. Dos planetas importantes en tu carta astral —Marte y Venus—, también acusarán los efectos, de modo que es un eclipse potente. Los efectos que ejercerá sobre Marte, el regente de tu carta astral, pueden hacer que desees redefinirte y cambiar de personalidad. Las difamaciones o las habladurías acerca de ti suelen ser el desencadenante de este deseo. También puede empujarte a limpiar tu organismo de toxinas. Los efectos del eclipse sobre Venus mostrarán cambios económicos y amorosos. Tendrás que tomar medidas correctoras en el terreno de la economía. Tus ideas sobre las finanzas no han estado siendo demasiado realistas. Tu relación de pareja actual también será puesta a prueba.

El eclipse solar del 21 será poderoso a nivel terrenal, ocurrirá en un punto cardinal. Los Aries tempranos (nacidos el 20 y el 21 de marzo) seréis los que más lo notaréis, aunque todos lo acusaréis en un cierto grado. Al ocurrir en la cuarta casa, el eclipse también afectará al hogar y la familia. Sucederán más dramas en las vidas de los miembros de tu familia. Tus hijos o figuras filiales vivirán experiencias que les cambiarán la vida. Uno de tus padres o figura parental hará cambios económicos importantes. Tu matrimonio o tu relación actual atravesará momentos difíciles.

Julio

> *Mejores días en general:* 2, 3, 11, 12, 21, 22, 29, 30
> *Días menos favorables en general:* 4, 5, 19, 20, 25, 26, 31
> *Mejores días para el amor:* 6, 7, 8, 16, 17, 25, 26
> *Mejores días para el dinero:* 4, 5, 6, 7, 8, 14, 15, 16, 17, 23, 24, 25, 26, 31
> *Mejores días para la profesión:* 4, 5, 15, 24, 31

Acabas de dejar atrás los dos eclipses de junio y en este mes habrá otro, un eclipse lunar el 5. Ocurrirá en tu décima casa de la profesión, e indicará que habrá cambios en tu empresa, en la administración y la política de la misma, y dramas en las vidas de tus jefes. Las regulaciones gubernamentales de tu sector profesional también pueden cambiar. El eclipse afectará al hogar y la familia. En tu casa ocurrirán más dramas. Los miembros de tu familia y tus padres o figuras parentales vivirán dramas en sus vidas.

Este eclipse «rozará» tres planetas de tu carta astral. (Afortunadamente, el aspecto es amplio.) Afectará a Mercurio, Júpiter y

Marte. Los efectos sobre Mercurio y Júpiter sugieren que es mejor posponer los viajes (si debes viajar, programa la salida para antes o después del periodo del eclipse). Los efectos sobre Mercurio y Júpiter afectarán a los estudiantes tanto universitarios como de secundaria. Pueden darse cambios de escuelas o de planes de estudios, o trastornos en el centro docente actual. Tu programa de salud también cambiará, pero espera hasta después del 12 para hacer los cambios.

Sigue vigilando tu salud hasta el 22. Mercurio, tu planeta de la salud, pasará el mes en el signo de Cáncer, tu cuarta casa. Los masajes abdominales y la dieta adecuada mejorarán tu salud. Lo más importante es gozar de armonía emocional y mantener la armonía en la familia. (No te será fácil debido al eclipse.)

Tu profesión se está volviendo más importante para ti a medida que Saturno retrógrado está retrocediendo a tu décima casa de la profesión. Sin embargo, tu casa cuatro es poderosa, por lo que el hogar y la familia también son ahora muy importantes en tu vida. Te conviene compaginar ambos aspectos. Irlos alternando. No puedes ignorar ninguna de estas áreas.

La actividad retrógrada continúa siendo intensa. Hasta el 12, el 50 por ciento de los planetas serán retrógrados. Después del 12, el porcentaje se reducirá a un 40 por ciento. Aunque sigue siendo elevado. Sé paciente. Paciente. Paciente.

El amor y el dinero son favorables este mes. Como Venus es ahora directo (desde el 15 de junio), ves con claridad tu situación económica. Venus pasará el mes en tu tercera casa y este aspecto favorece las ventas, la mercadotecnia, la publicidad y las actividades de relaciones públicas. Sea cuál sea tu ocupación, una buena mercadotecnia es importante en tu vida profesional. La gente tiene que conocer tus productos o tus servicios. También es un buen momento para los escritores, profesores y periodistas. Tu facilidad de palabra es importante en las finanzas.

Puedes encontrar el amor en tu barrio y quizá con los vecinos. También surgirán oportunidades románticas en eventos académicos o en otros entornos educativos —como conferencias, seminarios, talleres, bibliotecas o librerías.

Agosto

Mejores días en general: 8, 9, 17, 18, 25, 26, 27
Días menos favorables en general: 1, 2, 15, 16, 21, 22, 28, 29

Mejores días para el amor: 3, 4, 15, 16, 21, 22, 23, 24
Mejores días para el dinero: 2, 3, 4, 10, 11, 15, 16, 20, 23, 24
Mejores días para la profesión: 1, 2, 11, 20, 28, 29

La actividad retrógrada continúa siendo más o menos la misma que la del mes anterior. Buena parte del mes un 40 por ciento de los planetas son retrógrados. Después del 15, lo serán el 50 por ciento, a medida que Urano empieza a retroceder.

La buena noticia es que llevas viviendo una de tus temporadas más placenteras del año desde el 22 de julio. Es un momento para disfrutar de la vida. Seguirá siendo así hasta el 22. Pásatelo en grande, ya que aparte de esto por ahora no te sucederá nada más en especial en tu vida. Es un buen momento para irte de vacaciones.

Tu salud fue mejorando a partir del 22 de julio. Pero como este mes hay cuatro (y a veces cinco) planetas formando una alineación desfavorable en tu carta astral, sigue vigilándola. Una dieta adecuada y los masajes abdominales seguirán siendo beneficiosos para ti hasta el 5. Te irán bien los masajes torácicos del 5 al 20. Los masajes abdominales y una dieta saludable volverán a ser importantes para ti después del 20.

Habrá un gran trígono (un aspecto inusual) en los signos de tierra de tu carta astral a partir del 20. Este aspecto propicia la prosperidad y el ocuparte de detalles en el plano material. Tus hijos o figuras filiales también prosperarán en esos días.

Venus, tu planeta del amor y de la economía, cambiará de signo el 7. Los últimos cuatro meses ha estado en tu tercera casa. Así que ahora vivirás cambios en el terreno del amor y la economía. Cuentas con un mayor apoyo familiar. También pasarás más tiempo en casa y con tu familia. Surgirán de tu entorno familiar oportunidades para ganar dinero. Los contactos familiares serán ahora importantes económicamente. Vigila que tus cambios de humor no afecten tus finanzas. Toma decisiones económicas —y haz gastos importantes— solo cuando estés tranquilo. Nunca lo hagas estando disgustado o deprimido.

En cuanto a tu vida amorosa, la situación también es parecida. Te divertirás más este mes en casa y con la familia. Tu familia y tus contactos familiares están haciendo de Cupido en tu vida. Ahora te atraen las personas con las que puedes compartir tus sentimientos, la intimidad emocional es en esta temporada de tu vida tan importante para ti como la intimidad física.

Al llevar Marte en tu signo desde el 28 de junio, tienes más energía y, en general, esto es bueno para tu salud. Sin embargo, puede hacer que te impacientes, y como tienes tantos planetas retrógrados este mes en tu carta astral, puedes sentirte frustrado. Además, te puede llevar a obligar a tu cuerpo a esforzarse más de lo aconsejable. Lo cual es perjudicial para tu salud.

Tu sexta casa será poderosa a partir del 22, y este aspecto es una buena noticia para tu salud. Indica que te estás cuidando. Es también un buen momento si buscas trabajo o si tienes empleados. Te esperan buenas perspectivas. Esta coyuntura favorece una buena ética profesional por tu parte y tus superiores la advertirán.

Septiembre

Mejores días en general: 4, 5, 14, 15, 22, 23
Días menos favorables en general: 11, 12, 18, 19, 24, 25
Mejores días para el amor: 2, 3, 13, 14, 18, 19, 22, 23
Mejores días para el dinero: 2, 3, 6, 7, 8, 13, 14, 16, 17, 22, 23, 24, 25
Mejores días para la profesión: 8, 17, 24, 25

La actividad retrógrada vuelve a alcanzar su punto máximo del año este mes. El 60 por ciento de los planetas —la mayoría— serán retrógrados del 9 al 12. Después del 12, lo serán un 50 por ciento, aunque el porcentaje seguirá siendo elevado. La buena noticia es que en los meses siguientes la actividad retrógrada irá bajando gradualmente. Las cosas volverán a progresar, poco a poco.

Esta gran actividad retrógrada en tu carta astral también tiene sus ventajas. Te obliga a bajar el ritmo y a hacer balance en muchos aspectos de tu vida. No es una cuestión de «hacer» mil y una cosas, sino de verlo todo con más claridad. A medida que tengas las cosas más claras, poco a poco podrás hacer planes para el futuro. Y cuando el movimiento planetario vuelva a ser directo, será un buen momento para progresar.

Como tu sexta casa será poderosa hasta el 22 —muestra que estás pendiente de tu salud—, te permitirá mantenerte sano más adelante, cuando la situación planetaria sea menos propicia e incluso tal vez desfavorable para tu salud. Hasta el 5 puedes fortalecer tu salud con masajes abdominales y una buena dieta. Este mes también te sentarán bien las terapias relacionadas con la tierra (se dará un gran trígono en los signos de tierra en tu carta astral hasta el 22). De modo que te convienen las cataplasmas de barro aplicadas en las partes del cuerpo que te duelan, los baños de barro o bañarte en aguas ricas en minerales. Después del 5, presta más atención a los riñones y las caderas. Los masajes en las caderas te sentarán de maravilla. Utiliza también los métodos descritos en la previsión anual. Lo más importante es mantener un nivel alto de energía. No te canses en exceso.

Este mes es muy propicio a la actividad social, es posible que septiembre y octubre sean los más intensos del año en este sentido. Como he indicado, la mitad oriental de tu carta astral, la del yo, continúa siendo más poderosa que la mitad occidental, la de la vida social. Pero esta última es más poderosa que de costumbre. Todo es relativo. El 22 iniciarás una de tus mejores temporadas amorosas y sociales del año. Has tenido mejores temporadas en cuanto a estas facetas de tu vida, pero esta será la mejor de 2020. Si no tienes pareja, disfrutarás de más citas. Tanto si eres una persona soltera como casada, o si sales con alguien, irás a más a fiestas y reuniones.

Aunque no te tomarás el amor demasiado en serio. Lo que en realidad desearás este mes es divertirte y juguetear. Venus, tu planeta del amor, estará en tu quinta casa de la diversión a partir del 6. El Sol (tu planeta de la diversión) ocupará tu séptima casa del amor a partir del 22. Los dos planetas son huéspedes en los signos y casas del otro, y este aspecto positivo se conoce como recepción mutua. Los dos están colaborando uno con otro.

Esta coyuntura te favorece económicamente. Ahora ganas dinero de formas agradables. Es probable que te estés arriesgando más de lo habitual (y eso es mucho en tu caso), y por lo visto tienes suerte en las especulaciones financieras. También estás gastando dinero en diversiones. El mensaje de tu carta astral es que si te relajas y disfrutas de la vida, el amor y la economía te vendrán rodados.

Octubre

Mejores días en general: 1, 2, 11, 12, 19, 20, 28, 29, 30
Días menos favorables en general: 9, 10, 15, 16, 21, 22
Mejores días para el amor: 3, 15, 16, 21, 22
Mejores días para el dinero: 4, 5, 13, 14, 21, 23, 31
Mejores días para la profesión: 5, 14, 21, 22

El 22 del mes pasado el poder planetario cambió del hemisferio nocturno al hemisferio diurno de tu carta astral: de la mitad inferior a la mitad superior. El hogar, la familia y las cuestiones emocionales se están volviendo menos importantes para ti, y ahora estás más pendiente de tu profesión. Saturno, tu planeta de la profesión, inició su movimiento de avance el 29 de septiembre. Te encuentras en una coyuntura perfecta. Estás progresando en el terreno profesional y preparándote para darle un nuevo empuje a tu carrera.

Sigue vigilando tu salud. Octubre es uno de tus meses vulnerables, sobre todo hasta el 23. Así que, como he indicado en estos casos, descansa y relájate lo máximo posible. Haz todo lo posible para mantener un nivel alto de energía. Trabaja de la forma que te he aconsejado en la previsión anual. Este mes te sentarán bien los programas para depurar el organismo. Si te recomiendan una cirugía, como Mercurio iniciará su movimiento retrógrado el 14, pide una segunda opinión. Explora también durante esos días los programas depurativos. Es importante practicar sexo seguro y mantener una actividad sexual moderada. Los enemas con infusiones de plantas medicinales también son una buena idea.

Todavía estás viviendo una de tus mejores temporadas amorosas y sociales del año. Te durará hasta el 23. Pero Venus estará buena parte del mes en Virgo, del 2 al 28. Aunque no se siente demasiado cómodo en este signo. En el lenguaje astrológico está «en caída», su posición más débil. Sentirás la necesidad de socializar en este periodo, pero tu magnetismo social no será tan fuerte como de costumbre. Lo más importante es evitar las críticas destructivas y el perfeccionismo, ya que no te ayudarán en el amor. (A veces este consejo no se refiere a ti, sino a que puedes atraer a esta clase de personas.) Si evitas estos escollos, te irá bien en el amor.

Venus en Virgo es mejor para la economía que para el amor. Este planeta formará parte de un gran trígono en los signos de tierra, un aspecto sumamente favorable a la riqueza. Tendrás un buen criterio económico. Comprarás de manera más responsable y le sacarás partido a tus ingresos. Tenderás a ganar dinero a la antigua usanza, es decir, por medio del trabajo y de los servicios productivos. Es probable que tus jefes, las personas mayores y tus padres o figuras parentales te ayuden económicamente.

Venus alcanzará otro de sus solsticios del 29 de octubre al 2 de noviembre. Se detendrá en el firmamento y luego cambiará de dirección (en latitud). Lo mismo le ocurrirá también a tu situación económica. Es una buena pausa. Una pausa que te renueva.

Venus ingresará en Libra el 28, en su propio signo y casa. El lugar donde es más poderoso. De modo que tu poder adquisitivo crecerá, pero también tendrás que esforzarte más en ganártelo. Tu magnetismo social aumentará, sin embargo ¿estás interesado en lo que te puede traer?

Noviembre

Mejores días en general: 7, 8, 16, 25, 26
Días menos favorables en general: 5, 6, 12, 18, 19
Mejores días para el amor: 2, 3, 12, 21, 22
Mejores días para el dinero: 1, 2, 3, 11, 12, 19, 21, 22, 27, 28
Mejores días para la profesión: 2, 11, 18, 19

El movimiento planetario es ahora directo. El 90 por ciento de los planetas estarán avanzando el 29. Así que el ritmo de tu vida se acelerará, tal como a ti te gusta. Si has aprovechado bien las épocas retrógradas, estarás en la situación ideal para progresar en la vida.

La actividad retrógrada de Marte finalizará el 14. Es un dato importante, ya que Marte rige tu carta astral. Marte lleva siendo retrógrado desde el 9 de septiembre. Ahora tienes más confianza en ti mismo, sabes más a dónde te diriges, ves las cosas con mayor claridad.

Venus seguirá en su estado de solsticio hasta el 2. O sea que no te alarmes por la pausa natural que se dará en el amor y la economía en tu vida. Es una pausa cósmica que te llevará a una nueva dirección.

Al final del mes se producirá otro eclipse lunar, el cuarto del año. Técnicamente hablando, ocurrirá el 30 de noviembre, pero lo notarás antes. Las personas sensibles notan un eclipse hasta dos semanas antes de que ocurra. La buena noticia es que este eclipse tendrá un efecto relativamente ligero sobre ti. No está afectando a otros planetas (solo Neptuno recibirá de manera indirecta sus efectos). Este eclipse tendrá lugar en tu tercera casa. Afectará a los estudiantes de secundaria. Por lo que quizá cambien de centro docente o de planes de estudios. Es posible que ocurran trastornos en la escuela o reestructuraciones en la dirección de la misma. El eclipse también afectará a tus hermanos o figuras fraternas, y a los vecinos. Tus hermanos o figuras fraternas desearán redefinirse durante los próximos meses. Cambiarán de vestuario y de imagen. Es probable que los coches y los equipos de comunicación se vuelvan más inestables en el periodo del eclipse, a veces te verás obligado repararlos o reemplazarlos. Conduce con más precaución en esos días. Cada eclipse lunar afecta al hogar y la familia. Así ha estado siendo para ti todo el año y este eclipse te trae más de lo mismo. Los miembros de tu familia, y en especial tus padres o figuras parentales, vivirán dramas en sus vidas. Tus familiares también se mostrarán más temperamentales.

El mes pasado tu salud mejoró enormemente. Pero el próximo incluso será mejor. Mientras tanto, fortalécela con los métodos descritos en la previsión anual. Sigue con los masajes en las caderas hasta el 11. A partir del 12, te sentarán bien los programas para depurar el organismo. También es importante practicar sexo seguro y ser moderado en la actividad sexual a partir de esta fecha.

Tu vida amorosa atravesará una situación delicada hasta el 21. Por lo visto, tu pareja y tú veis las cosas de distinta manera y os habéis distanciado. Esto no significa necesariamente que vayáis a romper, sino que necesitáis «superar vuestras diferencias». El amor mejorará después del 21. Se volverá más erótico. Si no tienes pareja, el magnetismo sexual será ahora el factor más importante para ti. Pero incluso si tienes pareja, el buen sexo encubrirá muchos pecados en vuestra relación.

Diciembre

Mejores días en general: 5, 6, 13, 14, 22, 23
Días menos favorables en general: 2, 3, 9, 10, 15, 16, 29, 30, 31
Mejores días para el amor: 2, 3, 9, 10, 11, 12, 22, 23
Mejores días para el dinero: 2, 3, 8, 11, 12, 16, 22, 23, 24, 25, 26, 27
Mejores días para la profesión: 8, 9, 15, 16, 17, 27

Aries, te espera un mes muy movido, pero los acontecimientos serán buenos. Saturno dejará atrás el aspecto desfavorable que formaba en tu carta astral el 18 y empezará a formar aspectos armoniosos. Júpiter hará lo mismo el 20. Y aunque sigas necesitando vigilar tu salud después del 21, los aspectos desfavorables ya no serán ni por asomo tan potentes como en enero, en junio y julio, o en septiembre y octubre. Hasta el 21, mejora tu salud con masajes en los muslos. Las infusiones con plantas medicinales para limpiar el hígado también te sentarán bien. Después del 21, fortalece tu salud con masajes en la espalda y las rodillas.

El sexto eclipse del año ocurrirá el 14. Será un eclipse solar que tendrá lugar en tu novena casa. De modo que evita viajar durante ese tiempo. Si te ves obligado a hacerlo, planifica tu viaje antes o después del eclipse. Este aspecto planetario afecta a los hijos o figuras filiales, y a los estudiantes universitarios. Se darán cambios en los planes de estudios, a veces los estudiantes cambiarán de universidad, o se producirán cambios importantes o trastornos en la facultad en cuanto a la dirección o las normas de la misma. Si estás envuelto en problemas jurídicos, la situación dará un gran vuelco en un sentido o en otro. Ya falta menos para que se resuelva el problema. Quizá lo más importante es que tus creencias religiosas, teológicas y filosóficas serán puestas a prueba (el año siguiente también te ocurrirá lo mismo). Este aspecto planetario traerá una crisis de fe. Tendrás que cambiar o abandonar algunas creencias. Estos cambios afectarán toda tu vida. Probablemente no sean agradables cuando te ocurran, pero en el fondo serán buenos. Este eclipse afectará a Neptuno, tu planeta espiritual (será un impacto más directo que el del eclipse del mes pasado). Por lo que habrá cambios espirituales en tu vida relacionados con las prácticas, los maestros y las enseñanzas. Tu camino espiritual cambiará de dirección. Será un cambio positivo. Ocurrirán trastornos en las organizaciones benéficas o espirituales de las que formas partes. Tus gurús o figuras de gurús sufrirán dramas en sus vidas.

El 21 iniciarás una de tus mejores temporadas profesionales del año. No será tan intensa como la de enero, pero será poderosa. Probablemente consigas muchos de tus objetivos a corto plazo. Tu profesión es importante, pero en este periodo no te «volcarás en tu profesión» tanto como has estado haciendo buena parte del año.

Júpiter y Saturno en tu undécima casa (Saturno el 18, y Júpiter el 20) indican que estás entablando amistades nuevas e importantes, y que esos amigos te serán útiles en tu profesión. Alternarás, socialmente hablando (no significa necesariamente que vayas a tener una relación amorosa), con personas eminentes y poderosas.

Venus ocupará tu octava casa hasta el 15. Así que te implicarás en gran medida en la economía de tu cónyuge, pareja o amante actual. Su situación económica era buena el mes anterior y este mes lo seguirá siendo. Se dará una buena cooperación económica entre vosotros dos. También será un buen momento para saldar deudas o pedir préstamos, depende de lo que necesites.

En el terreno amoroso tu magnetismo sexual sigue siendo el factor más importante. Esta situación cambiará a partir del 16, una temporada en la que desearás que se dé una compatibilidad más filosófica con tu pareja. Es un mes favorable al amor y a la economía.

Tauro

El Toro
Nacidos entre el 21 de abril y el 20 de mayo

Rasgos generales

TAURO DE UN VISTAZO

Elemento: Tierra

Planeta regente: Venus
  Planeta de la profesión: Urano
  Planeta del amor: Plutón
  Planeta del dinero: Mercurio
  Planeta de la salud: Venus
  Planeta de la suerte: Saturno

Colores: Tonos ocres, verde, naranja, amarillo
  Colores que favorecen el amor, el romance y la armonía social: Rojo violáceo, violeta
  Colores que favorecen la capacidad de ganar dinero: Amarillo, amarillo anaranjado

Piedras: Coral, esmeralda

Metal: Cobre

Aromas: Almendra amarga, rosa, vainilla, violeta

Modo: Fijo (= estabilidad)

Cualidad más necesaria para el equilibrio: Flexibilidad

Virtudes más fuertes: Resistencia, lealtad, paciencia, estabilidad, propensión a la armonía

Necesidades más profundas: Comodidad, tranquilidad material, riqueza

Lo que hay que evitar: Rigidez, tozudez, tendencia a ser excesivamente posesivo y materialista
Signos globalmente más compatibles: Virgo, Capricornio
Signos globalmente más incompatibles: Leo, Escorpio, Acuario
Signo que ofrece más apoyo laboral: Acuario
Signo que ofrece más apoyo emocional: Leo
Signo que ofrece más apoyo económico: Géminis
Mejor signo para el matrimonio y/o las asociaciones: Escorpio
Signo que más apoya en proyectos creativos: Virgo
Mejor signo para pasárselo bien: Virgo
Signos que más apoyan espiritualmente: Aries, Capricornio
Mejor día de la semana: Viernes

La personalidad Tauro

Tauro es el más terrenal de todos los signos de tierra. Si comprendemos que la tierra es algo más que un elemento físico, que es también una actitud psicológica, comprenderemos mejor la personalidad Tauro.

Los Tauro tienen toda la capacidad para la acción que poseen los Aries. Pero no les satisface la acción por sí misma. Sus actos han de ser productivos, prácticos y generadores de riqueza. Si no logran ver el valor práctico de una actividad, no se molestarán en emprenderla.

El punto fuerte de los Tauro está en su capacidad para hacer realidad sus ideas y las de otras personas. Por lo general no brillan por su inventiva, pero sí saben perfeccionar el invento de otra persona, hacerlo más práctico y útil. Lo mismo puede decirse respecto a todo tipo de proyectos. A los Tauro no les entusiasma particularmente iniciar proyectos, pero una vez metidos en uno, trabajan en él hasta concluirlo. No dejan nada sin terminar, y a no ser que se interponga un acto divino, harán lo imposible por acabar la tarea.

Muchas personas los encuentran demasiado obstinados, conservadores, fijos e inamovibles. Esto es comprensible, porque a los

Tauro les desagrada el cambio, ya sea en su entorno o en su rutina. ¡Incluso les desagrada cambiar de opinión! Por otra parte, esa es su virtud. No es bueno que el eje de una rueda oscile. Ha de estar fijo, estable e inamovible. Los Tauro son el eje de la rueda de la sociedad y de los cielos. Sin su estabilidad y su supuesta obstinación, las ruedas del mundo se torcerían, sobre todo las del comercio.

A los Tauro les encanta la rutina. Si es buena, una rutina tiene muchas virtudes. Es un modo fijado e idealmente perfecto de cuidar de las cosas. Cuando uno se permite la espontaneidad puede cometer errores, y los errores producen incomodidad, desagrado e inquietud, cosas que para los Tauro son casi inaceptables. Estropear su comodidad y su seguridad es una manera segura de irritarlos y enfadarlos.

Mientras a los Aries les gusta la velocidad, a los Tauro les gusta la lentitud. Son lentos para pensar, pero no cometamos el error de creer que les falta inteligencia. Por el contrario, son muy inteligentes, pero les gusta rumiar las ideas, meditarlas y sopesarlas. Sólo después de la debida deliberación aceptan una idea o toman una decisión. Los Tauro son lentos para enfadarse, pero cuando lo hacen, ¡cuidado!

Situación económica

Los Tauro son muy conscientes del dinero. Para ellos la riqueza es más importante que para muchos otros signos; significa comodidad, seguridad y estabilidad. Mientras algunos signos del zodiaco se sienten ricos si tienen ideas, talento o habilidades, los Tauro sólo sienten su riqueza si pueden verla y tocarla. Su modo de pensar es: «¿De qué sirve un talento si no se consiguen con él casa, muebles, coche y piscina?»

Por todos estos motivos, los Tauro destacan en los campos de la propiedad inmobiliaria y la agricultura. Por lo general, acaban poseyendo un terreno. Les encanta sentir su conexión con la tierra. La riqueza material comenzó con la agricultura, labrando la tierra. Poseer un trozo de tierra fue la primera forma de riqueza de la humanidad; Tauro aún siente esa conexión primordial.

En esta búsqueda de la riqueza, los Tauro desarrollan sus capacidades intelectuales y de comunicación. Como necesitan comerciar con otras personas, se ven también obligados a desarrollar cierta flexibilidad. En su búsqueda de la riqueza, aprenden el valor práctico del intelecto y llegan a admirarlo. Si no fuera por esa búsqueda de la riqueza, tal vez no intentarían alcanzar un intelecto superior.

Algunos Tauro nacen «con buena estrella» y normalmente, cuando juegan o especulan, ganan. Esta suerte se debe a otros factores presentes en su horóscopo personal y no forma parte de su naturaleza esencial. Por naturaleza los Tauro no son jugadores. Son personas muy trabajadoras y les gusta ganarse lo que tienen. Su conservadurismo innato hace que detesten los riesgos innecesarios en el campo económico y en otros aspectos de su vida.

Profesión e imagen pública

Al ser esencialmente terrenales, sencillos y sin complicaciones, los Tauro tienden a admirar a las personas originales, poco convencionales e inventivas. Les gusta tener jefes creativos y originales, ya que ellos se conforman con perfeccionar las ideas luminosas de sus superiores. Admiran a las personas que tienen una conciencia social o política más amplia y piensan que algún día (cuando tengan toda la comodidad y seguridad que necesitan) les gustará dedicarse a esos importantes asuntos.

En cuanto a los negocios, los Tauro suelen ser muy perspicaces, y eso los hace muy valiosos para la empresa que los contrata. Jamás son perezosos, y disfrutan trabajando y obteniendo buenos resultados. No les gusta arriesgarse innecesariamente y se desenvuelven bien en puestos de autoridad, lo cual los hace buenos gerentes y supervisores. Sus cualidades de mando están reforzadas por sus dotes naturales para la organización y la atención a los detalles, por su paciencia y por su minuciosidad. Como he dicho antes, debido a su conexión con la tierra, también pueden realizar un buen trabajo en agricultura y granjas.

En general, los Tauro prefieren el dinero y la capacidad para ganarlo que el aprecio y el prestigio públicos. Elegirán un puesto que les aporte más ingresos aunque tenga menos prestigio, antes que otro que tenga mucho prestigio pero les proporcione menos ingresos. Son muchos los signos que no piensan de este modo, pero Tauro sí, sobre todo si en su carta natal no hay nada que modifique este aspecto. Los Tauro sólo buscarán la gloria y el prestigio si están seguros de que estas cosas van a tener un efecto directo e inmediato en su billetero.

Amor y relaciones

En el amor, a los Tauro les gusta tener y mantener. Son de los que se casan. Les gusta el compromiso y que las condiciones de la relación estén definidas con mucha claridad. Más importante aún, les gusta ser fieles a una sola persona y esperan que esa persona corresponda a su fidelidad. Cuando esto no ocurre, el mundo entero se les viene abajo. Cuando está enamorada, la persona Tauro es leal, pero también muy posesiva. Es capaz de terribles ataques de celos si siente que su amor ha sido traicionado.

En una relación, los Tauro se sienten satisfechos con cosas sencillas. Si tienes una relación romántica con una persona Tauro, no hay ninguna necesidad de que te desvivas por colmarla de atenciones ni por galantearla constantemente. Proporciónale suficiente amor y comida y un techo cómodo, y será muy feliz de quedarse en casa y disfrutar de tu compañía. Te será leal de por vida. Hazla sentirse cómoda y, sobre todo, segura en la relación, y rara vez tendrás problemas con ella.

En el amor, los Tauro a veces cometen el error de tratar de dominar y controlar a su pareja, lo cual puede ser motivo de mucho sufrimiento para ambos. El razonamiento subyacente a sus actos es básicamente simple. Tienen una especie de sentido de propiedad sobre su pareja y desean hacer cambios que aumenten la comodidad y la seguridad generales de ambos. Esta actitud está bien cuando se trata de cosas inanimadas y materiales, pero puede ser muy peligrosa cuando se aplica a personas, de modo que los Tauro deben tener mucho cuidado y estar alertas para no cometer ese error.

Hogar y vida familiar

La casa y la familia son de importancia vital para los Tauro. Les gustan los niños. También les gusta tener una casa cómoda y tal vez elegante, algo de que alardear. Tienden a comprar muebles sólidos y pesados, generalmente de la mejor calidad. Esto se debe a que les gusta sentir la solidez a su alrededor. Su casa no es sólo su hogar, sino también su lugar de creatividad y recreo. La casa de los Tauro tiende a ser verdaderamente su castillo. Si pudieran elegir, preferirían vivir en el campo antes que en la ciudad.

En su hogar, un Tauro es como un terrateniente, el amo de la casa señorial. A los nativos de este signo les encanta atender a sus visitas con prodigalidad, hacer que los demás se sientan seguros en su casa y tan satisfechos en ella como ellos mismos. Si una persona Tauro te invita a cenar a su casa, ten la seguridad de que recibirás la mejor comida y la mejor atención. Prepárate para un recorrido por la casa, a la que Tauro trata como un castillo, y a ver a tu amigo o amiga manifestar muchísimo orgullo y satisfacción por sus posesiones.

Los Tauro disfrutan con sus hijos, pero normalmente son estrictos con ellos, debido a que, como hacen con la mayoría de las cosas en su vida, tienden a tratarlos como si fueran sus posesiones. El lado positivo de esto es que sus hijos estarán muy bien cuidados y educados. Tendrán todas las cosas materiales que necesiten para crecer y educarse bien. El lado negativo es que los Tauro pueden ser demasiado represivos con sus hijos. Si alguno de ellos se atreve a alterar la rutina diaria que a su padre o madre Tauro le gusta seguir, tendrá problemas.

Horóscopo para el año 2020[*]

Principales tendencias

Hay dos grandes titulares en tu horóscopo este año. El primero es el poder colosal de tu novena casa: tres planetas lentos la ocuparán buena parte del año. El segundo es Urano en tu propio signo. Empezó a estarlo en marzo del año pasado y seguirá en él muchos años más.

El poder de tu novena casa es algo positivo. La casa nueve es muy beneficiosa. Lo es hasta tal punto que incluso los planetas maléficos que la ocupan o transitan por ella se vuelven «menos maléficos», es decir, más benéficos. Por lo que será un año para hacer grandes avances religiosos y filosóficos. Un año para viajar y ensanchar tus horizontes. Es especialmente bueno para los estudiantes universitarios o para los que soliciten entrar en una facultad.

---

[*] Las previsiones de este libro se basan en el Horóscopo Solar y en todos los signos derivados del mismo: tu signo solar se convierte en el Ascendente, y las casas se numeran a partir de él. Tu horóscopo personal, el trazado concretamente para ti (según la fecha, hora y lugar exactos de tu nacimiento) podría modificar lo que se indica aquí. Joseph Polansky.

Muestra éxito en sus estudios. La concentración suele llevar al éxito. Este año te interesará mucho más mantener una profunda discusión teológica, o visitar a un sacerdote o a un gurú, que salir de noche en la ciudad. Es un año para profundizar más el significado de la vida y tu filosofía vital personal.

El tránsito de Urano presenta un panorama variado. Todos los Tauro lo notaréis, pero sobre todo los que habéis nacido del 21 de abril al 1 de mayo. Urano avanzará en tu signo este año de los 2 grados en los que se encontraba a los 11 grados. La vida se volverá más excitante e imprevisible. Cualquier cosa podrá suceder en cualquier momento, situaciones que nunca te podías llegar a imaginar. Este avance de Urano trae cambios repentinos y espectaculares, situaciones que te cambian la vida. Pero la excitación, la imprevisibilidad y los cambios no son precisamente lo que Tauro prefiere. A los Tauro les gusta crear en el plano material un ambiente cómodo donde se sientan a gusto. Tienen su zona de confort —su rutina—, y no les gusta que los saquen de ella. Sin embargo, es lo que te estará ocurriendo. Aunque esos numerosos cambios repentinos serán positivos, lo que es perturbador es la incomodidad que sentirás al verte obligado a dejar tu zona de comodidad. La vida te enseñará muchas cosas este año. Lo más importante será a aceptar los cambios y a sentirte cómodo con ellos. Los cambios son en realidad tus amigos.

Tu vida amorosa será, por lo visto, mucho mejor este año que el anterior. Saturno sigue cerca de Plutón, tu planeta del amor, y esto indica precaución y retrasos, pero el benevolente Júpiter también viajará con Plutón. De modo que si no tienes pareja, surgirán grandes oportunidades para el amor. Tal vez no llegues a casarte, pero el amor estará ahí. Volveremos a este tema más adelante.

Tu salud será buena este año, sobre todo hasta diciembre. Después de esta fecha se volverá más delicada, pero no hay nada de lo que preocuparte. Volveremos a este tema más adelante.

Tu profesión será excelente todo el año, pero sobre todo a partir del 20 de diciembre. Volveremos a este tema más adelante.

Las áreas que más te interesarán este año serán el cuerpo y la imagen; la religión, la filosofía, la teología y los viajes al extranjero; la profesión (del 23 de marzo al 1 de julio, y a partir del 18 de diciembre), los amigos, los grupos y las actividades grupales.

Lo que más te llenará serán las búsquedas y los intereses intelectuales (hasta el 6 de mayo); el hogar y la familia (a partir del 6 de mayo); la religión, la filosofía, los viajes al extranjero y la teología (hasta el 20 de diciembre); y la profesión (a partir del 20 de diciembre).

Salud

(Ten en cuenta que se trata de una perspectiva astrológica de la salud, no una médica. En el pasado, no había ninguna diferencia, ambas eran idénticas, per en la actualidad podrían diferir mucho. Para obtener un punto de vista médico, consulta a tu médico de cabecera o a un profesional de la salud.)

Tu salud, como he indicado, será muy buena este año. En tu carta astral no hay, durante todo el año, prácticamente ningún planeta lento desfavorable hasta el 18 de diciembre. Todos son favorables. Lo cual es muy inusual. Por lo que tu salud y tu energía serán excelentes. Tenderás a ser resistente a las enfermedades. En el caso de haber padecido alguna, por lo visto este año no se manifestará.

Otra señal de buena salud es tu sexta casa vacía. Solo la visitarán planetas rápidos y su influencia será temporal. Indica que no hace falta que estés demasiado pendiente de tu salud. Sabes que será buena este año.

El año que viene será distinto, pero este muestra que gozarás de buena salud. Como es natural, habrá periodos en los que tu salud y tu energía serán un poco más «bajas» de lo normal. Esto se deberá a los tránsitos de los planetas rápidos, pero serán temporales y no constituyen la tendencia para el año. Cuando los dejes atrás, tu salud y energía volverán a ser excelentes. En la previsión mes a mes hablaré de estas tendencias con más detalle.

Por buena que sea tu salud, siempre puedes mejorarla. Presta más atención a las siguientes áreas vulnerables de los Tauro.

El cuello y la garganta. Estas zonas son siempre importantes para los Tauro (Tauro rige el cuello y la garganta). Te irán bien sesiones de reflexología para trabajar los puntos reflejos de estas áreas. Te convienen los masajes regulares en el cuello para aflojar la tensión acumulada en esta zona. La terapia craneosacral es excelente para el cuello.

Los riñones y las caderas. Estas áreas también son siempre importantes para los Tauro. Te irán bien sesiones de reflexología para trabajar los puntos reflejos de estas partes del cuerpo. Los masajes regulares en las caderas son beneficiosos para ti. Si notas que tu tono vital está bajo, limpiar los riñones con infusiones de plantas medicinales es una buena idea.

Los pulmones, los brazos, los hombros, el intestino delgado y el sistema respiratorio. Estas zonas solo serán importantes del 3 de abril al 7 de agosto, cuando Venus, tu planeta de la salud, permanecerá más de 4 meses en Géminis. Será un buen momento para los masajes en los brazos y los hombros. Los ejercicios respiratorios también te sentarán de maravilla.

Venus, tu planeta de la salud, se mueve con gran rapidez, como nuestros lectores saben. Sin embargo, este año no avanzará tan raudamente como de costumbre, ya que iniciará uno de sus movimientos retrógrados. Pero con todo, transitará por once de tus doce signos y casas este año. O sea que en el terreno de la salud hay tendencias de corta duración que dependen de donde esté Venus y de los aspectos que reciba. En la previsión mes a mes hablaré de estas tendencias con más detalle.

Es posible que tus hermanos o figuras fraternas tengan problemas y afronten cirugías este año. La salud de tus padres o figuras paternas parece ser mejor que la del año pasado. Vigila más la salud de tus hijos o figuras filiales del 23 de marzo al 1 de julio, y a partir del 18 de diciembre.

Urano presente en tu signo durante mucho tiempo muestra el deseo de experimentar con tu cuerpo. Estás poniendo a prueba tus límites. Es, en esencia, un aspecto positivo. A menudo nuestros límites físicos no son los que creemos, podemos rendir más de lo que nos imaginamos. La única forma de conocerte es a través de la experimentación. Pero hazlo de manera responsable. Practicar yoga, taichí o artes marciales es bueno para ti. Son unas formas seguras de poner a prueba los límites de tu cuerpo.

Hogar y vida familiar

Si bien es posible que viajes más y estés en diversos lugares durante más tiempo de lo habitual, no es probable que te mudes a otra parte. No hay nada malo en ello, pero tampoco te beneficiaría en especial. Tu cuarta casa vacía (solo la visitarán planetas rápidos) hace que todo tienda a seguir igual. Por lo visto, te gusta tu situación doméstica y familiar actual y no necesitas hacer cambios importantes.

Este año se producirán los dos eclipses solares habituales. Y como el Sol es tu planeta de la familia, generará algunos trastornos en este ámbito. El eclipse traerá dramas en las vidas de tus padres o figuras parentales, y en las de los miembros de tu familia.

A menudo, tendrás que hacer reparaciones inesperadas en tu hogar. Pero esta temporada difícil pasará y todo volverá a la normalidad.

Tus hermanos o figuras fraternas atravesarán un mal momento en sus vidas. Los cuatro eclipse lunares de este año les afectarán el doble que de costumbre. De modo que vivirán dramas personales y sentirán el deseo de redefinirse y de cambiar de imagen. Esto tendrá lugar todo el año. Los dos eclipses solares también les traerán cambios económicos. Sin embargo, no parece probable que se muden de casa.

Los cuatro eclipses lunares afectarán al barrio donde vives. Habrá construcciones en tu barrio y otros trastornos. Te conviene esforzarte más para mantener buenas relaciones con los vecinos.

Tus padres o figuras parentales pueden cambiar de casa este año, aunque parece que habrá muchos retrasos y problemas con la mudanza. Sus matrimonios o sus relaciones sentimentales actuales también atravesarán momentos difíciles este año. Uno de tus progenitores o figuras parentales está al parecer más entregado a ti de lo habitual. Tus hijos o figuras filiales probablemente no se muden a otro lugar, pero en el caso de hacerlo será en el vecindario. La vida doméstica de tus nietos (en el caso de tenerlos) seguirá como siempre este año.

Si estás planeando reformar tu casa, del 22 de julio al 22 de agosto será un buen momento. Si planeas embellecer tu hogar o comprar objetos bonitos para decorarlo, del 6 de septiembre al 2 de octubre es un buen momento.

El Sol, tu planeta de la familia, se mueve con rapidez. Como a lo largo del año transitará por todas las casas y signos de tu carta astral, se darán muchas tendencias de corta duración relacionadas con la familia que dependerán de dónde esté el Sol y de los aspectos que reciba. En las previsiones mes a mes hablaré de estas tendencias con más detalle.

Profesión y situación económica

La economía es siempre importante para los Tauro, pero en los últimos años lo ha sido menos que de costumbre. Esta tendencia continuará este año. Tu casa del dinero está prácticamente vacía, solo la visitarán planetas rápidos. Lo interpreto como algo positivo. Te sientes satisfecho con tu situación económica actual y apenas necesitas hacer cambios importantes. Las cosas seguirán como siempre este año. Se producirá un eclipse lunar a finales de año —el 30 de noviembre— en tu casa del dinero, este aspecto indica que debes tomar medidas correctoras en tu economía. Pero la mayor parte del año todo seguirá como siempre.

Siendo un Tauro tienes una afinidad natural con las propiedades inmobiliarias (en especial, las propiedades rurales, las tierras agrícolas y otras propiedades similares), y también con la agricultura, los productos agrícolas, el cobre y el azúcar. Como Mercurio es tu planeta del dinero, te atraen como trabajo, negocio o inversión los sectores de las telecomunicaciones, el transporte, la industria minorista, el comercio, la publicidad y las relaciones públicas. Sea cual sea tu profesión, es esencial que hagas un buen uso de las relaciones públicas, la publicidad y los medios de comunicación.

Mercurio, tu planeta de la economía, es de movimiento rápido y errático. Es quizá el planeta más «flexible» de todos (la única excepción es la Luna). El mensaje de tu carta astral es que en el terreno de las finanzas te conviene ser un poco «antitauriano», ser más flexible y ágil, y apegarte menos a tu forma de actuar.

Dado que Mercurio se mueve con tanta rapidez, en tu vida se darán muchas tendencias de corta duración en la economía que dependerán de dónde esté el planeta y de los aspectos que reciba. En las previsiones mes a mes hablaré de estas tendencias de corta duración con más detalle.

Mercurio será retrógrado en tres ocasiones este año (una cantidad inusual): del 17 de febrero al 9 de marzo, del 18 de junio al 11 de julio, y del 14 de octubre al 2 de noviembre. Esos periodos, como nuestros lectores saben, son ideales para revisar tu economía, pero no es el momento para las acciones manifiestas. Si tienes que realizar alguna operación económica en esas temporadas (a la vida le gusta a veces complicarnos las cosas), estudia más a fondo el asunto y sé más cuidadoso en tus transacciones económicas que de costumbre. Resuelve tus dudas.

El verdadero titular de este año es tu carrera laboral. Urano, tu planeta de la profesión, ingresó en tu signo en marzo de 2019. Y se quedará en él durante muchos años más. Se trata, pues, de una tendencia duradera. En realidad, es una tendencia positiva a largo plazo. Muestra que las oportunidades profesionales te están buscando a ti. Apenas necesitas hacer nada. Acabarán dando contigo. Ahora proyectas la imagen de una persona triunfadora, de alguien de buena posición social. Vistes con elegancia y proyectas esta imagen. Los demás te ven como una persona de éxito. Cuentas con el apoyo de tus jefes, las personas mayores, y tus padres o figuras parentales, es decir, las figuras de autoridad de tu vida. Por lo visto, están entregadas a ti. Despiertas en ellas un gran interés.

Además de este aspecto, Saturno hará una incursión en tu décima casa del 23 de marzo al 2 de julio. Y el 18 de diciembre se quedará en ella durante dos años y medio. Este tránsito indica que el éxito de tu profesión conlleva asumir más responsabilidades. Las oportunidades se presentarán fácilmente, pero al final tendrás que rendir en el trabajo, dar lo mejor de ti. Júpiter ingresará en tu casa diez el 20 de diciembre. Este tránsito te traerá ofertas, ascensos y éxitos en el mundo laboral.

Este año es propicio a tu profesión, pero el siguiente lo será más aún. La mayor parte de 2020 es una preparación para el próximo año.

Puede que tu éxito profesional no te aporte ingresos extras al instante, más bien ganarás estatus y prestigio que dinero. Pero más adelante tus ingresos aumentarán.

Amor y vida social

Tu vida amorosa lleva siendo complicada los últimos dos años. Saturno ha estado viajando con Plutón, tu planeta del amor. Lo cual no es un gran aspecto para el matrimonio. Indica, a menudo, miedo a una relación seria o al compromiso. Si es este tu caso, deberías analizarlo. Estos tránsitos fomentan una precaución excesiva. Ser precavido es probablemente bueno. Pero el miedo no lo es. Saturno y Plutón viajarán juntos la mayor parte del año, de modo que estas tendencias se seguirán dando. Pero este año Júpiter también entra en juego. Júpiter es benévolo y expansivo. Además, estará viajando con tu planeta del amor hasta el 20 de diciembre.

El amor está al caer. Si no tienes pareja, es posible que mantengas una relación seria. Pero tu carta astral te advierte que no te precipites, deja que los acontecimientos se vayan desarrollando por sí solos, lenta y metódicamente. Como he señalado, no es probable que te cases este año. Pero puedes disfrutar del amor sin comprometerte demasiado.

Puedo ver dos relaciones simultáneas, y tú pareces dividido entre las dos. Ambas son con personas muy cultas y refinadas. Ambas podrían ser con personas extranjeras o que conoces en el extranjero. Una de ellas parece ser una persona conservadora de más edad y más establecida. Y la otra, de un magnetismo sexual mucho más fuerte.

También veo una escena parecida para los Tauro que están intentando casarse por segunda vez.

Plutón, tu planeta del amor, lleva muchos, muchísimos años en Capricornio, tu novena casa. Y seguirá en ella muchos más. (Plutón es un planeta muy lento). Este aspecto hace que seas conservador en el amor. Te atraen las personas conservadoras. En el amor te gusta ir poco a poco. No te enamoras rápidamente, te gusta poner a prueba la relación y conocer el terreno que pisas. Y si no eres así, has estado atrayendo a esta clase de personas en tu vida.

El amor y las oportunidades románticas surgirán en tu lugar de culto o a través de intervenciones de personas en ese entorno. También se darán en escuelas o universidades, o por medio de acontecimientos o actos universitarios, y en países extranjeros. Durante ese periodo te atraerán sobre todo las personas extranjeras.

Si bien el magnetismo sexual siempre es importante para ti, Plutón es el regente genérico del sexo, ahora necesitas algo más. Te gusta una pareja cultivada de la que puedas aprender. Son los aspectos planetarios de quienes se enamoran de su profesor, sacerdote o guía espiritual.

Gozar de una buena compatibilidad filosófica con tu pareja es tan importante para ti en esta etapa como la química sexual. Se rompen más relaciones por diferencias filosóficas que por las psicológicas. Los problemas psicológicos no suelen ser más que los efectos secundarios de los filosóficos.

Progreso personal

Los problemas de la vida toman muchas formas. Pueden ser económicos, sociales, psicológicos o de salud. Pero sea cual sea la forma que tomen, en el fondo no son más que problemas teológicos. Los problemas son, en realidad, problemas teológicos encubiertos. Para entenderlo hay que meditar y reflexionar sobre ello, pero así es. Cuando resuelves el problema teológico, la situación tiende a solucionarse por sí sola.

¿A qué me refiero? ¿Crees en un Poder Superior (sea como sea como decidas llamarlo)? Sea cual sea tu respuesta, tiene consecuencias psicológicas que influyen en varios aspectos de tu vida. Si crees en un Poder Superior, ¿qué concepto tienes de él? ¿Puede hacer algunas cosas y otras no? ¿Tiene límites? Esto también tiene muchas consecuencias psicológicas.

Si rastreas cada problema que surge en tu vida, verás que en el fondo no es más que un problema teológico. El poder de tu novena casa te ayudará a resolver muchas de estas cuestiones.

Ya he señalado que Urano estará muchos más años en tu signo. Lo más importante es que experimentes con tu cuerpo —pon a prueba sus límites— de manera segura y responsable. Las maniobras temerarias pueden ser peligrosas. Pero este tránsito planetario también muestra otras cosas. Indica una continua redefinición de ti, del concepto que tienes de ti mismo y de la imagen que proyectas ahora. Tu evolución personal se está acelerando. En cuanto adoptas una imagen, tienes una idea mejor y la cambias por otra. Y esto te sucede una y otra vez. Vas actualizando tu imagen como quien actualiza los programas de su ordenador. Y esto puede ser un problema en las relaciones de pareja. Cuando te enamoraste eras una clase de persona. Pero ahora eres otra. ¿Sigue el amor vivo en tu relación? Para tu cónyuge, pareja o amante actual la situación es incluso más desconcertante aún. Se enamoró de una persona, y ahora está conviviendo con otra que no tiene nada que ver con la anterior, o con un desconocido. No es fácil mantener tu ritmo. La buena noticia es que durante este periodo eres una persona excitante con la que estar. Tu pareja no se aburrirá ni un solo segundo contigo.

Neptuno lleva ya muchos años en tu casa once y la seguirá ocupando muchos más. Ya he hablado de ello en las previsiones anteriores, pero la tendencia sigue dándose. Indica amistades espirituales. Ahora te atraen los grupos y las organizaciones espirituales. Es la espiritualidad de esas personas lo que te cautiva. Este aspecto también muestra que entablarás amistad con personas creativas e inspiradas —poetas, músicos, bailarines, profesionales de la industria cinematográfica—, con gente muy glamurosa.

Previsiones mes a mes

Enero

Mejores días en general: 5, 6, 14, 22, 23
Días menos favorables en general: 12, 18, 19, 24, 25, 26
Mejores días para el amor: 6, 13, 14, 15, 18, 19, 23, 27, 28

Mejores días para el dinero: 5, 6, 7, 8, 14, 15, 22, 23, 25, 26
Mejores días para la profesión: 4, 5, 13, 14, 22, 24, 25, 26

Te encuentras en una etapa laboral sorprendente todo el mes, pero sobre todo a partir del 20. Se están dando muchos éxitos en tu vida. Urano, tu planeta de la profesión, iniciará su movimiento de avance el 11, y el Sol entrará en tu décima casa de la profesión el 20. A partir de ese instante, vivirás uno de tus mejores momentos profesionales del año. La mitad inferior de tu carta astral está prácticamente vacía de planetas. Debajo del horizonte solo hay un planeta —a duras penas— (sin contar la Luna). Así que puedes dejar sin ningún peligro de estar pendiente del hogar y de la familia y volcar toda tu energía en la profesión. Normalmente esta actitud puede crear algunos problemas con la familia, pero en tu caso no es así. Por lo visto, los miembros de tu familia están a tu lado por completo, apoyándote en todo momento. Ven tu éxito como un «proyecto familiar». Además, este aspecto (tu planeta de la familia en la casa diez) suele indicar que la familia como un todo también está triunfando, su nivel social sube.

El eclipse lunar del 10 —el primero de los cuatro del año— se producirá en tu tercera casa y afectará al regente de la misma. Así que es posible que los coches y los equipos de comunicación fallen. Conduce con más precaución en esta temporada. Los estudiantes de secundaria vivirán dramas en el colegio o en el instituto, y quizá cambiarán de centro docente. Como Mercurio, tu planeta de la economía, acusará los efectos del eclipse, tendrás que tomar medidas correctoras en tus finanzas.

Pese al eclipse, tu situación económica será buena. Tu planeta de la economía viajará con Júpiter del 1 al 4, y esto debería traerte un buen día de pago o una oportunidad económica. Tu planeta de la economía estará en tu novena casa hasta el 16, otra señal económica positiva. La novena casa trae expansión y buena suerte. Mercurio saldrá «fuera de límites» hasta el 12. Este aspecto muestra que en lo que respecta a la economía, te mueves por ambientes que no son los habituales. Quizá lo estás haciendo de manera consciente, o tal vez las obligaciones económicas te empujan a ello. Estás afrontando la economía con originalidad y esto tiene sus recompensas. Mercurio ingresará en Acuario, su signo de mayor «exaltación», su posición más poderosa, el 16. Y este tránsito es otra buena señal para tu situación económica. Mercurio estará en tu décima casa a partir del 16. Esta coyuntura suele traer aumentos de sueldo (sean oficiales o no oficiales) y entradas de dinero procedentes de jefes, padres, figuras parentales e incluso del gobierno. Tu reputación profesional es un factor importante para tus ingresos.

Febrero

Mejores días en general: 1, 2, 10, 11, 18, 19, 20, 28,29
Días menos favorables en general: 8, 9, 14, 15, 21, 22
Mejores días para el amor: 2, 7, 8, 11, 14, 15, 16, 17, 20, 26, 27, 29
Mejores días para el dinero: 1, 2, 3, 4, 5, 6, 7, 10, 11, 14, 15, 19, 20, 23, 24, 25, 28, 29
Mejores días para la profesión: 1, 9, 10, 18, 21, 22, 28

En general, tu salud es excelente, aunque a partir del 20 de enero se redujo un poco. Y esto será así hasta el 19 de febrero. Asegúrate de descansar lo suficiente. Puedes fortalecer tu salud con los métodos descritos en la previsión anual y también con masajes en los pies hasta el 7, y con masajes en la cara y el cuero cabelludo a partir del 8. También te conviene hacer ejercicio físico a partir del 8. Tu salud y energía mejorarán después del 19.

Seguirás viviendo uno de tus mejores momentos profesionales hasta el 20, ahora estás triunfando en tu carrera. El hemisferio nocturno de tu carta astral está prácticamente vacío de planetas, como el mes anterior, y tu cuarta casa del hogar y de la familia se encuentra también vacía. Sigue, pues, centrado en tu profesión. Cuentas con el gran apoyo de tu familia hasta el 19.

Tu situación económica es buena, pero se complicará un poco este mes. Mercurio ingresará en tu undécima casa el 3, otra señal positiva para la economía. La casa once es benéfica. Tu intuición financiera será excelente. Sin embargo, cuando Mercurio inicie su movimiento retrógrado el 17, la intuición te puede fallar. Mercurio retrógrado, como nuestros lectores saben, no frena la entrada de dinero, solo lentifica las cosas. Probablemente habrá retrasos económicos, pero puedes minimizarlos prestando más atención a los detalles financieros, como asegurarte de que los cheques lleven la fecha y la firma correctas, y de escribir bien la dirección del destinatario en los sobres. Ahora que las transacciones económicas por Internet son tan populares, asegúrate de clicar en los lugares indicados. El problema del mundo online es que puedes equivocarte fácilmente.

Este mes se ve más activo en el aspecto social y amoroso. Tu casa once será poderosa todo el mes y tu planeta del amor recibirá aspectos muy favorables a partir del 19. Plutón, tu planeta del amor, permanece en un signo muchos años. O sea que las tendencias amorosas tenderán a ser de larga duración en tu caso. Te atraerán personas muy cultas, refinadas e incluso religiosas. Las oportunidades románticas se te presentarán en actos universitarios o eventos religiosos. El magnetismo sexual siempre es importante para ti, pero en esta etapa también desearás ser compatible filosóficamente con tu pareja.

Venus, el regente de tu carta astral, alcanzará uno de sus solsticios del 8 al 10. Se detendrá en el firmamento y luego cambiará de dirección (en latitud). Lo más probable es que tu vida amorosa haga una pausa que te siente bien.

Tus hijos o figuras filiales están llevando este mes una vida social muy activa y feliz, sobre todo a partir del 19. Tal vez empiecen a salir con alguien este mes o el siguiente. Y si aún son demasiado jóvenes, están entablando amistades y asistiendo a más fiestas y reuniones que de costumbre.

Marzo

Mejores días en general: 1, 8, 9, 17, 18, 27, 28
Días menos favorables en general: 6, 7, 12, 13, 19, 20
Mejores días para el amor: 1, 8, 9, 12, 13, 17, 18, 27, 28
Mejores días para el dinero: 1, 2, 3, 8, 9, 10, 11, 17, 18, 22, 23, 27, 28, 29, 30
Mejores días para la profesión: 1, 8, 16, 17, 19, 20, 26, 27

Saturno cruzará el medio cielo el 23 y entrará en tu décima casa de la profesión. Este tránsito es propicio para tu carrera laboral. Muestra viajes laborales. Tu profesión te exige ahora un gran esfuerzo y tienes que ganártelo todo a pulso, pero triunfarás. Saturno es normalmente un planeta que comporta retos. Pero en tu carta astral es el más benéfico. Constituye el regente de tu novena casa y esto siempre es positivo. Quizá estos días te llamen para asesorar a otras personas y ese asesoramiento te sea útil en tu vida laboral. Surgirán oportunidades educativas relacionadas con la profesión y debes aprovecharlas.

Te esperan más buenas noticias en cuanto a tu profesión. Venus, regente de tu carta astral, ingresará en tu signo el 5 y viajará con tu planeta de la profesión del 6 al 9. Este aspecto indica oportunidades y ascensos laborales. Te puede surgir de repente una nueva oportunidad profesional.

Tu salud es buena este mes. Solo hay un planeta lento, Saturno, formando una alineación desfavorable en tu carta astral, y esto solo será más adelante, a partir del 23. Aunque la mayoría de los Tauro no la notaréis, solo la sentiréis con más intensidad los nacidos en los primeros días de vuestro signo (20-21 de abril). Pero puedes fortalecer tu salud más si cabe con masajes en la cara y el cuero cabelludo, y por medio del ejercicio físico hasta el 5, y con masajes en el cuello y la garganta a partir del 5. Tu estado de salud siempre afecta tu aspecto personal, pero después del 5 lo hará incluso más todavía. En este periodo tu aspecto será estupendo.

Tu vida onírica es, por lo visto, muy activa este mes, sobre todo del 8 al 9. Presta atención a tus sueños, contienen una información importante para ti.

Tu situación económica seguirá siendo complicada hasta el 10. Mercurio, además de ser retrógrado, cambiará de signo en dos ocasiones. Empezará este mes en tu casa once, y después retrocederá a la décima el 4 y volverá a la once el 16. Tu intuición económica no estará en su mejor momento hasta el 4, pero después del 16 será muy fiable. Evita hacer compras o inversiones importantes hasta el 10. Después de esta fecha puedes fiarte más de tus valoraciones económicas. Tu planeta de la economía en tu casa once (del 1 al 4 y a partir del 16) es favorable para las entradas de dinero. La casa once es benéfica, es la casa donde se cumplen tus mayores esperanzas y anhelos. De modo que debería ser un mes próspero. Empieza poco a poco, y luego va ganando impulso después del 11. Los amigos parecen ser útiles en tus finanzas. Es posible que adquieras un equipo o aparatos de alta tecnología. Participar con grupos y con organizaciones profesionales o comerciales también es positivo para tu economía.

Por lo visto, tu vida amorosa será feliz este mes. Júpiter viajará el mes entero con Plutón, tu planeta del amor. Si no tienes pareja, este aspecto propicia en tu vida citas románticas de gran erotismo.

Abril

Mejores días en general: 5, 6, 13, 14, 23, 24
Días menos favorables en general: 3, 4, 9, 10, 15, 16, 30

Mejores días para el amor: 6, 7, 8, 9, 10, 14, 15, 16, 17, 24, 25, 26
Mejores días para el dinero: 1, 2, 6, 10, 11, 14, 20, 21, 24, 25, 26, 30
Mejores días para la profesión: 5, 13, 15, 16, 17, 23

Júpiter seguirá viajando con Plutón, tu planeta del amor, todo el mes, y esto indica felicidad en el amor, a pesar de estar tu séptima casa vacía. Estos días todos los Tauro son más activos sexualmente, tanto si tienen una relación de pareja como si están solteros. Tengas la edad que tengas, y sea cual sea la etapa de la vida en la que estés, tu libido es mayor de lo habitual.

Este mes será feliz y próspero. Disfrútalo.

El Sol ingresará en tu signo el 19. La mitad oriental de tu carta astral, la del yo, es la más poderosa este mes. Significa que el poder planetario se acerca a ti en lugar de alejarse. Estás en una etapa de una gran independencia personal y puedes conseguir todo cuanto te propongas a tu propia manera. Dependes menos de los demás y de sus opiniones. Sé respetuoso con la gente, pero haz las cosas a tu manera. Estos días tomar la iniciativa es lo mejor.

La entrada del Sol en tu signo inicia uno de tus momentos más placenteros del año. Dale a tu cuerpo los placeres que ansía. También es un buen momento para poner en forma tu cuerpo y tu imagen tal como desees. Tu familia está, por lo visto, muy dedicada a ti y te ayudan en tu profesión. Un miembro de la familia o un contacto familiar tiene unas buenas oportunidades o consejos profesionales para ti, sobre todo del 24 al 26.

Tu situación económica es buena. Mercurio avanza ahora con rapidez. Está transitando por tres signos y casas de tu carta astral. Indica seguridad interior y un rápido progreso económico. Tu intuición financiera seguirá siendo excelente hasta el 27. Tu vida onírica —aún activa— tiene una información importante para ti. Al igual que los videntes, los astrólogos, los tarotistas y los médiums. Tal vez tengas que trabajar más arduamente del 11 al 27, pero te entrarán ingresos. El 27 Mercurio cruzará tu ascendente e ingresará en tu primera casa. Esta temporada será en especial próspera, te traerá ingresos inesperados, y ropa o complementos lujosos. Las oportunidades económicas llegarán a ti por sí solas. Venus ingresará en tu casa del dinero el 3 y la ocupará el resto del mes. Este tránsito favorable a la prosperidad indica que te implicarás personalmente —te centrarás— en la economía. Invertirás parte de tu dinero en dar una imagen de prosperidad. El aspecto personal y la presentación de conjunto son sumamente importantes en el terreno económico.

Marte pasará el mes, junto a Saturno, en tu décima casa de la profesión. Este aspecto muestra la necesidad de ser agresivo, de luchar contra los competidores y de actuar con valentía en los asuntos profesionales.

Mayo

Mejores días en general: 2, 3, 10, 11, 20, 21, 29, 30
Días menos favorables en general: 1, 6, 7, 13, 14, 27, 28
Mejores días para el amor: 3, 4, 5, 6, 7, 11, 12, 13, 14, 21, 22, 23, 24
Mejores días para el dinero: 2, 3, 12, 13, 22, 23, 24
Mejores días para la profesión: 2, 10, 13, 14, 20

Aunque ahora haya dos planetas formando una alineación desfavorable contigo, tu salud es en esencia buena. Pero puedes fortalecerla más si cabe con los métodos descritos en la previsión anual y también con masajes en los brazos y los hombros. Los ejercicios respiratorios te sentarán bien. El poder del aire tiene una influencia curativa este mes. Sal al exterior un día ventoso y siente el viento soplando en tu cuerpo. O circula por una autopista con las ventanillas bajadas y recibe el masaje impetuoso del aire. Es sumamente tonificante para ti.

Venus pasará el mes «fuera de límites», lo cual indica que te estás aventurando fuera de tu ambiente habitual. Y esto también se puede extrapolar a la salud. En tu ambiente habitual normal no encontrarás las respuestas. Tienes que buscarlas en otra parte. A veces el trabajo al que te dedicas (o el que buscas) te obliga a moverte más allá de tu mundo habitual.

Mercurio, tu planeta de la economía, saldrá también «fuera de límites» a partir del 17. Así que ahora estás siendo tremendamente original en el terreno de las finanzas. Las oportunidades económicas se encuentran fuera de tu ambiente habitual. En esta etapa tus hijos o figuras filiales también se están moviendo más allá de su esfera normal.

Júpiter seguirá viajando con tu planeta del amor todo el mes. En general, es una gran señal para el amor y los romances. Ahora solo Plutón es retrógrado (empezó a serlo el 25 de abril) y Júpiter también lo será el 14. Por eso, aunque el amor siga estando presente en tu vida, no tomes ninguna decisión amorosa importante. No es necesario apresurar nada. Deja que el amor siga su curso de manera natural.

Este mes es próspero para ti. Venus se alojará el mes entero en tu signo. Tu planeta de la economía lo ocupará el 12, y el Sol, el 20. Es cuando empezarás uno de tus mejores momentos económico del año. Tu casa del dinero será la más poderosa de tu carta astral del 20 al 29. El Sol en tu casa del dinero muestra un buen apoyo familiar y oportunidades económicas procedentes de los contactos familiares. Mercurio en tu casa del dinero indica que las personas adineradas de tu vida te apoyan y te ofrecen oportunidades económicas. Venus en tu signo refleja aquello en lo que estás implicado y tu interés personal. Muestra que estás gastando dinero en ti y quizá en aparatos y productos relacionados con la salud.

El hemisferio nocturno de tu carta astral se encuentra en su momento más poderoso del año. El hemisferio diurno sigue predominando, por lo que en esta temporada tu profesión y las actividades externas son lo más importante para ti. Pero puedes cambiar un poco tu centro de atención y fijarte también en cierta medida en tu hogar, tu familia y tu vida emocional.

Junio

Mejores días en general: 7, 8, 16, 17, 18, 26, 27
Días menos favorables en general: 3, 4, 9, 10, 24, 28, 29
Mejores días para el amor: 1, 3, 4, 8, 9, 10, 18, 19, 20, 27, 28, 29
Mejores días para el dinero: 3, 4, 8, 11, 12, 18, 19, 20, 21, 22, 27
Mejores días para la profesión: 7, 8, 9, 10, 16, 17, 26, 27

En un sentido este mes será muy movido. Los dos eclipses que ocurrirán muestran cambios y perturbaciones. En otro sentido, no sucederán demasiadas cosas en tu vida, ya que la actividad retrógrada alcanzará su punto máximo del año (aunque volverá a hacerlo en septiembre).

Es probable que ocurran cambios y perturbaciones, pero con una reacción retardada.

El eclipse lunar del 5, el segundo de los cuatro que habrá, ocurrirá en tu octava casa. Este aspecto traerá cambios económicos importantes para tu cónyuge, pareja o amante actual. Puede causar encuentros —generalmente de tipo psicológico— con la muerte. En algunas ocasiones, vives experiencias cercanas a la muerte en las que te salvas de milagro. En otras, mueren personas conocidas o tienes sueños relacionados con la muerte. El cosmos te está apremiando a afrontar la muerte y a entenderla mejor. Cuando ocurre este eclipse en tu carta astral, a veces aunque tu salud parezca ser buena, te pueden recomendar una cirugía. Si es así, pide segundas opiniones. Tus hermanos o figuras fraternas también sentirán los efectos del eclipse. Pueden llevarse algún que otro susto relacionado con la salud o cambiar de trabajo. También pueden surgir dramas en las vidas de los vecinos. Los coches y los equipos de comunicación pueden fallar en este periodo, y tal vez te veas obligado a repararlos o reemplazarlos. Te conviene conducir con más precaución, de una manera más defensiva. Este eclipse será potente, ya que afectará a otros planetas de tu carta astral, en concreto, a Marte y Venus. Los efectos sobre Venus pueden hacer que te redefinas y que cambies el concepto que tienes de ti y la imagen que proyectas en el mundo. Estos efectos durarán varios meses más. Vestirás de otra manera y tal vez cambies de peinado y de imagen. También puedes llevarte algún que otro susto relacionado con la salud (lo más probable es que no vaya a más). Tal vez ocurran trastornos en el trabajo o dramas en las vidas de los compañeros de trabajo o de los jefes. Los efectos del eclipse sobre Marte indican cambios en tu vida espiritual, en tus actitudes, prácticas, enseñanzas y maestros. En esta temporada ocurrirán trastornos en las organizaciones espirituales o benéficas de las que formas parte, y dramas en las vidas de tus gurús o figuras de gurús. Tómate con calma los días del eclipse. Evita las actividades estresantes. No hay ninguna necesidad de tentar al Destino.

El eclipse solar que ocurrirá en tu tercera casa el 21 volverá a afectar a tus hermanos o figuras fraternas. Traerá cambios económicos importantes —drásticos—, y la necesidad de redefinirse, de cambiar el concepto que tienen de sí mismos y la imagen que proyectan en el mundo. A tus vecinos también les puede ocurrir lo mismo. Como los estudiantes de secundaria acusarán los efectos de ambos eclipses, puede que se den cambios en los planes de estudios y trastornos en sus centros docentes. Los coches y los equipos de comunicación pueden fallar. Es aconsejable conducir con más precaución.

Julio

Mejores días en general: 4, 5, 14, 15, 23, 24, 31
Días menos favorables en general: 1, 6, 7, 8, 21, 22, 27, 28

Mejores días para el amor: 1, 5, 6, 7, 8, 15, 16, 17, 24, 25, 26, 27, 28
Mejores días para el dinero: 1, 4, 5, 9, 10, 14, 15, 16, 17, 19, 20, 23, 24, 27, 28, 31
Mejores días para la profesión: 4, 6, 7, 8, 14, 24

Tus hermanos o figuras fraternas, tus vecinos, y los coches y los equipos de comunicación parecen estar teniendo problemas sin cesar. El mes anterior sufrieron golpes y crisis, y este mes les sigue ocurriendo lo mismo. El otro eclipse lunar del 5 les impactará en las mismas áreas. Este último ocurrirá en tu casa nueve. No solo afectará a los estudiantes de secundaria (como los eclipses del mes pasado), sino también a los universitarios. Habrá cambios en los planes de estudios y trastornos en los centros docentes. Si estas envuelto en problemas jurídicos, darán un gran giro en un sentido o en otro, y seguirán adelante.

Los otros planetas, es decir, Mercurio, Júpiter y Marte, solo recibirán los efectos de este eclipse ligeramente. Así pues, pueden ocurrir algunos trastornos económicos leves, más cambios en organizaciones espirituales o en entidades benéficas de las que formas parte, más dramas en las vidas de tus gurús o figuras de gurús, y más enfrentamientos psicológicos con la muerte.

Saturno dejará atrás el aspecto desfavorable que formaba en tu carta astral el 1. Tu salud, que ha estado siendo buena, se volverá incluso mejor si cabe. Y lo seguirá siendo incluso después del 23, cuando el Sol formará un aspecto desfavorable en tu carta astral. Aunque no sea una de tus mejores temporadas en cuanto a la salud, no pareces tener nada serio. Puedes fortalecer tu salud incluso más aún con los masajes en los brazos y los hombros. Los masajes en los hombros también son buenos para el cuello, una parte del cuerpo que siempre es importante para los Tauro.

Tu situación económica es buena este mes. Venus se alojará el mes entero en tu casa del dinero. Este aspecto indica cuál será tu centro de atención. Según la ley espiritual, obtenemos aquello en lo que nos centramos. También muestra que te llegará dinero del trabajo. Tu buena ética profesional es dinero en el banco. Mercurio, tu planeta de la economía, pasará el mes en tu tercera casa. Este aspecto favorece el comercio, la venta al por menor, y la compraventa. Propicia una mercadotecnia y estrategia publicitaria provechosas para tu actividad profesional. Hasta el 12 te puedes fiar de tu intuición financiera, y después de esta fecha requerirá una mayor verificación. La única complicación económica —aparte de la del eclipse del 5— es el movimiento retrógrado de Mercurio el 12. Evita hacer compras o inversiones importantes después del 12. Procura acabar de redondearlo todo antes de esta fecha.

Este año, a partir del 23, entrarás en la medianoche de tu año. Pero este momento es distinto de la mayoría de los otros. Significa que no estás durmiendo profundamente. Sigues centrado en tu profesión y en actividades externas. En lenguaje metafórico, es como si estuvieras durmiendo y luego te despertaras: duermes y te despiertas. Echas una cabezadita y luego te centras en tu vida exterior. Pero como indiqué el mes pasado, también puedes dedicar una parte de tu energía al hogar y la familia.

Agosto

Mejores días en general: 1, 2, 10, 11, 19, 20, 28, 29
Días menos favorables en general: 3, 4, 17, 18, 23, 24, 30, 31
Mejores días para el amor: 2, 3, 4, 11, 15, 16, 20, 23, 24, 29
Mejores días para el dinero: 2, 8, 11, 13, 14, 17, 18, 20, 28, 29
Mejores días para la profesión: 1, 2, 3, 4, 10, 11, 19, 20, 28, 29, 30, 31

La actividad retrógrada es muy intensa este mes. A partir del 15 la mitad de los planetas serán retrógrados. No es el pico máximo anual —como ocurrió en junio y volverá a ocurrir el próximo mes—, pero se acerca al porcentaje máximo. Las cosas se lentificarán en tu mundo. Tauro afronta esta bajada de ritmo mejor que la mayoría de los otros signos. Es paciente por naturaleza.

La mitad superior de tu carta astral —el hemisferio diurno— sigue siendo más poderosa que la mitad inferior. Pero todos los planetas retrógrados están en la mitad superior de tu carta astral. Incluso Urano, tu planeta de la profesión, será retrógrado a partir del 15. Así que es mejor que te centres en el hogar, la familia y el bienestar emocional. Resolver los asuntos laborales te llevará tiempo.

Venus lleva ya cuatro meses en tu casa del dinero. El 7 ingresará en tu tercera casa de la comunicación y los intereses intelectuales. Por eso ahora estás más centrado en estos temas. Estás leyendo y estudiando más, y también hablas y conectas más con la gente. Es un buen tránsito para los estudiantes de secundaria, y para los que trabajan en el sector de la mercadotecnia, las relaciones públicas y la venta al por menor. Ahora tu mente está más aguda y tus habilidades de comunicación son mejores.

Tu salud es buena en general, pero no es uno de tus mejores meses en este sentido. Notarás la diferencia después del 22, cuando vuelvas a gozar de tu salud y energía habituales. Mientras tanto, mejóralas con los masajes en los brazos y los hombros hasta el 7, y con los masajes abdominales después del 7. La dieta se volverá importante para tu salud a partir del 8.

Las finanzas no serán lo que más te interesará después del 7, pero tu economía seguirá siendo buena. Mercurio ahora se mueve con rapidez. Progresas deprisa. Tienes numerosos canales por los que te entra el dinero. Hasta el 5, las ventas, la mercadotecnia, las relaciones públicas, la docencia y los escritos —las actividades mentales— son actividades lucrativas para ti. Los vecinos te son de utilidad. Cuentas con un gran apoyo de tu familia hasta el 20. Probablemente también estás gastando más dinero en el hogar y la familia. A partir del 5 gozarás de dinero feliz: dinero que ganas felizmente y que gastas en cosas agradables. Probablemente gastes más dinero de lo habitual en tus hijos o figuras filiales de tu vida. En esta temporada también te dedicarás más a la especulación financiera que de costumbre. Los Tauro no son famosos por gastar a manos llenas, pero del 5 al 20 al parecer lo harás.

Tu vida amorosa será complicada este mes, sobre todo después del 7. Tu planeta del amor sigue siendo retrógrado. Y Venus (tú) está en oposición con tu planeta del amor. Así que tu pareja y tú os habéis distanciado. Aunque tal vez no se trate de una «distancia física», sino de una distancia psicológica. Veis las cosas de manera opuesta. Os conviene superar vuestras diferencias este mes.

Septiembre

Mejores días en general: 6, 7, 8, 16, 17, 24, 25
Días menos favorables en general: 14, 15, 20, 21, 26, 27
Mejores días para el amor: 2, 3, 6, 7, 13, 14, 16, 17, 20, 21, 22, 23, 24, 25
Mejores días para el dinero: 6, 7, 9, 10, 16, 17, 18, 19, 24, 25, 26, 27
Mejores días para la profesión: 6, 7, 16, 17, 24, 25, 26, 27

El mes pasado hubo un gran trígono en los signos de tierra —tu elemento natal— el 20. Este aspecto es muy favorable para ti. Te sientes cómodo con un montón de tierra. Además, Mercurio, tu planeta de la economía, ha estado formando parte de este gran trígono. Por lo que has estado gozando de prosperidad. Como Mercurio, tu planeta de la economía, dejará atrás el gran trígono el 5, tendrás que trabajar y esforzarte más para obtener ingresos. Surgirán más dificultades económicas en tu vida. Mercurio ocupará tu casa seis hasta el 27. Este aspecto indica ingresos procedentes del trabajo: de tu trabajo principal o de otros extras. Aunque no es la posición planetaria de un ganador de lotería. (El mes anterior era más favorable a las especulaciones financieras que este). Si bien este mes habrá una gran actividad retrógrada —alcanzará su punto máximo anual del 9 al 12 y bajará a un 50 por ciento a partir del 13—, por lo visto no te afectará económicamente. Tus ingresos están prosperando.

La mitad occidental de tu carta astral, la de la vida social, ganó fuerza el mes pasado y en este es más poderosa aún. Ahora es la que predomina. Por eso tu vida social se está volviendo más activa e importante.

Ahora no eres tan independiente como de costumbre. Es el momento de anteponer los intereses de los demás a los tuyos. Lo bueno de tu vida te llega de la buena disposición de la gente. Es hora de cultivar tus habilidades sociales. Esto también se aplica, sobre todo, en el terreno de la economía a partir del 27. Tu encanto social jugará un papel importante en él.

Como Plutón, tu planeta del amor, sigue siendo retrógrado, es mejor posponer cualquier decisión amorosa importante, en un sentido o en otro. Es un buen momento para revisar tu vida social y tener las ideas claras en este sentido.

Tu salud es buena y a partir del 22 estarás más centrado en ella. Es un mes para estar pendiente de tu salud emocional y tu bienestar. Tu planeta de la salud ingresará en tu cuarta casa el 6, y tu planeta de la familia entrará en tu casa seis de la salud el 22. Tal vez durante esta temporada estés más centrado en la salud de un familiar que en la tuya. Procura tener una actitud positiva y constructiva y todo te irá bien.

La mitad superior de tu carta astral ha estado predominando este año. Pero adquirirá incluso un mayor protagonismo el 27. De modo que vuélcate en tu profesión. El único problema es el movimiento retrógrado de tu planeta de la profesión, que seguirá manteniéndolo muchos meses más. Céntrate, pues, en tu profesión, pero estudia más a fondo tus movimientos laborales. Resuelve las dudas que tengas al respecto.

Octubre

Mejores días en general: 4, 5, 13, 14, 21, 23, 31
Días menos favorables en general: 11, 12, 17, 18, 23, 24, 25
Mejores días para el amor: 3, 4, 5, 13, 14, 17, 18, 21, 22, 31
Mejores días para el dinero: 4, 5, 6, 7, 9, 10, 13, 14, 17, 18, 21, 23, 26, 31
Mejores días para la profesión: 4, 5, 13, 21, 23, 24, 25, 31

La actividad retrógrada bajará este mes, al igual que a lo largo del resto del año. O sea que las cosas están empezando a progresar poco a poco en el mundo. Dado que Mercurio, tu planeta de la economía, será retrógrado el 14, realiza antes de esta fecha las compras y las inversiones importantes. Tendrás algunos desacuerdos económicos con un progenitor, figura parental o jefe. Te llevará un tiempo resolverlos. Mercurio se alojará casi todo el mes en tu casa siete del amor (hasta el 28). Así que como el mes anterior, tu encanto social y tus contactos son importantes en las finanzas. Con frecuencia, este tránsito trae oportunidades para montar negocios con socios o crear empresas conjuntas, pero te conviene estudiar más a fondo estos proyectos, sobre todo a partir del 15. Ahora estás muy implicado económicamente con tu cónyuge, pareja o amante actual. Tu planeta de la economía en Escorpio sugiere la necesidad de depurar tu vida financiera. La prosperidad te llegará de «deshacerte» de lo que no pertenece a tu vida económica en lugar de añadirle más cosas. Los Tauro son acumuladores por naturaleza. Pero, a veces, este rasgo puede ser una desventaja. Elimina facturas superfluas o gastos innecesarios. Deshazte también de objetos que no uses o necesites. Esta limpieza creará espacio libre para lo nuevo y lo mejor que está deseando llegar a tu vida.

Es el momento para «despejar» tu vida económica.

El principal titular este mes es tu vida amorosa. Te ocurrirán muchas cosas interesantes en esta faceta. En primer lugar, Plutón, tu planeta del amor, iniciará su movimiento de avance el 4, después de llevar muchos meses siendo retrógrado. En segundo lugar, tu séptima casa del amor se volverá muy poderosa a partir del 23. Será una temporada excelente para el amor. Te sentirás más romántico. Verás con mayor claridad tu vida amorosa y social. Una buena parte de tus relaciones tienen que ver con los negocios y la familia. Las oportunidades románticas pueden surgir en tu vida mientras persigues tus objetivos económicos o te relacionas con personas del mundo de las finanzas. También pasarás más tiempo con la familia y en tu hogar. Es posible que los miembros de tu familia o tus contactos familiares hagan de Cupido. Venus ingresará en tu quinta casa el 2. Este tránsito creará otro gran trígono en los signos de tierra de tu carta astral, un aspecto positivo para ti en el aspecto personal y amoroso. Tu profesión se beneficiará de ello, pero tendrás que ser más precavido en esta temporada. Venus (tú) formará aspectos muy favorables con tu planeta del amor, en especial el 21 y 22. Júpiter estará muy cerca de tu planeta del amor a partir del 25. (En noviembre Júpiter aún estará más cerca de él). Todo esto te traerá oportunidades románticas y aventuras amorosas. Incluso es posible que contraigas matrimonio o te comprometas con tu pareja. Si ya estás casado o casada, saldrás más y conocerás a personas nuevas. Tu relación actual se volverá más romántica.

Noviembre

Mejores días en general: 1, 10, 18, 19, 27, 28
Días menos favorables en general: 7, 8, 14, 15, 20, 21
Mejores días para el amor: 2, 3, 11, 12, 14, 15, 19, 21, 22
Mejores días para el dinero: 2, 3, 4, 11, 19, 30
Mejores días para la profesión: 1, 9, 10, 17, 18, 20, 21, 27

Venus alcanzará su segundo solsticio del año el 1 y 2. Se detendrá en el firmamento y luego cambiará de sentido (en latitud). Así que hacer una pausa en tu vida te sentará bien, y después las cosas cambiarán de dirección.

Tu vida amorosa seguirá siendo activa y feliz este mes. Júpiter está viajando con Plutón, tu planeta del amor. También será un mes sexualmente activo. Tu casa siete del amor será poderosa todo el mes. El Sol la abandonará el 21, pero Venus ingresará en ella el mismo día. Sigues viviendo uno de tus mejores momentos amorosos y sociales del año. La entrada de Venus en tu casa siete indica popularidad personal. Ahora apoyas a tus amigos y ellos te lo agradecen. Antepones los intereses de los demás a los tuyos. Aunque seas menos independiente que de costumbre y tu confianza en ti haya disminuido un poco, lo compensas con la feliz vida social que estás llevando.

El cuarto eclipse lunar de la temporada ocurrirá el 30. Tendrá lugar en tu casa del dinero y afectará ligeramente a Neptuno. Te conviene corregir tu estrategia y tus ideas sobre tu vida económica. Las cosas no son como te las imaginas. Pero los cambios que hagas serán positivos. Te costarán, pero al final habrán valido la pena. Este eclipse afectará de nuevo a tus hermanos o figuras fraternas, y a tus vecinos. Se verán obligados a redefinirse. También afectará a los estudiantes universitarios y a los de secundaria. Se darán cambios en sus planes de estudios y surgirán trastornos en sus centros docentes. También están haciendo cambios en su vida espiritual relacionados con las actitudes, las enseñanzas y los maestros.

Aunque no te encuentres en tu mejor momento, tu salud será buena. No es más que un bajón pasajero. Ahora tienes menos energía de la acostumbrada. La buena noticia es que Venus pasará gran parte del mes (hasta el 21) en tu casa seis de la salud, y este aspecto muestra aquello en lo que te centras. Puedes fortalecer tu salud con los masajes en las caderas hasta el 21. A partir del 22 es importante practicar sexo seguro y ser moderado en la actividad sexual (estás en un periodo activo sexualmente, pero no te excedas). También te sentarán bien los programas para depurar el organismo.

La actividad retrógrada está disminuyendo cada vez más. A finales de mes el 90 por ciento de los planetas serán directos. Todo irá a un ritmo más rápido. Progresarás con más rapidez de lo que has estado haciéndolo los últimos meses.

Diciembre

Mejores días en general: 7, 8, 15, 16, 24, 25, 26
Días menos favorables en general: 5, 6, 11, 12, 17, 18
Mejores días para el amor: 2, 3, 8, 11, 12, 16, 22, 23, 25, 26
Mejores días para el dinero: 1, 5, 6, 8, 13, 14, 16, 24, 27, 28
Mejores días para la profesión: 7, 15, 17, 18, 24, 25

Un mes muy intenso que presagia cambios no solo este mes, sino también el próximo año. En primer lugar, dos planetas lentos cambiarán de signos este mes. Saturno abandonará tu casa nueve y entrará en la diez el 18, en esta ocasión se alojará en ella los dos años siguientes. Júpiter entrará en tu casa diez de la profesión el 20. Se quedará prácticamente todo el 2021 en ella. En segundo lugar, los Tauro tendrán el último eclipse del año el 14. Será un eclipse solar en tu octava casa.

El cambio de signo de un planeta lento es siempre un titular. Al igual que un eclipse.

Tu profesión va a ser ahora muy exitosa. Sí, te lo ganarás a pulso, pero triunfarás. Es posible que ocurran cirugías o experiencias cercanas a la muerte en la vida de tus jefes, padres o figuras parentales. El año que viene te enfrentarás a menudo con la muerte y con asuntos relacionados con ella.

El eclipse solar del 14 puede provocar enfrentamientos con la muerte, normalmente de tipo psicológico. El cosmos quiere que la entiendas mejor. El eclipse le traerá cambios económicos drásticos a tu cónyuge, pareja o amante actual. Te conviene tomar medidas correctoras en tu economía. Un progenitor o figura parental vivirá dramas personales, quizá una experiencia cercana a la muerte o una cirugía (otra clase de experiencia cercana a la muerte). Necesitará redefinir su imagen y su forma de presentarse ante el mundo. En el hogar también será necesario hacer reparaciones.

Este eclipse afectará a Neptuno, tu planeta de los amigos. Por eso tus amigos sufrirán dramas personales en sus vidas. Las amistades serán puestas a prueba. El equipo de alta tecnología se volverá más inestable y a menudo tendrás que repararlo o reemplazarlo. Asegúrate de que tus contraseñas sean seguras y de que tus programas antihacking y antivirus estén actualizados. Haz copias de tus archivos importantes.

Como Mercurio, tu planeta de la economía, saldrá «fuera de límites» a partir del 13, saldrás de tu ambiente habitual en las cuestiones económicas. Tal vez no haya soluciones económicas en los lugares usuales por los que te mueves y tengas que buscarlas fuera. Quizá las oportunidades para ganar dinero te lleguen de «fuera» de tu esfera. Mercurio estará en tu octava casa hasta el 21. O sea que ten en cuenta lo que te he indicado antes sobre despejar y depurar tu vida económica. Prosperarás eliminando lo que no pertenece a ella.

Cuando Júpiter y Saturno entren en Acuario, tu salud será más delicada el año que viene y tendrás que vigilarla más. Este mes, sin embargo, tu salud es buena. Salvo en el caso de Júpiter y Saturno (ocurrirá más adelante en el mes), los otros planetas forman aspectos armoniosos contigo o te están dejando en paz.

Géminis

Los gemelos
Nacidos entre el 21 de mayo y el 20 de junio

Rasgos generales

GÉMINIS DE UN VISTAZO

Elemento: Aire

Planeta regente: Mercurio
   Planeta de la profesión: Neptuno
   Planeta de la salud: Plutón
   Planeta del amor: Júpiter
   Planeta del dinero: la Luna

Colores: Azul, amarillo, amarillo anaranjado
   Colores que favorecen el amor, el romance y la armonía social:
      Azul celeste
   Colores que favorecen la capacidad de ganar dinero: Gris, plateado

Piedras: Ágata, aguamarina

Metal: Mercurio

Aromas: Lavanda, lila, lirio de los valles, benjuí

Modo: Mutable (= flexibilidad)

Cualidad más necesaria para el equilibrio: Pensamiento profundo
   en lugar de superficial

Virtudes más fuertes: Gran capacidad de comunicación, rapidez y agilidad de pensamiento, capacidad de aprender rápidamente

Necesidad más profunda: Comunicación

Lo que hay que evitar: Murmuración, herir con palabras mordaces, superficialidad, usar las palabras para confundir o malinformar

Signos globalmente más compatibles: Libra, Acuario

Signos globalmente más incompatibles: Virgo, Sagitario, Piscis

Signo que ofrece más apoyo laboral: Piscis

Signo que ofrece más apoyo emocional: Virgo

Signo que ofrece más apoyo económico: Cáncer

Mejor signo para el matrimonio y/o las asociaciones: Sagitario

Signo que más apoya en proyectos creativos: Libra

Mejor signo para pasárselo bien: Libra

Signos que más apoyan espiritualmente: Tauro, Acuario

Mejor día de la semana: Miércoles

La personalidad Géminis

Géminis es para la sociedad lo que el sistema nervioso es para el cuerpo. El sistema nervioso no introduce ninguna información nueva, pero es un transmisor vital de impulsos desde los sentidos al cerebro y viceversa. No juzga ni pesa esos impulsos; esta función se la deja al cerebro o a los instintos. El sistema nervioso sólo lleva información, y lo hace a la perfección.

Esta analogía nos proporciona una indicación del papel de los Géminis en la sociedad. Son los comunicadores y transmisores de información. Que la información sea verdadera o falsa les tiene sin cuidado; se limitan a transmitir lo que ven, oyen o leen. Enseñan lo que dice el libro de texto o lo que los directores les dicen que digan. Así pues, son tan capaces de propagar los rumores más infames como de transmitir verdad y luz. A veces no tienen muchos escrúpulos a la hora de comunicar algo, y pueden hacer un gran bien o muchísimo daño con su poder. Por eso este signo es el de los Gemelos. Tiene una naturaleza doble.

Su don para transmitir un mensaje, para comunicarse con tanta facilidad, hace que los Géminis sean ideales para la enseñanza, la literatura, los medios de comunicación y el comercio. A esto contribuye el hecho de que Mercurio, su planeta regente, también rige estas actividades.

Los Géminis tienen el don de la palabra, y ¡menudo don es ese! Pueden hablar de cualquier cosa, en cualquier parte y en cualquier momento. No hay nada que les resulte más agradable que una buena conversación, sobre todo si además pueden aprender algo nuevo. Les encanta aprender y enseñar. Privar a un Géminis de conversación, o de libros y revistas, es un castigo cruel e insólito para él.

Los nativos de Géminis son casi siempre excelentes alumnos y se les da bien la erudición. Generalmente tienen la mente llena de todo tipo de información: trivialidades, anécdotas, historias, noticias, rarezas, hechos y estadísticas. Así pues, pueden conseguir cualquier puesto intelectual que les interese tener. Son asombrosos para el debate y, si se meten en política, son buenos oradores.

Los Géminis tienen tal facilidad de palabra y de convicción que aunque no sepan de qué están hablando, pueden hacer creer a su interlocutor que sí lo saben. Siempre deslumbran con su brillantez.

Situación económica

A los Géminis suele interesarles más la riqueza del aprendizaje y de las ideas que la riqueza material. Como ya he dicho, destacan en profesiones como la literatura, la enseñanza, el comercio y el periodismo, y no todas esas profesiones están muy bien pagadas. Sacrificar las necesidades intelectuales por el dinero es algo impensable para los Géminis. Se esfuerzan por combinar las dos cosas.

En su segunda casa solar, la del dinero, tienen a Cáncer en la cúspide, lo cual indica que pueden obtener ingresos extras, de un modo armonioso y natural, invirtiendo en propiedades inmobiliarias, restaurantes y hoteles. Dadas sus aptitudes verbales, les encanta regatear y negociar en cualquier situación, pero especialmente cuando se trata de dinero.

La Luna rige la segunda casa solar de los Géminis. Es el astro que avanza más rápido en el zodiaco; pasa por todos los signos y casas cada 28 días. Ningún otro cuerpo celeste iguala la velocidad de la Luna ni su capacidad de cambiar rápidamente. Un análisis de la Luna, y de los fenómenos lunares en general, describe muy bien las actitudes geminianas respecto al dinero. Los Géminis son versátiles y flexibles en los asuntos económicos. Pueden ganar dinero de muchas maneras. Sus actitudes y necesidades en este sentido parecen variar diariamente. Sus estados de ánimo respecto al dinero son cambiantes. A veces les entusiasma muchísimo, otras apenas les importa.

Para los Géminis, los objetivos financieros y el dinero suelen ser solamente medios para mantener a su familia y tienen muy poco sentido en otros aspectos.

La Luna, que es el planeta del dinero en la carta solar de los Géminis, tiene otro mensaje económico para los nativos de este signo: para poder realizar plenamente sus capacidades en este ámbito, han de desarrollar más su comprensión del aspecto emocional de la vida. Es necesario que combinen su asombrosa capacidad lógica con una comprensión de la psicología humana. Los sentimientos tienen su propia lógica; los Géminis necesitan aprenderla y aplicarla a sus asuntos económicos.

Profesión e imagen pública

Los Géminis saben que se les ha concedido el don de la comunicación por un motivo, y que este es un poder que puede producir mucho bien o un daño increíble. Ansían poner este poder al servicio de las verdades más elevadas y trascendentales. Este es su primer objetivo: comunicar las verdades eternas y demostrarlas lógicamente. Admiran a las personas que son capaces de trascender el intelecto, a los poetas, pintores, artistas, músicos y místicos. Es posible que sientan una especie de reverencia sublime ante las historias de santos y mártires religiosos. Uno de los logros más elevados para los Géminis es enseñar la verdad, ya sea científica, histórica o espiritual. Aquellas personas que consiguen trascender el intelecto son los superiores naturales de los Géminis, y estos lo saben.

En su casa diez solar, la de la profesión, los Géminis tienen el signo de Piscis. Neptuno, el planeta de la espiritualidad y el altruismo, es su planeta de la profesión. Si desean hacer realidad su más elevado potencial profesional, los Géminis han de desarrollar su lado trascendental, espiritual y altruista. Es necesario que comprendan la perspectiva cósmica más amplia, el vasto fluir de la evolución humana, de dónde venimos y hacia dónde vamos.

Sólo entonces sus poderes intelectuales ocuparán su verdadera posición y Géminis podrá convertirse en el «mensajero de los dioses». Es necesario que cultive la facilidad para la «inspiración», que no se origina «en» el intelecto, sino que se manifiesta «a través» de él. Esto enriquecerá y dará más poder a su mente.

Amor y relaciones

Los Géminis también introducen su don de la palabra y su locuacidad en el amor y la vida social. Una buena conversación o una contienda verbal es un interesante preludio para el romance. Su único problema en el amor es que su intelecto es demasiado frío y desapasionado para inspirar pasión en otra persona. A veces las emociones los perturban, y su pareja suele quejarse de eso. Si estás enamorado o enamorada de una persona Géminis, debes comprender a qué se debe esto. Los nativos de este signo evitan las pasiones intensas porque estas obstaculizan su capacidad de pensar y comunicarse. Si adviertes frialdad en su actitud, comprende que esa es su naturaleza.

Sin embargo, los Géminis deben comprender también que una cosa es hablar del amor y otra amar realmente, sentir el amor e irradiarlo. Hablar elocuentemente del amor no conduce a ninguna parte. Es necesario que lo sientan y actúen en consecuencia. El amor no es algo del intelecto, sino del corazón. Si quieres saber qué siente sobre el amor una persona Géminis, en lugar de escuchar lo que dice, observa lo que hace. Los Géminis son muy generosos con aquellos a quienes aman.

A los Géminis les gusta que su pareja sea refinada y educada, y que haya visto mucho mundo. Si es más rica que ellos, tanto mejor. Si estás enamorado o enamorada de una persona Géminis, será mejor que además sepas escuchar.

La relación ideal para los Géminis es una relación mental. Evidentemente disfrutan de los aspectos físicos y emocionales, pero si no hay comunión intelectual, sufrirán.

Hogar y vida familiar

En su casa, los nativos de Géminis pueden ser excepcionalmente ordenados y meticulosos. Tienden a desear que sus hijos y su pareja vivan de acuerdo a sus normas y criterios idealistas, y si estos no se cumplen, se quejan y critican. No obstante, se convive bien con ellos y les gusta servir a su familia de maneras prácticas y útiles.

El hogar de los Géminis es acogedor y agradable. Les gusta invitar a él a la gente y son excelentes anfitriones. También son buenos haciendo reparaciones y mejoras en su casa, estimulados por su necesidad de mantenerse activos y ocupados en algo que les agrada hacer. Tienen muchas aficiones e intereses que los mantienen ocupados cuando están solos. La persona Géminis comprende a sus hijos y se lleva bien con ellos, sobre todo porque ella misma se mantiene joven. Dado que es una excelente comunicadora, sabe la manera de explicar las cosas a los niños y de ese modo se gana su amor y su respeto. Los Géminis también alientan a sus hijos a ser creativos y conversadores, tal como son ellos.

Horóscopo para el año 2020[*]

Principales tendencias

El mayor poder planetario este año se encuentra en tu casa ocho. Lleva siendo poderosa los últimos dos años, pero en este lo es incluso más todavía. Este año vivirás, pues, una transformación personal. Se dará a través de crisis, experiencias cercanas a la muerte y encuentros con la muerte. En general, este aspecto no indica una muerte física, sino en el plano psicológico. Es un año en el que puedes dar a luz a la persona que deseas ser, la persona que eres capaz de ser. El estrés que sentirás mientras tanto son los dolores del parto.

El poder de tu casa ocho muestra un año sexualmente activo, sobre todo comparado con los dos anteriores. Tengas la edad que tengas, o sea cual sea tu etapa de la vida, tu libido es más potente que de costumbre.

Neptuno lleva ya muchos años en tu casa diez de la profesión y seguirá ocupándola muchos más. La profesión será el aspecto de

---

[*] Las previsiones de este libro se basan en el Horóscopo Solar y en todos los signos derivados del mismo: tu signo solar se convierte en el Ascendente, y las casas se numeran a partir de él. Tu horóscopo personal, el trazado concretamente para ti (según la fecha, hora y lugar exactos de tu nacimiento) podría modificar lo que se indica aquí. Joseph Polansky.

tu vida en el que más te volcarás, junto con la espiritualidad. Volveremos a este tema más adelante.

Tu vida espiritual es incluso más intensa ahora que Urano está en tu casa doce de la espiritualidad. Ingresó en ella el año pasado y la ocupará muchos años más. Están ocurriendo grandes cambios en esta faceta, así como mucha experimentación espiritual por tu parte. Volveremos a este tema más adelante.

Saturno hará una incursión en tu casa nueve del 23 de marzo al 1 de julio. Y luego regresará a tu casa ocho hasta el 18 de diciembre. Este tránsito muestra que tus creencias religiosas y filosóficas serán puestas a prueba, se verán sometidas a una «terapia de realidad». Tendrás que corregir algunas y desechar otras. Esta tendencia se dará a partir del 18 de diciembre y también durará mucho tiempo.

Júpiter estará buena parte del año en tu octava casa. Este aspecto indica una libido más potente. Ahora expresas el amor físicamente, es decir, por medio del sexo. Volveremos a este tema más adelante. Esta coyuntura muestra una herencia, pero también puede indicar beneficiarse de un patrimonio o ser nombrado administrador de una propiedad. Afortunadamente, no significa necesariamente que se produzca una defunción.

La entrada de Júpiter en tu casa nueve a finales de año (20 de diciembre) es un tránsito estupendo para los estudiantes universitarios y para los que solicitan ingresar en una facultad. Tendrán buena suerte en ello.

Las áreas que más te interesarán este año serán el sexo, la transformación personal, el ocultismo, la religión, la filosofía, la teología, los estudios superiores, los viajes al extranjero (del 23 de marzo al 1 de julio, y a partir del 18 de diciembre); los grupos de amigos y las actividades grupales (a partir del 28 de junio); y la profesión y la espiritualidad.

Lo que más te llenará este año será la economía (hasta el 6 de mayo); la comunicación y los intereses intelectuales (a partir del 6 de mayo); el sexo, la transformación personal y el ocultismo (hasta el 20 de diciembre); y la religión, la filosofía, la teología, los estudios superiores y los viajes al extranjero (a partir del 20 de diciembre).

Salud

(Ten en cuenta que se trata de una perspectiva astrológica de la salud, no una médica. En el pasado, no había ninguna diferencia, ambas eran idénticas, pero en la actualidad podrían diferir mucho. Para obtener un punto de vista médico, consulta a tu médico de cabecera o a un profesional de la salud.)

Tu salud debería ser buena este año y mejorar incluso más aún durante el transcurso del mismo. A finales de año deberías sentirte con más energía y mejor salud de la que tenías al empezar. Neptuno es el único planeta lento formando una alineación desfavorable contigo. El resto te están dejando en paz, y a finales de año dos formarán aspectos armoniosos en tu carta astral (Saturno y Júpiter).

Tu casa seis vacía —solo la visitarán planetas rápidos que te afectarán temporalmente— es otra señal de buena salud. Dado que tu salud es buena, no necesitas prestarle demasiada atención.

Plutón, tu planeta de la salud, viajará con Saturno y Júpiter este año. Por lo que pueden haber cirugías (o te las recomendarán), aunque no parecen graves y al final el resultado por lo visto será bueno. Plutón es el regente genérico de las cirugías y ahora ya lleva muchos años en tu casa ocho, la de las intervenciones quirúrgicas. Así que tenderás a verlas como «soluciones rápidas» para los problemas de salud. Pero estos mismos aspectos planetarios favorecen la depuración y este método también debes tenerlo en cuenta. Los programas para limpiar el organismo te irán de maravilla y tenderán a producir el mismo efecto que una cirugía (solo que normalmente llevan más tiempo y exigen una mayor disciplina).

Tu cónyuge, pareja o amante actual también se someterá a una cirugía. Puede considerar, al igual que tú, recurrir a los programas depurativos.

Por buena que sea tu salud, siempre puedes mejorarla. Presta más atención a las siguientes zonas vulnerables de tu carta astral.

El colon, la vejiga y los órganos sexuales. Estos órganos son siempre importantes para los Géminis, ya que Plutón, tu planeta de la salud, rige estas zonas. Te irá bien trabajar los puntos reflejos de estas partes del cuerpo. Es esencial practicar sexo seguro y mantener una actividad sexual moderada. También te sentará bien recurrir de vez en cuando a los enemas con infusiones de plantas medicinales.

La columna, las rodillas, la dentadura, la piel y una alineación esquelética general. Te irá bien trabajar los puntos reflejos de estas partes del cuerpo. Estas zonas adquirieron importancia desde que tu planeta de la salud ingresó en Capricornio en 2008. Y serán importantes durante muchos años más. Te convienen los masajes regulares en la espalda y las rodillas. Al igual que las visitas regulares al quiropráctico o al osteópata. Terapias como la Técnica Alexander, el Rolfing y el método Feldenkreis son beneficiosas. Cuando hagas ejercicio, protégete las rodillas con una mayor sujeción. También son aconsejables unos controles dentales periódicos.

Los pulmones, los brazos, los hombros y el sistema respiratorio. Estas zonas son importantes para los Géminis. Te irá bien trabajar los puntos reflejos de estas partes del cuerpo. Los masajes regulares en los brazos y los hombros también son saludables y te permiten eliminar la tensión acumulada en los hombros.

Aunque tu salud sea buena este año, habrá temporadas en las que no lo será tanto. Se deberá a los aspectos desfavorables de los planetas rápidos. Pero los efectos son pasajeros y no constituyen las tendencias para el año. Cuando los dejes atrás, volverás a gozar de una salud y energía envidiables.

Tus periodos vulnerables serán del 19 de febrero al 20 de marzo, del 23 de agosto al 22 de septiembre, y del 22 de noviembre al 21 de diciembre. Descansa más en esos días. En las previsiones mes a mes hablaré de este tema más a fondo.

Hogar y vida familiar

Mercurio, el regente de tu carta astral, es también tu planeta de la familia. Esto muestra que el hogar y la familia son siempre importantes para ti. Tiendes a ser una persona familiar. Sin embargo, este año todos los planetas lentos se encuentran en la mitad superior de tu carta astral, el hemisferio diurno, la parte de la profesión y las actividades externas. Y aunque el hemisferio nocturno se fortalezca un poco en el transcurso del año, nunca predominará. Tu casa cuatro también está prácticamente vacía (solo la visitarán planetas rápidos), por lo que esta área no es tan poderosa como de costumbre. Ahora tu profesión es mucho más importante que las cuestiones del hogar y de la familia. Tu cuarta casa vacía, como nuestros lectores saben, tiende a hacer que las cosas sigan igual. Este aspecto puede interpretarse como algo bueno. Pareces satisfecho con tu vida actual y no necesitas hacer cambios importantes. Das por sentada tu situación doméstica. Este año tu vida familiar será relativamente tranquila.

Mercurio, tu planeta de la familia, es un planeta muy rápido y a menudo errático. Algunas veces se mueve con gran rapidez (transita por 3 signos y casas en un determinado mes), y otras lo hace despacio (se queda en un signo todo un mes). Tres veces al año es retrógrado. Tu vida familiar tiende a reflejar estos cambios planetarios. Puede ser variable. Pero estás acostumbrado a ello y ahora sabes cómo manejarla.

Como Mercurio se mueve tan deprisa, se darán muchas tendencias familiares de corta duración que dependerán de dónde esté Mercurio y de los aspectos que reciba. En las previsiones mes a mes hablaré de estas tendencias con más detalle.

La vida familiar de tus progenitores o figuras parentales también seguirá igual este año. Un miembro de la pareja parece ser muy espiritual y participar en causas benéficas y altruistas. El otro está más dedicado a divertirse y disfrutar de la vida.

Tus hermanos o figuras fraternas podrían mudarse este año, pero es posible que el traslado sea muy complicado y conlleve muchos retrasos. Si están en edad de concebir, serán más fértiles en esta etapa que de costumbre. Su matrimonio o relación actual atravesará momentos difíciles. Pero pueden superarlos.

Es probable que tus hijos o figuras filiales se muden a otro lugar. En este caso, la mudanza también parecerá complicada y con muchos problemas y demoras. Si están en edad de concebir, serán más fértiles que de costumbre.

Tus nietos (en el caso de tenerlos) o los que desempeñan este papel en tu vida, pueden mudarse en diversas ocasiones este año, y esta tendencia también seguirá muchos años más. Su vida doméstica parece inestable. Ellos también serán más fértiles que de costumbre (en el caso de tener la edad adecuada).

Si deseas renovar tu hogar, del 22 de agosto al 22 de septiembre es un buen momento para hacerlo. Si tienes pensado mejorar la parte estética de tu hogar o comprar objetos de arte para decorarlo, del 2 al 28 de octubre será también un buen momento.

Profesión y situación económica

Tu casa del dinero no es «poderosa» este año. Está prácticamente vacía. Solo la visitarán planetas rápidos y sus efectos serán pasajeros. Normalmente esto es bueno. Muestra que estás satisfecho con tu situación económica actual. No necesitas hacer cambios importantes ni centrarte demasiado en este aspecto de tu vida. Pero este año es diferente. La Luna, tu planeta de la economía, será eclipsada cuatro veces este año, el doble de lo normal. Y por si esto fuera poco, habrá dos eclipses, uno solar y otro lunar, en tu casa del dinero. Este aspecto garantiza muchos cambios económicos importantes y drásticos. Tendrás que tomar medidas correctoras importantes en cuanto a tu economía. Es posible que tu forma de interpretarla y verla no sea realista, tal como muestran los acontecimientos del eclipse.

La Luna, tu planeta de la economía, es el planeta más rápido y errático de todos. Los otros planetas rápidos (el Sol, Mercurio y Venus) tardan un año en dar la vuelta al zodiaco, en cambio la Luna lo hace cada mes. Este año se darán muchas tendencias de corta duración que dependerán de la Luna y de los aspectos que reciba. En las previsiones mes a mes hablaré de estas tendencias con más detalle.

En general (hablaré de ello más adelante) tu poder económico es mayor los días de luna nueva, luna llena y luna creciente (aumenta). También es mayor en el perigeo lunar, (cuando la Luna está más próxima a la Tierra). Y en los días de luna menguante (disminuye) es indicado usar el dinero que te sobre para saldar deudas.

Cuando la luna sea menguante o no esté en perigeo, tendrás días buenos en el plano económico, pero en el perigeo lunar o en la fase de luna creciente serán todavía mejores.

Este año tu casa ocho es muy poderosa, es ciertamente la más potente de tu carta astral. Por eso es un buen año para adquirir o saldar deudas, depende de tus necesidades. Al igual que para pagar impuestos y realizar una planificación testamentaria (si tu edad es la adecuada). El dinero te puede llegar de reclamaciones de seguros o de devoluciones de impuestos. Solemos recibir una herencia cuando la octava casa es poderosa. Pero, afortunadamente, no es necesario que nadie fallezca. Puedes figurar en el testamento de alguien o recibir un cargo para administrar una propiedad. Como la casa ocho trata del dinero ajeno, es un año para centrarte en la prosperidad de los demás. Antepones los intereses económicos de los demás a los tuyos (aunque no debes descuidar tus propios intereses). Tu cónyuge, pareja o amante actual tendrá un año muy bueno en cuanto a la economía. Sin duda, se lo ganará con su propio esfuerzo, pero la prosperidad estará de su lado. También equilibrará la balanza en cuanto a tus ingresos.

Tu profesión lleva muchos años siendo importante, pero en 2020 lo será más todavía. No solo es poderosa tu décima casa de la profesión, sino que como he señalado, este año predomina la mitad superior —el hemisferio diurno— de tu carta astral. Esta coyuntura hace que seas más ambicioso que de costumbre.

Naciste sintiendo que tenías una misión. Siempre has tenido grandes ideales en cuanto a lo que querías conseguir en la vida. Y ahora que Neptuno está en tu casa diez de la profesión (lleva muchos años en ella), la sensación de tener una misión en la vida es más fuerte. Y seguirá aumentando en los próximos años. Muchos Tauro se dedican a una profesión de tipo espiritual o caritativa. Otros, a pesar de tener una profesión mundana, también participan notablemente en esta clase de actividades. No te basta con ganar dinero y triunfar. Necesitas hacer algo significativo en la vida, algo que eleve a la humanidad. Si aún no estás participando en este tipo de actividades, este año o los años próximos se te abrirán las puertas en este sentido.

Amor y vida social

El amor será complicado este año. (¿Acaso no lo es siempre? Pero algunos años lo son más que otros.)

Júpiter, tu planeta del amor, pasará casi todo el año en el conservador Capricornio, tu octava casa. Y no solo eso, además viajará con Saturno y Plutón este año. De ello se puede extraer muchos mensajes.

En primer lugar, Júpiter no es demasiado poderoso en el signo de Capricornio. Los astrólogos dicen que está en «caída», su posición más débil. O sea que tu magnetismo social no será tan fuerte como de costumbre. En segundo lugar, indica que te relacionarás menos con la gente. Si no tienes pareja, seguirás teniendo citas y asistiendo a fiestas, pero lo harás menos que de costumbre. Ahora sentirás la necesidad de centrarte en la calidad en lugar de en la cantidad. Preferirás disfrutar de unas pocas citas y eventos sociales de gran calidad, que de un montón de mediocres. Serás más selectivo en esa temporada. No es probable que te cases este año, ni tampoco es aconsejable. El siguiente será mucho mejor para ello. Te atraerán las personas serias de más edad que tú y de un nivel social más alto que el tuyo. Y se darán oportunidades para salir con esta clase de personas. El peligro es que mantengas una relación por conveniencia y no por amor. Te surgirán oportunidades para mantener esta clase de relaciones. Estos aspectos también indican que no te enamorarás fácilmente en esos días. Te lo tomarás con calma. Cualquier persona que salga con un Géminis tendrá que entenderlo.

Júpiter en tu casa ocho viajando con Saturno, el regente de esta, sugiere que el magnetismo sexual es lo que más te atrae estos días. (Júpiter también viajará con Plutón, el regente genérico del sexo, y este aspecto respalda lo que acabo de decir.) No hay nada malo en un buen magnetismo sexual, pero una relación sólida necesita algo más que esto.

Tu planeta del amor en tu octava casa muestra que ahora te atraen las personas con dinero, las que ganan un buen sueldo. La riqueza te pone.

Tu planeta del amor viajando con el regente de tu sexta casa indica que te atraen los profesionales sanitarios o las personas que se ocupan de tu salud. Este aspecto suele mostrar una «relación amorosa en un consultorio». Pero ninguna de estas relaciones acabarán en boda, al menos este año.

Si estás intentando casarte por segunda vez, las perspectivas mejorarán después del 20 de diciembre, pero es posible que la boda se retrase. En 2021 te aguarda el amor. Si deseas casarte por tercera vez, este año tu vida amorosa no cambiará. Si estás manteniendo una relación, seguirás con tu pareja, y si estás sin pareja, seguirás así.

Si tienes pareja, este año tu relación sufrirá varias crisis. Tu reto será mantener viva la chispa en la relación. Vuestra situación como pareja parece demasiado práctica, demasiado realista. Los dos hacéis lo que se supone que debéis hacer —cumplís con vuestras obligaciones—, pero la pasión parece haberse apagado.

Progreso personal

Neptuno, como he indicado, lleva en tu décima casa muchos años y la seguirá ocupando muchos más. Neptuno es el planeta más espiritual e idealista de todos. Así que este aspecto te está llevando a una profesión espiritual, a una ocupación que te llena. Pero también tiene otra lectura aplicable a muchos Géminis. Muestra que estos días tu práctica y tu crecimiento espiritual son tu auténtica profesión, tu verdadera misión en la vida. La mayoría de Géminis seguís un camino espiritual. Pero ahora el tuyo se está volviendo más profundo y dinámico.

Neptuno, el planeta genérico de la espiritualidad, se aloja en el místico Piscis. Este aspecto propicia el camino místico de *bhakti*. Ahora la lógica y la razón te parecen el enemigo. Lo que a ti te importa realmente es lo que sientes. Si bien este camino —el del amor, la devoción y la exaltación emocional— es sin duda poderoso, al estar ahora Urano en tu casa doce de la espiritualidad, necesitas apoyarte hasta cierto punto en la ciencia y la racionalidad. Eres una persona cerebral. Un intelectual. Ignorar tu mente sería ir en contra de tu naturaleza. La mente no tiene por qué ser tu enemiga. Puede ser una ayuda y una aliada en tu camino. Tu enemigo son las impurezas en la mente.

Dado que Urano gobierna la ciencia y la tecnología, muchos Géminis aplicaréis la alta tecnología en vuestra práctica espiritual, como por ejemplo, la realidad virtual, escuchar charlas retransmitidas, o asistir a eventos espirituales, charlas y meditaciones retransmitidas. Hay todo tipo de aparatos de alta tecnología que te ayudan a meditar, y a ti por lo visto te encantan.

Como Urano rige también la astrología, la astrología esotérica y el lado filosófico de la astrología son un camino espiritual viable para muchos Géminis. Para conocer más este tema puedes leer mi blog en www.spiritual-stories.com.

Hay algo mágico y místico sobre la casa ocho, y como he indicado, es ciertamente la más fuerte en tu carta astral este año. A niveles más profundos, la casa ocho simboliza la «resurrección», la revivificación. Representa hacer que lo muerto vuelva a cobrar vida. Todos tenemos cosas en nuestra vida que necesitan revivir. Tal vez sea una relación, un proyecto económico o una meta artística. Allí están, latentes, o tal vez incluso muertas. ¿Cómo las podemos hacer resurgir? Este año la octava casa te revelará sus secretos. Lo más probable es que tu mente esté abarrotada de demasiados asuntos secundarios. Necesita una buena poda. Puede que tu casa y tu vida material estén también demasiado abarrotadas. Ahora toca despejarlas y quedarte con lo esencial. Tal vez en tu vida emocional te estás aferrando a asuntos irresueltos, es hora de despejarlos. De esta manera descubrirás de repente que tienes más energía para hacer renacer tus proyectos desechados.

Previsiones mes a mes

Enero

Mejores días en general: 7, 8, 16, 24, 25, 26
Días menos favorables en general: 1, 14, 20, 21, 27, 28

Mejores días para el amor: 5, 6, 13, 14, 18, 19, 20, 21, 22, 23, 27, 28
Mejores días para el dinero: 5, 6, 9, 10, 14, 15, 22, 23, 24, 25
Mejores días para la profesión: 1, 9, 10, 18, 19, 27, 28

Empiezas el año con la mitad occidental —la de tu vida social—, predominando en tu carta astral. Incluso Mercurio, el regente de tu horóscopo, está en esta parte. De modo que no es un periodo de demasiada independencia. Ahora pones a los demás en primer lugar y antepones sus necesidades a las tuyas. No es que seas un dechado de virtudes, simplemente es el ciclo en el que ahora te encuentras. Lo bueno de tu vida te llega más bien de la buena disposición de los demás que de tu iniciativa personal. Si tus circunstancias presentes te resultan molestas, toma nota, y cuando los planetas cambien a tu mitad oriental —lo acabarán haciendo—, podrás llevar a cabo los cambios que deseas para ser feliz.

Ahora que predomina de forma apabullante el hemisferio diurno —todos los planetas (salvo la Luna) se alojarán en él el 2, en la mitad superior de tu carta astral— es el momento de volcarte en tu profesión y en la vida cotidiana. La mejor forma de ocuparte de tu familia —y probablemente esto te haga sentir de maravilla por dentro— es ahora triunfar en tu profesión en lugar de estar demasiado pendiente de los tuyos.

Tu casa ocho será poderosa todo el año, pero sobre todo este mes. El 60 por ciento de los planetas la ocupan o están transitando por ella. Es un mes para depurarte, despejar tu vida y practicar el arte y la ciencia de la resurrección y la transformación personal. Las situaciones de nuestra vida no cambian porque estamos agobiados por todo tipo de cosas inútiles, ya sean bienes materiales o hábitos mentales y emocionales. Despeja tu vida de todo esto y empieza a progresar. Es un mes excelente para la psicología profunda.

Tu cónyuge, pareja o amante actual está teniendo un mes excelente en el aspecto económico. Se lo está ganando a pulso, pero también cuenta con una gran ayuda (en especial, la tuya). El amor es erótico en esta temporada.

El eclipse lunar del 10, el primero de los cuatro de este año, ocurrirá en tu casa del dinero. (Ten en cuenta que la Luna, el planeta eclipsado, también es tu planeta de la economía, por eso este eclipse afectará tu situación económica con intensidad). Es un mes para tomar medidas correctoras en tus finanzas. Las cosas no son como creías, los acontecimientos del eclipse te lo demostrarán, y tendrás que hacer cambios —drásticos— en tu vida. También habrá dramas en las vidas de las personas adineradas con las que te relacionas, y estos dramas les cambiarán la vida. El eclipse afectará a otros tres planetas, será potente. Indica que tu cónyuge, pareja o amante actual también se verá obligado a hacer cambios económicos en su vida. Si eres empresario, podría haber cambios de personal en tu plantilla. También pueden ocurrir cambios laborales o en las condiciones de trabajo. Si te llevas algún que otro susto con la salud, probablemente todo se quede en un susto, ya que tu salud parece ser buena.

Febrero

Mejores días en general: 3, 4, 5, 12, 13, 21, 22
Días menos favorables en general: 10, 11, 16, 17, 23, 24, 25
Mejores días para el amor: 1, 2, 7, 8, 10, 11, 16, 17, 19, 20, 26, 27, 28, 29
Mejores días para el dinero: 1, 2, 3, 4, 6, 7, 10, 11, 12, 13, 19, 20, 23, 24, 28, 29
Mejores días para la profesión: 6, 7, 14, 15, 23, 24, 25

Ahora te encuentras en una temporada profesional inusualmente poderosa. Todos los planetas (salvo la Luna del 3 al 15) están por encima del horizonte, y tu décima casa de la profesión será muy potente a partir del 19. Cuentas con todo el empuje cósmico propiciando tus objetivos externos. Incluso los tuyos te apoyan en tu profesión. Y ellos también parecen gozar de un mayor éxito. Triunfar en tu profesión es lo mejor que puedes hacer para los miembros de tu familia estos días. Los aúpas con tu éxito y ellos también te aúpan a ti con el suyo.

Este mes las casas ocho y diez de tu carta astral están compitiendo por hacerse con el poder y el protagonismo. Pero parecen ser igual de poderosas. Tu casa ocho también fue poderosa el mes anterior. Gran parte de lo que indiqué para enero te servirá para febrero. Tu cónyuge, pareja o amante actual está muy volcado en la economía y las cosas parecen irle bien. Está triunfando con su propio esfuerzo para asegurase de salir adelante, pero está prosperando. Es un gran momento para los proyectos relacionados con la transformación personal y la reinvención de uno mismo. Tu libido es más potente de lo habitual. Es un buen momento para las investigaciones extensas y la psicología profunda. Los programas para depurar el organismo también te sentarán bien. Probablemente tengas que enfrentarte de nuevo con la muerte y con asuntos relacionados con ella, pero suele ser en el aspecto psicológico.

Tu casa del dinero está vacía este mes, solo la Luna la visitará el 6 y 7. Tu éxito profesional acabará aumentando tus ingresos, pero será más adelante. En general, tu mejor momento para ganar dinero será del 1 al 9, y del 23 al 28, los días de luna creciente. El día 9 de luna llena también es especialmente bueno para tu economía al coincidir con el perigeo lunar (cuando la Luna está más próxima a la Tierra). Los días de luna creciente son indicados para hacer inversiones o para ahorrar, es decir, para lo que deseas que aumente. Los días de luna menguante (del 9 al 23) son buenos para saldar deudas o reducir gastos, es decir, para lo que deseas que disminuya.

Tu casa del dinero vacía indica un mes en el que todo seguirá igual económicamente. Lo interpreto como algo positivo. Refleja satisfacción por cómo están las cosas. No necesitas prestarle demasiada atención a este aspecto de tu vida.

Vigila tu salud a partir del 19 este mes. Aunque tu salud sea buena en general, no es uno de tus mejores momentos. Tu energía no es tan alta como de costumbre. Mejora tu salud con los métodos descritos en la previsión anual y, sobre todo, asegúrate de descansar lo suficiente. Haz todo lo posible por tener unos altos niveles de energía.

Marzo

Mejores días en general: 2, 3, 10, 11, 19, 20, 29, 30
Días menos favorables en general: 8, 9, 14, 15, 22, 23
Mejores días para el amor: 1, 8, 9, 14, 15, 17, 18, 27, 28
Mejores días para el dinero: 1, 4, 5, 8, 9, 12, 13, 17, 18, 24, 25, 27, 28
Mejores días para la profesión: 4, 5, 12, 13, 22, 23

Mercurio, el regente de tu horóscopo —el planeta más importante de tu carta astral— lleva en tu casa diez de la profesión desde el 3 de febrero. Y la ocupará hasta el 3 de marzo y luego a partir del 16. El regente de tu horóscopo en la cúspide de tu carta astral indica éxito. No se tratan solo de logros profesionales, sino además de los que tienen que ver con tu aspecto, talante y estilo. La gente ahora te admira. La única complicación es que Mercurio es retrógrado. Empezó a serlo el 17 de febrero y seguirá así hasta el 10 de marzo. Tienes éxito en la vida, pero no te has marcado una meta. Puede parecer que retrocedes en tu trayectoria profesional (del 4 al 10), pero en realidad no es así. Seguirás en uno de tus mejores momentos profesionales del año hasta el 20. Y el 16 volverás a estar en la cima de tu mundo. El 8 y 9 son unos buenos días para hablar con tus superiores, parecen receptivos a tus ideas. También se te ocurrirán buenas ideas relacionadas con tu profesión en ese periodo.

Vigila tu salud hasta el 20. Repasa lo que he indicado el mes anterior. Depurar el organismo siempre es bueno. Pero los masajes en los muslos y una limpieza hepática con infusiones también te sentarán bien este mes. Además, es importante gozar de una vida social saludable. Los problemas con el ser amado o con los amigos pueden afectar tu salud física. La buena noticia es que veo una gran mejora en lo que respecta a tu salud y tu energía después del 20.

Tu vida amorosa será muy interesante —y feliz— en marzo. Tu planeta del amor viajará con Plutón todo el mes. Este aspecto indica un mayor erotismo y actividad sexual. Muestra que el magnetismo sexual es ahora para ti lo que más te atrae en el amor. También indica que te atraen además los profesionales sanitarios y las personas que se ocupan de tu salud. El amor será intenso y tempestuoso en estos días. Las pasiones estarán enardecidas, tanto en el sentido positivo como negativo.

Tu casa del dinero seguirá vacía este mes. Solo la Luna la visitará el 4 y 5. Este tránsito muestra que la situación seguirá igual este mes. Tu poder adquisitivo (y tu entusiasmo) será mayor del 1 al 9, y a partir del 24, los días de luna creciente. Como el 9 habrá luna llena y prácticamente coincidirá con el perigeo lunar, será una jornada especialmente propicia a la economía.

Saturno ingresará en tu casa nueve el 23. O sea que los estudiantes universitarios deben persistir en sus estudios. Les conviene ser más disciplinados.

Abril

Mejores días en general: 7, 8, 15, 16, 17, 25, 26
Días menos favorables en general: 5, 6, 11, 12, 18, 19
Mejores días para el amor: 6, 7, 8, 11, 12, 14, 15, 16, 17, 24, 25, 26
Mejores días para el dinero: 1, 2, 3, 4, 6, 12, 14, 23, 24, 28, 29
Mejores días para la profesión: 1, 2, 9, 10, 18, 19, 28, 29

Saturno se alojará en tu novena casa hasta el 1 de julio. Este aspecto afecta a los estudiantes universitarios como he indicado, pero también pone a prueba —viene a ser una terapia de realidad— tus creencias filosóficas, religiosas y teológicas. Será un proceso largo. Este tipo de cosas no cambian de la noche a la mañana, sino con el paso del tiempo. Gran parte de tus creencias cambiarán. Algunas las descartarás. Este proceso será bueno para ti y te influirá mucho en tu forma de vivir la vida y de sentir las cosas.

Tu salud es excelente este mes. Estás lleno de energía. Si has tenido alguna enfermedad, ahora no se manifestará. Una vida social saludable sigue siendo vital para ti. La entrada de Venus en tu signo el 3 realza tu aspecto físico y le da encanto a tu imagen. Indica también que ahora te gusta más la diversión. El próximo mes iniciarás uno de tus momentos más placenteros del año, pero incluso ahora ya lo estás empezando a notar. Tus hijos o figuras filiales están dedicados a ti. Surgirán oportunidades para divertirte y relajarte.

Aunque una de tus mejores temporadas profesional del año haya terminado (habrán más), el 3 y 4 triunfarás en esta faceta. Tu relación con tus jefes, las personas mayores, y tus padres o figuras parentales es armoniosa. Tu vida onírica será sumamente activa y reveladora en esos días. Préstale atención.

El mes pasado predominó la mitad oriental de tu carta astral, la del yo. Ahora vives una temporada de independencia personal. Los demás son siempre importantes, pero no necesitas su buena disposición ni sus atenciones en esta temporada. Tu felicidad depende de ti. Tu iniciativa personal es lo que importa. Responsabilízate de tu propia felicidad. Haz los cambios que debas hacer en tu vida.

Mercurio alcanzará su solsticio del 14 al 16. Se detendrá en el firmamento y luego cambiará de sentido (en latitud). Así que lo más probable es que se dé una pausa en tu vida cotidiana, pero no te alarmes. Será una pausa renovadora que te llevará hacia una nueva dirección.

Este mes es de tipo espiritual, sobre todo a partir del 19. Es un buen momento para la meditación, las prácticas espirituales y el estudio de la literatura sagrada. Un tiempo para hacer grandes progresos espirituales.

El Sol viajará con Urano del 24 al 26, un tránsito que te trae ideas innovadoras y originales. Quizá te llegue un equipo de comunicación nuevo (de alta tecnología).

Tu vida amorosa seguirá siendo buena este mes. Las tendencias del mes anterior seguirán dándose en este.

Mayo

Mejores días en general: 4, 5, 13, 14, 23, 24
Días menos favorables en general: 2, 3, 8, 9, 15, 16, 29, 30
Mejores días para el amor: 3, 4, 5, 8, 9, 12, 13, 14, 22, 23, 24
Mejores días para el dinero: 2, 3, 11, 12, 22, 23, 25, 26
Mejores días para la profesión: 6, 7, 15, 16, 25, 26

La actividad retrógrada aumentará este mes. El 40 por ciento de los planetas, un porcentaje elevado, serán retrógrados a partir del 14. Plutón, tu planeta de la salud, inició su movimiento retrógrado el mes pasado (25 de abril) y lo mantendrá muchos meses más. Si buscas trabajo analiza las oportunidades laborales con más detenimiento. Las cosas no son lo que parecen. Tampoco es bueno hacer cambios importantes relacionados con la salud, estudia la situación más a fondo. A tus hijos o figuras filiales les conviene ser más cuidadosos con las cuestiones económicas. Deben mostrarse más diligentes en este aspecto.

Júpiter, tu planeta del amor, iniciará su movimiento retrógrado el 14 y lo mantendrá muchos meses más. Tu vida amorosa se ralentizará, como debe ser. En tu carta astral aparece el amor, pero no hace falta apresurar las cosas. Deja que el amor vaya progresando por sí solo.

La mitad oriental de tu carta astral, la del yo, lleva siendo poderosa desde el último mes, pero este lo será más todavía. Marte pasará de la mitad occidental a la oriental el 13, por lo que el 60 por ciento de los planetas (y a veces el 70 por ciento) estarán en la mitad oriental. Tu primera casa del yo será poderosísima a partir del 20. A partir de esta fecha tu poder planetario estará al máximo en la mitad oriental. Esta parte de tu carta astral, la del yo, nunca será tan poderosa como ahora. Es el momento de conseguir lo que te propongas a tu manera. Cuentas con el apoyo de los poderes planetarios. Tu felicidad es importante para el cosmos. Si eres feliz, habrá mucha menos desdicha en el mundo. Tus problemas amorosos y sociales no se resolverán de la noche a la mañana, empieza a ocuparte del más prioritario.

Como Mercurio saldrá «fuera de límites» a partir del 17, te encontrarás fuera de tu ambiente habitual. A los miembros de tu familia también les ocurrirá lo mismo. En vuestro entorno actual no encontraréis las soluciones, tendréis que buscarlas en otra parte.

Al ser tu primera casa poderosa, es un buen mes para poner en forma tu cuerpo y tu imagen. También es un buen momento para darle a tu cuerpo los placeres que anhela (mientras no te excedas). Tu casa del dinero será poderosa después del 29. Pero el mes siguiente lo será incluso más todavía. La prosperidad está aumentando en tu vida. Tus ingresos crecerán del 1 al 7, y a partir del 22. El día 6 de luna llena será especialmente poderoso económicamente, ya que habrá una «superluna» que coincidirá con el perigeo lunar (cuando está más próxima a la Tierra). El 23 también parece una jornada inusualmente poderosa económicamente. Ese día te llegarán oportunidades económicas o ingresos inesperados.

Junio

Mejores días en general: 1, 9, 10, 19, 20
Días menos favorables en general: 5, 6, 11, 12, 13, 26, 27, 30
Mejores días para el amor: 1, 5, 6, 8, 9, 10, 18, 19, 20, 27, 30
Mejores días para el dinero: 1, 8, 9, 10, 18, 20, 21, 22, 27
Mejores días para la profesión: 3, 4, 11, 12, 21, 22, 28, 29

Venus lleva en tu signo desde abril y lo ocupará todo el mes. Tu encanto social es ahora inusualmente fuerte. Tu sentido de la estética también es mayor que de costumbre. El 25 (especialmente después de esta fecha) será un buen momento para comprar ropa o complementos, y embellecer tu cuerpo y tu imagen personal. Pese a tu gran atractivo, el amor tal vez se haya estancado en tu vida. Aunque seguirás viviendo uno de tus momentos más placenteros del año casi todo el mes. Disfruta ahora de tu cuerpo (aunque sin excederte). Dale los placeres que ansía. Es bueno mimarte un poco.

Este mes habrá dos eclipses y este es el principal titular. Ambos afectarán a tu vida económica y muestran que deberás tomar medidas correctoras en tu economía. Los acontecimientos desencadenados por estos eclipses te mostrarán que tu mentalidad y tu estrategia económica no han estado siendo realistas. Te obligarán a hacer cambios.

Como el eclipse lunar del 5 ocurrirá en tu séptima casa del amor, tu vida amorosa atravesará momentos difíciles. Es cuando suelen aflorar emociones reprimidas y antiguas heridas para que las resuelvas. Si las afrontas adecuadamente y tu relación de pareja es sólida, superaréis ese bache en vuestra relación y la experiencia os unirá más aún. Pero si vuestra relación deja mucho que desear, es posible que se rompa. Como tu planeta del amor sigue siendo retrógrado, no tomes decisiones importantes con respecto al amor este mes. Es un momento para aclararte las ideas en este terreno. Las personas adineradas de tu vida pueden estar viviendo dramas con la salud. Dado que este eclipse afectará a Marte y Venus, las amistades también pasarán por momentos difíciles. Es posible que surjan dramas en las vidas de tus amigos. Tus hijos o figuras filiales también acusarán los efectos del eclipse. Durante este periodo vigila que no corran ningún peligro. El eclipse también te afectará de lleno, reduce tu agenda para tomártelo todo con más calma en esos días. Recibirás unas señales inequívocas sobre cuándo tienes que bajar el ritmo en tu vida.

El eclipse solar del 21 ocurrirá en tu casa del dinero. Afectará a tus hermanos o figuras fraternas, y a tus vecinos. Vivirán cambios espirituales en sus prácticas religiosas, actitudes, enseñanzas y maestros. Los estudiantes de secundaria también acusarán los efectos del eclipse. Pueden producirse trastornos en sus centros docentes o cambios en los planes de estudios. Tu cónyuge, pareja o amante actual puede tener sueños relacionados con la muerte u otros encuentros psicológicos con ella.

La actividad retrógrada alcanzará uno de sus puntos máximos este mes (habrá otro en septiembre). Por eso gran parte de los incidentes descritos pueden ocurrir con efectos retardados.

Julio

Mejores días en general: 6, 7, 8, 16, 17, 25, 26
Días menos favorables en general: 2, 3, 9, 10, 23, 24, 29, 30
Mejores días para el amor: 1, 2, 3, 6, 7, 8, 9, 10, 16, 17, 19, 20, 25, 26, 27, 28, 29, 30
Mejores días para el dinero: 1, 4, 5, 9, 10, 14, 15, 19, 20, 21, 22, 23, 24, 29, 31
Mejores días para la profesión: 1, 9, 10, 19, 20, 27, 28

Llevas viviendo uno de tus mejores momentos económicos del año desde el 21 de junio, pero el otro eclipse lunar del 5 trastocará de nuevo tu situación económica. Tu forma de ver la economía no es aún como debería ser y tendrás que tomar las medidas correctoras necesarias al respecto. El eclipse ocurrirá en tu octava casa y también afectará los ingresos de tu cónyuge, pareja o amante actual. Ambos tendréis que hacer grandes cambios económicos. Este eclipse traerá encuentros psicológicos con la muerte, algunas veces por medio de sueños, y otras al salvarte de milagro de un accidente, enterarte de que han estado ocurriendo crímenes horrorosos, o descubrir que un conocido ha fallecido o ha tenido una experiencia cercana a la muerte. El eclipse afectará ligeramente a tres planetas más. Aunque no les impactará de lleno. Los efectos sobre Mercurio repercutirán en ti y en los tuyos. En esta temporada los miembros de tu familia pueden mostrarse más temperamentales. Es posible que te veas obligado a hacer reparaciones en tu hogar. También desearás redefinirte y proyectar una nueva autoimagen. Es probable que tu imagen cambie en los próximos meses. El impacto del eclipse sobre Júpiter afectará a tu cónyuge, pareja o amante actual y pondrá a prueba vuestra relación. El impacto sobre Marte mostrará que los amigos acusarán también los efectos del eclipse. Las amistades pasarán por momentos difíciles y habrá dramas en las vidas de tus amigos. Tu equipo de alta tecnología se puede comportar de manera imprevisible en esta temporada. En ocasiones, te verás obligado a repararlo o reemplazarlo.

El amor será complicado este mes. En primer lugar, el eclipse afectará a tu cónyuge, pareja o amante actual. En segundo lugar, Júpiter, tu planeta del amor, seguirá siendo retrógrado. En tercer lugar, Mercurio (tú) será retrógrado hasta el 12. O sea que ninguno de los dos tendréis las ideas claras en muchos sentidos. Y por si esto fuera poco, tu pareja y tú os encontraréis en los extremos opuestos de la carta astral, los puntos más alejados el uno del otro. Este aspecto muestra que veréis las cosas de forma opuesta. Vuestro reto como pareja será superar vuestras diferencias. Este mes no lo tendréis fácil. Pero el próximo será mucho más propicio al amor.

Tu casa del dinero es poderosa este mes, lo cual es muy positivo. (Lo ha estado siendo desde el 21 de junio). Es necesario que te centres en este aspecto de tu vida. A pesar de todos los dramas que están teniendo lugar, llegarás a finales de mes con una mejor situación económica de la que tenías a principios de él. Mercurio en tu casa del dinero es una buena señal. No solo muestra que en este espacio de tiempo te centrarás en las finanzas, sino además que se darán los mejores escenarios para tu economía. Proyectas la imagen de una persona opulenta. Los demás te ven como alguien que prospera. También gastas dinero en ti. Tu aspecto personal y tu talante en general —tu estilo personal— juegan un gran papel en tus ingresos.

El Sol entrará en tu tercera casa de la comunicación y las actividades intelectuales el 22. Es la posición favorita de Géminis. En esta fecha serás, pues, más Géminis que de costumbre. Tu extraordinaria habilidad para comunicarte y tus grandes facultades mentales serán incluso mayores de lo habitual.

Agosto

Mejores días en general: 3, 4, 13, 14, 21, 22, 30, 31
Días menos favorables en general: 5, 6, 19, 20, 25, 26, 27
Mejores días para el amor: 2, 3, 4, 11, 15, 16, 20, 23, 24, 25, 26, 27, 29
Mejores días para el dinero: 2, 8, 9, 11, 15, 16, 18, 19, 20, 21, 28, 29
Mejores días para la profesión: 5, 6, 15, 16, 23, 24

La mitad superior de tu carta astral —el hemisferio diurno—, la parte que enfatiza las actividades externas y la profesión, ha sido la que ha estado predominado todo el año, y seguirá siendo la protagonista. Sin embargo, la mitad inferior —la parte del hogar, la familia y el bienestar emocional—, se encuentra en su mejor momento del año. De modo que aunque tu profesión sea muy importante, te conviene centrarte también un poco en el hogar, la familia y el bienestar emocional. Sobre todo a partir del 22, cuando tu cuarta casa sea poderosa.

Venus lleva en tu signo desde abril y seguirá en él hasta el 7. Esto ha sido bueno para tu aspecto personal, la vida espiritual y tus relaciones con tus hijos o figuras filiales. Ahora Venus ingresará en tu casa del dinero el 7, un tránsito económico positivo. Muestra una buena intuición financiera. El asesoramiento económico te llegará de sueños, corazonadas y, con frecuencia, de astrólogos, tarotistas, videntes y médiums. El universo invisible se preocupa por tu prosperidad y te está ayudando activamente a alcanzarla. Este tránsito planetario muestra también la llegada de dinero feliz. Es decir, dinero ganado felizmente mientras te diviertes, quizá en competiciones deportivas, fiestas o lugares de ocio.

Tenderás a especular económicamente después del 7, aunque no es aconsejable que lo hagas. Tus hijos o figuras filiales parecen estar activos en su vida económica en esta temporada. En gran parte dependerá de su edad y de su etapa en la vida. Tus hijos adolescentes te inspiran y te motivan. Suelen tener ideas productivas. Tus hijos adultos tal vez te apoyen económicamente de una forma más directa.

Tu poder adquisitivo aumentará del 1 al 3 y del 19 al 31, a medida que haya luna creciente. El 21 será una buena jornada para tu economía (aunque probablemente trabajes más arduamente para ello), ya que habrá un perigeo lunar. Del 19 al 31 usa el dinero que te sobre para reducir tus deudas. Es también un buen momento para recortar gastos.

Todavía estarás en el paraíso de los Géminis hasta el 22. Ahora absorbes información con pasmosa facilidad. Te comunicas incluso mejor que de costumbre. Los escritores, los mercadotécnicos, profesores y estudiantes de este signo astrológico están viviendo un gran mes.

Tu vida amorosa mejorará a partir del 20. Mercurio (tú) y Júpiter (tu cónyuge, pareja o amante actual) estáis manteniendo una relación armoniosa. Pero ten en cuenta que Júpiter seguirá siendo retrógrado. Así que ve poco a poco en cuanto al amor. Sobre todo es importante si no tienes pareja.

Septiembre

Mejores días en general: 9, 10, 18, 19, 26, 27
Días menos favorables en general: 1, 2, 3, 16, 17, 22, 23, 29, 30
Mejores días para el amor: 2, 3, 6, 7, 13, 14, 16, 17, 22, 23, 24, 25
Mejores días para el dinero: 6, 7, 11, 12, 16, 17, 24, 25, 26
Mejores días para la profesión: 1, 2, 3, 11, 12, 20, 21, 29, 30

La actividad retrógrada llegará a su punto culminante este mes. Del 9 al 12, el 60 por ciento de los planetas tendrán un movimiento retrógrado. El resto del mes, lo serán el 50 por ciento. No te sientas abatido por la lentitud con que transcurre tu vida o por los diversos retrasos que surgen en ella. Es de lo más natural. Se trata del tiempo atmosférico cósmico. No significa que seas una mala persona ni que el cosmos te deteste. Puedes minimizar los retrasos y fallos técnicos siendo perfecto en todo cuanto realizas. Baja el ritmo y asegúrate de que cada detalle sea perfecto.

La actividad retrógrada también tiene ciertas ventajas. Nos obliga a reflexionar sobre distintos aspectos de nuestra vida y ver cómo podemos mejorarlos. Y cuando los planetas retomen el movimiento de avance (y lo harán en los meses siguientes), será el momento ideal para progresar con ellos.

El amor está mejorando poco a poco en tu vida. Mercurio ingresará en la romántica Libra el 5, por lo que las aventuras amorosas te apetecerán más. Júpiter, tu planeta del amor, iniciará su movimiento directo el 13. O sea que tu pareja y tú tendréis las ideas más claras en cuanto al amor.

Ahora ya llevas muchos meses pasándotelo bien, sobre todo del 3 de abril al 7 de agosto. Y este mes, a partir del 5, te traerá más diversión, ocio y creatividad. El 22 iniciarás una de tus temporadas más placentera del año (habrá otras). Como tu vida ha bajado tanto de ritmo a nivel mundano, al menos pásatelo en grande.

Tu salud no está en su mejor momento desde el 22 de agosto. Será así hasta el 22 de este mes. Pero no es nada serio, solo el efecto pasajero del tránsito de los planetas rápidos. Sin embargo, si te agotas demasiado, pueden bajarte las defensas y volverte vulnerable a los problemas de salud. Asegúrate de descansar lo suficiente. A partir del 22 verás que tu salud mejora notablemente. Mientras tanto, refuérzala con los métodos descritos en la previsión anual.

Marte, el regente de tu casa once, iniciará su movimiento retrógrado el 9 y lo mantendrá hasta el 11 de noviembre. Por lo que no es buen momento para comprar aparatos o equipos de alta tecnología. Es el momento idóneo para informarte sobre estos dispositivos, pero adquiérelos (si es posible) cuando Marte retome su movimiento de avance. Los equipos y los aparatos de alta tecnología pueden volverse inestables a partir del 9.

Venus abandonará tu casa del dinero el 6, así que quedará vacía (salvo por la visita de la Luna el 11 y 12). Es un aspecto positivo. Indica que estás satisfecho con tu situación actual. Todo tiende a seguir igual. Tu poder adquisitivo aumentará el 1 y 2, y también a partir del 17, a medida que haya luna creciente. El día 17 la luna nueva coincidirá con el perigeo lunar (cuando está más próxima a la Tierra), por lo que será una «superluna nueva», una jornada especialmente propicia a la economía.

Octubre

Mejores días en general: 6, 7, 15, 16, 23, 24, 25
Días menos favorables en general: 13, 14, 19, 20, 26, 27
Mejores días para el amor: 3, 4, 5, 13, 14, 19, 20, 21, 22, 31
Mejores días para el dinero: 1, 4, 5, 6, 7, 9, 10, 13, 14, 15, 16, 21, 23, 25, 31
Mejores días para la profesión: 9, 10, 17, 18, 26, 27

Te espera un mes feliz y saludable, Géminis. Disfrútalo.

Tu quinta casa de la diversión, los hijos y la creatividad seguirá siendo muy poderosa hasta el 23. O sea que te encuentras todavía en una de tus temporadas más placenteras del año. De vez en cuando es bueno relajarte y disfrutar de la vida. Muchos problemas vienen de aferrarnos a ellos. Pero cuando los dejamos ir, suelen desaparecer por sí solos. A veces, también nos llegan las soluciones sin buscarlas.

Tu sexta casa será poderosa justo cuando Plutón, el regente de la misma, inicie su movimiento de avance. Esto ocurrirá el 4. Ahora tu situación laboral estará más clara. Los cambios en tu programa de salud irán mejor. Si estás buscando trabajo, este mes tendrás también buenas oportunidades para encontrarlo (sobre todo hasta el 14 y a partir del 23).

Este mes debería ser próspero, a pesar de estar tu casa del dinero vacía. También habrá dos lunas llenas este mes, por lo que serán unas jornadas poderosas económicamente. En general, solo se da una luna llena al mes. De modo que este recibirás una ayuda económica extra. La luna nueva del 16 (siempre es un momento propicio económicamente para ti) también es más poderosa que de costumbre. Será una «superluna nueva» que coincidirá con el perigeo lunar (cuando está más próxima a la Tierra). Por lo general, tu poder adquisitivo aumentará el 1, y también del 16 al 31. La luna llena del 31 ocurrirá justo en Urano, el regente de tu casa nueve, o sea que será un planeta muy afortunado. Este aspecto muestra la llegada de dinero «inesperado».

Mercurio, el regente de tu carta astral, iniciará su movimiento retrógrado el 14. Sentirás, pues, el deseo de revisar tus objetivos personales. Tal vez tu autoestima y tu confianza estén un poco más bajas de lo habitual de manera temporal, pero esto también parece ser venturoso para ti. Tu mitad occidental de tu carta astral, la de la vida social, empezará a predominar el 2. Ahora estás en una temporada más social. No necesitas tener demasiada confianza ni autoestima. Deja que los demás hagan las cosas a su manera (mientras no sea una conducta destructiva) y ponlos a ellos en primer lugar. Es el momento para cultivar tus habilidades sociales.

Venus ingresará en tu casa cuatro el 2 y la ocupará hasta el 28, la mayor parte del mes. Será un buen momento para comprar objetos bonitos con los que embellecer tu casa o para decorarla de nuevo. Los miembros de tu familia (sobre todo tus hijos o figuras filiales) serán más espirituales, más idealistas en esta temporada.

Como Marte seguirá retrógrado todo el mes, ten paciencia con los equipos y los aparatos de alta tecnología, si es necesario reemplázalos, y haz más tareas domésticas.

Noviembre

Mejores días en general: 2, 3, 4, 12, 20, 21, 30
Días menos favorables en general: 10, 16, 22, 23
Mejores días para el amor: 2, 3, 11, 12, 16, 19, 21, 22
Mejores días para el dinero: 2, 5, 6, 11, 14, 15, 19, 24, 25
Mejores días para la profesión: 5, 6, 14, 15, 22, 23

Este mes ningún Géminis se quedará sin trabajo, se presentarán en tu vida oportunidades laborales maravillosas, al menos tres. Plutón, tu planeta del trabajo, es directo y tu sexta casa del trabajo es poderosa. Júpiter también está viajando con Plutón, y este tránsito muestra que las oportunidades laborales son buenas. Es probable que te salga trabajo a través de tus contactos sociales. Tienes ganas de trabajar. Y los jefes lo notan. Y si ya tienes trabajo, surgirán oportunidades laborales nuevas y mejores. También es probable que hagas horas extras o que te salgan otros trabajos adicionales.

Tu salud también es buena. La tienes en cuenta y espero que también te centres en la salud preventiva y en llevar un estilo de vida saludable. Como este mes tu salud es buena, si estás demasiado pendiente de ella podrías volverte hipocondríaco. Ten cuidado de no hacer una montaña de un grano de arena. La depuración siempre es buena en tu caso, sobre todo este mes.

Una buena salud significa para ti gozar de una vida amorosa y una vida sexual saludables. Y este mes, por lo visto, ambas te irán de maravilla. Y esto también es bueno para la salud.

Este mes predomina de forma arrolladora la mitad occidental de tu carta astral, la de la vida social. Y el Sol ingresará en tu séptima casa del amor el 21. O sea que es un mes social en el que antepondrás los intereses de los demás a los tuyos. Cuando el Sol ingrese en tu casa del amor, empezarás a entrar en uno de tus mejores momentos amorosos y sociales del año. Si estás sin pareja, tendrás muchas oportunidades románticas. Algunas te llegarán de tu barrio o con los vecinos. También pueden surgir en actos académicos o docentes, como charlas, seminarios, bibliotecas o librerías. A las personas de tu lugar de culto les gusta hacer de Cupido. Tu planeta del amor está viajando muy cerca de Plutón este mes. Así que se presentarán oportunidades sociales y románticas en el lugar de trabajo, con profesionales sanitarios y con personas que se ocupan de tu salud. Una visita al médico o al gimnasio puede acabar en algo más.

El cuarto eclipse lunar de la temporada se producirá el 30. Tendrá lugar en tu signo, por lo que será potente. Tómate las cosas con calma en este tiempo. Haz lo que tengas que hacer, pero si es posible posponlo, en especial si se trata de una actividad estresante. Te conviene tomar medidas correctoras en cuanto a tu economía, es la cuarta vez este año. Si no has tenido cuidado con las cuestiones dietéticas, este eclipse puede desencadenar una depuración del organismo. En los próximos meses te redefinirás y pondrás a punto tu personalidad y tu imagen. Normalmente este proceso lleva a cambiar de vestuario, de peinado y a otros cambios similares.

Diciembre

Mejores días en general: 1, 9, 10, 17, 18, 27, 28
Días menos favorables en general: 7, 8, 13, 14, 19, 20, 21
Mejores días para el amor: 2, 3, 8, 11, 12, 13, 14, 16, 22, 23, 27
Mejores días para el dinero: 2, 3, 5, 6, 8, 13, 14, 16, 24, 27, 29, 30, 31
Mejores días para la profesión: 2, 3, 11, 12, 19, 20, 21, 29, 30, 31

El sexto y último eclipse del año es un eclipse solar que ocurrirá el 14. (El próximo año será un año más normal en cuanto a los eclipses, habrá dos solares y dos lunares.) Tendrá lugar en tu séptima casa del amor. De modo que el amor —en especial, tu relación actual— atravesará momentos difíciles. Será el segundo eclipse del año en tu casa siete. Últimamente te va bien con el amor y ahora es el momento de comprobar lo sólido que realmente es. Si mantienes una buena relación de pareja, seguiréis juntos, pero si vuestra relación deja mucho que desear, es posible que haga agua. El eclipse también afectará a los estudiantes tanto universitarios como de secundaria. Habrá trastornos en sus facultades o centros docentes. Se darán cambios en los planes de estudios y es posible que cambien de escuelas. Tus hermanos o figuras fraternas, así como tus vecinos, vivirán dramas personales. Los coches y el equipo de comunicación se comportarán de forma inestable. A menudo, tendrás que repararlos. Asegúrate de optar por una conducción más defensiva en este periodo.

Además del eclipse, habrá otros cambios en tu vida amorosa, y serán buenos. Júpiter, tu planeta del amor, ingresará en Acuario, tu novena casa, el 20. Ahora tu vida amorosa cambiará por completo. El año pasado estuvo siendo erótica. Pero a estas alturas ya sabes que este aspecto tiene sus limitaciones y ansías algo más. Quieres ser compatible filosóficamente con tu pareja. Deseas estar con una persona que no solo te satisfaga en la cama, sino a la que admires y de la que puedas aprender. El año pasado tuviste una actitud bastante conservadora en el amor. Te mostraste cauteloso y fuiste con pies de plomo a la hora de enamorarte. Pero ahora tu afán experimentador ha aumentado. Desde la perspectiva astrológica, tu planeta del amor es mucho más fuerte en Acuario que en Capricornio (el signo en el que está en caída). Por lo que tu magnetismo social aumentará notablemente. También te atraerán más las personas extranjeras. Estas tendencias se seguirán dando durante casi todo el próximo año.

El 15, a medida que Venus pasará de la mitad inferior de tu carta astral —el hemisferio nocturno—, a la mitad superior —el hemisferio diurno—, volverás al estado que prevalecía a principios de año. Todos los planetas estarán en el hemisferio diurno, la mitad superior de tu carta astral. Esta coyuntura será sumamente inusual. Así que ahora volverás a volcarte en tu profesión y en tus objetivos externos. Como más útil le eres a tu familia es triunfando en el mundo. Tal vez te pierdas algunos partidos de fútbol u obras de teatro de tus hijos, pero les estarás dando los medios para que lleven una vida mejor. Tu éxito exterior te creará armonía emocional en lugar de ocurrir lo contrario.

Tu casa del dinero estará vacía este mes. Solo la Luna la visitará el 2 y 3, y a partir del 29. La economía no es ahora una prioridad

para ti. Estas satisfecho con tu vida actual. Sin embargo, este mes
será próspero. La Luna, tu planeta de la economía, estará el doble
(y medio) de tiempo de lo habitual en tu casa del dinero. Normalmente, la visita durante dos días, pero este mes lo hará cinco. Tu
poder adquisitivo debería aumentar —ya que pones más entusiasmo en ello— del 14 al 30, en los días de luna creciente. El perigeo
lunar del 12 debería ser una buena jornada en el terreno económico, aunque te enfrentarás a dificultades.

Cáncer

El Cangrejo
Nacidos entre el 21 de junio y el 20 de julio

Rasgos generales

CÁNCER DE UN VISTAZO

Elemento: Agua

Planeta regente: Luna
  Planeta de la profesión: Marte
  Planeta de la salud: Júpiter
  Planeta del amor: Saturno
  Planeta del dinero: el Sol
  Planeta de la diversión y los juegos: Plutón
  Planeta del hogar y la vida familiar: Venus

Colores: Azul, castaño rojizo, plateado
  Colores que favorecen el amor, el romance y la armonía social:
    Negro, azul índigo
  Colores que favorecen la capacidad de ganar dinero: Dorado,
    naranja

Piedras: Feldespato, perla

Metal: Plata

Aromas: Jazmín, sándalo

Modo: Cardinal (= actividad)

Cualidad más necesaria para el equilibrio: Control del estado de ánimo

Virtudes más fuertes: Sensibilidad emocional, tenacidad, deseo de dar cariño

Necesidad más profunda: Hogar y vida familiar armoniosos

Lo que hay que evitar: Sensibilidad exagerada, estados de humor negativos

Signos globalmente más compatibles: Escorpio, Piscis

Signos globalmente más incompatibles: Aries, Libra, Capricornio

Signo que ofrece más apoyo laboral: Aries

Signo que ofrece más apoyo emocional: Libra

Signo que ofrece más apoyo económico: Leo

Mejor signo para el matrimonio y/o las asociaciones: Capricornio

Signo que más apoya en proyectos creativos: Escorpio

Mejor signo para pasárselo bien: Escorpio

Signos que más apoyan espiritualmente: Géminis, Piscis

Mejor día de la semana: Lunes

La personalidad Cáncer

En el signo de Cáncer los cielos han desarrollado el lado sentimental de las cosas. Esto es lo que es un verdadero Cáncer: sentimientos. Así como Aries tiende a pecar por exceso de acción, Tauro por exceso de inacción y Géminis por exceso de pensamiento, Cáncer tiende a pecar por exceso de sentimiento.

Los Cáncer suelen desconfiar de la lógica, y tal vez con razón. Para ellos no es suficiente que un argumento o proyecto sea lógico, han de «sentirlo» correcto también. Si no lo sienten correcto lo rechazarán o les causará irritación. La frase «sigue los dictados de tu corazón» podría haber sido acuñada por un Cáncer, porque describe con exactitud la actitud canceriana ante la vida.

Sentir es un método más directo e inmediato que pensar. Pensar es un método indirecto. Pensar en algo jamás toca esa cosa.

Sentir es una facultad que conecta directamente con la cosa o tema en cuestión. Realmente la tocamos y experimentamos. El sentimiento es casi otro sentido que poseemos los seres humanos, un sentido psíquico. Dado que las realidades con que nos topamos durante la vida a menudo son dolorosas e incluso destructivas, no es de extrañar que Cáncer elija erigirse barreras de defensa, meterse dentro de su caparazón, para proteger su naturaleza vulnerable y sensible. Para los Cáncer se trata sólo de sentido común.

Si se encuentran en presencia de personas desconocidas o en un ambiente desfavorable, se encierran en su caparazón y se sienten protegidos. Los demás suelen quejarse de ello, pero debemos poner en tela de juicio sus motivos. ¿Por qué les molesta ese caparazón? ¿Se debe tal vez a que desearían pinchar y se sienten frustrados al no poder hacerlo? Si sus intenciones son honestas y tienen paciencia, no han de temer nada. La persona Cáncer saldrá de su caparazón y los aceptará como parte de su círculo de familiares y amigos.

Los procesos del pensamiento generalmente son analíticos y separadores. Para pensar con claridad hemos de hacer distinciones, separaciones, comparaciones y cosas por el estilo. Pero el sentimiento es unificador e integrador. Para pensar con claridad acerca de algo hay que distanciarse de aquello en que se piensa. Pero para sentir algo hay que acercarse. Una vez que un Cáncer ha aceptado a alguien como amigo, va a perseverar. Tendrías que ser muy mala persona para perder su amistad. Un amigo Cáncer jamás te abandonará, hagas lo que hagas. Siempre intentará mantener cierto tipo de conexión, incluso en las circunstancias más extremas.

Situación económica

Los nativos de Cáncer tienen una profunda percepción de lo que sienten los demás acerca de las cosas, y del porqué de esos sentimientos. Esta facultad es una enorme ventaja en el trabajo y en el mundo de los negocios. Evidentemente, es indispensable para formar un hogar y establecer una familia, pero también tiene su utilidad en los negocios. Los cancerianos suelen conseguir grandes beneficios en negocios de tipo familiar. Incluso en el caso de que no trabajen en una empresa familiar, la van a tratar como si lo fuera. Si un Cáncer trabaja para otra persona, entonces su jefe o jefa se convertirá en la figura parental y sus compañeros de trabajo en sus hermanas y hermanos. Si la persona Cáncer es el jefe o la jefa, entonces considerará a todos los empleados sus hijos. A los cancerianos les gusta la sensación de ser los proveedores de los demás. Disfrutan sabiendo que otras personas reciben su sustento gracias a lo que ellos hacen. Esta es otra forma de proporcionar cariño y cuidados.

Leo está en la cúspide de la segunda casa solar, la del dinero, de Cáncer, de modo que estas personas suelen tener suerte en la especulación, sobre todo en viviendas, hoteles y restaurantes. Los balnearios y las salas de fiesta son también negocios lucrativos para los nativos de Cáncer. Las propiedades junto al mar los atraen. Si bien básicamente son personas convencionales, a veces les gusta ganarse la vida de una forma que tenga un encanto especial.

El Sol, que es el planeta del dinero en la carta solar de los Cáncer, les trae un importante mensaje en materia económica: necesitan tener menos cambios de humor; no pueden permitir que su estado de ánimo, que un día es bueno y al siguiente malo, interfiera en su vida laboral o en sus negocios. Necesitan desarrollar su autoestima y un sentimiento de valía personal si quieren hacer realidad su enorme potencial financiero.

Profesión e imagen pública

Aries rige la cúspide de la casa diez, la de la profesión, en la carta solar de los Cáncer, lo cual indica que estos nativos anhelan poner en marcha su propia empresa, ser más activos en la vida pública y política y más independientes. Las responsabilidades familiares y el temor a herir los sentimientos de otras personas, o de hacerse daño a sí mismos, los inhibe en la consecución de estos objetivos. Sin embargo, eso es lo que desean y ansían hacer.

A los Cáncer les gusta que sus jefes y dirigentes actúen con libertad y sean voluntariosos. Pueden trabajar bajo las órdenes de un superior que actúe así. Sus líderes han de ser guerreros que los defiendan.

Cuando el nativo de Cáncer está en un puesto de jefe o superior se comporta en gran medida como un «señor de la guerra». Evidentemente sus guerras no son egocéntricas, sino en defensa de aquellos que están a su cargo. Si carece de ese instinto luchador, de esa independencia y ese espíritu pionero, tendrá muchísimas dificultades para conseguir sus más elevados objetivos profesionales. Encontrará impedimentos en sus intentos de dirigir a otras personas.

Debido a su instinto maternal, a los Cáncer les gusta trabajar con niños y son excelentes educadores y maestros.

Amor y relaciones

Igual que a los Tauro, a los Cáncer les gustan las relaciones serias y comprometidas, y funcionan mejor cuando la relación está claramente definida y cada uno conoce su papel en ella. Cuando se casan, normalmente lo hacen para toda la vida. Son muy leales a su ser amado. Pero hay un profundo secretillo que a la mayoría de nativos de Cáncer les cuesta reconocer: para ellos casarse o vivir en pareja es en realidad un deber. Lo hacen porque no conocen otra manera de crear la familia que desean. La unión es simplemente un camino, un medio para un fin, en lugar de ser un fin en sí mismo. Para ellos el fin último es la familia.

Si estás enamorado o enamorada de una persona Cáncer debes andar con pies de plomo para no herir sus sentimientos. Te va a llevar un buen tiempo comprender su profunda sensibilidad. La más pequeña negatividad le duele. Un tono de voz, un gesto de irritación, una mirada o una expresión puede causarle mucho sufrimiento. Advierte el más ligero gesto y responde a él. Puede ser muy difícil acostumbrarse a esto, pero persevera junto a tu amor. Una persona Cáncer puede ser una excelente pareja una vez que se aprende a tratarla. No reaccionará tanto a lo que digas como a lo que sientas.

Hogar y vida familiar

Aquí es donde realmente destacan los Cáncer. El ambiente hogareño y la familia que crean son sus obras de arte personales. Se esfuerzan por hacer cosas bellas que los sobrevivan. Con mucha frecuencia lo consiguen.

Los Cáncer se sienten muy unidos a su familia, sus parientes y, sobre todo, a su madre. Estos lazos duran a lo largo de toda su vida y maduran a medida que envejecen. Son muy indulgentes con aquellos familiares que triunfan, y están apegados a las reliquias de familia y los recuerdos familiares. También aman a sus hijos y les dan todo lo que necesitan y desean. Debido a su naturaleza cariñosa, son muy buenos padres, sobre todo la mujer Cáncer, que es la madre por excelencia del zodiaco.

Como progenitor, la actitud de Cáncer se refleja en esta frase: «Es mi hijo, haya hecho bien o mal». Su amor es incondicional. Haga lo que haga un miembro de su familia, finalmente Cáncer lo perdonará, porque «después de todo eres de la familia». La preservación de la institución familiar, de la tradición de la familia, es uno de los principales motivos para vivir de los Cáncer. Sobre esto tienen mucho que enseñarnos a los demás.

Con esta fuerte inclinación a la vida de familia, la casa de los Cáncer está siempre limpia y ordenada, y es cómoda. Les gustan los muebles de estilo antiguo, pero también les gusta disponer de todas las comodidades modernas. Les encanta invitar a familiares y amigos a su casa y organizar fiestas; son unos fabulosos anfitriones.

Horóscopo para el año 2020[*]

Principales tendencias

Te espera un año muy interesante y turbulento. Con un montón de cambios ocurriendo en tu vida.

Este año estarás bajo los efectos de seis eclipses. Una cantidad que constituye un 50 por ciento más de la habitual. Por lo general, hay solo cuatro eclipses al año. Y por si esto fuera poco, habrá además el doble de eclipses lunares que de costumbre: cuatro en lugar de los dos normales. Esta coyuntura garantiza cambios y trastornos. Como la Luna es tu planeta regente, estos eclipses te influyen en gran medida. Ten en cuenta que los eclipses suelen traer acontecimientos positivos, pero incluso estos serán perturbadores.

Casi todos los planetas lentos estarán este año en la mitad occidental de tu carta astral, la de la vida social. La mitad oriental, la del yo, se irá volviendo más poderosa a medida que trascurra el

---

[*] Las previsiones de este libro se basan en el Horóscopo Solar y en todos los signos derivados del mismo: tu signo solar se convierte en el Ascendente, y las casas se numeran a partir de él. Tu horóscopo personal, el trazado concretamente para ti (según la fecha, hora y lugar exactos de tu nacimiento) podría modificar lo que se indica aquí. Joseph Polansky.

año, pero no llegará a predominar. Además, tu séptima casa del amor y las actividades sociales será ciertamente la más poderosa de tu horóscopo. De modo que este año es muy social. Trata de otras personas. De cultivar tus encantos sociales y de ganarte la colaboración de los demás. Volveremos a este tema más adelante.

Vigila más tu salud este año. La tuviste delicada los dos años anteriores y este puede serlo incluso más. Volveremos a este tema más adelante.

Urano se alojará aproximadamente siete años en tu casa once. Ingresó en ella el marzo del año anterior. Así que se darán dramas en las vidas de tus amigos, la clase de dramas que le cambian la vida a uno, y vuestra amistad atravesará momentos difíciles. Cuando los efectos de Urano desaparezcan de tu vida, tendrás un círculo social totalmente nuevo.

Marte estará este año una cantidad inusual de tiempo en tu casa diez de la profesión. Ingresará en ella a partir del 28 de junio. Este aspecto muestra una gran actividad profesional. Estarás muy ocupado y utilizarás una estrategia agresiva en el terreno laboral. Volveremos a este tema más adelante.

Las áreas que más te interesarán este año serán el amor, las aventuras amorosas y las actividades sociales; el sexo, la transformación personal y el ocultismo (del 23 de marzo al 1 de julio y a partir del 18 de diciembre); la religión, la filosofía, la teología y los viajes al extranjero; y los amigos, los grupos y las actividades grupales.

Lo que más te llenará este año será el cuerpo y la imagen (hasta el 6 de mayo); la economía (a partir del 6 de mayo); el amor, las aventuras amorosas y las actividades sociales (hasta el 20 de diciembre); y el sexo, la transformación personal y el ocultismo (a partir del 20 de diciembre).

Salud

(Ten en cuenta que se trata de una perspectiva astrológica de la salud, no una médica. En el pasado, no había ninguna diferencia, ambas eran idénticas, pero en la actualidad podrían diferir mucho. Para obtener un punto de vista médico, consulta a tu médico de cabecera o a un profesional de la salud.)

Como he señalado, vigila más tu salud este año. Tres planetas lentos (y a veces cuatro) formarán una alineación desfavorable en tu carta astral. Este aspecto ya es problemático de por sí, pero cuando los planetas rápidos se unen a la banda, incluso lo es más todavía. Lo más preocupante es que tu sexta casa de la salud estará vacía (solo la visitarán planetas rápidos). Esta coyuntura puede hacer que des por sentada tu salud. Es posible que no le prestes la atención que se merece. Y aunque no estés muy dispuesto a ello, tienes que obligarte a que sea una prioridad para ti.

Vigila en especial tu salud del 1 al 20 de enero, del 20 de marzo al 19 abril, y del 23 de septiembre al 22 de octubre. Asegúrate de descansar y relajarte más en esos días y de pasar más tiempo en un balneario o de programar más masajes o tratamientos para la salud. Te conviene aumentar tu energía.

No sabemos lo que nos deparará el Destino. Poco podemos hacer sobre los acontecimientos que nos tiene reservados. Pero nuestra forma de afrontarlos —las decisiones que tomamos— pueden hacer una gran diferencia. Pueden suavizar el destino (e incluso cambiarlo), y es lo que aquí vamos a intentar.

Por eso es bueno prestarle una especial atención a las siguientes áreas, las más vulnerables de tu carta astral. De esta manera evitarás la aparición de problemas, y aunque no puedas prevenirlos del todo, los reducirás.

El estómago y los senos. Estas zonas siempre son importantes para los Cáncer. Te irá bien trabajar los puntos reflejos de estas partes del cuerpo. También te convienen los masajes en la parte superior de los pies. La dieta siempre es importante para ti y debes pedirle a un profesional de la salud cuál es la que más te conviene. A menudo, basta con unos cambios dietéticos sencillos para eliminar ciertos problemas de salud. También es especialmente importante para ti cómo comes. Procura elevar el acto de comer de un simple apetito animal a un acto de culto, un acto de elogio y agradecimiento. Así no solo elevas las vibraciones de la comida, sino también las de tu sistema digestivo, por lo que la digieres mejor.

El hígado y los muslos. Estas zonas son importantes para los Cáncer. Te irá bien trabajar los puntos reflejos de estas partes del cuerpo. Los masajes regulares en los muslos deberían formar parte de tu programa de salud. Además de fortalecer el hígado y los muslos, son buenos para las lumbares, una zona importante para ti este año.

La columna, las rodillas, la dentadura, la piel y la alineación esquelética en general. Estas áreas se volvieron importantes para ti a partir de diciembre del año anterior. Y lo serán hasta el 20 de diciembre del actual. En este año te convienen los masajes en la espalda y las rodillas. También te irá bien concertar con regularidad una visita al quiropráctico o al osteópata. No te olvides de tus controles dentales y asegúrate de seguir una buena higiene dental. Terapias como la Técnica Alexander, el Rolfing y el método Feldenkreis son también beneficiosas. Una buena postura es importante este año. Cuando hagas ejercicio protégete las rodillas con una mayor sujeción.

Los tobillos y las pantorrillas. Estas zonas serán importantes después del 20 de diciembre, ya que tu planeta de la salud ingresará en Acuario. Te sentarán bien los masajes regulares en los tobillos y las pantorrillas.

Una buena salud emocional también es siempre importante para los Cáncer. Procura ser optimista y positivo. Evita la depresión a toda costa. La meditación te vendrá de perlas para ello.

Como tu planeta de la salud estará casi todo el año en tu séptima casa del amor, indica que la buena salud en tu caso significa una buena salud social: un matrimonio y una vida amorosa saludables. Los problemas en esta esfera podrían afectar tu salud física. Si surgen problemas en tu relación de pareja —esperemos que no sea así—, restablece la armonía cuanto antes.

Este año, como he indicado, estarás muy «pendiente de los demás». Tu planeta de la salud en tu séptima casa puede indicar que te preocupa más la salud de los demás —la de tu cónyuge, pareja, amante actual o amigos— que la tuya. En estos días pareces interesarte mucho por su salud.

Hogar y vida familiar

La familia es siempre importante para los Cáncer. Se podría decir que la ven como su misión en la vida, como la razón de su existencia. No hay nada más importante para ellos que la familia. E incluso su vida económica —que suele ser buena— está motivada por su interés en su familia. Pero la vida tiene sus vaivenes. Este año el hogar y la vida familiar serán menos importantes para ti que de costumbre. Ha estado siendo así durante los últimos años. Tu cuarta casa del hogar y de la familia está prácticamente vacía, solo la visitarán planetas rápidos. Lo interpreto como algo bueno. En esencia, estás satisfecho con tu hogar y tu vida familiar actual. No necesitas centrarte más en este aspecto de tu vida, ni tampoco hacer ningún cambio importante. Tu matrimonio, tu cuerpo y tu imagen parecen ser más prioritarios que la familia. No es probable que te cambies de vivienda. No es que sea malo hacerlo, pero tampoco te aporta ninguna ventaja. Eres libre de hacer lo que desees, pero quizá te falta interés.

Este año las facetas de tu profesión y tu vida social son mucho más poderosas que la de la familia. (Quizá estos son los medios con los que más puedes ayudar a los tuyos.)

Habrá cuatro eclipses lunares este año. Y la Luna es la regente genérica de la familia. Así que lo más probable es que haya crisis y trastornos en ella, el doble de lo habitual. En esos periodos necesitarás ser más paciente con los miembros de tu familia. Sus pasiones estarán encendidas. Se mostrarán más temperamentales.

Uno de tus progenitores o figuras parentales puede mudarse de vivienda este año, pero el traslado se ve muy complicado y lleno de retrasos. Es posible que haga también una gran reforma en su hogar. Parece estar estresado o estresada emocionalmente.

No es probable que tus hermanos o figuras fraternas se muden de casa. Si tienen la edad adecuada, serán más fértiles de lo habitual, pero la coyuntura es complicada para un embarazo.

Es más probable que tus hijos o figuras filiales se muden el próximo año, pero también habrá retrasos y complicaciones en el traslado.

Si planeas renovar tu casa, del 22 de septiembre al 23 de octubre es un buen momento para hacerlo. Si tienes pensado mejorar la parte estética de tu hogar o comprar objetos bonitos para decorarlo, del 28 de octubre al 21 de noviembre es el momento ideal.

Como Venus, tu planeta de la familia, es de movimiento rápido, hay muchas tendencias de corta duración que dependen de dónde esté y de los aspectos que reciba. En las previsiones mes a mes hablaré de estas tendencias con más detalle.

Venus, tu planeta de la familia, realizará uno de sus inusuales movimientos retrógrados este año. Solo lo hace una vez cada dos años. Tendrá lugar del 13 de mayo al 25 de junio. No es un buen periodo para tomar decisiones familiares importantes. Es un tiempo para reconsiderarlas.

Tu planeta de la familia pasará una cantidad inusual de tiempo en Géminis, tu casa doce, este año. Será del 3 de abril al 7 de agosto, un tránsito aproximadamente cuatro veces más largo de lo acostumbrado. Este aspecto podría indicar que los miembros de tu familia serán más espirituales e idealistas en este periodo. Tal vez estáis usando vuestro hogar para llevar a cabo actos benéficos o espirituales.

Profesión y situación económica

Aunque no sean conocidos por ello, los Cáncer poseen grandes dotes y habilidades económicas. Tienden a centrarse en este aspecto de su vida y a triunfar en él. Pero la familia —la necesidad de ser un buen proveedor— es lo que en realidad les motiva. La economía tiende, por lo tanto, a ser siempre importante para los Cáncer. Pero como he indicado, este año la familia será menos importante para ti que de costumbre. Ya hace varios años que se da esta tendencia en tu vida. Tu casa del dinero está prácticamente vacía. Este año solo la visitarán planetas rápidos y sus efectos durarán poco. Interpreto este aspecto como algo bueno. Pareces satisfecho con tu situación económica actual y no necesitas estar demasiado pendiente de ella ni hacer demasiados cambios. Las cosas tienden a seguir como estaban.

Si surge algún problema económico, podría deberse a que no le has prestado a tus finanzas la atención necesaria y tienes que centrarte más en este aspecto de tu vida.

Con todo, este año parece próspero. El nodo lunar norte ingresará en tu casa del dinero el 6 de mayo y permanecerá en ella el resto del año. El nodo lunar norte no es un planeta, sino un «punto abstracto». Los hindús lo consideran un «planeta sombra» y le dan mucha importancia. Pero en Occidente no se la damos tanto. Sin embargo, muestra un sentido de «exceso». El exceso es una clase de desequilibrio y, en general, no es bueno. Pero en la economía podría ser positivo. Puede mostrar un exceso de dinero, lo cual no es ningún problema. En Occidente se interpreta la posición del nodo lunar norte como un área que nos llena enormemente. O sea que es otra señal de un año próspero.

El Sol es tu planeta de la economía, y esto es muy positivo. Este año habrá dos eclipses solares, la cantidad normal. Te ofrecerán oportunidades para «cambiar el curso» indebido de tu vida económica, como cuando tienes algún problema económico debido a gastos extras o a algún incidente inesperado. En cuanto realizas las correcciones necesarias, tu situación económica vuelve a ir por buen camino. Estos eclipses no suelen ser agradables mientras ocurren. Pero el resultado final es bueno. Como se dan dos veces al año (normalmente), a estas alturas ya sabes cómo afrontarlos.

El Sol es un planeta de movimiento rápido. Durante el año transitará por todos los signos y casas de tu carta astral. Por eso se darán muchas tendencias económicas de corta duración que dependerán de dónde esté el Sol y de los aspectos que reciba. En las previsiones mes a mes hablaré de estas tendencias con más detalle.

Si bien tu casa diez de la profesión estará vacía la primera mitad del año, el 2020 parece ser un año poderoso en el terreno profesional. La mitad superior de tu carta astral, el hemisferio diurno, el sector que enfatiza las metas y las actividades externas, es sumamente poderoso. Todos los planetas lentos se encuentran en la mitad superior de tu carta astral. La mitad inferior, el hemisferio nocturno, el sector del yo y de las actividades subjetivas —hogar, familia y vida emocional—, se irá volviendo más poderoso a medida que transcurre el año, pero no llegará a predominar por encima de la mitad superior de tu carta astral. Así que este año te volcarás en las actividades externas. Tu décima casa de la profesión será poderosa del 7 de febrero al 5 de marzo, del 20 de marzo al 19 de abril, y a partir del 28 de junio. Estas temporadas serán las mejores para tu profesión. Como he indicado, Marte estará más de seis meses en tu décima casa, un tránsito inusualmente largo. Conque tendrás que esforzarte en tu vida laboral, deshacerte de los competidores y ser más belicoso en tu profesión.

Amor y vida social

Tu séptima casa del amor y las actividades sociales es, como he señalado, la más poderosa de tu carta astral este año. Tres planetas lentos la ocuparán la mayor parte del año, y habrá momentos en los que del 50 al 60 por ciento de los planetas se alojarán en ella. El amor está al caer, pero será muy complicado.

El nodo lunar sur (no es un planeta, sino un punto abstracto), estará también en tu séptima casa hasta el 6 de mayo. El nodo norte indica exceso, en cambio el nodo sur refleja una sensación de carencia, de déficit. Sentirás que te falta algo en el amor. Sin embargo, tu casa del amor ¡está abigarrada de planetas!

Una forma de interpretarlo es que la sensación de carencia está causando una sobrecompensación. Te hace tener más citas, buscar más parejas y otras cosas parecidas. En realidad, si no tienes pareja, mantendrás muchas relaciones este año, y se te presentarán numerosas oportunidades para el amor. Otra forma de interpretar este aspecto planetario es que tendrás más parejas sentimentales este año (o posibles parejas) y, sin embargo, seguirás sintiendo que te falta algo, una sensación de carencia.

Por suerte, esta sensación durará poco. El nodo lunar sur abandonará tu séptima casa el 6 de mayo. Después de esta fecha deberías sentirte más lleno en el terreno del amor.

Como hay tantos planetas en tu casa siete, estás llevándote bien y socializando con muchas clases distintas de personas. Plutón, que ya lleva en tu séptima casa muchos años, indica un tipo de relaciones llenas de diversión y juegos. De aventuras amorosas. Saturno en tu séptima casa (ya lleva los dos últimos años en ella) muestra oportunidades para mantener una relación más seria que implicaría un mayor compromiso. Indica una relación con alguien establecido en la vida, mayor que tú. Un empresario o una persona emprendedora. Alguien que te da una sensación de seguridad. Júpiter en tu séptima casa muestra una afinidad con personas sumamente cultas o religiosas. Quizá con alguien de tu lugar de culto, o que conociste en la facultad o en un acto académico. Indica que te atraen los profesionales sanitarios o las personas que se ocupan de tu salud. Los encuentros románticos también podrían ocurrir en el extranjero.

Si estás sin pareja, este año surgirán oportunidades para casarte. El principal problema es elegir con quién lo harás. A veces no es bueno que haya demasiadas bondades en tu vida, te pueden confundir. Aunque es un problema positivo.

Si ya tienes pareja, socializarás más con la gente. Asistirás a más bodas, fiestas y reuniones, y trabarás nuevas amistades. Con frecuencia, las parejas entre personas del mundo empresarial suceden cuando se dan estos aspectos planetarios.

Si estás planeando casarte por segunda vez, el amor surgirá este año en tu vida. Es probable que sea con una persona espiritual o un artista. Si tienes pensado casarte por tercera vez, te enfrentarás a una gran inestabilidad romántica. Tu matrimonio o relación actual atravesará momentos difíciles.

Progreso personal

Si observamos la religión de manera superficial parece poco más que una colección de normas, regulaciones y supersticiones arbitrarias que apenas tienen que ver con la racionalidad. Pero al profundizar en ello, descubrimos unas buenas razones espirituales para la existencia de gran parte de esas normas, regulaciones y prácticas. Es cierto que a lo largo de los siglos han abundado los errores y las supersticiones. El pensamiento humano lo distorsiona todo. Pero debajo de todo esto hay algo real. Es una lección que estás aprendiendo ahora que Neptuno ya lleva mucho tiempo en tu novena casa. Lleva ya muchos años en ella y seguirá ocupándola muchos más. Cada religión es poco más que una sombra —un efecto secundario— de la experiencia mística de su fundador. Así que tu vida religiosa se está volviendo más espiritualizada, más dinámica. Has entrado en un ciclo propicio a realizar grandes avances religiosos y filosóficos. Estás descubriendo «por qué» las normas son lo que son.

Venus, como he indicado, está pasando mucho tiempo (más de cuatro meses) en tu casa doce de la espiritualidad. Este aspecto favorece el camino espiritual de *bhakti,* el del amor y la devoción. Cuando estás en un estado de amor, te sientes cerca de lo divino. Pero también se puede interpretar de otras formas. Venus rige tu casa once de los amigos. Por lo que en este periodo estás conociendo a amigos de tipo espiritual (del 3 de abril al 7 de agosto). Como he indicado, este aspecto favorece el amor y la devoción, pero también propicia el lado esotérico de la astrología, un camino espiritual tan válido como cualquier otro. Tus conocimientos astrológicos, científicos y tecnológicos están aumentando este año (y será una tendencia que durará mucho tiempo). El amor y la devoción son un poderoso camino espiritual. Al estar Venus en tu casa doce, tal vez desees equilibrar esta tendencia con un enfoque más científico y racional. También se puede interpretar de otro modo, como que tu comprensión espiritual te permitirá ocuparte de los miembros de tu familia y de las situaciones familiares mucho mejor. Durante este periodo (del 3 de abril al 7 de agosto), si surge un problema familiar, no intentes resolverlo siendo demasiado proactivo. Medita sobre el asunto primero, serénate en tu interior, y procura obtener algún tipo de orientación espiritual. Y luego actúa.

Urano estará durante años en tu casa once de los amigos. Este aspecto planetario, como he indicado, desestabiliza las amistades (no la vida romántica). Los amigos llegan y se van. Aparecen de pronto otros nuevos. Los antiguos pueden desaparecer de repente. Pero no suele deberse a un fallo en la relación, sino a los dramas que ocurren en sus vidas. Saber afrontar la inestabilidad social es la mayor lección espiritual que aprenderás a lo largo de los años.

Tu octava casa será muy poderosa del 23 de marzo al 1 de julio, y a partir del 18 de diciembre. Este aspecto propicia la transformación personal, te permite traer al mundo la persona que quieres ser, tu mejor versión. Esto también será importante a lo largo de 2021. Esta clase de proyectos requieren eliminar las distracciones, lo que te quita energía. Simplifica tu vida. Despéjala en todos los sentidos: en el material, emocional y mental. Si te desprendes de lo caduco, el poder espiritual transformará lo que hay que transformar.

Previsiones mes a mes

Enero

Mejores días en general: 1, 9, 10, 18, 19, 27, 28
Días menos favorables en general: 2, 3, 16, 22, 23, 29, 30, 31
Mejores días para el amor: 6, 13, 14, 15, 18, 19, 22, 23, 27, 28
Mejores días para el dinero: 5, 6, 12, 14, 15, 22, 23, 24, 25
Mejores días para la profesión: 1, 2, 3, 12, 20, 21, 29, 30, 31

Tu salud será un problema importante este mes. Cinco y, en ocasiones, seis planetas formarán una alineación desfavorable en tu carta astral. Y por si esto fuera poco, habrá un potente eclipse lunar en tu signo el 10. Una coyuntura que no ayuda para nada. O sea que asegúrate de descansar lo suficiente y fortalece tu salud con los métodos descritos en la previsión anual.

Empiezas el año en una de tus mejores temporadas amorosas y sociales. Tu séptima casa del amor y las actividades sociales es sin duda la más poderosa de tu carta astral. Está abarrotada de planetas. Es la clase de mes en el que te llevas bien con todo tipo de personas distintas: adineradas, intelectuales, profesionales sanitarios, gente espiritual y artistas. Si estás sin pareja, en esos días tendrás muchas oportunidades amorosas.

Como el eclipse lunar del 10 te afectará de lleno, tómate este periodo con calma. Haz lo que tengas que hacer, pero pospón algunas actividades de tu agenda si es necesario. Este eclipse te empujará a volver a definir tu personalidad y tu autoimagen. También es posible que decidas seguir un programa depurativo para limpiar tu organismo, sobre todo si no has estado siguiendo una dieta saludable. Este eclipse afectará a tres planetas más (aumenta su impacto), en concreto, Saturno, el planeta del amor; Plutón, el planeta de los hijos, la diversión y la creatividad; y Mercurio, el planeta de la espiritualidad y la comunicación. De modo que son muchas facetas de tu vida las que alterará el eclipse. Tu relación actual atravesará momentos difíciles. Habrá dramas en la vida de tu cónyuge, pareja o amante actual. Como tus hijos o figuras filiales también acusarán el efecto del eclipse, extrema las precauciones para que no corran ningún peligro. Los coches y el equipo de comunicación pueden fallar, es probable que funcionen de forma imprevisible. Habrá trastornos en las organizaciones benéficas o espirituales de las que formas parte. Las figuras de gurús de tu vida sufrirán dramas personales.

La buena noticia es que tu salud y energía mejorarán después del 20. Todavía tendrás que vigilarlas, pero la situación ya no será tan delicada ni desfavorable.

El poder planetario se encuentra este mes casi por completo en la mitad occidental (la de la vida social). Es un periodo en el que estarás pendiente de los demás y de sus necesidades. Tu independencia e iniciativa personal no serán un factor en tu éxito, lo que sobre todo te ayudará a triunfar es tu encanto social, es decir, tu capacidad de llevarte bien con la gente. Esto también se aplica a tu situación económica. Tu tarea este mes consiste en ayudar a que los demás progresen. Y al hacerlo, tú también progresarás de manera natural.

Febrero

Mejores días en general: 6, 7, 14, 15, 23, 24, 25
Días menos favorables en general: 12, 13, 18, 19, 20, 26, 27
Mejores días para el amor: 7, 8, 11, 16, 17, 18, 19, 20, 26, 27, 29
Mejores días para el dinero: 1, 2, 3, 4, 8, 9, 10, 11, 12, 13, 19, 20, 23, 24, 28, 29
Mejores días para la profesión: 8, 9, 17, 18, 26, 27, 28, 29

Tu salud es ahora mejor que el mes pasado, pero te conviene seguir vigilándola, sobre todo después del 16. A partir del 17 cuatro planetas lentos formarán aspectos desfavorables en tu carta astral. De modo que asegúrate de descansar y relajarte cuando te sea posible. Hay dos áreas de interés importantes este mes. Una es tu vida amorosa y social, que por lo visto será muy ajetreada. Y la otra es tu vida religiosa y filosófica. Tu novena casa también rige los viajes al extranjero, así que te apetecerá viajar a países extranjeros. El poder de tu casa nueve es excelente para los universitarios, indica que se concentrarán y triunfarán en los estudios. Los sacarán adelante con su propio esfuerzo —no lo tendrán fácil—, pero aprobarán. Es un mes para realizar grandes avances filosóficos y religiosos.

Tu situación económica debería ser buena este mes. Hasta el 19 es un buen momento para desprenderte de objetos que no necesites o uses. Véndelos o dáselos a organizaciones benéficas. El factor principal para conservar o desprenderte de algo es si lo usas. Cuando despejas el camino, —es decir, tu vida económica—, haces espacio para que lleguen cosas nuevas y mejores que las de antes. Las arterias económicas estaban taponadas. El Sol se alojará en tu octava casa hasta el 19. En esta temporada estarás muy implicado en la economía de tu cónyuge, pareja o amante actual. Es un buen momento para saldar deudas, planificar el pago de impuestos y (si tienes la edad adecuada) realizar una planificación testamentaria.

Tu casa del dinero estará vacía este mes, solo la Luna la visitará el 8 y 9. Este aspecto es en esencia positivo. Tu situación económica es buena y no necesitas prestarle más atención de la debida. La superluna llena del 9 será una jornada muy potente económicamente. La Luna estará en perigeo, su distancia más próxima a la Tierra, y ocurrirá en tu casa del dinero.

Tu planeta de la economía ingresará en tu novena casa, una posición afortunada. Los planetas en la casa nueve tienden a expandirse y crecer. De modo que tu poder adquisitivo será mayor que de costumbre. Tu intuición económica también será buena. Si eres un inversor, te atraerán las compañías extranjeras, sobre todo las que tienen que ver con el petróleo, el gas natural y el agua. Estos sectores te producirán una buena sensación.

Hay dos partes de tu carta astral que son sumamente poderosas este mes, la mitad superior occidental —la de la vida social—, y el hemisferio diurno. Hasta el 7 el 80 y, a veces, el 90 por ciento, de los planetas ocuparán la mitad occidental, un porcentaje enorme. O sea que es un mes muy social. No es un momento para hacer las cosas a tu manera. Deja que los demás las hagan a la suya mientras no sea destructiva. Tu encanto social, además de ayudarte económicamente, le irá bien a tu profesión.

Marzo

Mejores días en general: 4, 5, 12, 13, 22, 23
Días menos favorables en general: 10, 11, 17, 18, 24, 25

Mejores días para el amor: 1, 8, 9, 17, 18, 27, 28, 29
Mejores días para el dinero: 1, 4, 5, 6, 7, 8, 9, 12, 13, 17, 18, 24, 25, 27, 28
Mejores días para la profesión: 1, 8, 9, 17, 18, 24, 25, 27, 28

Todavía tienes que vigilar tu salud, pero la situación ya no es tan delicada ni por asomo como en enero. Todo es relativo. Asegúrate de descansar lo suficiente y de fortalecer tu salud con los métodos descritos en la previsión anual.

La mitad superior de tu carta astral —el hemisferio diurno— contiene todos los planetas. Solo la Luna transitará por el hemisferio nocturno, la mitad inferior de tu carta astral, del 4 al 16. Por lo que gozarás de mucho poder. La profesión te irá bien. Estás muy motivado.

Tu situación económica también parece ser buena este mes. Aunque tu casa del dinero esté vacía, tu planeta de la economía recibe muchos estímulos. Su tránsito por la novena casa es una señal económica muy positiva. Tu intuición financiera será buena, sobre todo el 8 y 9. Fíjate en tus sueños y corazonadas en ese periodo. El Sol cruzará el medio cielo y entrará en la décima casa el 20. Con frecuencia, este tránsito indica aumentos de sueldo (sean oficiales o no oficiales) y beneficios económicos procedentes de jefes, personas mayores, padres o figuras parentales. Incluso el gobierno puede tener una disposición favorable hacia ti. Mantén tu buena reputación profesional, ya que es una de tus fuentes de ingresos, hace que los clientes te recomienden y otras ventajas parecidas. Aries, tu planeta de la economía, puede hacer que zanjes negocios demasiado deprisa y que gastes dinero con excesiva rapidez a partir del 20. Es una posición especulativa. Procura bajar, pues, un poco el ritmo en este sentido. Por otro lado, muestra un rápido progreso económico.

Tu familia te apoya en tu profesión estos días. Lo hacían con más fuerza el mes pasado, pero este mes seguirán apoyándote. Por lo tanto, no tienes el conflicto que tantas personas sufren entre el hogar y la profesión.

Venus estará viajando con Urano del 6 al 9. Este aspecto puede provocar trastornos en el hogar o dramas en las vidas de tus padres o figuras parentales. En esta temporada les conviene reducir su agenda para bajar el ritmo.

Saturno, tu planeta del amor, realizará un movimiento importante el 23 al abandonar tu séptima casa e ingresar en la octava.

Este tránsito crea cambios en la actitud. El amor es más erótico. El magnetismo sexual parece ser ahora lo primordial para ti. El buen sexo cubrirá muchos pecados en vuestra relación. Tu cónyuge, pareja o amante actual está centrado en la economía estos días. Y cuando nos centramos en algo, solemos triunfar.

Júpiter estará viajando con Plutón este mes. Este aspecto muestra un trabajo placentero y oportunidades laborales agradables. Favorece la tendencia a las especulaciones económicas. También se presentan oportunidades para las aventuras amorosas.

Abril

Mejores días en general: 1, 2, 9, 10, 18, 19, 28, 29
Días menos favorables en general: 7, 8, 13, 14, 20, 21, 22
Mejores días para el amor: 6, 7, 8, 13, 14, 15, 16, 17, 24, 25, 26
Mejores días para el dinero: 3, 4, 6, 12, 14, 23, 24, 30
Mejores días para la profesión: 7, 8, 15, 16, 20, 21, 22, 25, 26

Este mes seguirás centrado en tu profesión hasta el 19. No solo es poderosa tu décima casa, sino que además todos los planetas están en la mitad superior de tu carta astral, como el mes anterior. El hecho de estar tan volcado en tu profesión no tiene por qué darte reparos.

La mitad occidental de tu carta astral —la de la vida social— sigue siendo la más poderosa, pero ya no lo es tanto como en los meses anteriores. Día a día te estás volviendo más independiente. Todavía no lo eres tanto como antes, sigues necesitando a los demás, pero eres más independiente de lo que lo fuiste en los meses anteriores. Este mes procura compaginar tus propios intereses con los de los demás. No te excedas ni en un sentido ni en otro.

Seguirás viviendo una de tus mejores temporadas profesionales del año hasta el 19, este mes las cosas te irán fenomenal en este sentido.

Tu planeta de la economía estará en Aries hasta el 19. Los Aries son muy proclives a la especulación y a correr riesgos, pero ahora tienes que evitar hacerlo (o reducir esta tendencia). Al igual que en el mes anterior, protege tu reputación profesional, al fin y al cabo es una de tus fuentes de ingresos. Tu planeta de la economía ingresará en Tauro, un signo más conservador, el 19. Pero tu situación económica seguirá siendo inestable. Del 24 al 27 será, al parecer, una buena temporada económica (buena, pero complicada). Tu planeta de la economía viajará con Urano. Esta coyuntura puede traerte la llegada repentina de dinero —dinero inesperado—, o unos gastos repentinos con los que no contabas. Si se trata de gastos, te llegará el dinero para pagarlos.

Tu octava casa será poderosa todo el mes. Además, Urano, el regente de esta casa, recibirá muchos estímulos a lo largo de él. Así que es un buen mes para saldar deudas —o para contraerlas—, depende de tus necesidades. También debería ser un buen mes en el terreno económico para tu cónyuge, pareja o amante actual. El día de luna nueva del 23 es poderoso para tu economía. Ocurrirá en Urano, lo cual indica la llegada súbita de dinero.

Venus pasará casi todo el mes «fuera de límites» a partir del 3. Los miembros de tu familia también traspasarán sus límites habituales. Al igual que los amigos. Al no encontrar las respuestas en sus ambientes normales, se verán obligados a buscarlas en otra parte.

Tu planeta de la economía estará en tu casa once a partir del 19. Una coyuntura positiva para la economía. Probablemente gastarás más dinero en alta tecnología, pero esta también te reportará beneficios económicos. Tus contactos sociales te están siendo muy útiles. Es bueno participar en grupos, en actividades grupales, y en organizaciones de índole profesional. Es positivo para las finanzas. Se cumplirán tus esperanzas y deseos económicos más anhelados, al menos a corto plazo.

Mayo

Mejores días en general: 6, 7, 15, 16, 25, 26
Días menos favorables en general: 4, 5, 10, 11, 18, 19
Mejores días para el amor: 4, 5, 10, 11, 12, 13, 14, 22, 23, 24
Mejores días para el dinero: 1, 2, 3, 11, 12, 22, 23, 27, 28
Mejores días para la profesión: 4, 5, 14, 15, 18, 19, 25, 26

Venus, tu planeta de la familia, estará «fuera de límites» el mes entero. Lleva «fuera de límites» desde el 3 de abril. Así que los miembros de tu familia o uno de los progenitores o figura parental se han aventurado más allá de su esfera habitual. Esto también se puede aplicar a los amigos. No encontrarán las soluciones en su ambiente usual, deberán buscarlas en otra parte.

Este mes Mercurio también saldrá «fuera de límites» a partir del 17. Este aspecto muestra que tus gustos intelectuales, lo que ahora estás leyendo —ya te ha estado ocurriendo de vez en cuando— se sale de lo habitual. Esta tendencia también es aplicable a tu vida espiritual. Ahora te atraen sistemas y prácticas que no son los habituales en ti. La luna nueva del 22 irá aclarando tu vida espiritual a medida que transcurra el mes (hasta la siguiente luna nueva).

Júpiter y Plutón están viajando juntos este mes. Este aspecto indica que tus hijos o figuras filiales están prosperando en la vida. Es posible que ahora se les presenten muchas oportunidades económicas excelentes. También propicia las especulaciones financieras.

Tu situación económica es buena este mes. Hasta el 29 tus amigos y contactos sociales jugarán un papel importante. El mundo de la alta tecnología te atrae y, por lo visto, estás siendo más experimentador que de costumbre en el terreno económico. Probablemente estás gastando más dinero en alta tecnología, pero esta también te reportará ingresos. Uno de tus padres o figura parental está teniendo un buen mes en el terreno económico (aunque está saliendo fuera de su esfera habitual en este sentido). Tu planeta de la economía ingresará en tu casa doce el 20, así que tu intuición financiera será mayor. Una buena intuición, como saben nuestros lectores, aunque sea durante un milisegundo, equivale a muchos años de arduo trabajo. Serás más generoso y caritativo en esta temporada. Te llegará con más abundancia «dinero feliz», en lugar de tener que ganártelo como de habitual. Fíjate en tus sueños y corazonadas en este tiempo. Gozas de un buen asesoramiento económico. Este también te puede llegar de astrólogos, videntes, tarotistas, sacerdotes y médiums.

La actividad retrógrada aumentará este mes. A finales de mayo, el 40 por ciento de los planetas serán retrógrados. Saturno retrógrado afectará a tu vida amorosa. La ralentizará. El movimiento retrógrado de Venus el 13 (uno de sus inusuales movimientos retrógrados) también te afectará en el amor, pero más bien en tu situación familiar. No tomes decisiones familiares importantes después del 13. Si estás planeando comprar un equipo de alta tecnología, procura hacerlo antes del 13.

Junio

Mejores días en general: 3, 4, 11, 12, 13, 21, 22, 28, 29
Días menos favorables en general: 1, 7, 8, 14, 15
Mejores días para el amor: 1, 2, 7, 8, 9, 10, 18, 19, 20

Mejores días para el dinero: 1, 8, 9, 10, 18, 20, 21, 24, 27
Mejores días para la profesión: 3, 4, 11, 12, 14, 15, 21, 22, 30

La mitad oriental de tu carta astral —la del yo—, se encuentra en su momento más poderoso del año. La mitad occidental —la de la vida social—, aunque no predomine, es igual de potente, y es más poderosa que en cualquier otro momento del año. Tu primera casa será poderosa a partir del 21. Así que es probablemente la mejor temporada para hacer los cambios necesarios para ser feliz. Durante los próximos meses procurarás equilibrar tus necesidades con las de los demás. No eres ni totalmente independiente, ni totalmente dependiente.

Este mes se producirán dos eclipses. Un eclipse lunar el 5, y un eclipse solar el 21. Ambos te impactarán de lleno, o sea que tómate con calma esos periodos.

El eclipse lunar del 5 se dará en tu sexta casa y anunciará cambios laborales (podrían ocurrir en tu empresa actual o en otra). Habrá cambios también en tu programa de salud. Esta situación durará varios meses. Es posible que te lleves algún que otro susto con tu salud, aunque este mes parece buena y seguramente el problema no será importante. Tus hijos o figuras filiales están haciendo cambios económicos de envergadura. Tus hermanos o figuras fraternas están viviendo dramas en su hogar. Como este eclipse afectará a Marte y Venus, indica que también surgirán dramas en la vida de tus padres o figuras parentales, cambios profesionales, y quizá reparaciones en el hogar. Cada eclipse lunar te afectará de lleno, ya que la Luna es la regente de tu carta astral. Puede causar una «pérdida del honor» (temporal), calumnias contra ti y, a veces, una depuración del organismo. En esta temporada sentirás el deseo de redefinirte y de cambiar tu propia imagen y el concepto que tienes de ti. Es, en esencia, un deseo saludable.

El eclipse solar del 21 ocurrirá en tu signo. Los Cáncer lo notaréis, sobre todo los nacidos en los primeros días del signo (21 y 22 de junio). Este eclipse traerá cambios económicos drásticos. Tus ideas y tu planificación económicas no han estado siendo realistas y necesitas tomar medidas correctoras en este terreno. El eclipse también puede propiciar una depuración del cuerpo y el deseo de redefinirte y de cambiar tu imagen y tu personalidad. Si no te defines tú, los otros lo harán por ti y no será tan agradable. Estos cambios interiores te llevarán a cambiar de vestuario y de imagen, así como la forma de presentarte a los demás.

La actividad retrógrada alcanzará su punto máximo anual este mes (aunque lo volverá a alcanzar en septiembre). Del 23 al 25 el 60 por ciento de los planetas serán retrógrados. Después del 25, lo serán el 50 por ciento. Así que sé paciente en junio. El ritmo del mundo se está desacelerando.

Julio

Mejores días en general: 1, 9, 10, 19, 20, 27, 28
Días menos favorables en general: 4, 5, 11, 12, 25, 26, 31
Mejores días para el amor: 4, 5, 6, 7, 8, 15, 16, 17, 24, 25, 26, 31
Mejores días para el dinero: 1, 4, 5, 9, 10, 14, 15, 20, 21, 22, 23, 24, 29, 31
Mejores días para la profesión: 2, 3, 11, 12, 21, 22, 29, 30

Pese al eclipse solar del mes anterior, ahora te encuentras en una temporada de gran prosperidad. Tu planeta de la economía en tu signo es una señal económica estupenda. Te están llegando ingresos inesperados. El dinero y las oportunidades son las que te están buscando a ti. Cuentas con el gran apoyo de las personas adineradas de tu vida. El Sol ingresará en tu casa del dinero el 22, su propio signo y casa. Empezarás una de tus mejores temporadas económicas del año. Pero tu vida económica, aunque sea buena, no es un camino de rosas. Ahora tienes que esforzarte más para ganarte la vida, pero si trabajas con tesón, prosperarás. Lo más probable es que los cambios económicos importantes se den a finales de mes.

Este mes habrá otro eclipse el 5, y será lunar. El tercero del año. Tendrá lugar en tu séptima casa del amor. Así que tu relación de pareja atravesará momentos difíciles. Normalmente es cuando se airean los trapos sucios —las quejas reprimidas— para despejar el ambiente. En ocasiones, surgen dramas en la vida de la pareja que desgastan la relación. Una relación sólida sobrevivirá a esta crisis, pero una que deje mucho que desear puede llegar a hacer agua. El eclipse afectará levemente (no de manera directa) a otros tres planetas, en concreto, Mercurio, Júpiter y Marte. De modo que pueden darse cambios profesionales, cambios laborales, y trastornos en el lugar de trabajo o en los puestos directivos de tu empresa. El impacto de Mercurio afectará a los coches y a los equipos de comunicación, así que pueden fallar. También afectará a tu vida espiritual, a las organizaciones espirituales o benéficas de las que formas parte, y a las figuras de gurús de tu vida. Al igual que el eclipse del mes anterior, habrá cambios en tu programa de salud. En esta etapa reduce si es posible tu agenda.

Marte, tu planeta de la profesión, alcanzará su solsticio del 7 al 16. Después se detendrá y cambiará de sentido (en latitud). De modo que se dará una pausa en tu profesión y un cambio de dirección. Esto será positivo.

Saturno regresará a Capricornio el 1. Como formará de nuevo una alineación desfavorable en tu carta astral, vigila más tu salud. Puedes fortalecerla con los métodos descritos en la previsión anual. Lo más importante es mantener un alto nivel de energía. Asegúrate de no quedarte bajo de defensas al agotarte demasiado.

Al igual que el mes anterior, tu reto consiste en compaginar tus intereses con los intereses de los demás. No te excedas en un sentido ni en otro.

Agosto

Mejores días en general: 5, 6, 15, 16, 23, 24
Días menos favorables en general: 1, 2, 8, 9, 21, 22, 28, 29
Mejores días para el amor: 1, 2, 3, 4, 11, 15, 16, 20, 23, 24, 28, 29
Mejores días para el dinero: 2, 8, 9, 11, 17, 18, 19, 20, 28, 29
Mejores días para la profesión: 8, 9, 17, 18, 25, 26, 27

Venus ingresará en tu signo el 7 y se quedará en él el resto del mes. Ahora tienes un aspecto fabuloso. Tu sentido del estilo y de la moda es excelente. Tal vez en estos días tu estado de ánimo sea más voluble que de costumbre. Los miembros de tu familia y, en especial, uno de tus progenitores o figura parental están por lo visto más dedicados a ti. Pese a tu increíble aspecto, tu vida amorosa es ahora complicada. Todos los planetas de tu séptima casa del amor serán retrógrados este mes. Habrá amor en tu vida, pero parecerá ir a la deriva.

Seguirás viviendo una de tus mejores temporadas económicas del año hasta el 22. Del 1 al 3 habrá trastornos en tu economía, pero serán problemas pasajeros. Podría darse algún conflicto financiero entre tú y tu cónyuge, pareja o amante actual. La buena noticia es que tus padres o figuras parentales te apoyan en tus objetivos económicos. También cuentas con el apoyo de tus jefes. Es posible que te aumenten el sueldo (de manera oficial o no oficial). Las especulaciones financieras son favorables.

El Sol, tu planeta de la economía, ingresará en tu tercera casa el 22. Este tránsito propiciará las ventas, la mercadotecnia, las relaciones públicas, la publicidad, los escritos, los blogs y la venta al por menor. Sea cual sea tu profesión, es importante que hagas un buen uso de los medios de comunicación y de la mercadotecnia. Hasta el 22 serás muy proclive a la especulación económica. Gastarás a manos llenas. Pero después de esta fecha serás más conservador. Tu criterio económico se afinará. Tu planeta de la economía en Virgo propicia el ámbito sanitario y las entradas de ingresos por medio del trabajo y de los servicios a clientes. Es probable que estés gastando más dinero en tu salud, pero esta inversión puede salirte muy rentable. Los profesionales del ámbito sanitario son importantes para tu economía. Probablemente estás gastando más dinero en libros, revistas y equipos de comunicación.

Cuatro planetas lentos formarán una alineación desfavorable en tu carta astral, así que vigila tu salud. Como he indicado en otras ocasiones, descansa lo suficiente. Céntrate en lo esencial de tu vida y no malgastes tu energía en frivolidades. Tienes la energía para hacer cosas importantes. Fortalece tu salud con los métodos descritos en la previsión anual.

La actividad retrógrada aumentará este mes. A partir del 15 el 50 por ciento de los planetas serán retrógrados. No es aún el pico máximo anual, pero le falta poco. El ritmo de la vida se desacelerará. Urano retrógrado afectará la economía de tu cónyuge, pareja o amante actual (de la persona que desempeñe el papel de pareja). Tu situación económica será ahora más insegura y progresará más despacio.

Septiembre

Mejores días en general: 1, 2, 3, 11, 12, 20, 21, 29, 30
Días menos favorables en general: 4, 5, 18, 19, 24, 25
Mejores días para el amor: 2, 3, 8, 13, 14, 17, 22, 23, 24, 25
Mejores días para el dinero: 6, 7, 14, 15, 16, 17, 24, 25, 26
Mejores días para la profesión: 4, 5, 14, 15, 22, 23

Tu salud será el tema más delicado este mes, ya que el 60 por ciento y, a veces, el 70 por ciento de los planetas formarán una alineación desfavorable en tu carta astral. Es un asunto serio. Al estar tu sexta casa vacía, tenderás a ignorar tu salud y esto podría pasarte factura. Tendrás que obligarte a vigilarla. Fortalece tu salud con los mé-

todos descritos en la previsión anual. Además, como he mencionado en numerosas ocasiones, asegúrate de descansar lo suficiente y
de mantener un nivel alto de energía. Unos altos niveles de energía
son la mejor defensa contra las enfermedades. Si es posible, te sentará de maravilla pasar más tiempo en un balneario o incluir en tu
agenda más masajes o sesiones de reflexología. Como he señalado
el mes anterior, céntrate en tus prioridades en la vida y no malgastes la energía en frivolidades.

La buena noticia es que Júpiter, tu planeta de la salud, retomará su movimiento de avance el 13. A partir de esa fecha lo verás
todo con más claridad en cuanto a tu salud.

La actividad retrógrada llegará a su punto máximo anual (como
el de junio). Del 9 al 12 el 60 por ciento de los planetas serán retrógrados, y a partir del 12, el 50 por ciento. El ritmo de la vida dismi-
nuirá. Es un buen mes para irte de vacaciones o tomarte varios días
libres.

Marte, tu planeta de la profesión, iniciará su movimiento retrógrado el 9 y lo mantendrá hasta el 14 de noviembre. Así que las
cuestiones profesionales no estarán claras y solo se resolverán con
el paso del tiempo. Puedes tomarte un descanso laboral y estar
más pendiente de tu hogar y tu familia, sobre todo a partir del 22.

Si bien el hogar y la familia no han estado siendo tan importantes este año como de costumbre, este mes a partir del 22 volverán
a adquirir una gran relevancia en tu vida. Esta situación será un
puro paraíso canceriano. Pasarás más tiempo en tu casa y con tu
familia, aunque esto también te reportará ingresos. Contarás con
el apoyo de tu familia. Los contactos familiares también serán importantes para tu economía. Tus aspectos financieros son más favorables antes del 22 que después de esta fecha. Después del 22
simplemente tendrás que trabajar más para ganarte la vida. Quizá
tengas conflictos económicos con tus hijos o figuras filiales, y con
tu cónyuge, pareja o amante actual.

Venus ingresará en tu casa del dinero el 6 y la ocupará el resto
del mes. Este aspecto indica apoyo familiar o contactos familiares
importantes para tu economía. Los amigos también parecen ser
útiles en este ámbito.

Octubre

Mejores días en general: 9, 10, 17, 18, 26, 27
Días menos favorables en general: 1, 2, 15, 16, 21, 22, 28, 29, 30

Mejores días para el amor: 3, 5, 14, 21, 22
Mejores días para el dinero: 4, 5, 9, 10, 11, 12, 13, 14, 17, 18, 21, 23, 26, 31
Mejores días para la profesión: 1, 2, 11, 12, 19, 20, 28, 29, 30

Tu salud seguirá siendo un gran problema este mes. Ten en cuenta lo que te he indicado el mes anterior. La buena noticia es que mejorará después del 23. Pero con todo, sigue vigilándola.

Tu cuarta casa del hogar y de la familia es una de las más poderosas de tu carta astral este mes, al igual que tu séptima casa del amor. Como tu planeta de la profesión continuará siendo retrógrado todo el mes, vale la pena que te centres más en tu hogar y tu familia, ya que probablemente no te perderás ninguna oportunidad profesional.

Tu independencia personal no es fuerte este año. Y este mes se reducirá incluso más aún a medida que el poder planetario cambia a la mitad occidental de tu carta astral, la de la vida social. A finales de mes el 70 por ciento y, a veces, el 80 por ciento de los planetas ocuparán la mitad occidental. O sea que ahora estarás más centrado en los demás y en sus necesidades. Lo bueno te llegará de la generosidad de los demás y no de tu iniciativa personal. Tu simpatía —tu buena disposición social— será más importante que tus habilidades personales.

Tu situación económica es buena este mes, pero será mejor después del 23 que antes de esta fecha. Hasta el 23 se darán desacuerdos económicos con tu cónyuge, pareja o amante actual, o con tus hijos o figuras filiales. Quizá estén causados por gastos extras. Tu planeta de la economía ingresará en Escorpión el 23 y el dinero te entrará con más facilidad. Deberías acabar el mes en una mejor situación económica de la que lo has empezado.

Dado que tu planeta de la economía estará en Escorpión a partir del 23, es un buen momento para recortar gastos y depurar tu vida económica. Pódala. Despéjala. Es una buena etapa para la planificación tributaria. Si tienes la edad adecuada, también es un buen momento para la planificación testamentaria.

Plutón retomará su movimiento directo el 4, después de llevar muchos meses siendo retrógrado. Tu planeta de la economía ingresará en la casa de Plutón el 23, de modo que en este periodo serás más especulador en el terreno de la economía y esta actitud tenderá a funcionar. Gastarás más dinero en tus hijos o figuras filiales de tu vida, pero también ganarás más ingresos gracias a ellos. Será una temporada de dinero feliz, es decir, de dinero que ganarás y gastarás felizmente.

La luna nueva del 16 será una «superluna nueva». Ocurrirá en un perigeo lunar (su distancia más próxima a la Tierra). Así que será más poderosa de lo habitual. Constituirá una gran jornada para tu economía. La luna llena del 31 tendrá lugar en Urano, y este aspecto indica acontecimientos inesperados. Procura reducir tu agenda ese día.

Noviembre

Mejores días en general: 5, 6, 14, 15, 22, 23
Días menos favorables en general: 12, 18, 19, 25, 26
Mejores días para el amor: 2, 3, 11, 12, 18, 19, 21, 22
Mejores días para el dinero: 5, 6, 2, 7, 8, 11, 14, 15, 19, 24, 25
Mejores días para la profesión: 7, 8, 16, 25, 26

El mes pasado iniciaste una de tus temporadas más placenteras del año el 23. Y seguirá siéndolo hasta el 21. Diviértete y disfruta de la vida. La alegría es una gran sanadora de por sí.

Tu salud ha mejorado mucho comparada con el mes anterior, pero sigue vigilándola. Si has conseguido superar estos dos meses conservando tu salud y tu cordura, lo has hecho de maravilla. Puedes considerarte un triunfador o una triunfadora. Sigue fortaleciendo tu salud con los métodos descritos en la previsión anual. La buena noticia es que tu salud adquirirá más protagonismo en tu carta astral después del 21, a medida que el Sol ingrese en tu sexta casa. Céntrate en lo esencial en esta temporada.

La actividad retrógrada está bajando rápidamente este mes. Después del 14, el 80 por ciento de los planetas serán directos y, después del 29, lo serán el 90 por ciento. El ritmo del mundo y de tu vida se está reactivando. Ahora lo ves todo con más claridad. Espero que hayas aprovechado la intensa actividad retrógrada para examinar tus metas y planificar tu futuro, las temporadas retrógradas sirven precisamente para esto. Si ha sido así, ahora estarás en la situación idónea para llevar a cabo tus planes. Progresarás con mucha más rapidez.

El cuarto y último eclipse lunar del año ocurrirá el 30. Cada eclipse lunar te afecta de lleno, pero este lo hará menos que de costumbre. Tendrá lugar en tu casa doce de la espiritualidad y afectará tu vida espiritual, es decir, las enseñanzas, las prácticas y los maestros. Los cambios espirituales suelen surgir de una «revelación», de la percepción de una nueva verdad —de un hallazgo interior—, por lo que te desprenderás de las antiguas metodologías. Habrá trastornos en las organizaciones espirituales o benéficas de las que formas parte, y dramas personales en las vidas de los gurús o figuras de gurús. Tus amigos se verán obligados a hacer cambios económicos drásticos. Tu cónyuge, pareja o amante actual (la persona que desempeñe este papel en tu vida) puede vivir cambios laborales y cambios en su programa de salud. Y como ocurre con cada eclipse lunar, es posible que sientas el deseo de redefinirte, de actualizar tu autoimagen y el concepto que tienes de ti. Este proceso se ha estado dando a lo largo del año y seguirá hasta que te sientas a gusto contigo mismo.

La luna nueva del 15, una «superluna nueva», ya que coincidirá con un perigeo lunar (la distancia más próxima a la Tierra), propiciará una jornada excelente para tu economía. Tu cónyuge, pareja o amante actual tendrá un día estupendo en el ámbito social.

Diciembre

Mejores días en general: 2, 3, 11, 12, 19, 20, 21, 29, 30, 31
Días menos favorables en general: 9, 10, 15, 16, 22, 23
Mejores días para el amor: 2, 3, 8, 9, 11, 12, 15, 16, 17, 22, 23, 27
Mejores días para el dinero: 5, 6, 8, 13, 14, 16, 24, 27
Mejores días para la profesión: 5, 6, 13, 14, 22, 23

Este mes están ocurriendo muchas situaciones que traen grandes cambios. En primer lugar, dos planetas lentos cambiarán de signos este mes. Saturno ingresará en Acuario el 18 (esta vez se quedará cerca de dos años en este signo) y Júpiter también entrará en él dos días más tarde, el 20. Júpiter se quedará en Acuario casi todo el 2021. Y como además tendrá lugar un eclipse solar el 14, vivirás más cambios aún.

Pero también te esperan buenas noticias. Dado que dos planetas lentos dejarán de mantener aspectos desfavorables en tu carta astral, tu salud y energía mejorarán el año que viene. Tal vez pases unos meses difíciles (debido a tránsitos de corta duración), pero no serán ni por asomo como los de este año.

La entrada de Saturno en Acuario afectará tu vida amorosa. Se volverá más erótica. Si no tienes pareja, ahora el magnetismo sexual te parecerá el no va más en una relación. E incluso si estás casado o si tienes pareja, el buen sexo encubrirá muchos pecados en vuestra relación. También tenderás a experimentar más en el amor. La entrada de Júpiter en Acuario indica cambios en tu programa de salud y en tus actitudes. En este terreno también te volverás más experimentador. Desde el año pasado has estado siendo bastante conservador en las cuestiones de la salud, pero ahora cambiarás de actitud. Presta más atención a los tobillos y las pantorrillas. Mantén la columna, las rodillas y el esqueleto en perfecta forma este mes.

El eclipse solar del 14 ocurrirá en tu sexta casa de la salud y del trabajo, y anunciará la llegada de cambios en tu programa de salud. Es posible que también ocurran cambios laborales, ya sea en tu empresa actual o en otra. Tus condiciones laborales cambiarán. Este eclipse fomentará el deseo de tomar medidas correctoras tanto en cuanto a tu situación económica como en la de tus hijos o figuras filiales. Las personas adineradas de tu vida vivirán en esta temporada dramas personales. Como el eclipse afectará a Neptuno, el regente de tu novena casa, repercutirá en los estudiantes universitarios. Es posible que vayan a estudiar a otra facultad, o que se produzcan cambios en cuanto al rector o los planes de estudios. Los problemas jurídicos (si estás envuelto en uno) darán un gran vuelco en un sentido o en otro. Avanzarán. Tus creencias religiosas, teológicas y filosóficas serán puestas a prueba, abandonarás algunas y te cuestionarás otras.

Vigila tu salud después del 21, pero la situación no será tan delicada ni por asomo como en septiembre y octubre. Será más bien una temporada delicada de corta duración en lo que respecta a tu salud. Asegúrate de descansar más.

Pueden producirse cambios laborales, aunque no hay nada que temer. Tendrás muchas oportunidades laborales este mes. Tu casa seis es poderosa. Tienes ganas de trabajar.

Leo

♌

El León
Nacidos entre el 21 de julio y el 21 de agosto

Rasgos generales

LEO DE UN VISTAZO

Elemento: Fuego

Planeta regente: Sol
  Planeta de la profesión: Venus
  Planeta de la salud: Saturno
  Planeta del amor: Urano
  Planeta del dinero: Mercurio

Colores: Dorado, naranja, rojo
  Colores que favorecen el amor, el romance y la armonía social:
  Negro, azul índigo, azul marino
  Colores que favorecen la capacidad de ganar dinero: Amarillo,
  amarillo anaranjado

Piedras: Ámbar, crisolita, diamante amarillo

Metal: Oro

Aroma: Bergamota, incienso, almizcle

Modo: Fijo (= estabilidad)

Cualidad más necesaria para el equilibrio: Humildad

Virtudes más fuertes: Capacidad de liderazgo, autoestima y confianza en sí mismo, generosidad, creatividad, alegría

Necesidad más profunda: Diversión, alegría, necesidad de brillar

Lo que hay que evitar: Arrogancia, vanidad, autoritarismo

Signos globalmente más compatibles: Aries, Sagitario

Signos globalmente más incompatibles: Tauro, Escorpio, Acuario

Signo que ofrece más apoyo laboral: Tauro

Signo que ofrece más apoyo emocional: Escorpio

Signo que ofrece más apoyo económico: Virgo

Mejor signo para el matrimonio y/o las asociaciones: Acuario

Signo que más apoya en proyectos creativos: Sagitario

Mejor signo para pasárselo bien: Sagitario

Signos que más apoyan espiritualmente: Aries, Cáncer

Mejor día de la semana: Domingo

La personalidad Leo

Cuando pienses en Leo, piensa en la realeza; de esa manera te harás una idea de cómo es Leo y por qué los nativos de este signo son como son. Es verdad que debido a diversas razones algunos Leo no siempre expresan este rasgo, pero aun en el caso de que no lo expresen, les gustaría hacerlo.

Un monarca no gobierna con el ejemplo (como en el caso de Aries) ni por consenso (como hacen Capricornio y Acuario), sino por su voluntad personal. Su voluntad es ley. Sus gustos personales se convierten en el estilo que han de imitar todos sus súbditos. Un rey tiene en cierto modo un tamaño más grande de lo normal. Así es como desea ser Leo.

Discutir la voluntad de un Leo es algo serio. Lo considerará una ofensa personal, un insulto. Los Leo nos harán saber que su voluntad implica autoridad, y que desobedecerla es un desacato y una falta de respeto.

Una persona Leo es el rey, o la reina, en sus dominios. Sus subordinados, familiares y amigos son sus leales súbditos. Los Leo reinan con benevolente amabilidad y con miras al mayor bien para los demás. Su presencia es imponente, y de hecho son personas poderosas. Atraen la atención en cualquier reunión social. Destacan porque son los astros en sus dominios. Piensan que, igual que el Sol, están hechos para brillar y reinar. Creen que nacieron para disfrutar de privilegios y prerrogativas reales, y la mayoría de ellos lo consiguen, al menos hasta cierto punto.

El Sol es el regente de este signo, y si uno piensa en la luz del Sol, es muy difícil sentirse deprimido o enfermo. En cierto modo la luz del Sol es la antítesis misma de la enfermedad y la apatía. Los Leo aman la vida. También les gusta divertirse, la música, el teatro y todo tipo de espectáculos. Estas son las cosas que dan alegría a la vida. Si, incluso en su propio beneficio, se los priva de sus placeres, de la buena comida, la bebida y los pasatiempos, se corre el riesgo de quitarles su voluntad de vivir. Para ellos, la vida sin alegría no es vida.

Para Leo la voluntad humana se resume en el poder. Pero el poder, de por sí, y al margen de lo que digan algunas personas, no es ni bueno ni malo. Únicamente cuando se abusa de él se convierte en algo malo. Sin poder no pueden ocurrir ni siquiera cosas buenas. Los Leo lo saben y están especialmente cualificados para ejercer el poder. De todos los signos, son los que lo hacen con más naturalidad. Capricornio, el otro signo de poder del zodiaco, es mejor gerente y administrador que Leo, muchísimo mejor. Pero Leo eclipsa a Capricornio con su brillo personal y su presencia. A Leo le gusta el poder, mientras que Capricornio lo asume por sentido del deber.

Situación económica

Los nativos de Leo son excelentes líderes, pero no necesariamente buenos jefes. Son mejores para llevar los asuntos generales que los detalles de la realidad básica de los negocios. Si tienen buenos jefes, pueden ser unos ejecutivos excepcionales trabajando para ellos. Tienen una visión clara y mucha creatividad.

Los Leo aman la riqueza por los placeres que puede procurar. Les gusta llevar un estilo de vida opulento, la pompa y la elegancia. Incluso aunque no sean ricos, viven como si lo fueran. Por este motivo muchos se endeudan, y a veces les cuesta muchísimo salir de esa situación.

Los Leo, como los Piscis, son generosos en extremo. Muchas veces desean ser ricos sólo para poder ayudar económicamente a otras personas. Para ellos el dinero sirve para comprar servicios y capacidad empresarial, para crear trabajo y mejorar el bienestar general de los que los rodean. Por lo tanto, para los Leo, la riqueza es buena, y ha de disfrutarse plenamente. El dinero no es para dejarlo en una mohosa caja de un banco llenándose de polvo, sino para disfrutarlo, distribuirlo, gastarlo. Por eso los nativos de Leo suelen ser muy descuidados con sus gastos.

Teniendo el signo de Virgo en la cúspide de su segunda casa solar, la del dinero, es necesario que los Leo desarrollen algunas de las características de análisis, discernimiento y pureza de Virgo en los asuntos monetarios. Deben aprender a cuidar más los detalles financieros, o contratar a personas que lo hagan por ellos. Tienen que tomar más conciencia de los precios. Básicamente, necesitan administrar mejor su dinero. Los Leo tienden a irritarse cuando pasan por dificultades económicas, pero esta experiencia puede servirles para hacer realidad su máximo potencial financiero.

A los Leo les gusta que sus amigos y familiares sepan que pueden contar con ellos si necesitan dinero. No les molesta e incluso les gusta prestar dinero, pero tienen buen cuidado de no permitir que se aprovechen de ellos. Desde su «trono real», a los Leo les encanta hacer regalos a sus familiares y amigos, y después disfrutan de los buenos sentimientos que estos regalos inspiran en todos. Les gusta la especulación financiera y suelen tener suerte, cuando las influencias astrales son buenas.

Profesión e imagen pública

A los Leo les gusta que los consideren ricos, porque en el mundo actual la riqueza suele equivaler a poder. Cuando consiguen ser ricos, les gusta tener una casa grande, con mucho terreno y animales.

En el trabajo, destacan en puestos de autoridad y poder. Son buenos para tomar decisiones a gran escala, pero prefieren dejar los pequeños detalles a cargo de otras personas. Son muy respetados por sus colegas y subordinados, principalmente porque tienen el don de comprender a los que los rodean y relacionarse bien con ellos. Generalmente luchan por conquistar los puestos más elevados, aunque hayan comenzado de muy abajo, y trabajan muchísimo por llegar a la cima. Como puede esperarse de un signo tan carismático, los Leo siempre van a tratar de mejorar su situación laboral, para tener mejores oportunidades de llegar a lo más alto.

Por otro lado, no les gusta que les den órdenes ni que les digan lo que han de hacer. Tal vez por eso aspiran a llegar a la cima, ya que allí podrán ser ellos quienes tomen las decisiones y no tendrán que acatar órdenes de nadie.

Los Leo jamás dudan de su éxito y concentran toda su atención y sus esfuerzos en conseguirlo. Otra excelente característica suya es que, como los buenos monarcas, no intentan abusar del poder o el éxito que consiguen. Si lo llegan a hacer, no será voluntaria ni intencionadamente. En general a los Leo les gusta compartir su riqueza e intentan que todos los que los rodean participen de su éxito.

Son personas muy trabajadoras y tienen buena reputación, y así les gusta que se les considere. Es categóricamente cierto que son capaces de trabajar muy duro, y con frecuencia realizan grandes cosas. Pero no olvidemos que, en el fondo, los Leo son en realidad amantes de la diversión.

Amor y relaciones

En general, los Leo no son del tipo de personas que se casan. Para ellos, una relación es buena mientras sea agradable. Cuando deje de serlo, van a querer ponerle fin. Siempre desean tener la libertad de dejarla. Por eso destacan por sus aventuras amorosas y no por su capacidad para el compromiso. Una vez casados, sin embargo, son fieles, si bien algunos tienen tendencia a casarse más de una vez en su vida. Si estás enamorado o enamorada de un Leo, limítate a procurar que se lo pase bien, viajando, yendo a casinos y salas de fiestas, al teatro y a discotecas. Ofrécele un buen vino y una deliciosa cena; te saldrá caro, pero valdrá la pena y os lo pasaréis muy bien.

Generalmente los Leo tienen una activa vida amorosa y son expresivos en la manifestación de su afecto. Les gusta estar con personas optimistas y amantes de la diversión como ellos, pero acaban asentándose con personas más serias, intelectuales y no convencionales. Su pareja suele ser una persona con más conciencia política y social y más partidaria de la libertad que ellos mismos. Si te casas con una persona Leo, dominar su tendencia a la libertad se convertirá ciertamente en un reto para toda la vida, pero ten cuidado de no dejarte dominar por tu pareja.

Acuario está en la cúspide de la casa siete, la del amor, de Leo. De manera, pues, que si los nativos de este signo desean realizar al máximo su potencial social y para el amor, habrán de desarrollar perspectivas más igualitarias, más acuarianas, con respecto a los demás. Esto no es fácil para Leo, porque «el rey» sólo encuentra a sus iguales entre otros «reyes». Pero tal vez sea esta la solución para su desafío social: ser «un rey entre reyes». Está muy bien ser un personaje real, pero hay que reconocer la nobleza en los demás.

Hogar y vida familiar

Si bien los nativos de Leo son excelentes anfitriones y les gusta invitar a gente a su casa, a veces esto es puro espectáculo. Sólo unos pocos amigos íntimos verán el verdadero lado cotidiano de un Leo. Para este, la casa es un lugar de comodidad, recreo y transformación; un retiro secreto e íntimo, un castillo. A los Leo les gusta gastar dinero, alardear un poco, recibir a invitados y pasárselo bien. Disfrutan con muebles, ropa y aparatos de última moda, con todas las cosas dignas de reyes.

Son apasionadamente leales a su familia y, desde luego, esperan ser correspondidos. Quieren a sus hijos casi hasta la exageración; han de procurar no mimarlos ni consentirlos demasiado. También han de evitar dejarse llevar por el deseo de modelar a los miembros de su familia a su imagen y semejanza. Han de tener presente que los demás también tienen necesidad de ser ellos mismos. Por este motivo, los Leo han de hacer un esfuerzo extra para no ser demasiado mandones o excesivamente dominantes en su casa.

Horóscopo para el año 2020*

Principales tendencias

La salud, el trabajo y la profesión son los principales titulares este año. Si estás en el paro, habrá muchas oportunidades laborales esperándote. Este año te volcarás en tu profesión. Veremos este tema más adelante.

Aunque tu salud sea buena, este año pareces estar muy implicado en cuestiones de salud. Probablemente se trate de medidas preventivas y de estilos de vida saludables. En muchos casos también te implicarás en la salud de los demás. Veremos este tema más adelante.

Tu profesión será quizá este año la faceta más excitante de tu vida. Empezó el año pasado y seguirá siendo así muchos años más. Este entusiasmo profesional conlleva cambios y odiseas, ya que si todo siguiera como siempre, no habría dramas ni excitación en tu vida. Incluso lo bueno puede volverse tedioso. Pero este año no te aburrirás en absoluto. Estás aprendiendo a manejar tu inestabilidad laboral. Volveremos a este tema más adelante.

La entrada de Urano en tu décima casa en marzo de 2019 también afectó tu vida amorosa. Tus actitudes cambiaron. Ahora estás alternando con personas eminentes y poderosas, y promocionas tu carrera profesional con tu vida social. Este aspecto indica una señal positiva para el amor, pero también habrá momentos difíciles en este terreno. Volveremos a este tema más adelante.

Neptuno, el planeta más espiritual de todos, lleva muchos años en tu octava casa y la seguirá ocupando muchos más. Muestra una larga tendencia de la que ya he hablado en previsiones anteriores. Así que tu vida sexual y tus prácticas sexuales se están volviendo más espirituales y refinadas. Poco a poco tu vida sexual se está convirtiendo más bien en un acto de culto que en un mero acto de deseo animal.

---

* Las previsiones de este libro se basan en el Horóscopo Solar y en todos los signos derivados del mismo: tu signo solar se convierte en el Ascendente, y las casas se numeran a partir de él. Tu horóscopo personal, el trazado concretamente para ti (según la fecha, hora y lugar exactos de tu nacimiento) podría modificar lo que se indica aquí. Joseph Polansky.

Marte pasará mucho tiempo en tu novena casa este año, más de seis meses. Es un buen aspecto para los estudiantes universitarios, indica que se centrarán en los estudios. Muestra éxitos académicos. También podría tratarse de un problema jurídico que te quita mucho tiempo.

Aunque tu casa doce de la espiritualidad no sea poderosa este año, ocurrirán cuatro eclipses lunares en ella, el doble de lo habitual. Por lo que vivirás muchos cambios espirituales, corregirás el rumbo de tu vida en diversas ocasiones. (Los dos eclipses, uno solar y otro lunar, tendrán lugar en tu casa doce, lo cual respalda lo que acabo de decir.)

Las áreas que más te interesarán este año serán la salud y el trabajo, las aventuras amorosas y las actividades sociales; el sexo, la transformación personal y el ocultismo; y la religión, la filosofía, los estudios superiores y los viajes al extranjero (a partir del 28 de junio); y la profesión.

Lo que más te llenará este año será la espiritualidad (hasta el 6 de mayo); el cuerpo y la imagen (a partir del 6 de mayo); la salud y el trabajo (hasta el 20 de diciembre); y el amor, las aventuras amorosas y las actividades sociales (a partir del 20 de diciembre).

Salud

(Ten en cuenta que se trata de una perspectiva astrológica de la salud, no una médica. En el pasado, no había ninguna diferencia, ambas eran idénticas, pero en la actualidad podrían diferir mucho. Para obtener un punto de vista médico, consulta a tu médico de cabecera o a un profesional de la salud.)

Tu salud será, en esencia, buena este año. Gran parte del 2020 solo un planeta lento —Urano— formará una alineación desfavorable en tu carta astral. Saturno formará otra desfavorable por poco tiempo, del 23 de marzo al 1 de julio. Pero estos aspectos no llegarán a causar problemas serios. Además, como a partir del 18 de diciembre dos planetas lentos —Saturno y Júpiter— formarán una alineación desfavorable en tu horóscopo, descansa, relájate y lleva un ritmo de vida más tranquilo en esta temporada. Al parecer, buena parte del año estarás fuera de peligro.

Tu sexta casa de la salud es, sin duda, la más potente de tu carta astral. Por un lado, esto es bueno, ya que las medidas preventivas que tomes ahora te beneficiarán más adelante (y el año próximo). Pero por el otro, estar pendiente hasta tal extremo de tu salud no es tan bueno como parece. Puede fomentar la tendencia a hacer una montaña de un grano de arena, a crear problemas donde no los hay. Ten cuidado con ello. El nodo lunar sur, que denota una sensación de carencia, estará en tu sexta casa hasta el 6 de mayo. Este aspecto podría contribuir a que estés pendiente de tu salud. Tal vez sientes que te falta algo en este sentido.

Estar centrado en la salud también indica, como he señalado, que te preocupas por la salud de otras personas, por la de los miembros de tu familia y de tus hijos. O por la de personas que para ti son como familiares o como hijos tuyos.

Por buena que sea tu salud, siempre puedes mejorarla. Presta más atención a las siguientes zonas vulnerables de tu carta astral.

El corazón. Este órgano siempre es importante para los Leo y te sentará bien trabajar los puntos reflejos del mismo. Una buena salud cardiovascular consiste en evitar las preocupaciones y la ansiedad. Los sanadores espirituales coinciden en este punto. Afirman que son las causas principales de las cardiopatías.

La columna, las rodillas, la dentadura, la piel y la alineación esquelética en general. Estas zonas son siempre importantes para los Leo, y te sentará bien trabajar los puntos reflejos de estas partes del cuerpo. Cuidar la salud de tu espalda es siempre importante. Los masajes regulares en la espalda y las visitas metódicas al quiropráctico o al osteópata te vendrán de maravilla. Los masajes en las rodillas también son importantes para ti, al igual que protegerlas con una buena sujeción cuando hagas ejercicio. Mantén una buena higiene dental. Terapias como la Técnica Alexander (trabaja con la postura corporal), el Rolfing y el método Feldenkreis son recomendables. El yoga y el Pilates son unos ejercicios muy saludables para la columna y la alineación esquelética en general.

El colon, la vejiga y los órganos sexuales. Estas zonas llevan siendo importantes desde 2008, cuando Plutón ingresó en tu sexta casa de la salud. Y seguirán siéndolo muchos años más. Te irán bien sesiones de reflexología para trabajar sus puntos reflejos. Es importante practicar sexo seguro y mantener una actividad sexual moderada. También te vendrá de maravilla recurrir de vez en cuando a los enemas con infusiones de plantas medicinales, en especial si notas que tu tono vital está bajo.

El hígado y los muslos. Estas zonas solo empezaron a ser importantes a partir del año anterior. Y lo seguirán siendo hasta el 20 de diciembre. Te sentarán bien sesiones de reflexología para trabajar sus puntos reflejos. Los masajes regulares en los muslos no solo fortalecen esta parte del cuerpo y el hígado, sino también las lumbares, un área muy importante para ti.

Los tobillos y las pantorrillas. Empezaron a ser importantes a partir del 18 de diciembre y lo seguirán siendo varios años más. Saturno, tu planeta de la salud, ingresará en esa temporada en Acuario. Te convienen los masajes regulares en los tobillos y las pantorrillas. Los masajes en las pantorrillas no solo fortalecen esta área, sino también los órganos reproductores que tan importantes son esos días.

Plutón es el regente de tu cuarta casa del hogar, la familia y la vida emocional. Esta posición indica que una buena salud significa en tu caso una vida familiar y doméstica saludables. Los problemas en esta faceta repercutirán en tu salud física. O sea que si surgen problemas —espero que no sea así—, restablece la armonía cuanto antes. Mantén una actitud positiva y constructiva. La meditación te vendrá de perlas para ello.

Júpiter en tu casa de la salud muestra que las relaciones con tus hijos o figuras filiales de tu vida son importantes. Los problemas en esta área pueden repercutir en tu salud física. Procura al máximo mantener la armonía en tu hogar.

Este aspecto también muestra el valor terapéutico de una afición creativa. Este año sentirás la necesidad de expresar tus afanes creativos.

Hogar y vida familiar

Si bien tu cuarta casa está, en esencia, vacía este año (solo la visitarán planetas rápidos), Plutón, el regente de esta, recibirá grandes estímulos. La casa cuatro vacía indica que la situación sigue como estaba, pero los efectos de Plutón muestran muchos cambios.

Plutón está recibiendo este año influencias contradictorias que complican realmente la situación familiar. Tanto Saturno como Júpiter (en realidad, son opuestos) afectarán a Plutón. Saturno es restrictivo y controlador, en cambio Júpiter es expansivo y le encanta la libertad. Hay varias formas de interpretar este aspecto y todas serían ciertas.

Los miembros de tu familia se mostrarán sumamente ambivalentes este año. Pueden alternar el conservadurismo y la frialdad (la influencia saturnina) con la calidez y la generosidad (la influencia jupiterina). Saturno tiende a la frugalidad. Júpiter, a la generosidad. De modo que los miembros de tu familia y una de tus figuras parentales se comportarán así. Serán unas personas de lo más controladoras un instante y, al siguiente, sumamente cálidas y generosas. Lo más probable es que crean que su lado controlador —su severidad— es una especie de benevolencia. Uno de los miembros de la pareja se sentirá como un dictador benevolente. El otro actuará de la forma opuesta. Parecerá rebelde, querrá ser libre, liberarse de cualquier responsabilidad. Si consiguen superar este bache y seguir juntos, significa que se llevan bien como pareja, pero del 23 de marzo al 1 de julio, y a partir del 18 de diciembre, chocarán. Su matrimonio será puesto a prueba.

Una parte de ti querrá mudarse a otro lugar (influencia jupiterina), en cambio otra, tu parte de los miedos, querrá seguir viviendo donde ahora estás (influencia saturnina). Así que es posible que te mudes de vivienda, pero en la mudanza habrá problemas y demoras. La cuestión es si la fuerza de Júpiter ganará a la de Saturno. O al revés. Yo diría que la fuerza de Saturno —el deseo de seguir viviendo en el mismo sitio— será más fuerte. Saturno en Capricornio se encuentra dignificado y poderoso. Ocupa su propio signo y casa. En cambio, Júpiter está «en caída», en su posición más débil. De modo que aunque pueda tener lugar una mudanza, lo más probable es que te quedes en el mismo lugar y que hagas un mejor uso del espacio del que dispones.

Ya llevas muchos años procurando que tu hogar sea «más saludable», como he indicado en previsiones anteriores. Probablemente has invertido dinero para eliminar materiales tóxicos u otras toxinas de tu vivienda y del terreno donde se encuentra. Has instalado en tu casa un equipo saludable para hacer ejercicio o aparatos para mantenerte sano. Estás haciendo que tu hogar sea como un balneario. Este año esta tendencia es incluso mayor que los anteriores.

Has estado también haciendo que tu hogar sea tu «lugar de trabajo» al instalar en él un despacho equipado con todo lo necesario. Muchos Leo estáis trabajando en casa o en un negocio que se puede llevar desde el hogar. Esta tendencia también es más pronunciada este año.

Pero este año también estás transformando tu hogar en un lugar de diversión. No necesitas salir para divertirte. Puedes pasártelo bien en tu casa.

Profesión y situación económica

Tu casa del dinero lleva ya varios años siendo débil y este año también lo será. Solo la visitarán planetas rápidos. Este aspecto tiene sus ventajas y sus desventajas. Por un lado, indica que te sientes satisfecho con la situación actual. No sientes la necesidad de hacer grandes cambios ni hay ningún aspecto de tu vida en el que necesites centrarte. Pero, por otro lado, tal vez estés ignorando un área importante de tu vida. Si aparecen problemas económicos, esto podría ser la causa. Necesitas empezar a centrarte más en ella.

Sin embargo, puedo ver que será un año próspero. Tu sexta casa de la salud y del trabajo es la más poderosa de tu carta astral. Dudo de que haya algún Leo que esté desempleado este año. Hay muchas oportunidades y ofertas laborales en él, y todas son buenas. Incluso si ya estás trabajando, te ofrecerán trabajar horas extras o dedicarte a empleos adicionales (y probablemente aceptarás la oferta). Tu ética laboral es más sólida estos días que de costumbre. Tus jefes lo advertirán y esto te será útil en tu profesión.

Mercurio, tu planeta de la economía, es un planeta rápido de trayectoria errática. Y este rasgo se refleja en tu vida económica. En algunas ocasiones, las entradas de dinero te llegarán con rapidez, y en otras con lentitud. Algunas veces parecerán estar estancadas, y otras retroceder. Tienden a reflejar los movimientos de Mercurio en el firmamento. Pero como Mercurio es tan veloz —transita por toda tu carta astral cada año—, se darán numerosas tendencias de corta duración que dependerán de dónde esté Mercurio y de los aspectos que reciba. En las previsiones mes a mes hablaré de estas tendencias con más detalle.

Tu profesión es el auténtico titular estos días, en lugar de tu vida económica. Urano entró en tu décima casa de la profesión en marzo de 2019 y permanecerá en ella muchos años más. Este aspecto se puede interpretar de muchas, muchísimas formas. En primer lugar, como he indicado antes, muestra inestabilidad en la profesión, cambios constantes. Por lo que favorece la profesión de autónomo por encima de un trabajo estable al servicio de una empresa. Necesitas gozar de más libertad en tu profesión. Si una ocupación estable te permite tener esta libertad, también te puede funcionar.

La inestabilidad es sinónimo de excitación y cambios. Ahora cualquier cosa puede ocurrir en cualquier momento. Por más sombría que parezca la situación, las cosas pueden cambiar en un abrir y cerrar de ojos. Las oportunidades laborales aparecen como por arte de magia. Urano en tu casa diez favorece el mundo de la alta tecnología, es decir, los ordenadores, la programación informática, las actividades online y otras áreas parecidas. Y si tienen que ver con la diversión y las bellas artes, aún mejor. Sea cual sea tu profesión, tus conocimientos tecnológicos son un factor importante en ella.

Urano es además tu planeta del amor. Esto también se puede interpretar de muchas formas. Significa que buena parte de tu actividad social puede estar relacionada con tu profesión o con el mundo de los negocios. La gente que conoces —tus contactos sociales— son más importantes ahora que tus habilidades. Por lo general, tu encanto social —tu simpatía— juega un papel esencial en tu éxito profesional, por lo que es bueno cultivarlo este año. (La mitad occidental de tu carta astral es la que predomina, lo cual apoya lo que señalo.) Promueves tu profesión con tus contactos sociales, como por ejemplo, asistiendo u organizando la clase adecuada de fiestas y reuniones. Tienes una facultad especial para conocer, a nivel social, justamente a las personas que te pueden ayudar.

Este aspecto también se puede interpretar de otra manera, aunque es tan exacta como la anterior. Tu planeta del amor cerca del medio cielo —en la cúspide—, suele mostrar que tu misión este año (y durante muchos más), es apoyar a tu cónyuge, pareja o amante actual y a tus amigos. Puede que estés inmerso en los asuntos del día a día, pero tu verdadera misión en la vida tus amigos y tu pareja.

Venus, tu planeta de la profesión, es de movimiento rápido. Normalmente transita por toda tu carta astral cada año. Pero este año (debido a su movimiento retrógrado) solo visitará once casas en lugar de doce. Con todo, es mucho movimiento. Así que numerosas tendencias profesionales de corta duración dependerán de dónde esté Venus y de los aspectos que reciba. En las previsiones mes a mes hablaré de estas tendencias con más detalle.

Amor y vida social

El amor y la vida social son muy importantes para ti este año. En primer lugar, tu séptima casa será muy poderosa del 23 de marzo al 1 de julio, y más adelante a partir del 18 de diciembre.

Pero lo más importante es que tu planeta del amor está en el medio cielo de tu carta astral. El medio cielo —la cúspide de la carta astral— es el lugar más poderoso donde un planeta puede encontrarse. Al igual que el Sol es al mediodía cuando más fuerte es (al alcanzar el medio cielo), a los otros planetas también les ocurre lo mismo. Si le añadimos el predominio de la mitad occidental de tu carta astral —la de la vida social— que he mencionado antes, vemos que este año tu encanto y tus dotes sociales están mucho más acentuados. Es un año para centrarte en los demás. Habrá momentos, a medida que transcurra el año, en que la mitad oriental del yo será más poderosa, pero no llegará a predominar.

Tu planeta del amor en el medio cielo muestra que el poder y el prestigio te atraen en tu vida amorosa en esta temporada, quizá más que otras cualidades habituales. Ahora te gustan las personas poderosas y eminentes —de una posición social más alta que la tuya— que pueden ayudarte a llegar a donde quieres ir. Estás conociendo a esta clase de personas.

Este aspecto indica con frecuencia que surgirán oportunidades para mantener una relación amorosa con jefes o superiores. Favorece las aventuras en la oficina.

(Saturno, tu planeta del trabajo, ingresará en tu séptima casa del amor del 23 de marzo al 1 de julio, y de nuevo a partir del 18 de diciembre, y este aspecto también propicia las aventuras amorosas en la oficina, te atraen tus compañeros de trabajo.) Aunque muchas empresas tienen normas al respecto. Las aventuras amorosas también pueden surgir en otros escenarios. Tus jefes, superiores o compañeros de trabajo pueden hacer de Cupido en tu vida, como al presentarte a una persona por la que sentirás una especial atracción, o favorecer otras situaciones similares. Parecen propiciar las aventuras amorosas de un modo u otro.

Tu planeta del amor estará todo el año en el conservador Tauro. Saturno también es un planeta conservador. Así que pareces ser más precavido en el amor estos días (una actitud muy distinta de la que has estado teniendo de 2012 a 2019). Interpreto este aspecto como algo positivo. En el pasado eras demasiado rápido en el terreno del amor. Ser precavido en este sentido es bueno.

La entrada de Júpiter en tu séptima casa a finales de año suele ser una señal de matrimonio o de una relación seria (una relación que es como un matrimonio). Esta situación es más probable que se dé el año próximo que en 2020. Pero con todo, no es sensato precipitarte en nada. Saturno estará en tu casa siete y este planeta tiende a retrasarlo todo.

En general, tus mejores temporadas amorosas y sociales serán del 1 al 20 de enero, del 20 de abril al 20 de mayo, del 23 de agosto al 22 de septiembre, y del 22 al 31 de diciembre.

Si estás deseando casarte por segunda vez, se presentará la oportunidad de mantener una aventura amorosa después del 28 de junio, pero por lo visto será todo un reto. Las cosas se volverán más fáciles en este sentido a partir del 18 de diciembre. Si estás deseando casarte por tercera vez, este año tu situación sentimental seguirá igual.

Progreso personal

Plutón, el regente genérico del sexo, lleva ya muchos años en tu sexta casa de la salud. De ahí que practicar sexo seguro y mantener una actividad sexual moderada haya estado siendo importante para tu salud durante mucho tiempo. Neptuno, el planeta más espiritual de todos, también ha estado ocupando tu octava casa del sexo durante muchos años. Por lo que se puede extraer un poderoso mensaje de tu carta astral. Sientes la necesidad de elevar la vibración del acto sexual, de convertirlo en un acto de culto en lugar de ser un acto de lujuria. Elevar la vibración equivale a practicar un sexo «realmente» seguro. Si te limitas a usar los métodos habituales, solo te protegerás de ciertas cosas, pero al seguir manteniendo sexo de una vibración más baja, pueden surgir otros problemas en tu vida amorosa.

Por eso en estos días eres un candidato para algunas de las enseñanzas y prácticas espirituales sobre el sexo. Te irá bien estudiar el tantra o el kundalini yoga si te atrae lo oriental. Si te gusta lo occidental, puedes estudiar el método Carezza o el hermetismo, ya que también te llevan a esta clase de prácticas.

Como he mencionado antes, los cuatro eclipses lunares de este año afectarán de lleno tu vida espiritual. Se producirán el doble que de costumbre. También, como he señalado, habrá dos eclipses en tu casa doce: un eclipse lunar el 10 de enero, y un eclipse solar el 21 de junio. De modo que habrá muchos cambios y agitación en tu vida. Las situaciones de la vida pondrán a prueba tus actitudes espirituales, prácticas, enseñanzas y maestros. Si perteneces a una organización espiritual, se darán muchos trastornos y problemas en ella. Al igual que ocurrirá en las organizaciones benéficas de las que formes parte. Aunque la situación no tiene por qué ser mala. A menudo los cambios espirituales —cambios de rumbo y de prácticas— ocurren debido a una revelación interior. Y esto es bueno. Una práctica que ha estado siendo buena para ti ya no es necesaria y decides cambiarla por otras. Si todavía no sigues un camino espiritual, lo más probable es que este año inicies uno.

Júpiter y Plutón en tu sexta casa de la salud muestran la necesidad de gozar de una buena salud emocional, como he señalado, y de una vida creativa saludable. Lo esencial es evitar las depresiones estos días. La buena noticia es que los Leo suelen ser optimistas y no son proclives a las depresiones. Pero necesitas sentir que estás disfrutando de la vida, que la vida es divertida y feliz. La alegría de por sí es una poderosa fuerza curativa y este año incluso lo es más que de costumbre. Terapias como el yoga de la risa serán muy poderosas para ti. La meditación también te vendrá de perlas, ya que favorece la estabilidad emocional. Si quieres conocer más a fondo este tema, puedes visitar mi blog www.spiritual-stories.com, en él hablo con más detalle de estas cuestiones.

Previsiones mes a mes

Enero

Mejores días en general: 2, 3, 12, 20, 21, 29, 30, 31
Días menos favorables en general: 5, 6, 18, 19, 24, 25, 26
Mejores días para el amor: 4, 5, 13, 14, 18, 19, 22, 24, 25, 26, 27, 28
Mejores días para el dinero: 5, 6, 14, 15, 22, 23, 25, 26
Mejores días para la profesión: 5, 6, 13, 14, 18, 19, 27, 28

El movimiento planetario directo es arrollador este mes. El 11, a medida que Urano empieza a avanzar, todos los planetas serán directos. Las situaciones, tanto en el aspecto personal como en tu vida cotidiana, empezarán a progresar con rapidez. Ahora el ritmo de la vida es más rápido, tal como a ti te gusta.

Tu salud es buena y pareces estar pendiente de ella. Tu sexta casa de la salud es, sin duda, la más poderosa de tu carta astral este mes. Dudo de que haya ningún Leo sin trabajo estos días. En realidad, lo más probable es que ocurra lo contrario, muchos de vosotros os dedicaréis al pluriempleo.

Vigila más tu salud a partir del 20, no te espera ningún problema serio, pero tampoco es una de tus mejores temporadas. No es más que un problema pasajero. Fortalece tu salud con los métodos descritos en la previsión anual.

La mitad occidental de tu carta astral —la de la vida social— predomina en gran medida este mes, en realidad será la tendencia que se dará todo el año. Ahora te encuentras en un poderoso ciclo social. Antepones las necesidades de los demás a las tuyas. Tu encanto social determina lo que ocurre en tu vida. Sobre todo a partir del 20, cuando el Sol ingresará en tu séptima casa del amor. Empezarás una de tus mejores temporadas amorosas y sociales del año. El movimiento de avance de Urano propiciará tu vida amorosa. Tu popularidad social es algo maravilloso, pero a veces puede traerte problemas en tu relación de pareja; a tu cónyuge, pareja o amante actual no le hace demasiada gracia que seas tan popular. Sé más paciente con la persona amada del 21 al 23.

El eclipse lunar del 10 ocurrirá en tu casa doce. Será, en esencia, benigno para ti, pero no te hará ningún daño reducir tu agenda de todos modos. Este eclipse muestra cambios espirituales relacionados con los maestros, las enseñanzas y las prácticas. También cambiarán tus actitudes espirituales. (Ten en cuenta que la Luna es tu planeta de la espiritualidad y este eclipse ejerce un doble impacto en esta área de tu vida). Causa trastornos en las organizaciones espirituales o benéficas de las que formas parte, y dramas en las vidas de tus gurús o figuras de gurús. Tu cónyuge, pareja o amante actual puede vivir cambios laborales y modificaciones en su programa de salud.

Mercurio, tu planeta de la economía, saldrá «fuera de límites» del 1 al 12. De modo que en tu vida económica te moverás fuera de tu terreno habitual. Las personas adineradas de tu vida también se moverán fuera del suyo. Mercurio ingresará en tu séptima casa el 16, este aspecto indica que la buena disposición de la gente es importante para ti económicamente. Antepones los intereses económicos de los demás a los tuyos. Este proceder parece funcionarte. Mercurio en Acuario se encuentra en su posición más poderosa. Debería ser un buen mes en el aspecto económico.

Febrero

Mejores días en general: 8, 9, 16, 17, 26, 27
Días menos favorables en general: 1, 2, 14, 15, 21, 22, 28, 29
Mejores días para el amor: 1, 7, 8, 9, 10, 16, 17, 18, 21, 22, 26, 27, 28
Mejores días para el dinero: 1, 2, 6, 7, 10, 11, 14, 15, 19, 20, 23, 24, 25, 28, 29
Mejores días para la profesión: 1, 2, 7, 8, 16, 17, 26, 27, 28, 29

Seguirás estando en una de tus mejores temporadas amorosas y sociales del año hasta el 19, y la relación que mantienes con tu cónyuge, pareja o amante actual ha mejorado notablemente. Pareces ser feliz en el amor y tu popularidad es buena.

El mes anterior la mitad superior de tu carta astral se volvió más poderosa que la mitad inferior. Está alboreando en tu año. Es el momento de estar activo y centrado en tu vida cotidiana. El hogar, la familia y las cuestiones emocionales ya no son ahora tan importantes para ti.

Tu situación económica es buena este mes, pero será más complicada a medida que Mercurio inicie su movimiento retrógrado el 17. Realiza las compras y las inversiones importantes, o toma las decisiones económicas de peso, antes de esta fecha. Después del 17 ten una actitud de «esperemos a ver». Reúne más información. Averigua cómo puedes mejorar tu situación económica. No emprendas acciones económicas importantes por el momento.

A partir del 3, Mercurio, tu planeta de la economía, estará en tu octava casa. O sea que aún te conviene anteponer los intereses económicos de los demás a los tuyos. Tenlo muy en cuenta. En la medida que enriquezcas a los demás, tu prosperidad personal aumentará. Es un buen mes para realizar una depuración económica, es decir, para eliminar facturas superfluas o gastos innecesarios. También es un buen momento para despejar tu vida económica y tus bienes personales. Vende aquello que no uses o dónalo a alguna oenegé. Es un buen mes (en especial, hasta el 17) para la planificación tributaria o la contratación de seguros (también pueden llegarte entradas de dinero por estos canales). Si tienes la edad adecuada, es un buen momento para una planificación testamentaria.

Mercurio en el signo de Piscis propicia la intuición financiera. Sin embargo, después del 17 necesitas verificar tus corazonadas. Podrían ser correctas, pero tal vez las interpretes erróneamente.

Venus, tu planeta de la profesión, alcanzará el solsticio del 8 al 10. Luego se detendrá y cambiará de sentido (en latitud). De modo que se dará una pausa en tus asuntos profesionales y después un cambio de dirección. Venus estará en tu novena casa a partir del 7. Este aspecto suele mostrar un viaje laboral y oportunidades formativas relacionadas con tu profesión. Te serán útiles.

Dado que Marte ingresará en tu sexta casa el 16, hacer ejercicio y mantener un buen tono muscular es importante para tu salud.

Tu casa ocho será muy poderosa este mes, sobre todo a partir del 19. Este mes es propicio a los proyectos relacionados con la transformación personal, como traer al mundo a tu yo ideal: la persona que quieres ser. También favorece los programas depurativos en todos los aspectos: físico, emocional y mental.

Marzo

Mejores días en general: 6, 7, 14, 15, 24, 25
Días menos favorables en general: 1, 12, 13, 19, 20, 27, 28
Mejores días para el amor: 1, 8, 16, 17, 18, 19, 20, 26, 27, 28
Mejores días para el dinero: 1, 8, 9, 10, 11, 17, 18, 22, 23, 27, 28
Mejores días para la profesión: 1, 8, 17, 18, 27, 28

La entrada de Saturno en tu séptima casa el 23 no es un tránsito en toda regla, sino solo un flirteo. Presagia lo que vendrá. Tu vida amorosa atravesará momentos difíciles. Si estás sin pareja, tendrás menos citas. En lo que respecta a esta faceta de tu vida, necesitas centrarte en la cualidad en lugar de en la cantidad. Te atraerán los profesionales sanitarios o las personas que se ocupan de tu salud. La entrada de Marte en tu casa siete el 31 también pondrá a prueba el amor. Si mantienes una buena relación con tu pareja, superaréis estos baches.

Aunque lo esencial de este aspecto planetario es que te advierte que estés más pendiente de tu salud. Tu salud y tu energía no son tan buenas como de costumbre. En especial, el mes próximo. Fortalece tu salud con los métodos descritos en la previsión anual. A partir del 23 una buena salud significa llevar una vida amorosa saludable. Conque procura mantener la armonía en este ámbito. Los problemas amorosos y los conflictos con los amigos pueden causarte problemas físicos.

Mercurio tendrá una trayectoria errática este mes. Empieza retrocediendo en su movimiento retrógrado de tu casa ocho a la siete el 4, y luego regresa a tu casa ocho el 16. Indica que debes ocuparte de algunos asuntos pendientes antes de seguir adelante, por lo visto hay algún problema irresuelto en tu vida. La buena noticia es que, gracias al movimiento directo de Mercurio el 10, tus facultades económicas volverán a la normalidad, a decir verdad del 10 al 16 serán extraordinarias. A partir del 16 tu intuición financiera será excelente.

El Sol viajando con Neptuno el 8 y 9 (y muchos Leo sentiréis los efectos incluso antes) muestra varias cosas. Traerá grandes progresos espirituales a tu vida, como por ejemplo, una percepción extrasensorial fuera de lo común, sueños premonitorios y quizá un encuentro erótico. (Estos encuentros eróticos suelen ocurrir en los sueños). La luna llena del 9 no es técnicamente una «superluna llena», pero le falta poco para serlo. Ocurre con la Luna muy cerca del perigeo, su distancia más próxima a la Tierra. Este aspecto producirá también una vida onírica muy activa, experiencias extrasensoriales, experiencias sobrenaturales y quizá grandes progresos espirituales.

El Sol ingresará en tu novena casa el 20, un magnífico tránsito para ti. Los Leo siempre tendéis a brillar, pero ahora lo haréis con mucha más fuerza. El Sol se encuentra en su posición más exaltada en el signo de Aries. Estos días tu creatividad es excelente, te encanta la diversión y eres toda una estrella. Deslumbras tanto que para mirarte la gente tiene que ponerse gafas de sol. Es un tránsito estupendo para los estudiantes universitarios, en esta temporada les irá bien en los estudios. Es probable que los viajes al extranjero también figuren en tu agenda, las oportunidades te esperan en esos lugares.

Tendrá lugar una reunión profesional satisfactoria —al parecer será una reunión social— del 6 al 9.

Abril

Mejores días en general: 3, 4, 11, 12, 20, 21, 22
Días menos favorables en general: 9, 10, 15, 16, 23, 24
Mejores días para el amor: 5, 7, 8, 13, 15, 16, 17, 23, 25, 26
Mejores días para el dinero: 1, 2, 5, 6, 10, 11, 14, 20, 21, 24, 30
Mejores días para la profesión: 7, 8, 15, 16, 17, 23, 24, 25, 26

Júpiter y Plutón estarán viajando juntos todo el mes. Es posible que ocurra un cambio de vivienda, o la afortunada venta o adquisición de una casa. Uno de tus padres o figura parental prosperará este mes. Al igual que tu familia en su conjunto.

Marte y Saturno viajarán juntos el 1 y 2. Puedes fortalecer tu salud por medio del ejercicio físico y de masajes en el cuero cabelludo y en la cara. Es posible que tu profesión te lleve al extranjero. Te podría salir un trabajo en el extranjero.

Lo principal este mes es tu salud, sobre todo a partir del 19. Cinco y, a veces, seis planetas forman una alineación desfavorable contigo. Es un asunto serio. Sí, estás ocupado. Tu profesión es exigente y va viento en popa. Pero si pierdes la salud, ¿de qué te servirá? Además, ahora han surgido otros problemas. Lo que hacías fácilmente hace unos meses, ahora te cuesta. Tal vez hace unos meses te subiste al tejado con una escalera como si nada. A lo mejor fuiste capaz de recorrer en bicicleta treinta kilómetros sin cansarte lo más mínimo. Pero ahora es posible que ya no estés tan en forma. Si fuerzas demasiado la máquina, podrías tener problemas.

Triunfa en tu carrera, ya que a partir del 19 será una de tus mejores temporadas profesionales del año. Es razonable volcarte en ella. Pero no te agotes demasiado. Céntrate en lo primordial de tu vida, tienes la energía para esta clase de actividad. Y olvídate de las trivialidades. Fortalece tu salud con los métodos descritos en la previsión anual. Si es posible, pasa un tiempo en un balneario o programa en tu agenda más masajes y tratamientos de reflexología de lo habitual.

Tu vida amorosa seguirá atravesando momentos difíciles, pero tendrás una cita romántica feliz del 24 al 26. Podría estar relacionada con tu profesión. También podría ser con alguien implicado en tu carrera profesional.

Mercurio, tu planeta de la economía, alcanzará su solsticio del 14 al 16. Después se detendrá en el firmamento y cambiará de sentido (en latitud). Por lo que es posible que se dé una pausa en la economía. Se trata de una buena pausa, natural y cósmica. No hay nada que temer. Cuando termine, tu vida económica cambiará de dirección. Las perspectivas financieras son buenas este mes. En primer lugar, Mercurio está ganando velocidad. Progresarás con rapidez, y te sentirás lleno de confianza. Las oportunidades monetarias y económicas pueden ocurrir de muchas formas y llegarte a través de diversas personas. Hasta el 11 es positivo realizar una depuración económica. Es un buen momento para saldar deudas o adquirirlas, depende de tus necesidades. Tienes un buen acceso a capital del exterior. Si se te ocurren buenas ideas, serán positivas para atraer a inversores del extranjero para tus proyectos. Del 11 al 27 Mercurio se encontrará en Aries, tu novena casa. Este aspecto es un indicador muy positivo para la economía. Tu casa nueve es muy benéfica. Así que tus ingresos aumentarán. Tomarás decisiones económicas con rapidez. Pero ten cuidado con arriesgarte demasiado. En general, eres una persona especuladora por naturaleza, pero en esta temporada lo serás más aún. Mercurio se alojará en tu casa diez de la profesión a partir del 27. En esta coyuntura Mercurio se vuelve más conservador. Puede que te suban el sueldo (de manera oficial o no oficial).

Mayo

Mejores días en general: 1, 8, 9, 18, 19, 27, 28
Días menos favorables en general: 6, 7, 13, 14, 20, 21
Mejores días para el amor: 2, 4, 5, 10, 13, 14, 20, 23, 24
Mejores días para el dinero: 2, 3, 12, 13, 22, 23, 24, 29, 30
Mejores días para la profesión: 4, 5, 13, 14, 20, 21, 23, 24

Venus, tu planeta de la profesión, salió «fuera de límites» el 3 de abril y seguirá así el mes entero. Es algo muy inusual para cualquier planeta. De modo que tu profesión te está llevando fuera de tu esfera habitual. Quizá tus responsabilidades laborales te están obligando a traspasar tus límites y a autosuperarte.

En el terreno económico se dará una situación parecida. Mercurio, tu planeta de las finanzas, saldrá «fuera de límites» a partir del 17 de mayo. O sea que probablemente no encontrarás las soluciones en tu ambiente normal y tendrás que buscarlas en otra parte. Por lo visto, las personas adineradas de tu vida también se moverán fuera de su ámbito habitual.

Sigue vigilando tu salud este mes, en especial hasta el 20. Aunque va mejorando día a día. La situación no es ni por asomo tan seria como lo era el último mes. Mercurio dejará de formar el aspecto desfavorable en tu carta astral el 12. Y Marte, el 13. Y el Sol empezará a formar aspectos armoniosos el 20. Hasta el 19 fortalece tu salud con los métodos descritos en la previsión anual. Y sobre todo, descansa cuando te sientas cansado.

Tu profesión va sobre ruedas y eres todo un triunfador en tu especialidad. La gente te admira. Eres objeto de respeto y aprecio. Tu situación económica también es buena. Hasta el 12 te llegará el dinero de tu buena reputación profesional, o de tu propia profesión. Es posible que te suban el sueldo (de manera oficial o no oficial). Tus jefes, las personas mayores y tus padres o figuras parentales están apoyando tus objetivos económicos. Mercurio en tu décima casa muestra que el terreno económico es una de tus mayores prioridades. Mercurio, como cualquier otro planeta, es siempre más poderoso (más dignificado) cuando se encuentra en la cúspide de tu carta astral. Pero seguirá siendo poderoso después del 12. Ese día ingresará en su propio signo y casa, donde se sentirá más cómodo. Este aspecto también favorece las entradas de dinero. Muestra que gozarás de los favores económicos de amigos y que te atrae como trabajo, negocio o inversión el sector de la alta tecnología, la informática y el mundo de Internet. Mercurio ingresará en tu casa doce el 29. Así que a partir de esta fecha serás más generoso (incluso más de lo habitual) y caritativo. Tendrás un gran instinto para la perspectiva espiritual sobre la riqueza. El asesoramiento económico te llegará a través de sueños y corazonadas, y también por medio de astrólogos, videntes, tarotistas y médiums. A veces unas palabras de un periódico o de un folleto publicitario te llamarán especialmente la atención y te ofrecerán un mensaje financiero. El mundo invisible estará apoyando tus objetivos económicos.

El amor es complicado este mes, pero es un periodo favorable a las amistades. Algunos meses (y ciertos años) son así.

Junio

Mejores días en general: 5, 6, 14, 15, 24, 30
Días menos favorables en general: 3, 4, 9, 10, 16, 17, 18, 28, 29
Mejores días para el amor: 1, 7, 8, 9, 10, 16, 17, 19, 20, 26, 27
Mejores días para el dinero: 3, 4, 8, 11, 12, 18, 21, 22, 26, 27
Mejores días para la profesión: 1, 9, 10, 16, 17, 18, 19, 20

Ahora tu carrera laboral está aflojando un poco el ritmo. Venus, tu planeta de la profesión, empezó a ser retrógrado el 13 de mayo y lo seguirá siendo hasta el 25. De modo que los asuntos profesionales no están claros y solo se esclarecerán con el paso del tiempo. Pero esta desaceleración no se da solo en tu vida laboral. Este mes la actividad retrógrada llegará a su punto máximo del año. Del 23 al 25 el 60 por ciento de los planetas serán retrógrados. Después del 25, lo serán un 50 por ciento. Se trata de un porcentaje elevado.

(La actividad retrógrada alcanzará otro pico en septiembre). Tu día a día —el ritmo de tu vida— se ralentizará. Es, pues, un buen mes para las prácticas espirituales. Tal vez las puertas mundanas estén cerradas, pero las espirituales siempre están abiertas de par en par.

Este mes habrá dos eclipses. El 5 tendrá lugar un eclipse lunar en tu quinta casa, y el 21 un eclipse solar en tu casa doce. Ambos eclipses afectarán a tu vida espiritual, las organizaciones espirituales o benéficas de las que formas parte, y las figuras de gurús en tu vida.

El eclipse lunar del 5 repercutirá en tus hijos o figuras filiales de tu vida. Deberían reducir su agenda, extrema además las precauciones para que no corran ningún peligro. Deja que pasen más tiempo tranquilos en casa. Es posible que tengan encuentros con la muerte —por lo general, se tratará de encuentros psicológicos— como roces con la muerte, cirugías (practicadas o recomendadas), o sueños o pensamientos relacionados con la muerte. El eclipse afectará también a los ingresos de uno de tus progenitores o figura parental, el cual se verá obligado a hacer varios cambios drásticos en los meses siguientes. Los universitarios también recibirán el impacto del eclipse y se enfrentarán a cambios en los planes de estudios o a trastornos en la facultad. En esta etapa no es aconsejable viajar al extranjero. Tu filosofía y teología personal serán puestas a prueba y se darán cambios en estas facetas de tu vida en los próximos meses.

Dado que el eclipse solar del 21 ocurrirá en tu casa doce de la espiritualidad, afectará a esta dimensión de tu vida como he señalado. Cada eclipse solar te impactará de lleno, porque el Sol, el planeta eclipsado, es el regente de tu carta astral. Por eso sentirás el deseo de redefinirte para ti mismo. La imagen que proyectarás en el mundo —es decir, tu «estilo» y «aspecto»—, reflejará estos cambios interiores. Querrás que los demás te vean de una forma totalmente distinta. También te conviene reducir tu agenda en esta temporada.

Mercurio será retrógrado el 18, o sea que procura realizar cualquier adquisición o inversión importante antes de esta fecha. Tu intuición financiera será buena hasta el 18, pero después de este día requerirá una mayor verificación.

Julio

Mejores días en general: 2, 3, 11, 12, 21, 22, 29, 30
Días menos favorables en general: 1, 6, 7, 8, 14, 15, 27, 28

Mejores días para el amor: 4, 6, 7, 8, 14, 16, 17, 24, 25, 26
Mejores días para el dinero: 1, 4, 5, 9, 10, 14, 15, 19, 20, 23, 24,
    27, 28, 31
Mejores días para la profesión: 6, 7, 8, 14, 15, 16, 17, 25, 26

Tu salud mejorará enormemente este mes. Saturno dejará de formar su aspecto desfavorable contigo el 1. Los planetas rápidos formarán una alineación armoniosa en tu carta astral o te dejarán en paz. Y el Sol, el regente de tu horóscopo, ingresará en tu signo el 22. Volverás a estar lleno de energía. Y aunque estés pendiente de tu salud, no habrá en realidad ningún problema en este sentido. Incluso las dolencias que tenías ahora ya habrán desaparecido en mayor o menor grado.

La mitad occidental de tu carta astral —la de la vida social— sigue siendo la más poderosa este mes. Sin embargo, te encuentras en tu momento de mayor independencia del año. (Has estado siendo más independiente otros años, y también lo serás en el futuro, pero ahora es tu mejor momento en este sentido.) El próximo mes también te encontrarás en tu momento de mayor independencia del año. Los planetas rápidos ocupan ahora las posiciones más orientales en tu carta astral. Así que todavía seguirás anteponiendo las necesidades de los demás a las tuyas, pero también podrás dedicarles un tiempo a tus deseos personales. Si necesitas hacer cambios, ahora es el momento para emprenderlos.

Otro eclipse lunar ocurrirá este mes. El tercero del año. (Habrá uno más el 30 de noviembre.) Tendrá lugar en tu sexta casa. Por lo que se producirán cambios laborales en tu empresa actual o en otra, o cambios en las condiciones laborales. Tal vez sean las normas de tu lugar de trabajo las que cambien. Pero los cambios laborales no tienen por qué alarmarte. Tienes muchas oportunidades en este terreno. Por lo visto, en el mercado laboral eres muy apreciado. Si tienes empleados, podría haber cambios de personal, a menudo debido a dramas en sus vidas y no por tu culpa. También habrá cambios en tu programa de salud. Con frecuencia, el eclipse provocará además cambios de médicos o de terapeutas, o bien cambios de dieta o de medicaciones. Y también otros cambios más profundos, como cambios filosóficos o en tu forma de abordar la salud. Tus hijos o figuras filiales están haciendo cambios económicos importantes en su vida. Tus padres o figuras parentales están teniendo problemas con sus hermanos o figuras fraternas. Y tal como ha estado ocurriendo casi todo el año, habrá cambios espirituales. Necesitarás corregir el curso de tu vida espiritual, de tus prácticas y actitudes. Se producirán dramas y trastornos en las organizaciones espirituales o benéficas de las que formas parte. Tus gurús o figuras de gurús vivirán dramas personales, crisis en su matrimonio o con su pareja.

Este eclipse afectará, aunque no de lleno, sino de manera indirecta, otros tres planetas, en concreto, Mercurio, Júpiter y Marte. De modo que se darán cambios económicos poco importantes, y también tomarás pequeñas medidas correctoras en el curso de tu economía. Los ordenadores, los programas informáticos y los aparatos de alta tecnología pueden volverse más inestables en este periodo. Habrá dramas en la vida de tus hijos o figuras filiales y en la de los estudiantes universitarios, así como cambios en los planes de estudios. También pueden ocurrir dramas en las vidas de los líderes de tu lugar de culto. Pero no parecen ser demasiado importantes. No son más que baches en el camino.

Agosto

Mejores días en general: 8, 9, 17, 18, 25, 26, 27
Días menos favorables en general: 3, 4, 10, 11, 23, 24, 30, 31
Mejores días para el amor: 1, 2, 3, 4, 10, 11, 15, 16, 19, 20, 23, 24, 28, 29, 30, 31
Mejores días para el dinero: 2, 8, 11, 17, 18, 19, 20, 28, 29
Mejores días para la profesión: 3, 4, 10, 11, 15, 16, 23, 24

Tu salud es estupenda y solo hay un planeta lento formando una alineación desfavorable contigo. Los movimientos de los planetas rápidos también te son propicios. (A veces la Luna formará algún aspecto desfavorable en tu carta astral, pero durará poco.) Ahora que tienes más energía, se abrirán todo tipo de puertas en tu vida. Todo lo que te parecía imposible cuando tenías un tono vital bajo te parecerá ahora realizable.

Tienes buen aspecto. El Sol se alojará en tu signo hasta el 22. Esta coyuntura indica una autoestima alta y una mayor confianza en ti. Ahora eres más como un Leo de manual. Te sientes a gusto en tu propia piel. Eres carismático e irradias un aura de estrella. Mercurio ingresará en tu signo el 5, y este tránsito indica que las ganancias inesperadas y las oportunidades económicas te están buscando. Vistes con ropa lujosa y gastas dinero en ti. Das la imagen de ser una persona adinerada. Ganas dinero con facilidad y te lo gastas a manos llenas. Pareces tener una actitud «despreocupada» con las finanzas. Pero esta situación cambiará en el transcurso del mes. Mercurio ingresará en tu casa del dinero y en el signo de Virgo el 20. El Sol también entrará en tu casa del dinero el 22. Empezarás una de tus mejores temporadas del año en el terreno económico. Este mes será próspero.

Pero tu prosperidad será incluso mayor. Tu planeta de la economía forma parte ahora de un gran trígono en los signos de tierra. Una posición muy afortunada. En esta temporada ganarás dinero fácilmente. Tu criterio financiero será bueno. No tenderás a gastar en exceso y le sacarás el jugo a tu dinero. Manejarás todos los pequeños detalles de la economía de maravilla. Ahora, como el rey Midas, conviertes en oro todo cuanto tocas. El Sol en tu casa del dinero indica que estás centrado en las finanzas. Y esto, en mi opinión, es incluso más importante que los aspectos planetarios favorables de tu carta astral. Según la ley espiritual, obtenemos aquello en lo que nos centramos, sea bueno, malo o indiferente.

El amor no será fácil a principios de agosto. El 1 y 2 parecen unos días desfavorables en este sentido. Por lo visto, tendrás algún conflicto con tu cónyuge, pareja o amante actual. Pero lo superaréis en el transcurso del mes. Tu vida amorosa será estupenda a partir del 22. Mantendrás una relación armoniosa con tu pareja. Si no tienes pareja —o si no sales con nadie— tendrás citas. La única complicación en el amor empezará el 15 de agosto por el movimiento retrógrado de Urano. Aunque este aspecto no detendrá las aventuras amorosas que puedan surgir. Si no tienes pareja, seguirás teniendo citas. Pero tu vida amorosa aflojará el ritmo y se llenará de dificultades o demoras. El amor tardará más en desarrollarse. La persona a la que cortejas no estará segura de sus sentimientos.

Septiembre

Mejores días en general: 4, 5, 14, 15, 22, 23
Días menos favorables en general: 6, 7, 8, 20, 21, 26, 27
Mejores días para el amor: 2, 3, 6, 7, 13, 14, 16, 17, 22, 23, 24, 25, 26, 27
Mejores días para el dinero: 6, 7, 9, 16, 17, 18, 19, 24, 25, 26, 27
Mejores días para la profesión: 2, 3, 6, 7, 8, 13, 14, 22, 23

La actividad retrógrada alcanzará su punto máximo este mes. El 50 por ciento de los planetas serán retrógrados el mes entero, y del 9 al 12 lo serán el 60 por ciento. (Es el mismo porcentaje de junio). Así que el ritmo de tu vida bajará. Puedes reducir (aunque probablemente no los elimines del todo) los retrasos haciendo a la perfección todo cuanto lleves a cabo. Dedica un tiempo a conocer a fondo los detalles. Evita las soluciones rápidas a modo de parches (de nada te servirán) y progresa lentamente y de manera sistemática en tu vida. Las temporadas retrógradas también tienen sus ventajas (aunque no suelen ser agradables). Cuando se dan aprendes a ser paciente, una cualidad que a los fogosos Leo les hace mucha falta. Pero también te ofrecen el espacio para el examen y la reflexión interior. Es un buen momento para repasar tus metas y hacer planes para el futuro. De esta manera, cuando los planetas retomen su movimiento de avance (y lo harán), tu situación será idónea para progresar con ellos.

Tu salud es buena este mes. Aunque todos los planetas que tienen que ver con este aspecto serán retrógrados. De modo que no es necesario hacer aún cambios dietéticos o de salud importantes. Analiza más las cosas. Si lees un artículo sobre un suplemento alimenticio, un remedio o una dieta milagrosa, aborda la noticia con un cierto escepticismo. Lo más probable es que no sea lo que tú crees. Lo mismo es aplicable a las oportunidades laborales. Sin duda, te aguardan algunas este mes. Pero es posible que no sean lo que afirman ser. Investiga más al respecto. Si planeas contratar a alguien, sigue también este consejo.

Si bien tu ritmo de vida ha bajado, tu situación económica está progresando con rapidez. Mercurio se mueve velozmente en septiembre. Hasta el 5 estará en tu casa del dinero y formará parte de un afortunado (e inusual) gran trígono en los signos de tierra. De modo que gozarás de prosperidad. También te encontrarás en una de tus mejores temporadas económicas del año hasta el 22. La entrada de Mercurio en Libra el 5 indica que tu encanto social es importante para tus asuntos económicos. A partir del 5 tendrás que trabajar más arduamente para ganarte la vida, pero los ingresos llegarán. Mercurio estará en Libra, tu tercera casa, hasta el 27. Este aspecto muestra que es importante (más de lo habitual) aplicar en tu profesión unas buenas ventas, la mercadotecnia, la publicidad y las relaciones públicas. La gente tiene que conocer los productos o los servicios que les ofreces. Ahora gastas más en libros, conferencias, seminarios y revistas, es decir, en temas educativos. Se te presentarán oportunidades económicas en tu barrio y quizá con los vecinos. Tus hermanos y figuras fraternas también parecen estar implicados en tu economía. Mercurio ingresará en Escorpión, tu cuarta casa, el 27. Es posible que se den trastornos económicos en esta temporada. Tal vez necesitarás hacer cambios repentinos. Es posible que surja un gasto repentino e inesperado. Tendrás algún desacuerdo económico con tu cónyuge, pareja o amante actual. Con todo, este mes será próspero.

Dado que el Sol se encuentra en tu tercera casa, es un buen mes para los estudiantes de secundaria. Progresarán en los estudios. Es un buen momento para formarte, sea cual sea tu edad. Tu mente está más aguda y aprendes con más facilidad.

Octubre

Mejores días en general: 1, 2, 11, 12, 19, 20, 28, 29, 30
Días menos favorables en general: 4, 5, 17, 18, 23, 24, 25, 31
Mejores días para el amor: 3, 4, 5, 13, 21, 22, 23, 24, 25, 31
Mejores días para el dinero: 4, 5, 9, 10, 13, 14, 17, 18, 21, 23, 26, 31
Mejores días para la profesión: 3, 4, 5, 21, 22, 31

La mitad oriental de tu carta astral —la del yo— no ha sido poderosa en todo el año, pero este mes es más débil aún. Ahora no eres tan independiente como antes ni por asomo. Este mes —y también los siguientes— antepondrás los intereses de los demás a los propios, y procuraras satisfacer sus deseos por encima de los tuyos. Esto no le resulta fácil a un Leo, pero es una buena lección espiritual. Es positivo de vez en cuando olvidarte de ti para estar más pendiente de los demás. Muchos problemas psicológicos vienen de estar demasiado centrado en uno mismo. Esta situación es, por lo tanto, en cierto modo terapéutica. Aprenderás (y te ocurrirá todo el año) que a medida que te ocupas de las necesidades de los demás, las tuyas también se satisfacen sin esforzarte apenas ni dedicarles demasiada atención. Llévalo a cabo todo con afabilidad, en lugar de imponerles tu voluntad o tu poder a los demás.

Venus, tu planeta de la profesión, ingresará en tu casa del dinero el 2. Es una buena señal económica que indica que contarás con los favores económicos de jefes, progenitores, figuras parentales o figuras de autoridad en tu vida. Una coyuntura que puede traerte aumentos de sueldo (sean oficiales o no oficiales) y que también muestra que estás centrado en tu carrera. En este momento evalúas tu éxito profesional según el dinero que ganas —en términos pecuniarios— y no según tu prestigio o nivel social.

Tu profesión no será un aspecto importante este mes. La mitad inferior de tu horóscopo —el hemisferio nocturno— es el que predomina. De ahí que sea una etapa de preparación para el «trabajo entre bastidores» que te permitirá triunfar profesionalmente. Lo esencial ahora es gozar de armonía emocional y asegurarte de que la situación en tu hogar y en tu familia sea sólida. Si estás recibiendo terapias psicológicas, harás grandes progresos en este sentido a partir del 23, a medida que el Sol ingresa en tu cuarta casa. Es más, progresarás aunque no sigas una terapia «oficial». Tu casa cuatro representa el sistema terapéutico de la Naturaleza. El pasado está ahora cerca. Los recuerdos almacenados en el cuerpo afloran. En este momento puedes ver fácilmente las experiencias y los traumas ocultos que te impedían progresar, tal vez a través de sueños o de vivencias. Por lo que los reinterpretarás de una forma más positiva, basándote en los conocimientos de los que ahora dispones.

Venus, tu planeta de la profesión, alcanzará su solsticio del 29 al 2 de noviembre. Este aspecto muestra que se dará una pausa en tu profesión y luego un cambio de dirección, es decir, de actitud.

Tu situación económica se complicará más después del 14, a medida que Mercurio inicie su movimiento retrógrado. Así que, como he indicado, intenta realizar las adquisiciones o las inversiones importantes, o tomar decisiones económicas de peso, antes del 14. Después de esta fecha, compra aquello que necesites, pero es mejor tener una actitud de «esperemos a ver» en tus asuntos económicos.

Mercurio estará en Escorpión, tu casa cuatro, hasta el 24. Este aspecto muestra diversas cosas. Ahora gastas más dinero en tu hogar y en tu familia, y quizá también te entran ingresos de esta faceta de tu vida. Cuentas con el apoyo de los miembros de tu familia y ellos también cuentan con el tuyo.

Noviembre

Mejores días en general: 7, 8, 16, 25, 26
Días menos favorables en general: 1, 14, 15, 20, 21, 27, 28
Mejores días para el amor: 1, 2, 3, 9, 10, 12, 17, 18, 20, 21, 22, 27
Mejores días para el dinero: 2, 3, 4, 10, 11, 13, 14, 19, 22, 23

Mejores días para la profesión: 1, 2, 3, 12, 21, 22, 27, 28

La actividad retrógrada alcanzó su punto máximo en septiembre y ahora ya ha empezado a disminuir. A finales de mes el 90 por ciento de los planetas serán directos. Ahora la vida avanza. El ritmo de los acontecimientos se acelera. Espero que hayas aprovechado bien la temporada retrógrada y que te hayas preparado para el futuro. Así podrás hacer grandes progresos en tu vida con una mayor confianza en ti.

Vigila tu salud este mes, sobre todo hasta el 21. La buena noticia es que tu sexta casa de la salud es muy poderosa y te encuentras en un momento excelente. Estás pendiente de tu salud. Una buena salud emocional también es esencial para estar sano. Y noviembre es un buen mes para la salud emocional. Tu cuarta casa del hogar y de la familia es incluso más poderosa que el mes pasado. Este mes es posible que cambies de vivienda o renueves tu hogar, es decir, harás que tu casa «parezca» otra. Tu círculo familiar por lo visto aumentará, normalmente por medio de un nacimiento o una boda, pero a veces también puede ampliarse al conocer a alguien que es para ti «como» de la familia. Tus hijos o figuras filiales están viviendo un periodo espiritual. Tus padres o figuras parentales están prosperando. Los miembros de tu familia que tienen la edad adecuada son ahora más fértiles.

Marte ha estado siendo retrógrado desde el 9 de septiembre y lo seguirá siendo hasta el 14. Los últimos meses no han sido el mejor momento para viajar al extranjero, aunque muchos Leo lo hayáis hecho. Los estudiantes universitarios atravesarán etapas de incertidumbre en los estudios. Los problemas jurídicos se han estado retrasando. Pero a partir del 14 las cosas volverán a avanzar.

Al igual que el último mes, noviembre es una etapa para el hogar y la familia. Tu profesión ahora ya lleva un tiempo que no es lo más importante para ti. Venus, tu planeta de la profesión, ingresará en tu cuarta casa el 21. Este tránsito puede interpretarse de varias maneras. Una de ellas es que el hogar y la familia serán tu verdadera profesión, tu misión en la vida en esta temporada. A veces indica que estás dedicándote a tu profesión desde casa. La familia y los contactos familiares juegan un gran papel en tu profesión. Y lo más importante es que esta situación podría mostrarte que sentirte bien emocionalmente —gozar de una buena situación familiar— te acabará llevando a triunfar en tu carrera. Si gozas de armonía emocional tu profesión ira sobre ruedas por sí sola.

El último eclipse lunar del año ocurrirá el 30. Tendrá lugar en tu casa once y este aspecto afectará a los amigos y a las organizaciones profesionales o comerciales con las que estás implicado. Habrá trastornos en las vidas de los amigos y en estas organizaciones. Los ordenadores, los programas informáticos y el equipo de alta tecnología se volverán inestables en esta temporada. Es posible que tengas que hacer actualizaciones o reparaciones. Y como ocurre siempre con cualquier eclipse lunar, tu vida espiritual cambiará. Habrá más trastornos en las organizaciones espirituales o benéficas de las que formas parte. Tus padres o figuras parentales están haciendo cambios económicos importantes.

Diciembre

Mejores días en general: 5, 6, 13, 14, 22, 23
Días menos favorables en general: 11, 12, 17, 18, 24, 25, 26
Mejores días para el amor: 2, 3, 7, 11, 12, 15, 17, 18, 22, 23, 24, 25
Mejores días para el dinero: 5, 6, 7, 8, 13, 14, 16, 24, 27
Mejores días para la profesión: 2, 3, 11, 12, 22, 23, 24, 25, 26

El último eclipse solar del año ocurrirá el 14 en tu quinta casa. Tanto tú como tus hijos o figuras filiales de tu vida notaréis sus efectos. Extrema las precauciones para que no corran ningún peligro esta temporada. Haz lo que sea necesario hacer, pero si puedes posponer algunos asuntos —sobre todo si son estresantes— déjalos para más adelante. Tanto tú como tus hijos o figuras filiales atravesaréis otra etapa en la que desearéis redefiniros y cambiar vuestra imagen, personalidad y el concepto que tenéis de vosotros mismos. Lo haréis paulatinamente y este cambio se reflejará en vuestra ropa y en los complementos que llevaréis. Este eclipse afectará de lleno a Neptuno, el regente de tu octava casa. De modo que le ocurrirán cambios económicos importantes a tu cónyuge, pareja o amante actual. Los banqueros o los inversores con los que te relacionas vivirán dramas personales. Las personas adineradas de tu vida tendrán una crisis en su vida de pareja. Pueden haber confrontaciones con la muerte, a menudo en el aspecto psicológico. Es posible que vivas experiencias cercanas a la muerte, es decir, roces con la muerte. En este periodo a veces te pueden recomendar someterte a una cirugía. También puedes tener sueños relacionados con la muerte. El Ángel de Mil Ojos está intentando llamarte la atención. Te está diciendo que te centres en por qué has venido a este mundo, en la misión de tu vida. «La vida es corta y puede apagarse en cualquier instante», te está diciendo el Ángel de las Tinieblas. «Averigua por qué te has reencarnado en este mundo».

Aunque este eclipse sacuda tu vida, hará que este mes sea más animado y excitante, o sea que será un mes feliz. Ahora te encuentras en una de tus temporadas más placenteras del año. Ni siquiera un eclipse enturbiará tu felicidad, y si lo hace será por poco tiempo.

Saturno abandonará Capricornio e ingresará en Acuario el 18. Júpiter hará lo mismo el 20. Este aspecto afectará tu salud. Aunque lo notarás más el año próximo que este. Tendrás que vigilar más tu salud.

La entrada de Saturno en tu séptima casa pondrá a prueba tu relación actual y será así durante mucho tiempo. Como solo superan esta coyuntura las parejas sólidas, las crisis que atravesaréis os mostrarán si vuestra relación es buena. Si lográis seguir juntos los dos años siguientes, podréis superar cualquier otro bache en vuestra vida como pareja.

Por un lado Saturno pondrá a prueba tu relación amorosa, pero por otro Júpiter la expandirá. Si no tienes pareja, Júpiter te traerá oportunidades románticas. Normalmente esta clase de tránsito planetario sugiere bodas o una relación que es «como» un matrimonio. Pero Saturno en tu séptima casa está sugiriendo que seas más precavido en este terreno.

Virgo

♍

La Virgen
Nacidos entre el 22 de agosto y el 22 de septiembre

Rasgos generales

VIRGO DE UN VISTAZO

Elemento: Tierra

Planeta regente: Mercurio
  Planeta de la profesión: Mercurio
  Planeta de la salud: Urano
  Planeta del dinero: Venus
  Planeta del hogar y la vida familiar: Júpiter
  Planeta del amor: Neptuno
  Planeta de la sexualidad: Marte

Colores: Tonos ocres, naranja, amarillo
  Color que favorece el amor, el romance y la armonía social: Azul
  Colores que favorecen la capacidad de ganar dinero: Jade, verde

Piedras: Ágata, jacinto

Metal: Mercurio

Aromas: Lavanda, lila, lirio de los valles, benjuí

Modo: Mutable (= flexibilidad)

Cualidad más necesaria para el equilibrio: Ver el cuadro completo

Virtudes más fuertes: Agilidad mental, habilidad analítica, capacidad para prestar atención a los detalles, poderes curativos

Necesidad más profunda: Ser útil y productivo

Lo que hay que evitar: Crítica destructiva

Signos globalmente más compatibles: Tauro, Capricornio

Signos globalmente más incompatibles: Géminis, Sagitario, Piscis

Signo que ofrece más apoyo laboral: Géminis

Signo que ofrece más apoyo emocional: Sagitario

Signo que ofrece más apoyo económico: Libra

Mejor signo para el matrimonio y/o las asociaciones: Piscis

Signo que más apoya en proyectos creativos: Capricornio

Mejor signo para pasárselo bien: Capricornio

Signos que más apoyan espiritualmente: Tauro, Leo

Mejor día de la semana: Miércoles

La personalidad Virgo

La virgen es un símbolo particularmente adecuado para los nativos de este signo. Si meditamos en la imagen de la virgen podemos comprender bastante bien la esencia de la persona Virgo. La virgen, lógicamente, es un símbolo de la pureza y la inocencia, no ingenua sino pura. Un objeto virgen es fiel a sí mismo; es como siempre ha sido. Lo mismo vale para una selva virgen: es prístina, inalterada.

Aplica la idea de pureza a los procesos de pensamiento, la vida emocional, el cuerpo físico y las actividades y proyectos del mundo cotidiano, y verás cómo es la actitud de los Virgo ante la vida. Desean la expresión pura del ideal en su mente, su cuerpo y sus asuntos. Si encuentran impurezas tratarán de eliminarlas.

Las impurezas son el comienzo del desorden, la infelicidad y la inquietud. El trabajo de los Virgo es eliminar todas las impurezas y mantener solamente lo que el cuerpo y la mente pueden aprovechar y asimilar.

Aquí se revelan los secretos de la buena salud: un 90 por ciento del arte del bienestar es mantener puros la mente, el cuerpo y las emociones. Cuando introducimos más impurezas de las que el cuerpo y la mente pueden tratar, tenemos lo que se conoce por malestar o enfermedad. No es de extrañar que los Virgo sean excelentes médicos, enfermeros, sanadores y especialistas en nutrición. Tienen un entendimiento innato de la buena salud y saben que no sólo tiene aspectos físicos. En todos los ámbitos de la vida, si queremos que un proyecto tenga éxito, es necesario mantenerlo lo más puro posible. Hay que protegerlo de los elementos adversos que tratarán de socavarlo. Este es el secreto subyacente en la asombrosa pericia técnica de los Virgo.

Podríamos hablar de las capacidades analíticas de los nativos de Virgo, que son enormes. Podríamos hablar de su perfeccionismo y su atención casi sobrehumana a los detalles. Pero eso sería desviarnos de lo esencial. Todas esas virtudes son manifestaciones de su deseo de pureza y perfección; un mundo sin nativos de Virgo se habría echado a perder hace mucho tiempo.

Un vicio no es otra cosa que una virtud vuelta del revés, una virtud mal aplicada o usada en un contexto equivocado. Los aparentes vicios de Virgo proceden de sus virtudes innatas. Su capacidad analítica, que debería usarse para curar, ayudar o perfeccionar un proyecto, a veces se aplica mal y se vuelve contra la gente. Sus facultades críticas, que deberían utilizarse constructivamente para perfeccionar una estrategia o propuesta, pueden a veces usarse destructivamente para dañar o herir. Sus ansias de perfección pueden convertirse en preocupación y falta de confianza; su humildad natural puede convertirse en autonegación y rebajamiento de sí mismo. Cuando los Virgo se vuelven negativos tienden a dirigir en su contra sus devastadoras críticas, sembrando así las semillas de su propia destrucción.

Situación económica

Los nativos de Virgo tienen todas las actitudes que crean riqueza: son muy trabajadores, diligentes, eficientes, organizados, ahorradores, productivos y deseosos de servir. Un Virgo evolucionado es el sueño de todo empresario. Pero mientras no dominen algunos de los dones sociales de Libra no van ni a acercarse siquiera a hacer realidad su potencial en materia económica. El purismo y el perfeccionismo pueden ser muy molestos para los demás si no se los maneja con corrección y elegancia. Los roces en las relaciones humanas pueden ser devastadores, no sólo para nuestros más queridos proyectos, sino también, e indirectamente, para nuestro bolsillo.

A los Virgo les interesa bastante su seguridad económica. Dado que son tan trabajadores, conocen el verdadero valor del dinero. No les gusta arriesgarse en este tema, prefieren ahorrar para su jubilación o para los tiempos de escasez. Generalmente hacen inversiones prudentes y calculadas que suponen un mínimo riesgo. Estas inversiones y sus ahorros normalmente producen buenos dividendos, lo cual los ayuda a conseguir la seguridad económica que desean. A los Virgo ricos, e incluso a los que no lo son tanto, también les gusta ayudar a sus amigos necesitados.

Profesión e imagen pública

Los nativos de Virgo realizan todo su potencial cuando pueden comunicar sus conocimientos de manera que los demás los entiendan. Para transmitir mejor sus ideas, necesitan desarrollar mejores habilidades verbales y maneras no críticas de expresarse. Admiran a los profesores y comunicadores; les gusta que sus jefes se expresen bien. Probablemente no respetarán a un superior que no sea su igual intelectualmente, por mucho dinero o poder que tenga. A los Virgo les gusta que los demás los consideren personas educadas e intelectuales.

La humildad natural de los Virgo suele inhibirlos de hacer realidad sus grandes ambiciones, de adquirir prestigio y fama. Deberán consentirse un poco más de autopromoción si quieren conseguir sus objetivos profesionales. Es necesario que se impulsen con el mismo fervor que emplearían para favorecer a otras personas.

En el trabajo les gusta mantenerse activos. Están dispuestos a aprender a realizar cualquier tipo de tarea si les sirve para lograr su objetivo último de seguridad económica. Es posible que tengan varias ocupaciones durante su vida, hasta encontrar la que realmente les gusta. Trabajan bien con otras personas, no les asusta el trabajo pesado y siempre cumplen con sus responsabilidades.

Amor y relaciones

Cuando uno es crítico o analítico, por necesidad tiene que reducir su campo de aplicación. Tiene que centrarse en una parte y no en el todo, y esto puede crear una estrechez de miras temporal. A los

Virgo no les gusta este tipo de persona. Desean que su pareja tenga un criterio amplio y una visión profunda de las cosas, y lo desean porque a veces a ellos les falta.

En el amor, los Virgo son perfeccionistas, al igual que en otros aspectos de la vida. Necesitan una pareja tolerante, de mentalidad abierta y de manga ancha. Si estás enamorado o enamorada de una persona Virgo, no pierdas el tiempo con actitudes románticas nada prácticas. Haz cosas prácticas y útiles por tu amor Virgo; eso será lo que va a apreciar y lo que hará por ti.

Los nativos de Virgo expresan su amor con gestos prácticos y útiles, de modo que no te desanimes si no te dice «Te amo» cada dos días. No son ese tipo de persona. Cuando aman lo demuestran de modos prácticos. Siempre estarán presentes; se interesarán por tu salud y tu economía; te arreglarán el fregadero o la radio. Ellos valoran más estas cosas que enviar flores, bombones o tarjetas de San Valentín.

En los asuntos amorosos, los Virgo no son especialmente apasionados ni espontáneos. Si estás enamorado o enamorada de una persona Virgo, no interpretes esto como una ofensa. No quiere decir que no te encuentre una persona atractiva, que no te ame o que no le gustes. Simplemente es su manera de ser. Lo que les falta de pasión lo compensan con dedicación y lealtad.

Hogar y vida familiar

No hace falta decir que la casa de un Virgo va a estar inmaculada, limpia y ordenada. Todo estará en su lugar correcto, ¡y que nadie se atreva a cambiar algo de sitio! Sin embargo, para que los Virgo encuentren la felicidad hogareña, es necesario que aflojen un poco en casa, que den más libertad a su pareja y a sus hijos y que sean más generosos y de mentalidad más abierta. Los miembros de la familia no están para ser analizados bajo un microscopio; son personas que tienen que expresar sus propias cualidades.

Una vez resueltas estas pequeñas dificultades, a los Virgo les gusta estar en casa y recibir a sus amigos. Son buenos anfitriones y les encanta hacer felices a amigos y familiares y atenderlos en reuniones de familia y sociales. Aman a sus hijos, pero a veces son muy estrictos con ellos, ya que quieren hacer lo posible para que adquieran un sentido de la familia y los valores correctos.

Horóscopo para el año 2020*

Principales tendencias

Este año, Virgo, por lo visto tendrás una salud estupenda y serás feliz. Disfrútalo. Tu quinta casa de la diversión, la creatividad y los hijos es ciertamente la más poderosa de tu carta astral. Es un año para pasártelo bien y disfrutar de los aspectos gozosos de la vida. Siendo un Virgo, incluso la diversión conlleva disciplina y trabajo, pero así es como eres. Disfrutas con tu trabajo.

La situación paradisíaca para los Virgo será del 23 de marzo al 1 de julio, y a partir del 18 de diciembre, a medida que tu sexta casa del trabajo se vuelva sumamente poderosa. Disfrutarás con tu trabajo —tu profesión— incluso más de lo habitual.

Tu salud al parecer será buena este año. Solo hay un planeta lento formando una alineación desfavorable contigo. Todos los demás forman aspectos armoniosos o bien te están dejando en paz. Volveremos a este tema más adelante.

Urano lleva desde marzo del año pasado en tu novena casa y se quedará en ella cerca de siete años. Este aspecto muestra que tus creencias religiosas y filosóficas —tu religión personal— serán puestas a prueba. Posiblemente los conocimientos científicos —los hallazgos científicos— sean los causantes de esta crisis. Cuando Urano haya acabado de influir en tu vida, tendrás una nueva religión y verás la vida con otros ojos. Este aspecto también afectará a los estudiantes universitarios. Vivirán una situación muy inestable en sus estudios. Es probable que se produzcan diversos cambios en su facultad y que cambie el rector de la misma. En tu lugar de culto también habrá una gran inestabilidad.

Los cuatro eclipses lunares que ocurrirán este año —el doble de lo normal— indican que tus amigos vivirán dramas importantes. Estos incidentes podrían poner a prueba vuestra amistad. También puede hacer que los aparatos y el equipo de alta tecnología fallen en numerosas ocasiones.

---

* Las previsiones de este libro se basan en el Horóscopo Solar y en todos los signos derivados del mismo: tu signo solar se convierte en el Ascendente, y las casas se numeran a partir de él. Tu horóscopo personal, el trazado concretamente para ti (según la fecha, hora y lugar exactos de tu nacimiento) podría modificar lo que se indica aquí. Joseph Polansky.

Neptuno lleva muchos años en tu séptima casa del amor, ya he hablado de ello en las previsiones anteriores. Tu vida amorosa se está volviendo más idealista, espiritual y refinada. Ahora atraes a personas espirituales o a artistas con los que puedes entablar amistad o una relación de pareja. Volveremos a este tema más adelante.

Venus pasará un tiempo inusualmente largo (más de 4 meses) en tu décima casa de la profesión. Este aspecto indica éxito profesional y subidas de sueldo (sean oficiales o no oficiales) este año. Volveremos a este tema más adelante.

Aunque tu casa doce de la espiritualidad esté vacía —solo la visitarán planetas rápidos— este año, por lo visto, la espiritualidad te llenará y triunfarás en esta faceta de tu vida. El nodo norte lunar ingresará en tu casa doce el 6 de mayo.

Marte pasará más de seis meses (un tiempo inusualmente largo) en tu octava casa este año. La ocupará del 28 de junio hasta finales de año. Este aspecto indica una época más activa sexualmente y un interés especial en la transformación personal. También podría mostrar encuentros psicológicos con la muerte. Tal vez te aconsejen a ti, o le recomienden a un miembro de tu familia, una operación quirúrgica.

Las áreas que más te interesarán este año serán los hijos, la diversión y la creatividad; la salud y el trabajo (del 23 de marzo al 1 de julio, y a partir del 18 de diciembre); el sexo, la transformación personal y el ocultismo (a partir del 28 de junio); y la religión, la filosofía, los estudios superiores y los viajes al extranjero.

Lo que más te llenará serán los hijos, la diversión y la creatividad (hasta el 20 de diciembre), la salud y el trabajo (a partir del 20 de diciembre); los amigos, los grupos y las actividades grupales (hasta el 6 de mayo); y la espiritualidad (a partir del 6 de mayo).

Salud

(Ten en cuenta que se trata de una perspectiva astrológica de la salud, no una médica. En el pasado, no había ninguna diferencia, ambas eran idénticas, pero en la actualidad podrían diferir mucho. Para obtener un punto de vista médico, consulta a tu médico de cabecera o a un profesional de la salud.)

Tu salud, como he señalado, será buena este año. Si me viera obligado a ser más concreto, diría que la primera parte de 2020 será mejor que la segunda en este sentido. Aunque gozarás de buena salud todo el año. Al tener un nivel alto de energía, por lo visto no se manifestará ninguna dolencia del pasado. Gracias a tu abundante energía, lo que antes te parecía imposible ahora te parecerá realizable.

La salud es siempre importante en los Virgo, ya que es esencial para ellos. Pero a principios de año, hasta el 23 de marzo, no te importará tanto como de costumbre. Aunque del 23 de marzo al 1 de julio, y a partir del 18 de diciembre, ya te volverá a interesar más. Será el momento en que tu sexta casa se volverá poderosa.

Por buena que sea tu salud, siempre puedes mejorarla. Presta más atención a las siguientes zonas vulnerables de tu carta astral este año.

Intestino delgado. Es un órgano que siempre es importante en los Virgo. Te sentará bien trabajar los puntos reflejos de esta zona.

Los tobillos y las pantorrillas. Estas zonas también son siempre importantes en los Virgo, ya que Urano, el regente de estas partes del cuerpo, es tu planeta de la salud. Te conviene integrar en tu programa de salud habitual los masajes regulares en los tobillos y las pantorrillas. Cuando hagas ejercicio, asegúrate siempre de protegerte los tobillos con una mayor sujeción.

El cuello y la garganta. Estas zonas solo empezaron a ser importantes a partir del año pasado. Y lo seguirán siendo durante años. Te convienen los masajes regulares en el cuello. Así eliminarás la tensión acumulada en él. La terapia craneosacral también es excelente para el cuello. Últimamente he oído hablar de terapias que relajan el cuello y la garganta mediante la manipulación mandibular. Esta clase de método también es bueno para ti.

La columna, las rodillas, la dentadura y la alineación esquelética en general. Estas partes serán importantes del 23 de marzo al 1 de julio, y a partir del 18 de diciembre. Después del 18 de diciembre volverán a ser importantes durante los dos o los dos años y medio siguientes. O sea que es importante mantener en buen estado la columna y el esqueleto. Te convienen los masajes regulares en la espalda y las rodillas. Las visitas regulares al quiropráctico o al osteópata también te sentarán bien. Tu columna tiene que estar bien alineada. La postura corporal es importante para ti. Terapias como la Técnica Alexander, el método Feldenkreis o el Rolfing, y ejercicios como los del yoga y el Pilates, son saludables tanto para la columna como para la alineación esquelética. Cuando hagas ejercicio, protégete las rodillas con una mayor sujeción. No te olvides de la higiene dental (los Virgo no suelen olvidarla, pero te lo recuerdo por si acaso).

El hígado y los muslos. Estas zonas solo se volverán importantes a finales de año, a partir del 20 de diciembre. Júpiter, el regente de estas áreas, ingresará en tu sexta casa. También serán importantes en buena parte de 2021. Te convienen los masajes en los muslos, ya que además de fortalecerlos son saludables para el hígado y la zona de las lumbares. Te sentará bien trabajar los puntos reflejos del hígado. La dieta también se volverá más importante en tu vida, al igual que una buena salud emocional.

Hogar y vida familiar

Tu cuarta casa del hogar y de la familia no es poderosa este año. Está prácticamente vacía. Solo la visitarán planetas rápidos. El año pasado era mucho más potente. Y muchos Virgo os mudasteis de vivienda o hicisteis reformas el año anterior. Pero este año parecéis estar más o menos satisfechos con vuestra vida y apenas necesitáis hacer cambios importantes. En esencia, todo seguirá igual este año.

Júpiter, tu planeta de la familia, pasará la mayor parte del año en tu quinta casa, y este aspecto se puede interpretar de distintas formas. Ahora disfrutas más de la familia. Te vuelcas más en tus hijos o en las figuras filiales de tu vida. Si eres una mujer en edad de concebir, eres más fértil de lo habitual, pero un embarazo parece complicado. Lo más probable es que conviertas tu casa en un lugar más divertido donde te lo pases bien. Es posible que compres un televisor gigante de alta tecnología y más juguetes (tanto para adultos como infantiles), o que instales aparatos para mantenerte en forma en tu hogar. No te hace falta salir de casa para pasártelo en grande y divertirte.

Júpiter ingresará en tu sexta casa de la salud y el trabajo el 20 de diciembre. Este tránsito muestra que procurarás que tu hogar y tu familia sean más saludables. Invertirás dinero en eliminar las sustancias tóxicas procedentes de la pintura, las paredes o el suelo. Adquirirás aparatos para la salud y quizá también equipos para hacer ejercicio. Tu hogar se parecerá más a un consultorio que a una vivienda. Es algo que está en la naturaleza de los Virgo. También es posible que trabajes más desde casa, instales un despacho en tu hogar, o incluso montes un negocio que puedas dirigir desde él. Tu hogar será mucho más un lugar de trabajo que una casa. Y esta tendencia seguirá dándose hasta gran parte de 2021.

Es posible que tus hermanos o figuras fraternas se cambien de vivienda a finales de año, pero no les resultará fácil. Sufrirán retrasos en la mudanza. Su matrimonio o relación actual atravesará momentos difíciles en esos días, esta situación empezó en 2019 y se alargará muchos años más. Ahora también están viviendo una gran inestabilidad social.

Uno de tus progenitores o figura parental está trabajando infatigablemente, pero este año las cosas le irán bien en el aspecto económico. No es probable que se mude de vivienda, aunque no hay nada malo en ello. El otro progenitor o figura parental hará muchos cambios económicos este año, pero la vida familiar parece seguir como siempre.

Tus hijos o figuras filiales están asumiendo más responsabilidades estos días y el año próximo gozarán de prosperidad. Por lo visto, se dedican a darse atracones y luego hacen dieta. Pasan de una conducta a la otra. Este año renovarán su hogar, pero no es probable que se muden de vivienda.

Tus nietos (en el caso de tenerlos) o quienes desempeñan este papel en tu vida parecen estar muy desasosegados. Estos días necesitan disfrutar de libertad personal. Viajarán mucho y quizá vivirán en distintos lugares largas temporadas, pero no es probable que se cambien de vivienda.

Si planeas hacer reformas importantes en tu casa, del 3 de enero al 16 de febrero es un buen momento. Si estás pensando en mejorar la parte estética de tu hogar —volver a decorarlo, pintarlo o comprar objetos bonitos para embellecerlo— a partir del 21 de noviembre es un buen momento del año para hacer estos cambios.

Profesión y situación económica

Ahora ya llevas muchos años sin centrarte en la economía (una casa poderosa). Esto tiene sus pros y sus contras. La parte positiva es que refleja que estás satisfecho con tu situación actual —te parece bien—, y no necesitas prestarle una atención especial. Las cosas ocurren por si solas en un orden establecido. Tienden a seguir como siempre. La parte negativa es que podrías estar descuidando un área vital de tu vida. Si surgen problemas económicos, es probable que sea por esta causa.

Sin embargo, este año por lo visto será próspero. En primer lugar, se presentarán oportunidades laborales satisfactorias, por lo menos dos. Y para el año próximo las perspectivas laborales son incluso mejores. En segundo lugar, Venus, tu planeta de la economía, pasará una cantidad inusual de tiempo (cuatro veces más de lo normal) en tu décima casa de la profesión. Ocupará una posición prominente. La parte superior de tu carta astral tiende a ser más poderosa que otras áreas. Esto ocurrirá del 3 de abril al 7 de agosto. Muestra que ahora estás pendiente de tu economía, por lo que ya tienes el 90 por ciento de la batalla ganada. Indica que este aspecto de la vida es importante para ti. Muestra un mayor poder adquisitivo. Es posible que te suban el sueldo (de manera oficial o no oficial). Tu buena reputación profesional también te reportará ingresos extras. Las figuras de autoridad de tu vida —padres, figuras parentales, jefes y personas mayores— te apoyarán en tus objetivos económicos.

Dado que tu planeta de la economía es de movimiento rápido —Venus transitará por once casas de tu carta astral este año— el dinero o las oportunidades económicas pueden llegarte por distintos canales y de distintas personas. Así es cómo eres. En las previsiones mes a mes hablaré de estas tendencias de corta duración con más detalle.

Como Venus es tu planeta de la economía, muestra lo importantes que son los contactos sociales y unas buenas habilidades sociales para las finanzas. Son tal vez tan importantes como tus habilidades profesionales. Este año tus habilidades sociales —tu capacidad para ganarte la cooperación de los demás— serán incluso más importantes aún. La mitad occidental de tu carta astral —la de la vida social— predomina notablemente. Si estás pendiente de los demás, tu profesión te irá sobre ruedas sin necesidad de esforzarte apenas.

Aunque tu profesión tampoco es un tema tan importante este año. Algunos años son así. El cosmos quiere que te desarrolles en todos los sentidos, por eso un año pueden llenarte una serie de actividades, y al siguiente ser otras. Tu décima casa estará vacía la mayor parte del año, solo la visitarán planetas rápidos. Sin embargo, como he señalado, Venus pasará mucho tiempo en tu casa diez: del 3 de abril al 7 de agosto. Aparte de los beneficios económicos que he citado, este aspecto planetario indica que realizarás viajes laborales al extranjero. Muestra oportunidades formativas relacionadas con tu profesión, y te conviene aprovecharlas. Señala éxito en los estudios universitarios y para los estudiantes que solicitan matricularse en una facultad. Los problemas jurídicos avanzarán y retrocederán, pero al final se resolverán a tu favor.

Habrá un eclipse lunar el 30 de noviembre en tu casa diez. Traerá cambios y correcciones en el curso de tu profesión. Pueden haber cambios en la dirección de tu empresa o en tu sector profesional. Quizá el gobierno cambie unas normas y regulaciones que tienen que ver con tu actividad económica. Las reglas del juego cambiarán.

Mercurio, tu planeta de la profesión, se encuentra próximo a la Luna, el planeta más rápido de todos. A lo largo del año transitará por toda tu carta astral. Este aspecto indica que las oportunidades laborales te pueden llegar de distintos canales y de una variedad de personas. Así es como las cosas te funcionan. Tienes una gran flexibilidad en las cuestiones profesionales. En las previsiones mes a mes hablaré de estas tendencias de corta duración con más detalle.

Amor y vida social

El amor ya lleva muchos años siendo importante en tu vida. Tu séptima casa es poderosa hace ya varios años y seguirá siéndolo muchos años más. Este año tu vida amorosa y tu vida social serán más potentes que nunca. La mitad occidental de tu carta astral —la parte de la vida social que tiene que ver con los demás—, predomina en gran medida este año. Ahora estás más pendiente de los demás. Tu encanto social es más potente de lo habitual. Probablemente también eres más popular que de costumbre.

Aparte de esto, las tendencias en el amor seguirán siendo las mismas que las de los años anteriores. Ya las he comentado en las previsiones de otros años. No es mi intención ser repetitivo, simplemente me limito a describirlas.

En el terreno del amor siempre has sido un idealista, siempre has estado buscando el amor perfecto. Te gusta la perfección en todo, pero en especial en el amor. Sin embargo, ahora esta tendencia es incluso más marcada. Tu listón para el amor está muy alto. Y, en muchos casos, ningún mortal podrá estar a su altura. Esto te causa una sutil sensación de decepción o de desilusión incluso en la mejor de las relaciones. Tus relaciones sentimentales son buenas, pero nunca llegan a ser tan perfectas como exiges que sean.

A un Virgo siempre le resulta útil ver que la perfección es un proceso. Pocas veces nos llega en bandeja de plata. La perfección es un estado que creamos o que dejamos que se manifieste en nuestra vida. Mientras sigamos mejorando constantemente, mientras la relación sea hoy mejor de lo que era la semana o el mes pasado, estamos en camino de alcanzar la perfección, aunque todavía no se haya materializado en nuestra vida.

Neptuno, como nuestros lectores saben, es el planeta más espiritual de todos. Es tanto el regente de tu séptima casa como su ocupante. Ocupa una posición muy poderosa. Estos días tienes una gran fuerza espiritual, sobre todo en el amor y en la vida social. Por eso, si buscas el amor en clubs y en bares, probablemente pierdas el tiempo. Tal vez encuentres sexo en esos lugares, pero no amor. Para encontrar el amor tienes que ir a reuniones espirituales o benéficas, a seminarios o charlas sobre meditación, a encuentros para orar, clases de yoga, actos benéficos o solidarios, y causas altruistas.

En el amor necesitas como pareja a una persona que sea espiritual, como religiosos, laicos, místicos, médiums, videntes u otra clase de personas similares. Pero también te atraerán las personas del mundo artístico, como poetas, músicos, bailarines, cineastas o profesionales de la industria cinematográfica.

Tal vez tu principal peligro en el amor —como te está ocurriendo hace muchos años— sea la tendencia a idealizar demasiado a tu pareja. Tiendes a poner a la persona amada en un pedestal tan alto que ningún ser humano puede ocuparlo. Y cuando te demuestra que es una persona de carne y hueso, te llevas una gran decepción.

Tu vida amorosa se activará del 3 de febrero al 3 de marzo (aunque habrán dificultades e imprevistos en esta faceta de tu vida a medida que Mercurio inicie su movimiento retrógrado en esta temporada), del 16 de marzo al 11 de abril, del 29 de mayo al 4 de agosto (surgirán dificultades e imprevistos a medida que Mercurio se vuelve retrógrado), del 27 de septiembre al 28 de octubre (el movimiento retrógrado de Mercurio complicará de nuevo las cosas) y del 11 de noviembre al 1 de diciembre.

Dado que tu quinta casa será muy poderosa todo el año, se te presentarán numerosas oportunidades para las aventuras amorosas, es decir, para mantener relaciones y juegos amorosos divertidos. Aunque no es probable que acaben en boda.

Tus amistades vivirán momentos de gran agitación, como he señalado. Cuatro eclipses lunares afectarán esta área de tu vida, y dos eclipses ocurrirán en tu casa once de los amigos. Tus amistades serán puestas a prueba. Tus amigos vivirán muchos dramas este año.

Progreso personal

Los Virgo no son conocidos por su espiritualidad. Se considera un signo propio de intelectuales, médicos, sanadores, informáticos, ingenieros y de individuos productivos. Sin embargo, en el fondo son personas espirituales, y todos estos otros atributos surgen de su espiritualidad. Ten en cuenta que el Sol, el regente de tu casa doce, se encuentra en Virgo. Este aspecto hace que las personas de este signo expresen su espiritualidad sirviendo a los demás u ocupándose de su salud. Uno de los talentos ocultos de los Virgo, que pocas veces se menciona en los textos de astrología, es su poder sobre el cuerpo. Poseen la habilidad innata de moldear y transformar su cuerpo a través de medios espirituales. Este conocimiento es innato en los Virgo. Aunque tiende a manifestarse con el paso del tiempo.

Como el Sol es su planeta espiritual, los Virgo se sienten cómodos con las religiones solares, como el cristianismo, el judaísmo y el Krishna Yoga.

Pero ya hace muchos años que tu espiritualidad se está manifestando en el amor y la vida social. Tu vida amorosa, como he señalado, se está volviendo más depurada y espiritual que nunca. Ya no te atraen tanto las relaciones sensuales como antes. Ahora quieres algo más. Deseas una pareja que te ayude a crecer espiritualmente, que te permita avanzar en tu camino espiritual. Antes te fijabas en el aspecto físico, en el magnetismo sexual o en el poder económico de tu pareja, pero ahora buscas a una persona desarrollada en el sentido espiritual. (Estos otros aspectos tal vez sigan siendo importantes, pero ahora lo esencial para ti es la madurez espiritual de tu pareja y vuestra compatibilidad espiritual.) Esto es ahora lo que te atrae.

Sin embargo, en tu vida está ocurriendo algo incluso más profundo. Ya lo he comentado en previsiones anteriores, pero la tendencia sigue siendo más o menos la misma. La vida te está llevando, paso a paso, a un amor espiritual. Muchas personas lo confunden con un amor romántico, el amor por una persona o un objeto en concreto. Pero el amor espiritual es mucho más amplio. En la antigüedad se conocía como ágape. Se trata de un amor incondicional, con o sin un objeto. Constituye la energía cósmica del amor fluyendo por el cuerpo, la mente y las emociones. Cuando gozamos de este amor espiritual, dejamos de buscarlo fuera. No somos más que un canal por el que circula la energía del amor.

Canalizamos este amor y lo dirigimos hacia el mundo, en lugar de tomarlo de él. No todo el mundo te lo devolverá, pero puedes tener la certeza de que el amor volverá a ti. Tanto si tienes pareja como si no, prácticamente es lo mismo. Te sientes siempre amado. Si mantienes una relación, disfrutas de ciertos placeres. Y si no tienes pareja, disfrutas de otra clase de placeres. Sea de una forma o de otra, te sientes amado. Eres feliz con o sin pareja. Este es el auténtico Amor Ideal que andas buscando. El amor humano tiene sus propios límites. En cambio, el amor divino es ilimitado.

Previsiones mes a mes

Enero

Mejores días en general: 5, 6, 14, 22, 23
Días menos favorables en general: 1, 7, 8, 20, 21, 27, 28
Mejores días para el amor: 1, 9, 10, 13, 14, 18, 19, 27,28
Mejores días para el dinero: 5, 6, 13, 14, 16, 18, 19, 22, 23, 27, 28
Mejores días para la profesión: 5, 6, 7, 8, 14, 15, 25, 26

Es un mes muy práctico para una persona con los pies en el suelo. Te sentirás sumamente a gusto en él. Progresarás raudamente este mes, ya que después del 11 todos los planetas serán directos. Tu salud y tu energía son excelentes y la vida te sonríe.

Incluso el eclipse lunar del 10 no enturbiará este buen mes. Solo le añadirá un poco de sal y de excitación a tu vida. Cuando todo te va demasiado bien, puede resultarte aburrido. A decir verdad, es posible que los trastornos y los cambios te parezcan positivos, ya que derriban barreras y abren puertas.

Para un astrólogo los retos de la vida, o un mes plagado de dificultades, no tienen demasiada importancia. Todos nos estamos enfrentando a retos en el día a día. Aparecen cada mes. Para un astrólogo lo que realmente cuenta es: «¿Qué es más fuerte en una carta astral? ¿Es más fuerte la armonía que los retos?» O al contrario. En tu caso, la armonía es mucho más fuerte.

El eclipse lunar del 10 ocurrirá en tu casa once de los amigos. También afectará al regente de esta casa. Este es el mensaje del eclipse. Las amistades serán puestas a prueba. Las que son poco sólidas se romperán. Las buenas superarán el bache. Es posible que haya cambios drásticos en sus vidas (será así a lo largo del año). A tus padres o figuras parentales les conviene corregir el rumbo de su situación económica. Los acontecimientos del eclipse les mostrarán que no están llevando bien su economía por su forma de verla. Tus hijos o figuras filiales están pasando por momentos difíciles en sus matrimonios o relaciones (en el caso de tener la edad adecuada). Es posible que los ordenadores y el equipo de alta tecnología se comporten de manera imprevisible. A veces te verás obligado a repararlos o reemplazarlos. Te aconsejo que hagas copias de seguridad de los archivos importantes periódicamente y que mantengas actualizados tus programas de antivirus y antihacking.

Tu situación económica es buena este mes. Hasta el 13 los ingresos te llegarán a la antigua usanza, es decir, por medio del trabajo y de un servicio productivo a los clientes. Después del 13 tus ingresos aumentarán notablemente. Venus, tu planeta de la economía, ingresará en Piscis, su posición más exaltada y poderosa. Este aspecto propicia un mayor poder adquisitivo. Muestra una buena intuición económica y un enfoque espiritual en cuanto a la riqueza. En esta temporada serás más generoso con tus colaboraciones benéficas. Los contactos sociales siempre son importantes económicamente, pero incluso lo serán más después del 13. Observa tus sueños del 26 al 27, contienen mensajes económicos importantes.

Febrero

Mejores días en general: 1, 2, 10, 11, 18, 19, 20, 28, 29
Días menos favorables en general: 3, 4, 5, 16, 17, 23, 24, 25
Mejores días para el amor: 6, 7, 8, 14,15,16, 17, 23, 24, 25, 26, 27
Mejores días para el dinero: 1, 2, 7, 8, 10, 11, 12, 13, 16, 17, 19, 20, 26, 27, 28, 29
Mejores días para la profesión: 3, 4, 5, 6, 7, 14, 15, 23, 24, 25

La mitad occidental de tu carta astral —la de la vida social— contiene todos los planetas (salvo la Luna del 3 al 15), una situación tremendamente inusual. Incluso Mercurio, el regente de tu horóscopo, pasará el mes en la mitad occidental y buena parte de febrero en tu séptima casa del amor. Esta casa será inusualmente poderosa, en cambio tu primera casa estará vacía (solo la visitará la Luna el 10 y 11). Estos aspectos muestran un claro mensaje. Se trata de un mes social. Es una temporada para estar pendiente de los demás y no de ti. Lo bueno de la vida ahora te llega de la buena disposición de los demás en lugar de deberse a tu asertividad o iniciativa. Pero pareces sentirte cómodo con la situación. Eres muy popular en el aspecto personal. Incluso el movimiento retrógrado de Mercurio el 17 apoya esta situación en tu vida. Tal vez reduzca tu autoestima y tu autoconfianza, pero este mes no te harán demasiada falta. Deja que los demás hagan las cosas a su manera (por lo visto ya se lo estás permitiendo) mientras no actúen destructivamente.

Hay dos casas poderosas en tu carta astral este mes, ambas son igual de potentes: tu quinta casa de la diversión, la creatividad y los hijos, y tu séptima casa del amor. Por eso este mes abundará la diversión y el amor en tu vida. Dado que tu casa seis será poderosa hasta el 19, este mes además tu trabajo te llenará, a los Virgo les encanta trabajar. Por lo que en febrero te lo pasarás en grande. Si no tienes pareja, se presentarán muchas oportunidades románticas. Después del 17 el problema será «a quién elegir», ya que no pareces estar muy seguro de ello.

Tu salud atravesará algún que otro problema sin importancia después del 19. Pero en general, es excelente. Solo será una molestia pasajera, nada de lo que preocuparte. Pero te conviene descansar más. Fortalece tu salud con los métodos citados en la previsión anual.

Tu situación económica es por lo visto buena. Tus ingresos te llegarán con más facilidad hasta el 7. Después de esta fecha te seguirán llegando, pero tendrás que trabajar más para ganártelos. Hasta el 7 confía en tu intuición económica. Aplica las leyes espirituales de la prosperidad. Después del 7 tendrás que actuar de manera más directa. Venus estará en tu casa ocho a partir del 7. O sea que es un buen momento para una depuración económica. Ahora prosperas «recortando», es decir, eliminando el derroche y reduciendo gastos innecesarios. (Solo eliminas lo superfluo y nunca lo esencial.) Te conviene desprenderte de los objetos que no necesites o uses, porque no hacen más que ocupar espacio y taponar las arterias por las que te llegan otros mejores. En este periodo, incluso en el terreno de la economía antepón los intereses económicos de los demás a los tuyos. Es un buen momento para saldar o adquirir deudas, depende de tus necesidades. Si se te ocurren buenas ideas, es un buen momento para conseguir que inversores extranjeros se interesen por tus proyectos.

Marzo

Mejores días en general: 1, 8, 9, 17, 18, 27, 28
Días menos favorables en general: 2, 3, 14, 15, 22, 23, 29, 30
Mejores días para el amor: 4, 5, 8, 12, 13, 17, 18, 22, 23, 27, 28
Mejores días para el dinero: 1, 8, 9, 10, 11, 17, 18, 27, 28
Mejores días para la profesión: 2, 3, 10, 11, 22, 23, 29, 30

El impulso planetario directo es enorme este mes. Mercurio es el único planeta retrógrado, y el 10 dejará de serlo. Ahora tu mundo avanza velozmente. En el aspecto personal, progresas rápidamente hacia tus objetivos.

Todavía te encuentras en una de tus mejores temporadas amorosas y sociales del año hasta el 20, y tu popularidad personal sigue siendo muy grande. El problema con el amor viene sobre todo de ti. No estás seguro de nada. No sabes por dónde tirar. Te echas atrás con relación al amor. Esta situación cambiará después del 10 a medida que lo veas todo con mayor claridad y confíes más en ti.

El 7 y 8, mientras el Sol y Neptuno viajan juntos, se te presentará una oportunidad romántica con una persona espiritual. Podría ser con la figura de un gurú. Tal vez esta persona te está asesorando en tu vida amorosa. En general, es una temporada muy espiritual. Observa tu vida onírica. Vivirás experiencias de tipo sobrenatural. Tu percepción extrasensorial será mucho mayor que de costumbre

Dos planetas poderosos ingresarán en tu casa seis este mes, Saturno, el 23, y Marte, el 31. O sea que las recomendaciones referentes a tu salud cambiarán. Ahora la columna, las rodillas, la dentadura y la alineación esquelética son más importantes para tu salud. El ejercicio físico y los masajes en el cuero cabelludo también serán muy importantes a partir del 31. Aunque tu salud volverá a la normalidad a partir del 20. La entrada de estos planetas en tu sexta casa también indicará nuevas oportunidades u ofertas laborales.

Venus, tu planeta de la economía, lleva en Aries desde el 7 de febrero. Por eso estás siendo más especulador y arriesgado en las financias. Tal vez estás gastando demasiado al dejarte llevar por tus impulsos. Pero como este mes Venus ingresará el 5 en Tauro, un signo conservador, tu criterio económico será mejor. Venus viajará con Urano del 6 al 9. De este aspecto se pueden extraer varios mensajes. Es posible que de repente te lleguen entradas inesperadas de dinero. Pero a veces también indica gastos inesperados, aunque recuperarás el dinero que te gastes en ellos. Es probable que aparezca una oportunidad laboral. A partir del 9 será un mes próspero sin necesidad de esforzarte apenas. Venus pasará el resto del mes en tu benéfica casa nueve.

Mercurio, el regente de tu carta astral, regresará a tu séptima casa del amor el 16. Este aspecto indica popularidad personal. Ahora estarás totalmente centrado en los demás. Harás lo imposible por contentar a tus amigos o a tu pareja actual. Y ellos lo saben.

Júpiter viajará con Plutón todo el mes. Este aspecto muestra que tus hermanos o figuras fraternas están prosperando en la vida. También es un mes excelente para ellos en el terreno económico. Es un tránsito favorable a los estudiantes de secundaria, por lo visto los estudios les irán bien.

Abril

Mejores días en general: 5, 6, 13, 14, 23, 24
Días menos favorables en general: 11, 12, 18, 19, 25, 26
Mejores días para el amor: 1, 2, 7, 8, 9, 10, 15, 16, 17, 18, 19, 25, 26, 28, 29
Mejores días para el dinero: 6, 7, 8, 14, 15, 16, 17, 24, 25, 26
Mejores días para la profesión: 1, 2, 10, 11, 20, 21, 25, 26, 30

El impulso planetario sigue siendo directo, pero a finales de mes —el 25—, Plutón empezará a ser retrógrado. Dado que este planeta rige tu tercera casa de la comunicación, necesitarás ser más precavido a la hora de comunicarte. Los efectos de este aspecto planetario durarán muchos meses. Tómate el tiempo para asegurarte de que los demás capten tu mensaje correctamente y de que tú captes el suyo. Estar un poco más vigilante al principio en este sentido puede ahorrarte muchos quebraderos de cabeza.

Júpiter y Plutón seguirán viajando juntos este mes, de modo que este aspecto puede indicar un vehículo o un equipo de comunicación nuevo (procura adquirirlo antes del 25). Sigue siendo un momento excelente para los estudiantes de secundaria, como mencioné el mes anterior. Es un buen tránsito planetario para profesores, escritores, mercadotécnicos y expertos en relaciones públicas. La compraventa, es decir, el comercio, también parece ser provechosa.

Están ocurriendo eventos interesantes en tu vida económica este mes. Venus, tu planeta de la economía, ingresará en Géminis, tu décima casa, el 3. Este aspecto es también bueno para profesores, escritores, mercadotécnicos, expertos en relaciones públicas y comerciantes. Aunque muestra además otras cosas. Venus ocupará una posición muy poderosa en la cúspide de tu carta astral. En este lugar es potente. Puede favorecer subidas de sueldo (sean oficiales o no oficiales) y los favores económicos de jefes, personas mayores, padres o figuras parentales. Incluso el gobierno parece estar dispuesto amablemente a favorecer tu economía. Los ingresos te pueden llegar de tu buena reputación profesional. Venus saldrá «fuera de límites» a partir del 3. Por lo que deberás buscar las soluciones a tus problemas económicos fuera de tu círculo habitual, ya que en él no las encontrarás. Las personas adineradas de tu vida también es posible que salgan de su círculo habitual.

Mercurio viajará con Neptuno, tu planeta del amor, el 3 y 4. Si no tienes pareja, este tránsito propiciará las citas románticas, podrías tener una con una persona espiritual en un ambiente espiritual. Si ya tienes pareja, el tránsito podría indicar una especial intimidad con tu pareja. Una temporada sumamente romántica.

Mercurio, el regente de tu carta astral, alcanzará uno de sus solsticios del 14 al 16. Se detendrá en el firmamento y luego cambiará de sentido (en latitud). Así que es posible que se dé una pausa en tu vida y luego un cambio de dirección. Será una buena pausa. Te renovará. Es como si Mercurio, antes de volver a avanzar, se detuviera para tomar una buena bocanada de aire.

El Sol viajando con Urano, tu planeta de la salud, del 24 al 27, muestra que te beneficiarás de un método curativo espiritual. Tu salud será buena, pero tendrás nuevas percepciones interiores en cuanto a ella.

Mayo

Mejores días en general: 2, 3, 10, 11, 20, 21, 29, 30
Días menos favorables en general: 8, 9, 15, 16, 23, 24
Mejores días para el amor: 4, 5, 6, 7, 13, 14, 15, 16, 23, 24, 25, 26
Mejores días para el dinero: 3, 4, 5, 12, 13, 14, 22, 23, 24
Mejores días para la profesión: 2, 3, 12, 13, 23, 24

La mitad superior de tu carta astral —el hemisferio diurno—, se está volviendo cada vez más poderosa desde el 19 de febrero. Este mes es la que predomina, sobre todo después del 13 (cuando Marte abandonará la mitad inferior y entrará en la mitad superior de tu carta astral). Ahora te conviene centrarte en tu vida exterior. Ten también en cuenta que tu décima casa será muy poderosa a partir del 20, otro mensaje que indica que debes volcarte en tu profesión y dejar de lado durante un tiempo los asuntos familiares. (El momento planetario es muy interesante. Júpiter, tu planeta de la familia, iniciará su movimiento retrógrado el 14, justo antes de que tu décima casa se vuelva poderosa.) Este mes será muy exitoso para ti.

La única complicación en mayo es el aumento de la actividad retrógrada. Aunque no haya llegado ni de lejos al punto máximo del año, el 40 por ciento de los planetas serán retrógrados a partir del 14, un porcentaje muy alto. Tu ritmo de vida está ahora bajando (comparado con el de los últimos meses). En esta temporada tendrás que enfrentarte a numerosos percances y retrasos.

Tu situación económica también se vuelve más complicada este mes. Venus, tu planeta de la economía, seguirá «fuera de límites» el mes entero. A partir del 13 empezará a ser retrógrado. Se trata de un inusual movimiento retrógrado que se da cada dos años. Procura, pues, realizar las adquisiciones o las inversiones importantes antes del 13. Después de esta fecha aborda tu economía con la actitud de «esperemos a ver». Esta etapa te permitirá ver tu economía con más claridad. Tu situación financiera no es como te imaginabas.

Venus fuera de límites indica que sigues en un territorio económico «desconocido», y su movimiento retrógrado muestra la necesidad de reunir más información y ver la situación con más claridad. Lo desconocido sugiere que debes ser precavido.

El ritmo de la vida está aminorando, pero por lo visto tú avanzas con rapidez. Mercurio se mueve velozmente este mes. Hasta el 12 se encontrará en tu casa nueve, lo cual sugiere un viaje al extranjero. Del 12 al 29 estará en tu décima casa de la profesión, un aspecto que indica éxito personal y ascensos laborales. Estás en lo más alto de tu mundo. Los demás te admiran. Ahora la gente te aprecia más tanto por tus habilidades profesionales como por la persona que eres. El Sol ingresará en tu casa de la profesión el 20, este tránsito muestra que ahora promueves tu carrera por medio de actividades benéficas y labores de voluntariado. Es posible que te reconozcan tanto por tus logros espirituales como por los profesionales y los personales.

Mercurio también saldrá fuera de límites a partir del 17. O sea que no sólo estarás fuera de tu territorio en la economía, sino también en el ámbito personal. Es posible que tus obligaciones profesionales te estén llevando a lugares desconocidos.

Junio

Mejores días en general: 7, 8, 16, 17, 18, 26, 27
Días menos favorables en general: 5, 6, 11, 12, 13, 19, 20, 30
Mejores días para el amor: 1, 3, 4, 9, 10, 11, 12, 13, , 19, 20, 21, 22, 28, 29
Mejores días para el dinero: 1, 8, 9, 10, 18, 19, 20, 27
Mejores días para la profesión: 3, 4, 11, 12, 19, 20, 21, 22

Vigila más tu salud a partir del 20 de mayo. Hazlo hasta el 21. El eclipse lunar del 5 también es poco favorable para tu salud. Asegúrate de descansar lo suficiente. Es lo más importante. Reduce tu agenda hasta el 22, sobre todo en la temporada del eclipse. Tu salud empezará a mejorar después del 22, en especial a partir del 28. Fortalece tu salud con los métodos descritos en la previsión anual.

El eclipse lunar del 5 ocurrirá en tu cuarta casa. Por lo que tus miembros de la familia vivirán dramas en sus vidas, sobre todo con un progenitor o figura parental. Es posible que tengas que hacer reparaciones en tu casa. Como las pasiones también pueden andar desatadas en tu hogar, sé más paciente con tu familia. En esta temporada las amistades, los ordenadores y los equipos de alta tecnología pueden fallar. Los aparatos de alta tecnología de tu hogar son los que más acusarán los efectos de este eclipse. Habrá trastornos en las empresas profesionales y comerciales con las que estás implicado. Tus jefes y tus padres o figuras parentales harán cambios económicos importantes en su vida. Tú también los harás (al igual que tu cónyuge, pareja o amante actual). No te conviene viajar al extranjero durante la temporada del eclipse, pero si no te queda más remedio, viaja antes o después del mismo. Los estudiantes universitarios afrontarán cambios en su facultad y en los planes de estudios.

El eclipse solar del 21 será más benigno en sus efectos, pero no estará de más reducir tu agenda. Como este eclipse tendrá lugar en tu casa once de los amigos, volverá a poner a prueba tus amistades y traerá más dramas en sus vidas personales. Se producirán trastornos en las empresas profesionales y comerciales —y esta vez también en las organizaciones espirituales o benéficas— de las que formas parte. Se darán cambios espirituales en tus prácticas, enseñanzas, maestros y actitudes. Habrá dramas personales en las vidas de tus figuras de gurús.

Seguirás viviendo uno de tus mejores momentos profesionales del año hasta el 21. O sea que a pesar de los eclipses, triunfarás.

Venus, tu planeta de la economía, acusará los efectos del eclipse lunar del 5, por lo que habrá cambios en tu vida económica. Puedes analizar más estos cambios hasta el 25. Después de esta fecha, Venus retomará su movimiento directo y volverás a recuperar tu confianza y claridad en cuanto a tu economía. Venus volverá «a sus límites» a partir del 2. De modo que te sentirás más seguro en el terreno económico y te moverás por un territorio conocido en este aspecto de tu vida.

La actividad retrógrada alcanzará su punto máximo del año. Del 23 al 25 el 60 por ciento de los planetas serán retrógrados. Después del 25, lo serán el 50 por ciento. Así que sé paciente. Tu vida bajará de ritmo.

Julio

Mejores días en general: 4, 5, 14, 15, 23, 24, 31
Días menos favorables en general: 2, 3, 9, 10, 16, 17, 29, 30
Mejores días para el amor: 1, 6, 7, 8, 9, 10, 16, 17, 19, 20, 25, 26, 27, 28
Mejores días para el dinero: 4, 5, 6, 7, 8, 14, 15, 16, 17, 23, 24, 25, 26, 31
Mejores días para la profesión: 1, 9, 10, 16, 17, 19, 20, 27, 28

Otro eclipse lunar en el 5 —el tercero del año— creará trastornos en las empresas profesionales, las amistades y el equipo de alta tecnología. Este se comportará de manera inestable. El eclipse tendrá lugar en tu quinta casa de los hijos, la diversión y la creatividad. De modo que afectará a tus hijos o figuras filiales. Les conviene reducir su agenda en esta temporada. Si están manteniendo una relación de pareja, esta será puesta a prueba. Y si son aún demasiado pequeños para ello, habrá inestabilidad social en sus vidas. Este aspecto vuelve a indicar que los padres o figuras parentales (y también quizá los jefes) deben hacen cambios económicos importantes, su forma de ver las finanzas no ha sido realista y les conviene tomar medidas correctoras. Este eclipse afectará ligeramente a otros tres planetas, en concreto, Mercurio, Júpiter y Marte. Así que pueden surgir dramas en tu profesión y en tu vida personal, y además sentirás el deseo de cambiar tu imagen y tu aspecto personal. Tu cónyuge, pareja o amante está haciendo algunos cambios económicos en su vida. Pueden surgir dramas en tu hogar y con la familia (pero no parecen ser demasiado importantes). Como Marte recibirá ligeramente los efectos de este eclipse, puedes tener sueños o encuentros relacionados con la muerte, aunque por lo general se darán en el aspecto psicológico. Te conviene evitar actividades estresantes durante el periodo del eclipse.

Por lo visto, tu vida económica te va sobre ruedas. Venus sigue en la cúspide de tu carta astral. Ahora tiene un movimiento de avance. Ocupa una posición poderosa que te favorece. Debería ser un mes próspero. Tu planeta de la economía en Géminis sigue siendo propicio para los profesores, escritores, conferenciantes, mercadotécnicos, expertos en relaciones públicas y comerciantes. Es un momento excelente para tus objetivos económicos. Tu buena reputación profesional te genera ingresos extras. Y quizá lo más importante es que ahora estás centrado en tu economía. Esta faceta de tu vida ocupa el lugar más importante de tu agenda en esta temporada. Y según la ley espiritual, obtenemos aquello en lo que nos centramos.

La actividad retrógrada bajará un poco este mes. Hasta el 12 el 50 por ciento de los planetas serán retrógrados. Aunque la situación sea un tanto más fácil que la del mes anterior, el porcentaje sigue siendo alto. Como apenas ocurre nada en tu mundo, ahora puedes centrarte más en tu vida espiritual. Esto será importante a partir del 22. Tal vez te parezca que tu mundo está en un punto muerto, pero para el espíritu nunca es así.

Es un buen mes para el amor. Neptuno, tu planeta del amor, recibe muy buenos aspectos. Aunque ahora es retrógrado. Así que surgirán oportunidades, pero tómate con calma esta temporada.

Agosto

Mejores días en general: 1, 2, 10, 11, 19, 20, 28, 29
Días menos favorables en general: 5, 6, 13, 14, 25, 26, 27
Mejores días para el amor: 3, 4, 5, 6, 15, 16, 23, 24
Mejores días para el dinero: 2, 8, 11, 17, 18, 20, 21, 22, 28, 29
Mejores días para la profesión: 8, 13, 14, 17, 18, 28, 29

La actividad retrógrada vuelve a aumentar este mes. Después del 15 el 50 por ciento de los planetas serán retrógrados. Antes de esta fecha, lo serán el 40 por ciento. Sigue, pues, centrado en tu vida espiritual hasta el 22, y después de ese día céntrate en tu aspecto personal y tu imagen, ya que aparte de esto no está ocurriendo gran cosa más en tu vida.

Este año no ha sido demasiado potente en cuanto a la independencia personal. La mitad oriental de tu carta astral —la del yo— nunca ha predominado sobre la mitad occidental de la vida social. Así pues, ha sido un año para estar pendiente de los demás y de sus necesidades. Has necesitado la buena disposición de los demás para prosperar. Pero ahora los planetas rápidos están ocupando su posición oriental máxima, esta mitad de tu carta astral ha alcanzado su momento más poderoso del año. La mitad de la vida social es mucho más poderosa que la del yo, aunque en esta temporada eres un poco más independiente.

Este mes será por lo visto feliz. Saturno regresó a tu casa cinco el 2 de julio. Ahora esta casa de la diversión, la creatividad y los hijos es la más poderosa de tu carta astral. Y como además el Sol ingresará en tu signo el 22 (y Mercurio lo hará el 20), tienes la receta ideal para que sea un mes divertido. Como se está dando toda esta actividad retrógrada en tu vida, al menos pásatelo bien. Tu salud será excelente este mes. Solo un planeta lento —Neptuno— forma algunas alineaciones desfavorables en tu carta astral (la Luna también recibirá algunos aspectos desfavorables ocasionalmente, pero serán pasajeros). Además, a partir del 20 se dará un gran trígono en los signos de tierra, el elemento de tu signo. Por lo que te sentirás muy a gusto en esta coyuntura. Gozarás de una gran creatividad personal y afrontarás la vida con despreocupación. El Sol en tu signo hace que tengas un aspecto físico fabuloso. Un encanto fuera de lo común. Tienes una gran capacidad para moldear y transformar tu cuerpo por medios espirituales. Mercurio en tu signo mejora además tu aspecto. Te da un aura, una imagen, de persona triunfadora. La gente te ve de esta manera.

Venus lleva más de cuatro meses en tu décima casa de la profesión. El 7 entrará en tu casa once. Aunque tu intuición económica sea buena, y tu cónyuge, pareja o amante actual esté colaborando contigo en la economía, te esperan más retos este mes. Necesitarás trabajar más de lo habitual para obtener los mismos ingresos. Y además este mes, al contrario que los anteriores, no pareces estar centrado en las finanzas. Si te esfuerzas más, progresarás en este aspecto. Aunque la cuestión es si estás lo bastante motivado como para hacerlo.

Septiembre

Mejores días en general: 6, 7, 8, 16, 17, 24, 25
Días menos favorables en general: 1, 2, 3, 9, 10, 22, 23, 29, 30
Mejores días para el amor: 1, 2, 3, 11, 12, 13, 14, 20, 21, 22, 23, 29, 30
Mejores días para el dinero: 2, 3, 6, 7, 13, 14, 16, 17, 18, 19, 22, 23, 24, 25
Mejores días para la profesión: 9, 10, 18, 19, 26, 27

La actividad retrógrada vuelve a alcanzar su punto máximo del año. Del 9 al 12 el 60 por ciento de los planetas serán retrógrados, el mismo alto porcentaje que en junio. Antes y después de este periodo, lo serán el 50 por ciento. O sea que tu ritmo de vida bajará. Aunque los asuntos importantes de tu vida seguirán progresando. Mercurio se mueve velozmente este mes, y este aspecto indica que tú también estás avanzando con rapidez y cubriendo mucho terreno. Ahora confías en ti al cien por cien. Tu profesión va viento en popa. Venus, tu planeta de la economía, también es directo, así que la actividad retrógrada no parece afectar tus ingresos.

Seguirás viviendo uno de tus momentos más placenteros del año hasta el 22. Tu aspecto personal es fabuloso. Sigues teniendo una gran habilidad —es mayor de la habitual— para moldear y transformar tu cuerpo por medio de lo espiritual.

El mes anterior tu poder planetario cambió de la mitad superior —el hemisferio diurno— a la mitad inferior —el hemisferio nocturno de tu carta astral. De modo que es un buen momento para centrarte más en el hogar, la familia y el bienestar emocional. Para crear la infraestructura psicológica en la que se basará tu futuro éxito profesional. El momento es excelente. Júpiter, tu planeta de la familia, retomará su movimiento directo el 13. O sea que en el hogar y la familia reinará la claridad y tus acciones serán acertadas.

Seguirá habiendo un gran trígono en los signos de tierra hasta el 22. Este aspecto es excelente para la salud. Dado que los Virgo son un signo de tierra, te sentirás muy a gusto con esta coyuntura. Tus decisiones de gestión y tu capacidad organizativa siempre han sido muy buenas, pero ahora lo serán más todavía. Tu vida espiritual también brilla, y tu percepción extrasensorial y tu intuición están agudizadas.

El Sol ingresará en tu casa del dinero el 22 y empezarás uno de tus mejores momentos económicos del año. Ahora estás centrado en las finanzas. Tu planeta de la economía entrará en tu casa doce de la espiritualidad el 6. Este aspecto también aumentará tus ingresos. Venus dejará el aspecto desfavorable que formaba con tres planetas lentos y empezará a recibir aspectos más positivos. Este mes descubrirás que tu espíritu quiere que progreses en la vida y que está muy interesado en ello. El Sol, tu planeta espiritual, y Venus, tu planeta de la economía, son huéspedes cada uno en la casa del otro. Este aspecto se conoce como «recepción mutua» y muestra una gran cooperación entre la economía y la espiritualidad. Normalmente estar centrados en lo material nos distrae de la práctica espiritual. Pero en esta temporada no es así. Ambas facetas se apoyan mutuamente. Te resultará más fácil aplicar las leyes espirituales de la prosperidad. Descubrirás que te llega dinero extra como por arte de magia en este periodo. (La otra clase de dinero, el que ganas trabajando, también te llegará, pero el dinero que parece llegar de la nada es el más divertido.)

El amor mejorará después del 5 e incluso más adelante, después del 22.

Octubre

Mejores días en general: 4, 5, 13, 14, 21, 23, 31
Días menos favorables en general: 6, 7, 19, 20, 26, 27
Mejores días para el amor: 3, 9, 10, 17, 18, 21, 22, 26, 27
Mejores días para el dinero: 3, 4, 5, 13, 14, 15, 16, 21, 22, 23, 31
Mejores días para la profesión: 6, 7, 9, 10, 17, 18, 26

El mes será muy próspero. Seguirás viviendo uno de tus mejores momentos económicos del año hasta el 23. Y lo más importante es que Venus, tu planeta de la economía, ingresará en tu signo el 2 y estará en él hasta el 28. Esta clase de tránsito trae prosperidad por sí solo. Pero en esta ocasión la generosidad de Venus es mayor de la habitual, ya que forma parte de un gran trígono en los signos de tierra, una disposición planetaria muy afortunada. Te llegarán entradas de dinero inesperadas más copiosas de lo acostumbrado. También te llegará ropa y complementos personales. (Es un buen momento para comprar este tipo de artículos, sobre todo antes del 14). Surgirán en tu vida oportunidades económicas sin esforzarte apenas. Tu criterio económico es bueno. Conservador. Tendrás oportunidades para viajar al extranjero. Llevarás ropa lujosa y elegante. Tenderás a exhibir tu riqueza. La gente te verá como alguien con poder adquisitivo. Las personas adineradas de tu vida estarán más dedicadas a ti. Venus ingresará en tu casa del dinero el 23, un lugar muy poderoso para este planeta. Se alojará en tu signo y en tu casa, un lugar donde también es muy poderoso. La luna nueva del 16 tendrá lugar también en tu casa del dinero. Además de ser un día poderosísimo económicamente, sus efectos durarán hasta la siguiente luna llena. Los asuntos relacionados con tu economía se aclararán. Todo cuanto necesitas saber para tomar una buena decisión te llegará en la vida de una forma de lo más natural.

Tu salud es buena este mes. Solo hay un planeta lento formando una alineación desfavorable contigo. (La Luna también recibirá algunos aspectos inarmónicos de corta duración). Aunque estos aspectos no llegarán a causarte problemas. La mayoría de planetas te están apoyando o dejando en paz. Tu aspecto físico también es bueno, mejor de lo habitual. Venus en tu signo, además de traerte dinero, te da un aspecto elegante y bello.

El amor ha mejorado desde el mes anterior, pero Neptuno, tu planeta del amor, sigue siendo retrógrado. Así que deja que las cosas progresen a su propio ritmo. El movimiento retrógrado de Neptuno no impide que el amor aparezca en tu vida, pero crea retrasos, dificultades e indecisión.

Mercurio, el regente de tu carta astral, también será retrógrado el 14. Por eso tu autoconfianza y tu autoestima no serán tan altas como de costumbre. Tus actividades profesionales también se ralentizarán, pero esta bajada de ritmo será positiva para ti. Ahora la parte más poderosa de tu carta astral es la del hemisferio nocturno.

La actividad retrógrada seguirá siendo elevada, aunque lo será menos que el mes anterior. Irá disminuyendo gradualmente mes a mes.

Noviembre

Mejores días en general: 1, 10, 18, 19, 27, 28
Días menos favorables en general: 2, 3, 4, 16, 22, 23, 30

Mejores días para el amor: 2, 3, 5, 6, 12, 14, 15, 21, 22, 23
Mejores días para el dinero: 2, 3, 11, 12, 19, 21, 22
Mejores días para la profesión: 2, 3, 4, 13, 14, 22, 23, 30

Júpiter y Plutón vuelven a viajar juntos. Este tránsito trae prosperidad a la familia como un todo y, en especial, a uno de los progenitores o figura parental. También es posible que cambies de vivienda o renueves tu hogar (aunque parece complicado). El círculo familiar se amplía.

Venus, tu planeta de la economía, estará en tu casa del dinero hasta el 21. Una posición poderosa. Tus ingresos serán abundantes en esta temporada, pero tendrás que trabajar más de lo habitual para obtenerlos. Te toparás con más obstáculos.

La actividad retrógrada está prácticamente desapareciendo este mes. Después del 14, el 80 por ciento de los planetas serán directos. Y después del 29, lo serán el 90 por ciento. Tu ritmo de vida ahora se acelerará. Progresarás con más rapidez hacia tus metas.

Mercurio iniciará su movimiento de avance el 3, por lo que recuperarás tu sentido de la dirección y la confianza en ti. También verás tus asuntos profesionales con más claridad. El 16 y 17 Mercurio estará en oposición con Urano. Este aspecto puede causar trastornos en el trabajo. Y también dramas con los padres o figuras parentales o con los jefes. Os conviene a todos (a ti también) reducir vuestra agenda esos días.

El último eclipse lunar del año, el cuarto, ocurrirá el 30. Como te afectará de lleno, tómate con calma esta temporada. Se producirá en tu casa diez y muestra cambios profesionales. Pueden manifestarse como reestructuraciones en la dirección de tu empresa o sector profesional, y como más dramas en las vidas de tus jefes, padres o figuras parentales, o personas mayores, es decir, las figuras de autoridad de tu vida. A menudo esta clase de eclipse trae cambios gubernamentales en las regulaciones de tu actividad económica, por lo que las reglas del juego cambian. Volverán a haber dramas en las vidas de los amigos (este año ha estado ocurriendo incesantemente) y tus amistades serán puestas a prueba. Habrá trastornos en las empresas comerciales o profesionales de las que formas parte. Los ordenadores y los equipos de alta tecnología pueden fallar. Asegúrate de hacer una copia de seguridad de los archivos importantes y de actualizar los programas antivirus y antihacking.

Vigila más tu salud a partir del 21, sobre todo antes y después del periodo del eclipse. Aunque no te ocurrirá nada serio, ya que tu salud es buena a la larga. Solo será un bajón pasajero en tus niveles de energía. Fortalece tu salud con los métodos citados en la previsión anual. Y, como he indicado en numerosas ocasiones, asegúrate de descansar lo suficiente.

Diciembre

Mejores días en general: 7, 8, 15, 16, 24, 25, 26
Días menos favorables en general: 1, 13, 14, 19, 20, 21, 27, 28
Mejores días para el amor: 2, 3, 11, 12, 19, 20, 21, 22, 23, 29, 30
Mejores días para el dinero: 2, 3, 8, 9, 10, 11, 12, 16, 22, 23, 27
Mejores días para la profesión: 1, 5, 6, 13, 14, 24, 27, 28

Este mes será muy movido. Las piezas de ajedrez han cambiado de casillas en el tablero cósmico. Dos planetas lentos cambiarán de signo este mes, algo que siempre es un titular. Si a este tránsito le añadimos el eclipse solar del 14, tenemos una receta clásica para los cambios.

Es un mes para el hogar y la familia. Tu cuarta casa es ahora poderosísima. Incluso Mercurio, tu planeta de la profesión, estará en tu casa cuatro hasta el 21. El mensaje planetario es muy claro. Ahora tu misión en la vida, tu profesión, son el hogar y la familia, estar ahí para los tuyos. Este aspecto suele mostrar a alguien que se dedica a su profesión desde su hogar, es decir, que trabaja en casa o en un negocio que puede llevar desde este lugar. El eclipse solar del 14 también ocurrirá en tu casa cuatro. Por eso, aunque los asuntos familiares estén yendo bastante bien, habrá algunos trastornos y cambios. Es posible que descubras fallos ocultos en el hogar y que tengas que hacer reparaciones. De no ser por el eclipse, tal vez no los habrías descubierto. Las pasiones andan desatadas en tu hogar. Los miembros de tu familia se muestran más temperamentales que de costumbre. Es posible que surjan dramas personales en las vidas de los miembros de tu familia o en la de un progenitor o figura parental. Tus hermanos o figuras fraternas están haciendo cambios económicos importantes. Tus hijos o figuras filiales están realizando cambios espirituales de envergadura, al igual que tú. Los cambios espirituales suelen deberse a una nueva revelación, y esta siempre es positiva. Lleva a cambios en las prácticas, las enseñanzas y los maestros. Habrá algunos trastornos en las organizaciones espirituales o benéficas de las que formas parte. Las figuras de gurús vivirán dramas personales. No le des demasiada importancia a tu vida onírica esta temporada. Buena parte de ella viene de las turbulencias en el «mundo onírico» —el plano astral— generadas por el eclipse.

Saturno ingresará en tus casas cinco y seis el 18. Muchos Virgo encontraréis trabajos más agradables el próximo año. Tus hijos o figuras filiares están ahora más centrados en las finanzas.

Júpiter abandonará tu quinta casa el 20 y también entrará en la sexta. Este tránsito indica que se presentarán oportunidades laborales excelentes en 2021. (Incluso pueden surgir a finales de mes.)

Mercurio saldrá fuera de límites a partir del 13. De modo que tú, y quizá tus padres o figuras parentales, os moveréis fuera de vuestros ambientes habituales. Tal vez las exigencias profesionales os obligarán a hacerlo. Como en tu esfera habitual no encontrarás las soluciones, no te quedará más remedio que buscarlas en otra parte.

Libra

♎

La Balanza
Nacidos entre el 23 de septiembre y el 22 de octubre

Rasgos generales

LIBRA DE UN VISTAZO

Elemento: Aire

Planeta regente: Venus
   Planeta de la profesión: la Luna
   Planeta de la salud: Neptuno
   Planeta del amor: Marte
   Planeta del dinero: Plutón
   Planeta del hogar y la vida familiar: Saturno
   Planeta de la suerte: Mercurio

Colores: Azul, verde jade
   Colores que favorecen el amor, el romance y la armonía social: Carmín, rojo, escarlata
   Colores que favorecen la capacidad de ganar dinero: Borgoña, rojo violáceo, violeta

Piedras: Cornalina, crisolita, coral, esmeralda, jade, ópalo, cuarzo, mármol blanco

Metal: Cobre

Aromas: Almendra, rosa, vainilla, violeta

Modo: Cardinal (= actividad)

Cualidades más necesarias para el equilibrio: Sentido del yo, confianza en uno mismo, independencia

Virtudes más fuertes: Buena disposición social, encanto, tacto, diplomacia

Necesidades más profundas: Amor, romance, armonía social

Lo que hay que evitar: Hacer cosas incorrectas para ser aceptado socialmente

Signos globalmente más compatibles: Géminis, Acuario

Signos globalmente más incompatibles: Aries, Cáncer, Capricornio

Signo que ofrece más apoyo laboral: Cáncer

Signo que ofrece más apoyo emocional: Capricornio

Signo que ofrece más apoyo económico: Escorpio

Mejor signo para el matrimonio y/o las asociaciones: Aries

Signo que más apoya en proyectos creativos: Acuario

Mejor signo para pasárselo bien: Acuario

Signos que más apoyan espiritualmente: Géminis, Virgo

Mejor día de la semana: Viernes

La personalidad Libra

En el signo de Libra la mente universal (el alma) expresa el don de la relación, es decir, el poder para armonizar diversos elementos de modo unificado y orgánico. Libra es el poder del alma para expresar la belleza en todas sus formas. Y ¿dónde está la belleza si no es dentro de las relaciones? La belleza no existe aislada; surge de la comparación, de la correcta relación de partes diferentes. Sin una relación justa y armoniosa no hay belleza, ya se trate de arte, modales, ideas o asuntos sociales o políticos.

Los seres humanos tenemos dos facultades que nos elevan por encima del reino animal. La primera es la facultad racional, como se expresa en los signos de Géminis y Acuario. La segunda es la facultad estética, representada por Libra. Sin sentido estético seríamos poco más que bárbaros inteligentes. Libra es el instinto o impulso civilizador del alma.

La belleza es la esencia de lo que son los nativos de Libra. Están aquí para embellecer el mundo. Podríamos hablar de la buena disposición social de este signo, de su sentido del equilibrio y del juego limpio, de su capacidad de ver y amar el punto de vista de los demás, pero eso sería desviarnos de su bien principal: su deseo de belleza.

Nadie existe aisladamente, no importa lo solo o sola que parezca estar. El Universo es una vasta colaboración de seres. Los nativos de Libra, más que la mayoría, lo comprenden y comprenden las leyes espirituales que hacen soportables y placenteras las relaciones.

Un nativo de Libra es un civilizador, armonizador y artista inconsciente, y en algunos casos consciente. Este es el deseo más profundo de los Libra y su mayor don. Por instinto les gusta unir a las personas, y están especialmente cualificados para hacerlo. Tienen el don de ver lo que puede unir a la gente, las cosas que hacen que las personas se atraigan en lugar de separarse.

Situación económica

En materia económica, muchas personas consideran a los nativos de Libra frívolos e ilógicos, porque parecen estar más interesados en ganar dinero para otros que para ellos mismos. Pero esta actitud tiene una lógica. Los Libra saben que todas las cosas y personas están relacionadas, y que es imposible ayudar a alguien a prosperar sin prosperar también uno mismo. Dado que colaborar para aumentar los ingresos y mejorar la posición de sus socios o su pareja va a fortalecer su relación, Libra decide hacerlo. ¿Qué puede ser más agradable que estrechar una relación? Rara vez nos encontraremos con un Libra que se enriquezca a expensas de otra persona.

Escorpio es el signo que ocupa la segunda casa solar de Libra, la del dinero, lo cual da a este signo una perspicacia no habitual en asuntos económicos y el poder de centrarse en ellos de un modo aparentemente indiferente. De hecho, muchos otros signos acuden a Libra para pedirle consejo y orientación en esta materia.

Dadas sus dotes sociales, los nativos de Libra suelen gastar grandes sumas de dinero invitando a los demás y organizando acontecimientos sociales. También les gusta pedir ayuda a otros cuando la necesitan. Harán lo imposible por ayudar a un amigo en desgracia, aunque tengan que pedir un préstamo para ello. Sin embargo, también tienen mucho cuidado en pagar todas sus deudas y procuran que jamás haya necesidad de recordárselo.

Profesión e imagen pública

En público a los Libra les gusta parecer paternales. Sus amigos y conocidos son su familia, y ejercen el poder político de manera paternal. También les gustan los jefes que son así.

Cáncer está en la cúspide de su casa diez, la de la profesión, por lo tanto, la Luna es su planeta de la profesión. La Luna es con mucho el planeta más rápido y variable del horóscopo; es el único entre todos los planetas que recorre entero el zodiaco, los 12 signos, cada mes. Nos da una clave importante de la manera como los Libra enfocan su profesión y también de algunas de las cosas que necesitan hacer para sacar el máximo rendimiento de su potencial profesional. La Luna es el planeta de los estados de ánimo y los sentimientos, y los Libra necesitan una profesión en la cual tengan libertad para expresar sus emociones. Por eso muchos se dedican a las artes creativas. Su ambición crece y mengua como la Luna. Tienden a ejercer el poder según su estado de ánimo.

La Luna «rige» las masas, y por eso el mayor objetivo de los Libra es obtener una especie de aplauso masivo y popularidad. Los que alcanzan la fama cultivan el amor del público como otras personas cultivan el cariño de un amante o amigo. En su profesión y sus ambiciones, los Libra suelen ser muy flexibles, y muchas veces volubles. Por otro lado, son capaces de conseguir sus objetivos de muchas y diversas maneras. No se quedan estancados en una sola actitud ni en una sola manera de hacer las cosas.

Amor y relaciones

Los nativos de Libra expresan su verdadero genio en el amor. No podríamos encontrar una pareja más romántica, seductora y justa que una persona Libra. Si hay algo que con seguridad puede destruir una relación, impedir el flujo de la energía amorosa, es la injusticia o el desequilibrio entre amante y amado. Si uno de los dos miembros de la pareja da o recibe demasiado, seguro que en uno u otro momento surgirá el resentimiento. Los Libra tienen mucho cuidado con esto. Si acaso, podrían pecar por el lado de dar más, jamás por el de dar menos.

Si estás enamorado o enamorada de una persona Libra, procura mantener vivo el romance. Preocúpate de las pequeñas atenciones y los detalles: cenas iluminadas con velas, viajes a lugares exóticos, flores y obsequios. Regálale cosas hermosas, aunque no necesariamente tienen que ser caras; envíale tarjetas; llámala por teléfono con regularidad aunque no tengas nada especial que decirle. Los detalles son muy importantes. Vuestra relación es una obra de arte: hazla hermosa y tu amor Libra lo apreciará. Si además muestras tu creatividad, lo apreciará aún más, porque así es como tu Libra se va a comportar contigo.

A los nativos de Libra les gusta que su pareja sea dinámica e incluso voluntariosa. Saben que esas son cualidades de las que a veces ellos carecen y por eso les gusta que su pareja las tenga. Sin embargo, en sus relaciones sí que pueden ser muy dinámicos, aunque siempre de manera sutil y encantadora. La «encantadora ofensiva» y apertura de Gorbachov a fines de la década de 1980, que revolucionó a la entonces Unión Soviética, es típica de un Libra.

Los nativos de este signo están resueltos a hechizar al objeto de su deseo, y esta determinación puede ser muy agradable si uno está en el puesto del receptor.

Hogar y vida familiar

Dado que los Libra son muy sociales, no les gustan particularmente las tareas domésticas cotidianas. Les encanta que su casa esté bien organizada, limpia y ordenada, que no falte nada de lo necesario, pero los quehaceres domésticos les resultan una carga, una de las cosas desagradables de la vida, que han de hacerse cuanto más rápido mejor. Si tienen dinero suficiente, y a veces aunque no lo tengan, prefieren pagar a alguien para que les haga las tareas domésticas. Pero sí les gusta ocuparse del jardín y tener flores y plantas en casa.

Su casa será moderna y estará amueblada con excelente gusto. Habrá en ella muchas pinturas y esculturas. Dado que les gusta estar con amigos y familiares, disfrutan recibiéndolos en su hogar y son muy buenos anfitriones.

Capricornio está en la cúspide de su cuarta casa solar, la del hogar y la familia. Sus asuntos domésticos los rige pues Saturno, el planeta de la ley, el orden, los límites y la disciplina. Si los Libra desean tener una vida hogareña feliz, deberán desarrollar algunas de las cualidades de Saturno: orden, organización y disciplina. Al ser tan creativos y necesitar tan intensamente la armonía, pueden tender a ser demasiado indisciplinados en su casa y demasiado permisivos con sus hijos. Un exceso de permisividad no es bueno: los niños necesitan libertad, pero también límites.

Horóscopo para el año 2020*

Principales tendencias

Aunque este año no sea especialmente poderoso en cuanto a la profesión —tu décima casa está prácticamente vacía, casi todos los planetas lentos se encuentran en el hemisferio nocturno de tu carta astral—, y tu cuarta casa del hogar y de la familia sea mucho más poderosa que tu décima casa de la profesión, este año ocurrirán muchos cambios profesionales. Habrá cuatro eclipses lunares a lo largo de él, el doble de lo normal. Y como la Luna es tu planeta de la profesión, se darán un montón de cambios, turbulencias y trastornos. Volveremos a este tema más adelante.

Tu cuarta casa del hogar y de la familia es, sin duda, la más poderosa de tu carta astral este año, al menos hasta el 18 de diciembre. Aquí es donde tendrá lugar la acción. Es un año para la actividad «entre bastidores» —los preparativos— que te permitirá crear el escenario para progresar profesionalmente en el futuro. Volveremos a este tema más adelante.

Urano se encuentra ahora (desde marzo de 2019) en tu octava casa y seguirá en ella largo tiempo, aproximadamente los siete años siguientes. Esta situación muestra la tendencia a la experimentación sexual. Te desprenderás de los manuales antiguos y aprenderás lo que a ti mejor te funciona. Esta experimentación probablemente será positiva mientras no sea destructiva. Así es

---

* Las previsiones de este libro se basan en el Horóscopo Solar y en todos los signos derivados del mismo: tu signo solar se convierte en el Ascendente, y las casas se numeran a partir de él. Tu horóscopo personal, el trazado concretamente para ti (según la fecha, hora y lugar exactos de tu nacimiento) podría modificar lo que se indica aquí. Joseph Polansky.

como se aprende. La transformación personal no es una ciencia exacta. Estás muy implicado con esta clase de proyectos y también serás experimental en esta faceta de tu vida.

Tu salud es un problema este año. Hay muchos planetas lentos formando una alineación desfavorable en tu carta astral. La buena noticia es que estás pendiente de tu salud. Tu sexta casa es poderosa. Volveremos a este tema más adelante.

Tu vida amorosa y social será activa este año. Todos los planetas lentos se encuentran en la mitad occidental de tu carta astral, la de la vida social. En cierto sentido, es una situación paradisíaca para los Libra. Este año trata de los demás y de llevarte bien con la gente. Si no tienes pareja, surgirán oportunidades para encuentros románticos a partir del 28 de junio, a medida que Marte realiza un tránsito sumamente largo por tu séptima casa del amor. Volveremos a este tema más adelante.

Venus, el regente de tu carta astral, pasará mucho tiempo (cuatro veces más del normal en un signo) en tu novena casa del 3 de abril al 7 de agosto. Este aspecto indica viajes al extranjero y oportunidades formativas agradables.

Las áreas que más te interesarán este año serán el hogar y la familia; los hijos, la diversión y la creatividad (del 23 de marzo al 1 de julio, y a partir del 18 de diciembre); el sexo, la transformación personal y el ocultismo; la salud; el amor, las aventuras amorosas y las actividades sociales (a partir del 28 de junio); y la religión, la filosofía, los estudios superiores y los viajes al extranjero (del 3 de abril al 7 de agosto).

Lo que más te llenará este año será tu profesión (hasta el 6 de mayo); los amigos, los grupos y las actividades grupales (a partir del 6 de mayo); el hogar y la familia (hasta el 20 de diciembre); y los hijos, la diversión y la creatividad (a partir del 20 de diciembre).

Salud

(Ten en cuenta que se trata de una perspectiva astrológica de la salud, no una médica. En el pasado, no había ninguna diferencia, ambas eran idénticas, pero en la actualidad podrían diferir mucho. Para obtener un punto de vista médico, consulta a tu médico de cabecera o a un profesional de la salud.)

Tu salud, como he señalado, será delicada este año. Buena parte del año tres y, a veces, cuatro planetas lentos formarán una alineación desfavorable en tu carta astral. Pero la situación se volverá realmente delicada cuando los planetas rápidos también formen una alineación desfavorable, en concreto, del 1 al 20 de enero, del 20 de marzo al 19 de abril, y del 21 de junio al 22 de julio. En esas temporadas descansa y relájate más de lo habitual, e incluye en tu agenda más masajes u otros tratamientos preventivos. Lo esencial es mantener un nivel alto de energía. Los altos niveles de energía son el mejor sistema para prevenir las enfermedades.

La vida es la interacción del Destino con el Libre Albedrío. El Destino causa ciertas situaciones, pero nuestro Libre Albedrío nos permite elegir la forma de afrontarlas. Según cómo lo hagamos, empeoraremos o mejoraremos nuestro Destino.

La buena noticia es que tu sexta casa es poderosa y que vigilarás tu salud. Sería mucho más peligroso si la ignoraras. Además, después del 18 de diciembre verás una gran mejoría en tu salud y tus niveles de energía. El 2021 será mucho mejor en lo que respecta a tu salud que el 2020.

Más buenas noticias. Puedes hacer muchas cosas para mejorar tu salud y prevenir los problemas. Y aunque no puedas prevenirlos del todo (debido a un fuerte impulso kármico), puedes mitigarlos notablemente. No tienen por qué ser demoledores.

Los riñones y las caderas. Estas zonas siempre son importantes para los Libra. Te sentará bien trabajar los puntos reflejos de estas partes del cuerpo. Los masajes regulares en las caderas deben formar parte de tu programa de salud habitual. También te sentará bien recurrir de vez en cuando a una depuración renal con infusiones de plantas medicinales, sobre todo cuando notes que tu tono vital está bajo.

Los pies. Los pies también son importantes para los Libra. Están regidos por Neptuno, tu planeta de la salud. Y desde que este planeta ocupa tu sexta casa hace unos años, se han vuelto más importantes aún. Esta tendencia durará muchos años. Los masajes periódicos en los pies son importantes para ti, no solo te fortalecen los pies, sino todo el cuerpo. Puedes adquirir por un precio económico distintos modelos de masajeadores eléctricos para pies y usarlos mientras miras la televisión o utilizas el ordenador. Será una buena inversión este año. También puedes adquirir un aparato para recibir tratamientos hidrotermales en los pies. Será otra buena inversión.

El corazón. Este órgano solo es importante desde hace dos años, a medida que Saturno empezó a viajar con Plutón en Capricornio. Y cuando Júpiter ingresó en Capricornio a finales del año pasado, se volvió incluso más importante aún. Te sentará bien trabajar los puntos reflejos de este órgano. Lo esencial en cuanto al corazón es tener más fe y reducir las preocupaciones y la ansiedad, las dos emociones que lo estresan. La buena noticia es que a finales de año, a partir del 18 de diciembre, tu corazón será menos vulnerable. El año que viene no será un problema para ti.

Dado que Neptuno es tu planeta de la salud, siempre respondes bien a las terapias de tipo espiritual, pero ahora que Neptuno ocupa una posición poderosa y se encuentra en su propio signo y casa, respondes a este tipo de terapias incluso mejor aún. Si notas que tu tono vital está bajo, recurre a un sanador espiritual.

También tienes una buena conexión con los poderes curativos del elemento agua estos días. Así que es bueno estar cerca del agua, como la del mar, los ríos, los lagos y los manantiales. Las masas de agua naturales son siempre la mejor elección. Te sentará bien bañarte en este tipo de aguas. La natación, el remo y los deportes acuáticos son un buen ejercicio para ti. Al igual que el yoga y el taichí. Los ejercicios de tipo espiritual también te convienen. Cuando te estés duchando, imagínate que el agua te limpia por dentro y por fuera. Los poderes curativos del agua son notables. Si estás interesado en conocer más información sobre este tema, la encontrarás en mi blog www.spiritual-stories.com.

Hogar y vida familiar

El hogar y la familia llevan siendo importantes para ti desde hace muchos años, en concreto, desde 2008, cuando Plutón ingresó en tu cuarta casa. Y en los dos últimos años se ha vuelto incluso más importante aún, cuando Saturno también ingresó en tu casa cuatro. Este año es, sin duda, el área más importante de tu vida, ya que Júpiter pasará casi todo el año en ella.

Esta faceta de tu vida será, sin embargo, agridulce. Aunque, por lo visto, será mejor —más feliz— que el año anterior. Júpiter está trayendo más felicidad y prosperidad a la familia.

Saturno en tu cuarta casa muestra que la vida familiar es en cierto modo una carga para ti. Una disciplina. Es como si procuraras manejar la situación apretando los dientes. Ya llevas dos años costándote expresar tus verdaderos sentimientos y probablemente te los hayas estado guardando dentro. Pero este año te resultará un poco más fácil expresarlos. Una buena forma de hacerlo es escribirlos. (Volveremos a este tema más adelante.)

Las mujeres en edad de concebir son más fértiles de lo habitual este año. Pero un embarazo parece complicado. No será una situación fácil. La fertilidad aumentará mucho después del 20 de diciembre y a lo largo de casi todo el año siguiente.

En lo que respecta a cambiar de vivienda, tienes un conflicto interior. A una parte de ti le gustaría mudarse a otro lugar, pero otra parte tuya más conservadora quiere seguir viviendo donde resides ahora y hacer un mejor uso del espacio de tu hogar. Ahora ya llevas varios años sintiendo que la casa se te ha quedado pequeña. ¿Qué parte tuya ganará? Por lo visto, tú eres el que tiene la última palabra. Pero aunque decidas cambiar de vivienda, será complicado.

Has tendido a ganar dinero trabajando desde casa durante muchos años, y en este lo has seguido haciendo incluso más aún. Estás gastando más dinero de lo habitual en tu hogar y tu familia, pero también te llegarán ingresos de este entorno. Cuentas con un gran apoyo de tu familia. (Volveremos a este tema más adelante.)

Uno de tus progenitores o figura parental parece ser pesimista y demasiado controlador, pero estos días está progresando en la vida. Por lo visto, está muy implicado en tu economía. Es posible que esta figura parental esté haciendo reformas en el hogar (o incluso construyéndose una casa), pero no es probable que cambie de vivienda. El otro progenitor o figura parental vivirá muchas crisis este año. Redefinirá su personalidad, el concepto que tiene de sí mismo y la imagen que proyecta en el mundo. Pero no es probable que cambie de vivienda.

Tus hermanos o figuras fraternas parecen estar más unidos a la familia este año, sobre todo a uno de los padres o figura parental. Progresarán en la vida, pero no es probable que se muden de lugar. No es que sea malo hacerlo, pero tampoco hay nada en especial que apoye la mudanza.

Tus hijos o figuras filiales asumirán más responsabilidades del 23 de marzo al 1 de julio, y a partir del 18 de diciembre. Tienen que tomarse la vida más en serio. También parecen ser más fértiles de lo habitual (si están en edad de concebir). Pueden mudarse o hacer reformas en la casa en numerosas ocasiones este año y los próximos. Su situación doméstica parece inestable.

La vida familiar de tus nietos (en el caso de tenerlos) o de quienes desempeñan este papel en tu vida seguirá siendo la misma este año.

Si estás planeando hacer reformas importantes en tu hogar, es un buen momento casi todo el año, pero del 16 de febrero al 13 de marzo es ideal para ello. Si tienes pensado mejorar la parte estética de tu casa o comprar objetos de arte para decorarla, el mejor momento para hacerlo es del 5 al 23 de marzo, del 3 de abril al 1 de julio, y del 2 al 28 de octubre.

Profesión y situación económica

Aunque tu casa del dinero esté vacía este año —solo la visitarán planetas rápidos—, el 2020 será próspero. No tienes la carta astral de una persona que le vaya a tocar la lotería y tendrás que ganarte tu prosperidad a pulso, pero lo conseguirás. Plutón, tu planeta de la economía, está recibiendo un gran estímulo.

Plutón es un planeta de movimiento sumamente lento. Se queda en un signo de 20 a 30 años. Por lo que muchas tendencias de las que he hablado en los años anteriores siguen dándose incluso con mayor intensidad en este.

Plutón lleva en tu cuarta casa muchos años, desde 2008. Así que cuentas con un buen apoyo familiar. Te pueden entrar los ingresos de un negocio familiar o de un negocio «dirigido como si fuera una familia». Te atraen esta clase de negocios estos días. El sector inmobiliario residencial, el sector alimentario, los restaurantes y los hoteles y moteles te gustan como trabajo, negocio o inversión. Al igual que las empresas de reparto de comida a domicilio, las de paisajismo, las de muebles, las de interiorismo y otra clase de negocios similares.

En general, Plutón rige las herencias, los impuestos y las deudas. Esto se pude interpretar de distintas formas. Para ganar unos buenos ingresos es necesario realizar una planificación tributaria adecuada y una buena gestión tributaria, y probablemente muchas decisiones económicas están influidas por estos factores. Muchos Libra habéis recibido herencias en los años anteriores y también las podéis recibir este año. Afortunadamente, no es necesario que nadie fallezca, ya que alguien podría simplemente incluirte en su testamento o nombrarte administrador de una propiedad. Este aspecto planetario suele verse en personas que tratan con propiedades, como los anticuarios y los subastadores de las casas de subastas. Es un buen año para saldar deudas o pedir préstamos, depende de tus necesidades. También puedes ganar dinero haciendo un uso creativo de las deudas. Si se te ocurren buenas ideas, este año es excelente (mejor que el anterior) para atraer inversores del extranjero con el fin de financiar tus proyectos. Este año puedes acceder fácilmente a dinero procedente del extranjero.

Si tienes la edad adecuada, es posible que este año realices una planificación testamentaria y hagas cambios en este sentido.

Tu planeta de la economía está viajando con Saturno y Júpiter, dos planetas que son opuestos. Saturno es sumamente conservador y no le gusta correr riesgos (en especial los dos últimos años). Júpiter, en cambio, es más optimista, está más dispuesto a la especulación y a correr riesgos. Júpiter puede pecar de un exceso de confianza. Mientras que Saturno tiende a ser pesimista. Estas dos energías dialogan en tu mente. Ocupan el mismo cuerpo. Una te insta a ser precavido y cuidadoso, y la otra te dice «las cosas te saldrán bien, intentémoslo». Satisfacer ambos deseos es todo un reto, pero las inversiones que satisfacen tanto tu lado pesimista como el optimista serán las mejores de todas.

La familia como un todo se volverá más rica este año.

Júpiter rige tu tercera casa de la comunicación y los intereses intelectuales. Su posición cerca de tu planeta de la economía indica que las entradas de dinero llegarán de tus hermanos o figuras fraternas, de vecinos, o a través de escritos, ventas, mercadotecnia, publicidad, relaciones públicas y comercio, es decir, de la compraventa. Este año será muy bueno en el aspecto económico para los profesores y los escritores.

Como he señalado, tu décima casa de la profesión no es poderosa este año. O sea que ahora estás centrado sobre todo en tu hogar y tu familia. E incluso tus sustanciosos ingresos vienen probablemente de tu interés por tu familia en lugar de tu deseo de gozar de prestigio o de un buen nivel social. El hemisferio nocturno de tu carta astral —y en especial la casa cuatro— se pueden comparar a la «actividad entre bastidores» en una película o una producción teatral. La casa diez equivale al producto final, es decir, la película o la obra de teatro. Pero sin el trabajo entre bastidores —la actividad que el público nunca ve—, el producto final jamás habría visto la luz. Sé consciente de la importancia de este año. En él estás preparando el escenario para triunfar en el futuro.

Amor y vida social

Como he señalado, este año será muy social. La mitad occidental de tu carta astral es la que predomina por completo. Aunque la mitad oriental irá ganando fuerza en el transcurso del año, nunca llegará a ser más poderosa que la occidental. Así que aunque vivas momentos de una independencia personal relativa, este año procura aplicar tu genialidad social (que es considerable).

Lo esencial es que Marte, tu planeta del amor, pasará más de seis meses en tu séptima casa del amor (a partir del 28 de junio). Ahora se encuentra en una posición muy poderosa, en su propio signo y casa. Este aspecto aumenta incluso más aún tu magnetismo social. También muestra que surgirá una relación. Si no tienes pareja, indica que se presentarán oportunidades románticas en tu vida. Pero no será una situación fácil. Las obligaciones y los deberes familiares interferirán en ella. Quizá los miembros de tu familia o una figura parental están también entorpeciendo la situación. Pero los Libra sabéis manejar las relaciones difíciles.

Urano se encuentra en tu séptima casa desde el año pasado. Tu situación amorosa debería ser ahora más estable de lo que ha estado siendo durante muchos años (de 2010 a 2018).

Dado que Marte está en Aries en tu casa siete, tiendes a enamorarte enseguida. A mantener relaciones con demasiada rapidez. También atraes a personas que son así. La impulsividad es tu mayor problema. Este año te conviene ser un poco más precavido, abordarlo todo «desde una cierta distancia».

Te atraen las personas atléticas. Y también los militares o los agentes de policía. Te gustan las personas independientes y audaces. El magnetismo sexual es lo que más te atrae de una persona en esta temporada.

Las oportunidades románticas se presentarán este año en los lugares habituales, como fiestas, bodas y reuniones sociales. También pueden surgir en el gimnasio o en un estadio. Estos lugares son además buenos para quedar con una cita.

Si estás intentando casarte por segunda o tercera vez (como es el caso de muchos Libra), este año socializarás más, pero tu situación amorosa seguirá igual.

Marte no es un planeta de movimiento demasiado rápido, pero tampoco es muy lento. Este año transitará por seis signos y casas de tu carta astral. De ahí que se den tantas tendencias de corta duración en el amor que describiré en las previsiones mes a mes.

Mientras Marte se aloja en tu séptima casa realizará uno de sus inusuales movimientos retrógrados —del 9 de septiembre al 14 de noviembre—, y este tránsito complicará más aún tu relación de pareja. No tomes decisiones amorosas importantes en esta temporada retrógrada.

El ingreso de Júpiter en tu casa cinco a finales de año muestra una posible aventura amorosa. En 2021 también habrá numerosas oportunidades para los encuentros amorosos.

Progreso personal

La casa cuatro no trata solo del hogar y de la familia, sino que tiene un significado más profundo. Trata además de tus estados de ánimo y de tu vida emocional en general. Es, psicológicamente hablando, el lugar donde vives. Los habitantes de tu hogar emocional son tu familia emocional. Así pues, el poder de la cuarta casa indica que es un año para el progreso psicológico. Para la curación emocional.

Si recibes algún tipo de terapia psicológica, harás grandes progresos en este sentido. Si deseas curarte ya tienes el 90 por ciento de la batalla ganada.

Plutón lleva muchos años en tu cuarta casa y seguirá ocupándola muchos más. Es tu planeta de la economía, pero genéricamente rige la psicología profunda —el ir a las profundidades de la psique y cortar de cuajo la negatividad, los hábitos antiguos y los traumas del pasado— que te impiden progresar. Suele manifestarse como una muerte en la familia o una experiencia cercana a la muerte por parte de un familiar. Esta clase de experiencias han estado sucediendo, sin duda, a lo largo de los años. En cierto modo indican la «muerte» o el «roce con la muerte» de la propia familia. Y luego, la resurrección a un nivel más elevado.

Saturno lleva los últimos dos años en tu cuarta casa y seguirá en ella la mayor parte del año próximo. Este aspecto se puede interpretar de varias maneras. En cierto sentido, indica (como ya he mencionado en previsiones anteriores) la tendencia a reprimir los verdaderos sentimientos. Normalmente no expresamos lo que sentimos porque no nos parece seguro hacerlo. Pero esta situación no puede alargarse demasiado. Al final, los sentimientos acaban saliendo a la luz de una forma desequilibrada y destructiva. A un nivel más profundo, la entrada de Saturno en tu cuarta casa muestra la necesidad de manejar las emociones —de ocuparte de ellas— para dirigirlas según tu voluntad. No fuimos creados para ser víctimas de nuestras emociones (sobre todo de las negativas), sino dueños de ellas. En el sentido espiritual, esta ha estado siendo tu tarea durante los dos últimos años. Afrontar y controlar tus emociones no significa reprimirlas. La represión no es saludable. Afrontarlas significa ser capaz de «expresar» los sentimientos destructivos (y los pensamientos en los que se basan) de una forma segura que no sea destructiva. Hay varios métodos para lograrlo. Puedes escribir tus sentimientos negativos en una hoja de papel (método que me gusta este año) y luego arrojarla a la papelera. No los leas.

Otro método es el de «tocar y soltar». Escribe en una hoja de papel cinco cosas que te molesten, después toca el papel y suéltalo. Repítelo durante 15 minutos más o menos al principio. Más adelante, cuando ya le vayas cogiendo el tranquillo, hazlo durante más tiempo. Encontrarás más información sobre estos métodos en mi blog www.spiritual-stories.com y en mi libro *A Technique for Meditation*.

Cuando hayas puesto en práctica estos ejercicios para expresar tus sentimientos, descubrirás que controlas mejor tus emociones. Y si meditas, también te darás cuenta de que después de hacerlos meditas mejor.

Previsiones mes a mes

Enero

Mejores días en general: 7, 8, 16, 24, 25, 26
Días menos favorables en general: 2, 3, 9, 10, 22, 23, 29, 30, 31
Mejores días para el amor: 1, 2, 3, 12, 13, 14, 18, 19, 20, 21, 27, 28, 29, 30, 31
Mejores días para el dinero: 5, 6, 14, 15, 18, 19, 22, 23
Mejores días para la profesión: 5, 6, 9, 10, 14, 15, 24, 25

Es un tipo de mes estresante en el aspecto emocional y físico. Ten en cuenta que el universo nunca te dará más de lo que puedas manejar. Si te lo da, significa por definición que la situación es manejable.

La salud será tu principal preocupación este mes. El 50, y a veces el 60 por ciento de los planetas formarán una alineación desfavorable en tu carta astral, incluidos dos pesos pesados, Saturno y Plutón. Por eso es muy importante mantener un nivel alto de energía. De modo que descansa cuando estés cansado. Céntrate en lo esencial de tu vida y olvídate de las trivialidades y las distracciones. Tienes la energía necesaria para lo importante, pero no para frivolidades. Fortalece tu salud con los métodos descritos en la previsión anual. Si es posible, incluye en tu agenda más masajes u otros tratamientos este mes. Tu nivel de energía debería mejorar a partir del 20. Aunque sigue vigilando tu salud.

El eclipse lunar del 10 también será potente, procura tomarte con calma esta temporada. Haz lo que debas hacer, pero reduce tu agenda si te es posible posponiendo algunas actividades. Este eclipse ocurrirá en tu décima casa de la profesión y afectará a la Luna, tu planeta de la profesión. Tiene un doble efecto. De modo que pueden haber cambios y trastornos profesionales en tu vida. Así como reestructuraciones en la dirección de tu empresa o en tu sector. El gobierno puede cambiar las normas relacionadas con tu actividad profesional. Tus jefes, padres o figuras parentales —las personas de autoridad en tu vida— están viviendo dramas personales. Este eclipse afectará a tres planetas más, por lo que todavía será más potente. Afectará a Saturno, Plutón y Mercurio. Los efectos sobre Saturno indican dramas en el hogar y con la familia. Es posible que te veas obligado a hacer reparaciones en tu hogar. Los efectos sobre Plutón muestran la necesidad de un cambio económico. Los acontecimientos del eclipse reflejan que tu forma de ver la economía no ha estado siendo realista. Habrá dramas en las vidas de las personas adineradas de tu vida. Los efectos sobre Mercurio indican que los estudiantes acusarán el impacto del eclipse. Pueden cambiar de facultad o surgir cambios en los planes de estudios. Los coches y los equipos de comunicación también pueden fallar.

Aunque el eclipse afecte a tu profesión, en realidad este mes no estarás centrado en ella, sino en tu hogar y en tu familia. Las emociones estarán enardecidas este mes, así que sé más paciente con los miembros de tu familia. Es un buen momento para poner en orden tu vida emocional, para recibir terapias psicológicas. También es un buen mes para crear la infraestructura psicológica que te permitirá triunfar profesionalmente en el futuro.

Febrero

Mejores días en general: 3, 4, 5, 12, 13, 21, 22
Días menos favorables en general: 6, 7, 18, 19, 20, 26, 27

Mejores días para el amor: 7, 8, 9, 16, 17, 18, 26, 27, 28, 29
Mejores días para el dinero: 1, 2, 10, 11, 14, 15, 19, 20, 28, 29
Mejores días para la profesión: 3, 4, 6, 7, 12, 13, 23, 24

Tu salud sigue siendo un problema este mes, sobre todo después del 16, cuando Marte se une a la banda de planetas que forman una alineación desfavorable en tu carta astral. La buena noticia es que como tu sexta casa de la salud será poderosísima a partir del 19, estarás pendiente de tu salud, la vigilarás. Fortalécela con los métodos descritos en la previsión anual y si te notas con un tono vital bajo, recurre a un sanador espiritual.

El mes anterior empezaste el 20 uno de tus momentos más placenteros del año y seguirá siendo así hasta el 19. Divertirte, disfrutar de la vida y gozar de lo que te gusta mejorará tu estado de ánimo y tu salud. Tus hijos o figuras filiales están viviendo ahora un buen momento social. Las oportunidades sociales y románticas les persiguen en lugar de ser al revés.

El poder de tu casa seis es excelente si estás buscando trabajo, aparecerán muchas oportunidades laborales en tu vida cotidiana. Y en el caso de que ya estés trabajando, surgirán oportunidades para hacer horas extras o trabajos complementarios. Si eres un empresario, recibirás numerosas solicitudes de personas que desean trabajar en tu empresa.

La mitad inferior de tu carta astral —el hemisferio nocturno— es ahora el que predomina. Seguirá siendo así todo el año. Por eso necesitas centrarte en el hogar, la familia y tu bienestar emocional. Cuando encuentres tu punto de armonía emocional, podrás triunfar fácilmente en tu profesión desde ese estado. Pero tu prioridad ahora es alcanzar la armonía emocional. Tu profesión es secundaria en este sentido.

Venus, el regente de tu carta astral, alcanzará su solsticio (uno de ellos) del 8 al 10. Se detendrá en el firmamento y luego cambiará de sentido (en latitud). O sea que se dará una pausa en tu vida y luego habrá un cambio de dirección. Será algo bueno. Algo natural. No te preocupes.

A partir del 16 la mitad occidental de tu carta astral —la de la vida social—, tu preferida, contendrá todos los planetas. Así que será una situación paradisíaca para los Libra. En esta temporada te centrarás en los demás y en sus necesidades. Es cuando podrás poner en práctica por completo tu genialidad social. Los Libra siempre tienden a ser populares, pero ahora lo serán más aún.

Venus ingresará en tu séptima casa el 7 y la ocupará el resto del mes. En esta temporada serás proactivo socialmente. Tal vez no confíes tanto en ti como de costumbre, pero tu vida social equilibrará este aspecto. Ahora te desvives por tus amigos. Y ellos lo notan y responden a tus atenciones.

Marzo

Mejores días en general: 2, 3, 10, 11, 19, 20, 29, 30
Días menos favorables en general: 4, 5, 17, 18, 24, 25
Mejores días para el amor: 1, 8, 9, 17, 18, 24, 25, 27, 28
Mejores días para el dinero: 1, 8, 9, 12, 13, 17, 18, 27, 28
Mejores días para la profesión: 4, 5, 12, 13, 24, 25

Como tu salud sigue siendo el principal problema este mes, ten en cuenta lo que he indicado al respecto.

Pese a tener menos energía de lo habitual, están ocurriendo muchas cosas positivas en tu vida. Júpiter estará viajando con Plutón, tu planeta de la economía, todo el mes. O sea que este mes será próspero. Muy próspero. El dinero te puede llegar del apoyo de tu familia o de los contactos familiares. Así como de los derechos de autor. Es un buen momento para el comercio, es decir, la compraventa. Seguirán surgiendo numerosas oportunidades laborales en tu vida cotidiana.

Estar pendiente de tu salud hasta el 20 te permitirá mantenerte sano más adelante.

Al igual que el mes anterior, todos los planetas (salvo la Luna del 4 al 15) están en la mitad occidental de tu carta astral, la de la vida social. El Sol ingresará en tu séptima casa del amor el 20 y empezarás uno de tus mejores momentos amorosos y sociales del año. Como el mes anterior, este mes es social, aunque con mayor intensidad incluso. Marte, tu planeta del amor, pasará casi todo el mes (hasta el 31) en tu cuarta casa. Este aspecto se puede interpretar de muchas formas. Significa que buena parte de la socialización se dará en tu hogar, con los miembros de tu familia o los contactos familiares. Te gustan las personas con las que te puedes vincular emocionalmente, es decir, compartir tus sentimientos. La intimidad emocional es ahora tan importante como el aspecto físico. Este mes las oportunidades románticas se darán cerca del entorno del hogar. Del 15 al 21 tu planeta del amor viajará con Júpiter. Este tránsito traerá oportunidades románticas en tu barrio y quizá con vecinos. Los actos educativos y académicos también pueden ser un escenario para los encuentros románticos. Los astros indican que si no tienes pareja, es posible que tengas dos relaciones este mes.

El Sol en la casa siete muestra que también pueden surgir oportunidades románticas en los grupos de los que formas parte o en las actividades grupales en las que participas. Del 6 al 9 Venus viajará con Urano. Este tránsito traerá una oportunidad para una aventura amorosa, pero no parece ser una relación seria. Simplemente será para divertirte y juguetear. Reduce tu agenda en esta temporada.

Saturno abandonará tu cuarta casa el 23, pero este aspecto no es más que un flirteo durante pocos meses. Indica lo que ocurrirá el año próximo. Uno de tus progenitores o figura parental está en esta temporada más centrado en las finanzas. Quizá está intentando reprimir tu diversión o tu creatividad. Este aspecto también muestra que las mujeres en edad fértil pueden quedar embarazadas, pero no será una situación fácil.

Venus estará en tu octava casa a partir del 5. Es un aspecto excelente para los programas de adelgazamiento o depurativos. También tenderás a ser más activo sexualmente en esta temporada. (Sea cual sea tu edad y etapa de la vida, tu libido será más potente de lo habitual.)

Abril

Mejores días en general: 7, 8, 15, 16, 17, 25, 26
Días menos favorables en general: 1, 2, 13, 14, 20, 21, 22, 28, 29
Mejores días para el amor: 7, 8, 15, 16, 17, 20, 21, 22, 25, 26
Mejores días para el dinero: 6, 8, 10, 14, 24
Mejores días para la profesión: 1, 2, 3, 4, 12, 23, 28, 29

Tu salud seguirá siendo el problema principal hasta el 19. Sin embargo, también hay buenas noticias. Debería mejorar notablemente después del 19. Mientras tanto, asegúrate como siempre de descansar lo suficiente e intenta incluir en tu agenda más tratamientos de salud, como masajes, reflexología, shiatsu, acupuntura y otros métodos parecidos. Recurre a las terapias que aumentan tu nivel de energía. Visitar a un sanador espiritual también es una buena idea.

Todavía estarás en medio de tu mejor momento amoroso y social del año hasta el 19. Todos los planetas siguen ocupando la mitad occidental de tu carta astral, la de la vida social. (Solo la Luna visitará la mitad oriental del 1 al 12 y del 28 al 30.) Te encuentras en un mes social de un año muy social. Tu vida amorosa será, por lo visto, feliz este mes. Mantienes una relación armoniosa con tu pareja actual. Si estás sin pareja, encontrarás parejas románticas armoniosas. Pero ninguna será al parecer una relación demasiado seria. Simplemente será para pasártelo bien. (Aunque no hay nada malo en ello.) Marte, tu planeta del amor, estará el mes entero en tu quinta casa de la diversión. Surgirán oportunidades románticas en los sitios habituales, como fiestas, balnearios, lugares de ocio y eventos deportivos. También serán unas citas interesantes.

Venus, el regente de tu horóscopo y el planeta más importante de tu carta astral, ingresará en tu novena casa el 3. Permanecerá cuatro meses más en ella. Este tránsito se puede interpretar de muchas formas. Favorece en gran medida a los estudiantes universitarios, indica que están centrados e implicados en los estudios. Una actitud que lleva al éxito. Te sentirás atraído por países del extranjero y surgirán oportunidades para viajar a estos lugares. Ahora sientes un gran interés por la religión, la filosofía y la teología. Es posible que hagas grandes progresos filosóficos este mes y los cuatro siguientes. Tu novena casa también es muy «alegre», es decir, optimista. Indica que serás feliz en el aspecto personal y optimista acerca de la vida.

Venus saldrá de límites a partir del 13. Traspasará sus límites habituales en el firmamento. De modo que tú también lo harás. En esta temporada irás más allá de tu esfera habitual. Tu ambiente habitual ya no te interesa y visitarás otros lugares. Los viajes al extranjero encajan en este simbolismo planetario. Pero también se podría interpretar como que te interesarás por los estudios filosóficos y teológicos, unos terrenos que no son por los que te sueles mover normalmente.

Tu octava casa se volverá poderosa a partir del 19. Este aspecto propicia los programas de adelgazamiento y depuración. Favorece los proyectos que tienen que ver con la transformación personal, es decir, con convertirte en quien deseas ser.

La economía te irá de maravilla este mes. Júpiter seguirá viajando con tu planeta de la economía todo el mes. Es la misma tendencia que la del mes anterior. La única complicación es el movimiento retrógrado de Plutón el 25. Este aspecto tal vez te obligue a bajar el ritmo, pero las entradas de dinero seguirán llegando.

Mayo

Mejores días en general: 4, 5, 13, 14, 23, 24
Días menos favorables en general: 10, 11, 18, 19, 25, 26
Mejores días para el amor: 4, 5, 13, 14, 15, 18, 19, 23, 24, 25, 26
Mejores días para el dinero: 3, 6, 7, 11, 12, 21, 22
Mejores días para la profesión: 2, 3, 11, 23, 25, 26

Pese al movimiento retrógrado de Plutón, este mes será próspero. Tal vez los ingresos no sean tan abundantes o aparezcan un poco más despacio, pero seguirán llegando. Tu planeta de la economía continuará siendo retrógrado muchos meses más. No puedes parar tu vida en seco por ello, pero sé mes precavido en cuanto a las finanzas. Abórdalas con más diligencia en los próximos meses, sobre todo cuando se trate de gastos o inversiones importantes.

Has estado teniendo durante muchos años un criterio económico excelente. Has sido conservador en este terreno. A estas alturas probablemente ya tengas tus propios ahorros e inversiones. Pero ahora es el momento de ser incluso más conservador si cabe. Antes de realizar compras importantes, resuelve las dudas que tengas al respecto.

Tu salud no es perfecta, pero es buena. La mayoría de los planetas forman aspectos armoniosos en tu carta astral o te están dejando en paz. La buena salud es otra clase de riqueza, aunque a menudo no la valoremos. Marte ingresará en tu sexta casa de la salud el 13. Este tránsito indica que te sentarán bien los masajes en la cara y en el cuero cabelludo, y el ejercicio físico (y también tener en cuenta las zonas citadas en la previsión anual).

Marte es tu planeta del amor. Por lo tanto, una buena salud también significa para ti gozar de una buena salud social —de una vida amorosa saludable— y de armonía conyugal. Los problemas en esta área podrían afectar tu salud física. Si aparecen problemas de salud (espero que no sea así), restablece la armonía con tu pareja cuanto antes.

Tu vida amorosa se complicará este mes. Tendrás que esforzarte más para alcanzar tus metas sociales. Marte en Piscis (y en tu sexta casa) muestra una atracción por los profesionales de la salud y por las personas que se ocupan de tu salud. Este aspecto suele mostrar una aventura amorosa en la oficina, con un compañero de trabajo. Pero la relación será complicada. También te atraerá alguien más espiritual, artístico y creativo. Tener una buena compatibilidad espiritual con tu pareja es ahora importante para ti. El inusual movimiento retrógrado de Venus (ocurre una vez cada dos años) también complicará tu vida amorosa. Ahora no estás seguro de lo que quieres. Tienes dudas.

Tu novena casa es ciertamente la más poderosa este mes, sobre todo a partir del 20. De ahí que al igual que el mes anterior, en este te volcarás en la religión, la filosofía y la teología. Algunos pensadores han afirmado acertadamente que «el hombre es un animal teológico». Sin duda, tú lo eres en esta temporada. Es tu teología —consciente o inconsciente— la que determina cómo vivirás tu vida. Algunos videntes perciben la teología moral de una persona observando simplemente su aspecto físico y su talante.

Junio

Mejores días en general: 1, 9, 10, 19, 20
Días menos favorables en general: 7, 8, 14, 15, 21, 22
Mejores días para el amor: 1, 3, 4, 9, 10, 11, 12, 14, 15, 19, 20, 21, 22, 30
Mejores días para el dinero: 3, 4, 8, 18, 27, 28, 29
Mejores días para la profesión: 1, 9, 10, 20, 21, 22

Tu salud vuelve a ser un problema este mes. No solo hay numerosos planetas formando una alineación inarmónica en tu carta astral, sino además dos eclipses que te afectarán de lleno. Lo notarás más a partir del 21, pero vigila tu salud incluso antes de esta fecha. Repasa los métodos para mantenerte sano descritos en la previsión anual. También te convienen los masajes en la cara y en el cuero cabelludo, y el ejercicio físico hasta el 28. Como siempre, procura al máximo descansar lo suficiente. Céntrate en lo realmente prioritario de tu vida y reduce tu agenda si es posible. No malgastes tu energía en trivialidades.

El eclipse lunar del 5 ocurrirá en tu tercera casa. Afectará a los estudiantes de secundaria (aunque los estudiantes universitarios también pueden notar ligeramente sus efectos). Habrá cambios en los planes de estudios y es posible que cambien de facultad. Tal vez haya trastornos en la universidad y también en el vecindario. Tus hermanos o figuras fraternas se verán obligados a redefinirse, a cambiar su imagen y el concepto que tienen de sí mismos. Esto se manifestará como cambios en el vestuario y en su «aspecto» y forma de presentarse ante el mundo en general. Esta tendencia durará varios meses. Los coches y el equipo de comunicación pueden fallar. A menudo es necesario repararlos o sustituirlos. También es posible que haya problemas con la correspondencia. Dado que la Luna es tu planeta de la profesión, el eclipse lunar indica cambios profesionales (durarán todo el año). Tu profesión se encuentra en un estado de incertidumbre. Pueden producirse cambios en la dirección de tu empresa o de tu sector. Las regulaciones relacionadas con tu actividad económica también pueden cambiar. Tus jefes, padres o figuras parentales —es decir, las figuras de autoridad en tu vida— vivirán dramas personales. Como este eclipse afecta de manera bastante directa a Venus y Marte —dos planetas importantes en tu carta astral—, tú y tu cónyuge, pareja o amante actual desearéis reinventaros. Este eclipse puede poner a prueba vuestra relación. A menudo, propicia la depuración del cuerpo. Te conviene conducir con más precaución en esta temporada.

El eclipse solar del 21 también te afectará de lleno (aunque los Libra que hayáis nacido en los primeros días de vuestro signo —del 22 al 24 de septiembre— lo notaréis más). Este eclipse tendrá lugar en tu décima casa y una vez más propicia los cambios en tu profesión que he descrito. De nuevo, tus jefes, padres o figuras parentales —es decir, las figuras de autoridad en tu vida—, vivirán dramas personales. Las amistades serán puestas a prueba. Esta situación no se debe a la amistad en sí misma, sino a las crisis en sus vidas. Los ordenadores y los aparatos de alta tecnología pueden fallar y comportarse de manera imprevisible.

Como este eclipse ocurrirá en uno de los puntos cardinales (0 Aries, 0 Cáncer, 0 Libra o 0 Capricornio), producirá un efecto a escala mundial y no solo personal.

Julio

Mejores días en general: 6, 7, 8, 16, 17, 25, 26
Días menos favorables en general: 4, 5, 11, 12, 19, 20, 31
Mejores días para el amor: 2, 3, 6, 7, 8, 11, 12, 16, 17, 21, 22, 25, 26, 29, 30
Mejores días para el dinero: 1, 4, 5, 14, 15, 23, 24, 27, 28, 31
Mejores días para la profesión: 1, 9, 10, 19, 20, 21, 22, 29

Este mes habrá otro eclipse lunar que será casi idéntico al del mes anterior. Ocurrirá el 5. Como te afectará de lleno, reduce tu agenda en esta temporada. (Deberías reducir tu agenda de todos modos, pero sobre todo en este tiempo.)

Este eclipse lunar, el tercero del año, ocurrirá en tu cuarta casa del hogar y de la familia. Así pues, afectará a tus padres o figuras parentales. Pueden sufrir dramas o crisis personales en sus vidas. Sentirán el deseo de redefinirse y de cambiar su imagen y su personalidad. También es posible que decidan depurar su cuerpo. Este eclipse traerá trastornos y cambios tanto en el hogar como en la profesión. Las pasiones andarán desatadas en la familia. Los miembros de tu familia se mostrarán más temperamentales, estarán con los nervios a flor de piel. Tu vida onírica probablemente sea también más activa, pero no te la tomes demasiado en serio. La agitación del mundo onírico (del plano astral) puede causar sueños extraños. Tus hermanos o figuras fraternas se verán obligados a hacer cambios económicos. Es posible que sea necesario hacer reparaciones en el hogar. Te conviene corregir el rumbo de tu profesión. Este eclipse afectará ligeramente a otros tres planetas, en concreto, Mercurio, Júpiter y Marte. Por suerte, solo afectará ligeramente estas áreas de tu vida. Los efectos del eclipse sobre Marte muestran que tu relación actual será puesta a prueba y quizá habrá algún drama en la vida de tu pareja. Los efectos sobre Mercurio y Júpiter sugieren que es mejor que evites viajar en esta temporada si es posible. Aunque viaja si no te queda más remedio que hacerlo. Solo tú sabes si es necesario o no. También te conviene conducir con más precaución. Los coches y el equipo de comunicación pueden fallar. Los estudiantes —tanto universitarios como de secundaria— vivirán dramas en el centro docente y habrá cambios en los planes de estudios.

Vigila tu salud todo el mes, en especial hasta el 22. Fortalécela manteniendo un nivel alto de energía, descansando lo suficiente cuando lo necesites y añadiendo en tu agenda más masajes o tratamientos de reflexología.

Marte ingresó en tu séptima casa el mes anterior (en el 28) y la ocupará el resto del año. Por lo que el amor surgirá en tu vida, pero de momento no será una situación fácil. Marte alcanzará su solsticio del 7 al 16. Seguirá en el mismo grado de latitud en este periodo y luego cambiará de sentido. Hará una pausa en el firmamento. Así que también se dará una pausa en tu vida social y amorosa, y luego un cambio de dirección. Pero no temas. Es algo tan natural como un amanecer y será, en esencia, una experiencia positiva.

Tu profesión es importante este mes, al igual que tu hogar y tu familia. Tu reto consiste en compaginar ambos aspectos de tu vida. Muchas personas se enfrentan a este problema, pero para ti será una situación muy intensa este mes.

Agosto

Mejores días en general: 3, 4, 13, 14, 21, 22, 30, 31
Días menos favorables en general: 1, 2, 8, 9, 15, 16, 28, 29
Mejores días para el amor: 3, 4, 8, 9, 15, 16, 17, 18, 23, 24, 25, 26, 27
Mejores días para el dinero: 2, 11, 20, 23, 24, 29
Mejores días para la profesión: 8, 9, 15, 16, 18, 19, 28

Aunque tu salud haya mejorado un poco el mes anterior, sigue vigilándola, ya que cuatro planetas lentos están formando una alineación desfavorable en tu carta astral. Observa, como siempre, tu nivel de energía y haz que tu salud sea una prioridad en tu vida. Repasa los métodos para mejorar tu salud citados en la previsión anual.

Pese a tu bajo nivel de energía, por lo visto estás triunfando estos días. El mes anterior te encontrabas en uno de tus mejores momentos profesionales del año. Este mes Venus entrará en tu casa diez el 7. Ahora estás en lo más alto de tu mundo. Los demás te aprecian y respetan tanto por quien eres como por tus logros profesionales. Aspiran a ser como tú.

Tu situación económica es buena este año y lo seguirá siendo este mes. Solo ha bajado de ritmo. Plutón, tu planeta de la economía, sigue siendo retrógrado. Te conviene seguir abordando con la actitud de «esperemos a ver» las adquisiciones o las inversiones importantes. Tu economía mejorará después del 22. Es posible que las entradas de dinero te lleguen con retraso.

Tu vida amorosa es importante y activa este mes, aunque muy complicada. Conllevará numerosos retos. Pero los Libra saben manejar las dificultades sociales más que cualquier otro signo.

La mitad oriental de tu carta astral —la del yo—, se encuentra en su momento más poderoso del año. Este mes seguirás centrado en los demás y en sus necesidades, aunque serás un poco más independiente de lo habitual. Todos los planetas ocuparán esta mitad durante los dos meses siguientes. De modo que te resultará más fácil empezar a poner en marcha algunos de los cambios que necesitas hacer. Aunque los demás continuarán siendo tu prioridad.

La actividad retrógrada alcanzó su punto máximo en junio, pero continúa siendo elevada este mes. La mitad de los planetas serán retrógrados a partir del 15. El ritmo de tu vida bajará y no habrá demasiadas cosas sucediendo en tu mundo. Así que es mejor que te vuelques en tu práctica espiritual a partir del 22. Tal vez las puertas del mundo exterior estén cerradas, pero las del mundo espiritual siempre están abiertas.

Tus hijos o figuras filiales vivirán crisis amorosas el 1 y 2. Por suerte, su vida amorosa mejorará enormemente después del 22.

Tu casa once será poderosa hasta el 22. Es, pues, un mes social, tanto en el aspecto romántico como de las amistades. Como tu casa once es una casa favorable, te sentirás optimista en la vida y se harán realidad tus esperanzas y deseos más profundos.

Septiembre

Mejores días en general: 9, 10, 18, 19, 26, 27
Días menos favorables en general: 4, 5, 11, 12, 24, 25
Mejores días para el amor: 2, 3, 4, 5, 13, 14, 15, 22, 23
Mejores días para el dinero: 6, 7, 16, 17, 20, 21, 24, 25
Mejores días para la profesión: 6, 7, 11, 12, 17, 26

La actividad retrógrada alcanza su «punto máximo doble» este mes, un porcentaje tan elevado como el de junio. Del 9 al 12 el 60 por ciento de los planetas serán retrógrados. Y el resto del mes, lo serán el 50 por ciento. Son unos porcentajes muy altos. (Los niños que hayan nacido bajo estos aspectos prosperarán tarde en la vida.) Al bajar el ritmo de tu vida, es mejor que te centres en tu vida espiritual, sobre todo hasta el 22. Cuando todo parece haber llegado a un punto muerto, el Espíritu sigue activo como de costumbre sin que le afecte esta situación. Sus puertas siempre están abiertas. Además, la labor espiritual te ayuda a ser una persona positiva.

Marte, tu planeta del amor, empezará a ser retrógrado el 9. Aunque este movimiento retrógrado es inusual, solo ocurre una vez cada dos años. Si no tienes pareja, tendrás citas en esta temporada. Tu vida social no se detendrá del todo. Pero bajará de ritmo. Si tienes pareja, vuestra relación parecerá retroceder en lugar de progresar. No te conviene tomar ninguna decisión importante relacionada con tu vida amorosa a partir del 9. Deja que las cosas se desarrollen por sí solas.

Sigue vigilando tu salud, aunque mejorará a partir del 22. La entrada del Sol en tu signo tiende a aumentar tu nivel de energía.

Tu vida amorosa tal vez baje de ritmo, pero no afectará a las amistades. Surgirán oportunidades para entablar amistades y realizar actividades en grupo a partir del 22. Los amigos estarán muy dedicados a ti estos días. Y la astrología también te atraerá más en este periodo. Muchas personas piden que les hagan la carta astral cuando tienen esta clase de aspectos planetarios. Te llegarán dispositivos electrónicos y equipo de alta tecnología. La entrada de Venus, el regente de tu carta astral, en tu casa once de los amigos el 6, reafirma lo que acabo de señalar.

Mercurio en tu signo del 5 al 27 trae oportunidades para viajar al extranjero. También propicia una sensación de optimismo ante la vida. Las oportunidades formativas te buscarán a ti en lugar de ser a la inversa.

El 22 el poder planetario cambiará de la mitad superior de tu carta astral —el hemisferio diurno— a la mitad inferior —el hemisferio nocturno. Es como si fuera el atardecer de tu año. Es hora de dejar atrás las actividades diurnas (los asuntos externos de la vida cotidiana, tu profesión) para centrarte más en las actividades nocturnas, es decir, la vida emocional, el hogar y la familia. Ahora toca prepararte interiormente para el siguiente empuje profesional del próximo año.

Júpiter iniciará su movimiento de avance el 13. Es un buen tránsito para los estudiantes. Por lo visto, sabrán con mayor claridad la dirección que seguirán en los estudios y confiarán más en sus facultades intelectuales. Júpiter lleva en Capricornio todo el año, de ahí el deseo de aprender de una forma más pausada y profundizar más en lo aprendido. La profundidad es más importante que un mero conocimiento superficial.

Octubre

Mejores días en general: 6, 7, 15, 16, 23, 24, 25
Días menos favorables en general: 1, 2, 9, 10, 21, 22, 28, 29, 30
Mejores días para el amor: 1, 2, 3, 11, 12, 19, 20, 21, 22, 28, 29, 30
Mejores días para el dinero: 4, 5, 13, 14, 17, 18, 21, 22, 23, 31
Mejores días para la profesión: 6, 7, 9, 10, 15, 16, 25

Tu situación económica ha sido buena todo el año, pero este mes será incluso mejor. Plutón, tu planeta de la economía, iniciará su movimiento directo el 4 después de haber estado siendo retrógrado muchos meses. Y aunque no esté exactamente en conjunción con Júpiter, se encuentra al alcance de los efectos de este planeta. Este aspecto tiende a aumentar los ingresos. También tienes ahora más claridad en cuanto a tu economía, sabes mejor a dónde te diriges. El Sol ingresará en tu casa del dinero el 23 y empezarás a vivir uno de tus mejores momentos económicos del año. Este mes será cada vez más próspero de forma gradual. Del 21 al 23 serán, por lo visto, unos días especialmente buenos en cuanto a la economía.

Aunque la actividad retrógrada sea menor que el mes anterior, se irá reduciendo más aún en los meses siguientes. Poco a poco, aunque todavía no haya empezado a ocurrir, el ritmo de tu vida irá aumentando.

El 22 de septiembre iniciaste uno de tus momentos más placenteros del año y seguirá siendo así hasta el 23. Es un buen momento para mimarte y ponerte en forma tal como deseas. En este mes, al igual que ocurrió el anterior, serás de lo más independiente. (Ten en cuenta que esto es, sin embargo, relativo. Los demás y sus necesidades siguen siendo una prioridad para ti.)

Tu vida amorosa seguirá siendo complicada. Marte, tu planeta del amor, será retrógrado todo el mes y estará recibiendo aspectos desfavorables. La coyuntura indica dificultades personales en la vida de la persona amada y tal vez por eso vuestra relación no acaba de funcionar. Tu pareja y tú parecéis estar ahora menos unidos (sobre todo, después del 28). Os habéis distanciado. Aunque este aspecto no siempre indica una distancia física, sino psicológica. El reto consiste en superar vuestras diferencias. No será fácil, pero los Libra podéis lograrlo más que cualquier otro signo.

Es un momento muy propicio a los amigos y a las oportunidades para entablar amistades. Ahora ellos son los que te buscan a ti, te apoyan y te adoran. Por lo visto, esta faceta de tu vida te va de maravilla.

Venus estará en tu casa doce de la espiritualidad la mayor parte del mes, del 2 al 28. De modo que este mes también será espiritual. Al centrarte en esta faceta de tu vida, tu aspecto físico mejorará. Este sistema es mucho mejor que aplicarte un montón de cremas y potingues.

Venus alcanzará su solsticio del 29 de octubre al 2 de noviembre. Después se detendrá en el firmamento —ocupará el mismo grado de latitud— y cambiará de sentido. Así que se dará una pausa en tu vida cotidiana. Será algo natural y positivo. Un respiro. Y luego habrá un cambio de dirección.

Noviembre

Mejores días en general: 2, 3, 4, 12, 20, 21, 30
Días menos favorables en general: 5, 6, 18, 19, 25, 26
Mejores días para el amor: 2, 3, 7, 8, 12, 16, 21, 22, 25, 26
Mejores días para el dinero: 2, 11, 14, 15, 19
Mejores días para la profesión: 5, 6, 14, 15, 24, 25

Venus se alojará en tu signo hasta el 21. Cuando se encuentra en tu signo y casa es poderoso, tanto celestial como terrestremente. El amor constituye ahora un reto para ti, pero no se debe a tu aspecto físico, ya que es fabuloso. Has nacido con grandes dotes sociales y una doble dosis de encanto, pero ahora estas cualidades son incluso más intensas. Al estar tu sentido del estilo más agudizado que de costumbre, es un buen mes para comprar ropa o complementos, es decir, objetos que mejoran tu imagen.

Tu vida amorosa mejorará en el transcurso del mes. Marte, tu planeta del amor, reanudará su movimiento directo el 14. Así que lo verás todo más claro en el terreno del amor. Las cosas empezarán a progresar en tu vida. A medida que Venus deje de formar aspectos desfavorables con Marte el 21, los conflictos y las diferencias también se reducirán.

La actividad retrógrada está bajando rápidamente. Después del 14, el 80 por ciento de los planetas serán directos. A partir del 30, lo serán el 90 por ciento. El ritmo de tu vida aumentará y progresarás más deprisa hacia tus objetivos.

El último eclipse lunar (el cuarto) del año tendrá lugar el 30. Afectará ligeramente tu personalidad. Ocurrirá en tu novena casa y repercutirá en los estudiantes universitarios. Se producirán cambios en sus planes de estudios y se verán obligados a hacer cambios económicos importantes. Tus creencias religiosas, filosóficas y teológicas serán puestas a prueba y cuestionadas. Esta situación durará varios meses. Pero es positiva, ya que te conviene cambiar o abandonar del todo algunas de tus creencias, aunque no será siempre una experiencia agradable. Es un episodio importante, condicionará tu forma de vivir la vida. Tu cónyuge, pareja o amante actual tendrá problemas con sus hermanos o figuras fraternas, y también con los coches y el equipo de comunicación. Tus hermanos o figuras fraternas atravesarán momentos difíciles en su relación. Habrá cambios en tu profesión y dramas en las vidas de tus jefes, padres o figuras paternas, es decir, en las figuras de autoridad de tu vida.

Este mes será próspero. Un mes excelente en el terreno económico. Te encuentras en una de tus mejores temporadas económicas del año hasta el 21, y es posible que incluso continúe después de esta fecha. Plutón, tu planeta de la economía, es directo y está en conjunción de manera bastante exacta con Júpiter, tu planeta de la abundancia. Es posible que cambies de vivienda. Lo más probable es que tu círculo familiar aumente. Tienes en tu carta astral aspectos favorables para comprar o vender una vivienda. Cuentas con un gran apoyo familiar.

Tu salud no es tan delicada como en enero, o como en junio y julio, pero sigue vigilándola de todos modos. Ten en cuenta los métodos descritos para mejorarla. Consulta el apartado de la salud de la previsión anual.

Diciembre

Mejores días en general: 1, 9, 10, 17, 18, 27, 28
Días menos favorables en general: 2, 3, 15, 16, 22, 23, 29, 30, 31
Mejores días para el amor: 2, 3, 5, 6, 11, 12, 13, 14, 22, 23
Mejores días para el dinero: 8, 11, 12, 16, 25, 26, 27
Mejores días para la profesión: 2, 3, 5, 6, 13, 14, 24, 29, 30, 31

Tu salud será un problema este mes, en especial después del 21. La buena noticia es que no será tan delicada ni por asomo como en los meses anteriores. Y dado que dos planetas importantes están cambiando de signos —dejan de formar aspectos desfavorables en tu carta astral—, tu salud será mucho mejor en 2021 que en 2020. Repasa los métodos citados en la previsión anual para fortalecerla. Procura al máximo aumentar tu nivel de energía. Descansa cuando te sientas cansado, céntrate en lo esencial de tu vida y reduce tu agenda. Intenta incluir en ella más masajes, tratamientos de reflexología podal u otros tratamientos para la salud en esta temporada.

Este mes tendrá lugar otro eclipse. El sexto y último de la temporada. Es un eclipse solar y ocurrirá en tu tercera casa el 14.

Afectará a los coches, los teléfonos, los ordenadores y los aparatos de alta tecnología. Es posible que se comporten de manera imprevisible y, en ocasiones, será necesario repararlos o sustituirlos. Tal vez tengas que actualizarlos, y este es el aspecto positivo del eclipse. Las personas adineradas de tu vida se verán obligadas a hacer cambios económicos importantes. Tus hermanos o figuras fraternas desearán redefinirse, es decir, cambiar su imagen, su aspecto y el concepto que tienen de sí mismos. En los meses próximos cambiarán de vestuario, de peinado y de imagen. Los planes de estudios de los estudiantes de secundaria cambiarán y estos tal vez cambien de centro docente. Habrá trastornos en el colegio o el instituto donde estudian. Tus padres o figuras parentales vivirán cambios espirituales. Tus amistades serán puestas a prueba, y es posible que surjan dramas en las vidas de tus amigos y trastornos en las empresas comerciales o profesionales de las que formas parte. Este eclipse es relativamente benigno en cuanto a ti, pero no te hará ningún daño tomarte este periodo con más calma de todos modos.

Tu vida amorosa será feliz hasta el 21. Después te toparás con más dificultades. Dos planetas lentos en tu quinta casa del amor a partir del 20 indican que tendrás dos aventuras amorosas. Pero serán más bien para divertirte que por amor.

Tu situación económica debería ser buena este mes. Tu planeta de la economía es directo y está recibiendo aspectos favorables. Y lo más importante es que Venus se alojará en tu casa del dinero hasta el 15. Este aspecto muestra que ahora estás centrado en las finanzas. Indica implicación personal. Gastas dinero en ti y proyectas la imagen de una persona con gran poder adquisitivo. Los demás te ven como alguien adinerado. Tu aspecto físico y tu talante desprenden opulencia.

Hasta el 21 te centrarás notablemente en tus intereses intelectuales. Tu mente está ahora más aguda y aprende mejor. Te comunicas bien. Es un buen momento para los estudiantes, profesores, escritores, mercadotécnicos y comerciantes. Después del 21 te volcarás en tu hogar y tu familia. Tu vida ha mejorado y ahora las cosas se han calmado mucho comparadas con tu situación de los meses anteriores.

Escorpio

♏

El Escorpión
Nacidos entre el 23 de octubre y el 22 de noviembre

Rasgos generales

ESCORPIO DE UN VISTAZO

Elemento: Agua

Planeta regente: Plutón
   Planeta corregente: Marte
   Planeta de la profesión: el Sol
   Planeta de la salud: Marte
   Planeta del amor: Venus
   Planeta del dinero: Júpiter
   Planeta del hogar y la vida familiar: Urano

Color: Rojo violáceo
   Color que favorece el amor, el romance y la armonía social: Verde
   Color que favorece la capacidad de ganar dinero: Azul

Piedras: Sanguinaria, malaquita, topacio

Metales: Hierro, radio, acero

Aromas: Flor del cerezo, coco, sándalo, sandía

Modo: Fijo (= estabilidad)

Cualidad más necesaria para el equilibrio: Visión más amplia de las cosas

Virtudes más fuertes: Lealtad, concentración, determinación, valor, profundidad

Necesidades más profundas: Penetración y transformación

Lo que hay que evitar: Celos, deseo de venganza, fanatismo

Signos globalmente más compatibles: Cáncer, Piscis

Signos globalmente más incompatibles: Tauro, Leo, Acuario

Signo que ofrece más apoyo laboral: Leo

Signo que ofrece más apoyo emocional: Acuario

Signo que ofrece más apoyo económico: Sagitario

Mejor signo para el matrimonio y/o las asociaciones: Tauro

Signo que más apoya en proyectos creativos: Piscis

Mejor signo para pasárselo bien: Piscis

Signos que más apoyan espiritualmente: Cáncer, Libra

Mejor día de la semana: Martes

La personalidad Escorpio

Un símbolo del signo de Escorpio es el ave fénix. Si meditamos sobre la leyenda del fénix podemos comenzar a comprender el carácter de Escorpio, sus poderes, capacidades, intereses y anhelos más profundos.

El fénix de la mitología era un ave capaz de recrearse y reproducirse a sí misma. Lo hacía de la manera más curiosa: buscaba un fuego, generalmente en un templo religioso, se introducía en él y se consumía en las llamas, y después renacía como un nuevo pájaro. Si eso no es la transformación más profunda y definitiva, ¿qué es entonces?

Transformación, eso es lo que los Escorpio son en todo, en su mente, su cuerpo, sus asuntos y sus relaciones (son también transformadores de la sociedad). Cambiar algo de forma natural, no artificial, supone una transformación interior. Este tipo de cambio es radical, en cuanto no es un simple cambio cosmético. Algunas personas creen que transformar sólo significa cambiar la apariencia, pero no es ese el tipo de cambio que interesa a los Escorpio. Ellos buscan el cambio profundo, fundamental. Dado que el verdadero cambio siempre procede del interior, les interesa mucho el aspecto interior, íntimo y filosófico de la vida, y suelen estar acostumbrados a él.

Los Escorpio suelen ser personas profundas e intelectuales. Si quieres ganar su interés habrás de presentarles algo más que una imagen superficial. Tú y tus intereses, proyectos o negocios habréis de tener verdadera sustancia para estimular a un Escorpio. Si no hay verdadera sustancia, lo descubrirá y ahí terminará la historia.

Si observamos la vida, los procesos de crecimiento y decadencia, vemos funcionar todo el tiempo los poderes transformadores de Escorpio. La oruga se convierte en mariposa, el bebé se convierte en niño y después en adulto. Para los Escorpio esta transformación clara y perpetua no es algo que se haya de temer. La consideran una parte normal de la vida. Esa aceptación de la transformación les da la clave para entender el verdadero sentido de la vida.

Su comprensión de la vida (incluidas las flaquezas) hace de los nativos de Escorpio poderosos guerreros, en todos los sentidos de la palabra. A esto añadamos su profundidad y penetración, su paciencia y aguante, y tendremos una poderosa personalidad. Los Escorpio tienen buena memoria y a veces pueden ser muy vengativos; son capaces de esperar años para conseguir su venganza. Sin embargo, como amigos, no los hay más leales y fieles. Poca gente está dispuesta a hacer los sacrificios que hará una persona Escorpio por un verdadero amigo.

Los resultados de una transformación son bastante evidentes, aunque el proceso es invisible y secreto. Por eso a los Escorpio se los considera personas de naturaleza reservada. Una semilla no se va a desarrollar bien si a cada momento se la saca de la tierra y se la expone a la luz del día. Debe permanecer enterrada, invisible, hasta que comience a crecer. Del mismo modo, los Escorpio temen revelar demasiado de sí mismos o de sus esperanzas a otras personas. En cambio, se van a sentir más que felices de mostrar el producto acabado, pero sólo cuando esté acabado. Por otro lado, les encanta conocer los secretos de los demás, tanto como les disgusta que alguien conozca los suyos.

Situación económica

El amor, el nacimiento, la vida y la muerte son las transformaciones más potentes de la Naturaleza, y a los Escorpio les interesan. En nuestra sociedad el dinero es también un poder transformador y por ese motivo los Escorpio se interesan por él. Para ellos el dinero es poder, produce cambios y gobierna. Es el poder del dinero lo que los fascina. Pero si no tienen cuidado, pueden ser demasiado materialistas y dejarse impresionar excesivamente por el poder del dinero, hasta el punto de llegar a creer que el dinero gobierna el mundo.

Incluso el término plutocracia viene de Plutón, que es el regente de Escorpio. De una u otra manera los nativos de este signo consiguen la posición económica por la que luchan. Cuando la alcanzan, son cautelosos para manejar su dinero. Parte de esta cautela es en realidad una especie de honradez, porque normalmente los Escorpio trabajan con el dinero de otras personas, en calidad de contables, abogados, agentes de Bolsa, asesores bursátiles o directivos de empresa, y cuando se maneja el dinero de otras personas hay que ser más prudente que al manejar el propio.

Para lograr sus objetivos económicos, los nativos de Escorpio han de aprender importantes lecciones. Es necesario que desarrollen cualidades que no tienen naturalmente, como la amplitud de visión, el optimismo, la fe, la confianza y, sobre todo, la generosidad. Necesitan ver la riqueza que hay en la Naturaleza y en la vida, además de las formas más obvias del dinero y el poder. Cuando desarrollan esta generosidad, su potencial financiero alcanza la cima, porque Júpiter, señor de la opulencia y de la buena suerte, es el planeta del dinero en su carta solar.

Profesión e imagen pública

La mayor aspiración de los nativos de Escorpio es ser considerados fuente de luz y vida por la sociedad. Desean ser dirigentes, estrellas. Pero siguen un camino diferente al de los nativos de Leo, las otras estrellas del zodiaco. Un Escorpio llega a su objetivo discretamente, sin alardes, sin ostentación; un Leo lo hace abierta y públicamente. Los Escorpio buscan el encanto y la diversión de los ricos y famosos de modo discreto, secreto, encubierto.

Por naturaleza, los Escorpio son introvertidos y tienden a evitar la luz de las candilejas. Pero si quieren conseguir sus más elevados objetivos profesionales, es necesario que se abran un poco y se expresen más. Deben dejar de esconder su luz bajo un perol y permitirle que ilumine. Por encima de todo, han de abandonar cualquier deseo de venganza y mezquindad. Todos sus dones y capacidades de percibir en profundidad las cosas se les concedieron por un importante motivo: servir a la vida y aumentar la alegría de vivir de los demás.

Amor y relaciones

Escorpio es otro signo del zodiaco al que le gustan las relaciones comprometidas, claramente definidas y estructuradas. Se lo piensan mucho antes de casarse, pero cuando se comprometen en una relación tienden a ser fieles, y ¡Dios ampare a la pareja sorprendida o incluso sospechosa de infidelidad! Los celos de los Escorpio son legendarios. Incluso pueden llegar al extremo de detectar la idea o intención de infidelidad, y esto puede provocar una tormenta tan grande como si de hecho su pareja hubiera sido infiel.

Los Escorpio tienden a casarse con personas más ricas que ellos. Suelen tener suficiente intensidad para los dos, de modo que buscan a personas agradables, muy trabajadoras, simpáticas, estables y transigentes. Desean a alguien en quien apoyarse, una persona leal que los respalde en sus batallas de la vida. Ya se trate de su pareja o de un amigo, para un Escorpio será un verdadero compañero o socio, no un adversario. Más que nada, lo que busca es un aliado, no un contrincante.

Si estás enamorado o enamorada de una persona Escorpio, vas a necesitar mucha paciencia. Lleva mucho tiempo conocer a los Escorpio, porque no se revelan fácilmente. Pero si perseveras y tus intenciones son sinceras, poco a poco se te permitirá la entrada en las cámaras interiores de su mente y su corazón.

Hogar y vida familiar

Urano rige la cuarta casa solar de Escorpio, la del hogar y los asuntos domésticos. Urano es el planeta de la ciencia, la tecnología, los cambios y la democracia. Esto nos dice mucho acerca del comportamiento de los Escorpio en su hogar y de lo que necesitan para llevar una vida familiar feliz y armoniosa.

Los nativos de Escorpio pueden a veces introducir pasión, intensidad y voluntariedad en su casa y su vida familiar, que no siempre son el lugar adecuado para estas cualidades. Estas virtudes son buenas para el guerrero y el transformador, pero no para la persona que cría y educa. Debido a esto (y también a su necesidad de cambio y transformación), los Escorpio pueden ser propensos a súbitos cambios de residencia. Si no se refrena, el a veces inflexible Escorpio puede producir alboroto y repentinos cataclismos en la familia.

Los Escorpio necesitan desarrollar algunas de las cualidades de Acuario para llevar mejor sus asuntos domésticos. Es necesario que fomenten un espíritu de equipo en casa, que traten las actividades familiares como verdaderas relaciones en grupo, porque todos han de tener voz y voto en lo que se hace y no se hace, y a veces los Escorpio son muy tiranos. Cuando se vuelven dictatoriales, son mucho peores que Leo o Capricornio (los otros dos signos de poder del zodiaco), porque Escorpio aplica la dictadura con más celo, pasión, intensidad y concentración que estos otros dos signos. Lógicamente, eso puede ser insoportable para sus familiares, sobre todo si son personas sensibles.

Para que un Escorpio consiga todos los beneficios del apoyo emocional que puede ofrecerle su familia, ha de liberarse de su conservadurismo y ser algo más experimental, explorar nuevas técnicas de crianza y educación de los hijos, ser más democrático con los miembros de la familia y tratar de arreglar más cosas por consenso que por edictos autocráticos.

Horóscopo para el año 2020*

Principales tendencias

La mitad inferior de tu carta astral —el hemisferio nocturno— es la que predomina este año. Solo hay un planeta lento por encima del horizonte. Y aunque el hemisferio diurno vaya cobrando fuerza en el transcurso del año, no llegará a ser más poderoso que el nocturno. Este año, por lo tanto, trata de la familia y del bienestar emocional —de las cuestiones psicológicas—, en lugar de las actividades externas. Volveremos a este tema más adelante.

Tu salud será buena la mayor parte del año. Aunque el año que viene será otra historia, tendrás que cuidarte más. En 2020 solo un planeta lento (y a veces dos) formará una alineación desfavorable en tu carta astral. Volveremos a este tema más adelante.

Tu casa tres de la comunicación y los intereses intelectuales es la más poderosa de tu carta astral este año. Es un buen aspecto para los estudiantes de secundaria. Indica que están centrados en los estudios. Se están esforzando más. Y esta actitud les asegura el éxito. También es un buen aspecto para los profesores, escritores, mercadotécnicos y expertos en relaciones públicas. Trabajarán con dureza, pero triunfarán en su profesión.

Este año los cuatro eclipses lunares (el doble de lo normal) que habrá afectarán a los estudiantes universitarios. Este aspecto indica numerosos cambios y trastornos. Cambiarán de facultad, de rectores y de planes de estudios. Estos eclipses también pondrán a prueba tu religión y tu filosofía personal. Tus creencias serán cuestionadas en numerosas ocasiones. Tendrás que revisarlas, y deberás desprenderte de algunas. No te conviene viajar durante las temporadas de los eclipses. (En las previsiones mes a mes hablaré de este tema con más detalle.)

Tu situación económica es excelente este año. Júpiter, tu planeta de la economía, estará viajando con Plutón y Saturno de manera intermitente a lo largo del año. Este tránsito indica que ganarás

---

* Las previsiones de este libro se basan en el Horóscopo Solar y en todos los signos derivados del mismo: tu signo solar se convierte en el Ascendente, y las casas se numeran a partir de él. Tu horóscopo personal, el trazado concretamente para ti (según la fecha, hora y lugar exactos de tu nacimiento) podría modificar lo que se indica aquí. Joseph Polansky.

dinero de formas agradables, y además es favorable a las especulaciones económicas. Volveremos a este tema más adelante.

Neptuno lleva ya muchos años en tu quinta casa y seguirá ocupándola muchos más. Por lo que tus gustos en lo que se refiere al ocio se están refinando y espiritualizando. Ahora tienes una mayor afinidad con las bellas artes. Tus hijos o figuras filiales también parecen ser más espirituales.

El amor es quizá el área más difícil este año (y los años siguientes). Tu vida amorosa es excitante, pero inestable. Surgirán fuertes crisis en tus relaciones actuales. Volveremos a este tema más adelante.

Las áreas que más te interesarán este año serán la comunicación y las búsquedas intelectuales; el hogar y la familia (del 23 de marzo al 1 de julio, y a partir del 18 de diciembre); los hijos, la diversión y la creatividad; la salud y el trabajo (a partir del 28 de junio); y el amor, las aventuras amorosas y las actividades sociales.

Lo que más te llenará este año será la comunicación y los intereses intelectuales (hasta el 20 de diciembre); el hogar y la familia (a partir del 20 de diciembre); la religión, la filosofía, los estudios superiores y los viajes al extranjero (hasta el 6 de mayo); y la profesión (a partir del 6 de mayo).

Salud

Ten en cuenta que se trata de una perspectiva astrológica de la salud, no una médica. En el pasado, no había ninguna diferencia, ambas eran idénticas, pero en la actualidad podrían diferir mucho. Para obtener un punto de vista médico, consulta a tu médico de cabecera o a un profesional de la salud.)

Tu salud, como he indicado, será por lo visto buena este año, en especial a principios de 2020. Del 23 de marzo al 1 de julio, Saturno se unirá a Urano en una alineación desfavorable en tu carta astral. Pero este aspecto no bastará para causar problemas serios. Además, tu sexta casa será poderosa a partir del 28 de junio. Este aspecto muestra que estarás más centrado en tu salud, y esto es exactamente lo que necesitas hacer. Este interés por tu salud será muy beneficioso para ti a partir del 20 de diciembre. Después tres planetas lentos formarán una alineación desfavorable en tu carta astral, por lo que te convendrá vigilar más tu salud. El año próximo también se dará la misma tendencia.

Pero la mayor parte del año tu salud será buena. Sin embargo, por buena que sea, siempre puedes mejorarla. Presta más atención a las siguientes zonas vulnerables de tu carta astral.

El colon, la vejiga y los órganos sexuales. Estas áreas son siempre importantes para los Escorpio. Practicar sexo seguro y mantener una actividad sexual moderada también es siempre importante para ti. Escuchar a tu cuerpo y no a la mente te permitirá saber cuándo ya es suficiente. Te sentará bien recurrir de vez en cuando a los enemas con infusiones de plantas medicinales.

La cabeza, la cara y el cuero cabelludo. Estas áreas son siempre importantes para los Escorpio. Te irán bien sesiones de reflexología para trabajar sus puntos reflejos. Los masajes regulares en el cuero cabelludo y el rostro deberían formar parte de tu rutina. Las placas óseas del cráneo tienden a moverse y conviene alinearlas correctamente. La terapia craneosacral también es adecuada para ello.

Las suprarrenales. Estas glándulas son siempre importantes para los Escorpio. Te irán bien sesiones de reflexología para trabajar sus puntos reflejos. Lo importante es evitar la ira y el miedo, las dos emociones que sobrecargan estas glándulas.

La musculatura. No hace falta que seas un culturista con unos músculos de infarto, lo único que necesitas es tener un buen tono muscular. Unos músculos débiles o fofos pueden desalinear la columna y el esqueleto, y esto podría causarte todo tipo de problemas adicionales. Así que es importante que hagas ejercicio físico vigoroso de acuerdo con tu edad y con la etapa de tu vida.

El corazón. Este órgano será importante del 23 de marzo al 1 de julio, y a partir del 18 de diciembre. Y también lo será el año próximo. Te irán bien sesiones de reflexología para trabajar sus puntos reflejos. Lo esencial para el corazón es evitar las preocupaciones y la ansiedad, un estado que se podría definir como falta de fe. La meditación va de maravilla para ello.

El movimiento de Marte, tu planeta de la salud, es relativamente rápido. Avanza más rápido que los planetas lentos, y más despacio que los raudos. Este año transitará por los seis signos y casas de tu carta astral. De ahí que se den muchas tendencias de corta duración relacionadas con la salud de las que hablaré con detalle en las previsiones mes a mes.

Por lo general, la comida picante y condimentada, es decir, los alimentos que le dan calor al cuerpo, es curativa para ti. Las cebollas, el ajo (la penicilina de la antigüedad), los jalapeños y el pimentón son alimentos curativos. Cuanto más caluroso sea un clima, mucho mejor te irá para la salud comparado con los fríos. Si vives en un clima frío asegúrate de abrigarte bien en invierno. El calor es una buena terapia para ti. Te sentarán bien las saunas, los baños turcos y los baños con el agua lo más caliente posible. Y también las ceremonias con fuego y velas. (Son beneficiosas porque generan el fuego metafísico.)

Tu elemento fuego está débil este año. Habrá temporadas en las que será más fuerte, pero en general será flojo. Habrá periodos en los que ni siquiera estará presente en tu carta astral. Por eso mantener el cuerpo caliente es más importante que de costumbre.

Hogar y vida familiar

Esta faceta de tu vida se irá volviendo más importante a medida que transcurra el año. Saturno ingresará en tu cuarta casa del 23 de marzo al 1 de julio, y luego de nuevo el 18 de diciembre (en esta ocasión por mucho tiempo). Júpiter ingresará en tu casa cuatro el 20 de diciembre y la ocupará casi todo el año que viene. Es posible que cambies de vivienda o renueves tu hogar dentro de unos meses, y todavía es más probable que lo hagas el año próximo.

Cuando Saturno se encuentra en tu cuarta casa sin ningún otro planeta (del 23 de marzo al 1 de julio, y el 18 y 19 de diciembre), tu hogar y tu familia son más bien una carga y una disciplina para ti. Te ves obligado a asumir más responsabilidades familiares y debes cumplir con tus obligaciones. No son situaciones que puedas evitar. Un progenitor o figura parental parece ser más controlador que de costumbre y más pesimista. Se dará una mayor tendencia a la depresión. Pero la situación mejorará cuando Júpiter entre en tu cuarta casa el 20 de diciembre. Júpiter subirá los ánimos e inyectará una nota de optimismo y de felicidad. La situación que antes te parecía amarga, ahora será agridulce. Si eres una mujer en edad de concebir, serás más fértil a partir del 20 de diciembre y durante los dos años próximos. Un embarazo este año es complicado. Conllevará más trabajo aún. El año próximo será más indicado para ello.

Urano, tu planeta de la familia, se encuentra ahora (desde marzo del año pasado) en tu séptima casa y la ocupará durante años. Este aspecto indica que socializarás más con la familia y con personas que son para ti como tu familia. Un progenitor o figura parental parece estar muy implicado en tu relación de pareja actual o con tu vida amorosa en general. Lo hace con buenas intenciones, pero es posible que desestabilice las cosas.

Como tu planeta de la familia se encuentra en tu séptima casa, ahora estás procurando embellecer más tu hogar, hacer que sea más atractivo. Estas intentando que sea más bien como un centro social. Organizas más fiestas y reuniones en casa. Es posible que decores de nuevo tu hogar en numerosas ocasiones este año. También comprarás objetos bonitos para embellecerlo.

La entrada de Saturno en tu cuarta casa indica que invertirás en un equipo de comunicación de lo más vanguardista para actualizar los sistemas de comunicación de tu hogar. No sería de extrañar que también impartieras conferencias o talleres en tu casa y que tu hogar acabe siendo más bien un centro docente. Esta tendencia seguirá dándose los dos años próximos, pero este año ya la estás empezando a notar.

La entrada de Júpiter en tu cuarta casa indica que ahora estás gastando más dinero en tu hogar y tu familia, por lo visto te parece una buena inversión. Pero también ganarás dinero al crear un despacho o montar un negocio desde casa. Cuentas con un mayor apoyo familiar, pero te toparás con algunos problemas. (En las previsiones mes a mes hablaré de los aspectos económicos con más detalle.)

Tus padres o figuras parentales parecen sentirse más inquietos este año. Es posible que cambien de vivienda, tal vez en numerosas ocasiones. Uno de ellos viajará mucho y vivirá en distintos lugares. Tus hermanos o figuras fraternas harán reparaciones o renovaciones importantes en el hogar este año, probablemente a partir del 28 de junio. Se les presentará la oportunidad de mudarse de vivienda en marzo.

La vida familiar de tus hijos o figuras filiales seguirá como siempre este año. Al igual que la de tus nietos (en el caso de tenerlos) o de quienes desempeñan este papel en tu vida.

Si estás planeando hacer reparaciones o renovaciones importantes en tu hogar, del 31 de marzo al 13 de mayo será un buen momento. Puedes decorar de nuevo tu vivienda todo el año, pero del 5 de marzo al 3 de abril será un momento excelente.

Profesión y situación económica

Estás saliendo de dos años de prosperidad y de expansión económica. A estas alturas, ya has alcanzado la mayoría de tus objetivos a corto plazo y ahora te estás volcando más en tu desarrollo intelectual y mental. Tu casa del dinero se encuentra prácticamente vacía este año, solo la visitarán planetas rápidos. Este aspecto suele indicar que tu situación económica seguirá igual este año. El año pasado fue próspero, y este también lo será.

Júpiter, tu planeta de la economía, se alojará casi todo el año en tu tercera casa. Este aspecto se puede interpretar de muchas formas. Ahora gastas más dinero en tus intereses intelectuales —en libros, revistas, cursos, conferencias y seminarios—, pero también te puede entrar dinero de esta clase de actividades. Es un buen año para los profesores, escritores, mercadotécnicos, expertos en relaciones públicas y publicistas. Júpiter viajará con Saturno la mayor parte del año, y este tránsito apoya lo que acabo de indicar. Estos aspectos también favorecen el comercio, es decir, la compraventa.

Tu planeta de la economía también viajará con Plutón, el regente de tu carta astral, buena parte del año, con una precisión que variará algunos grados. Este aspecto indica prosperidad. Ahora gastas dinero en ti. Inviertes en tu aspecto personal. Cultivas la imagen de una persona próspera y los demás te ven de este modo. También muestra que el dinero y las oportunidades económicas te están buscando. No tienes que hacer nada para que aparezcan en tu vida. También suele indicar la llegada de ingresos inesperados. Es un aspecto económico muy afortunado.

Tu planeta de la economía en el signo de Capricornio casi todo el año refleja una actitud conservadora ante la economía —un buen criterio financiero—, otra señal de prosperidad. No te fijas en las fluctuaciones de las inversiones a corto plazo, sino en su valor a largo plazo. Posees un buen olfato para la Bolsa. Es un año excelente para establecer presupuestos y contratar planes de ahorros y programas de inversión. Tienes una buena disciplina económica.

Aunque será un año próspero, no ganarás el dinero rápidamente, sino paso a paso, de forma metódica.

Tu planeta de la economía en Capricornio propicia las inversiones de tipo conservador —en compañías tradicionales, estables y de mayor capitalización bursátil, como las que forman parte de los sectores económicos más estables.

Es un buen año en el terreno económico, aunque no lo es tanto en el profesional. Como he indicado, casi todos los planetas se encuentran debajo del horizonte de tu carta astral. Tu cuarta casa del hogar y de la familia es más poderosa que nunca, en cambio tu casa diez de la profesión está prácticamente vacía. Sin embargo, como el nodo lunar norte (un punto abstracto) se encontrará en tu décima casa a partir del 6 de mayo, la profesión te llenará. Quizá ahora estás satisfecho con tu estado profesional y puedes centrarte en tu hogar, tu familia y el bienestar emocional. Además, gran parte de tu interés por el hogar, la familia y la infraestructura psicológica está motivado por tu carrera. Tienes que poner en orden esta parte de tu vida antes de alcanzar tus auténticos objetivos profesionales. Estás en una etapa preparatoria en cuanto a tu carrera laboral.

Amor y vida social

Es una faceta tanto excitante como difícil al mismo tiempo. Si no tienes pareja, tu vida amorosa será sin embargo más fácil. Muestra alguien que está «jugueteando», es decir, experimentando en el amor y en las relaciones. Te dedicas a probar una, y luego otra, y otra. Si no tienes pareja, al final descubrirás lo que te hace feliz. Es un proceso de ensayo y error. El matrimonio no es probable ni aconsejable durante un tiempo.

La buena noticia si no tienes pareja es que tu vida amorosa será estimulante y excitante este año. Te aseguro que no te aburrirás en esta faceta de tu vida. El amor y las oportunidades románticas pueden surgir en cualquier momento y lugar, a menudo cuando menos te lo esperes o con las personas más inesperadas. Mientras sacas la basura a la calle o realizas cualquier otra tarea mundana, puedes de repente conocer a alguien. El único problema es la estabilidad de estos encuentros amorosos. Pueden llegar de súbito y terminar de súbito. Pero no importa, siempre habrá otro.

Si estás casado o casada o mantienes una relación estable de pareja, este año será todo un reto para el amor. He visto a relaciones sobrevivir a estas clases de aspectos, pero nunca es una situación fácil. El compromiso como pareja tiene que ser muy fuerte. Tendréis que estar dispuestos a esforzaros mucho en vuestra relación. Tu cónyuge, pareja o amante actual parece estar muy inquieto y rebelde. Quiere gozar de libertad y cambios. Si se lo permites, vuestra relación funcionará.

Como he señalado antes, al socializar más en el hogar y con los miembros de tu familia este año, si no tienes pareja pueden surgir oportunidades románticas en el círculo familiar o de los contactos familiares. Las oportunidades amorosas se encuentran cerca del hogar.

Es posible que una antigua pasión, o alguien con una personalidad fogosa, reaparezca en tu vida. Podría ser otro factor desestabilizador en tu relación actual. Por lo general, estas «visitas del pasado» tienen una razón curativa, los viejos problemas irresueltos se zanjan y ambos podéis seguir adelante con vuestra vida.

Habrá muchas tendencias de corta duración en el amor este año, ya que Venus, tu planeta del amor, es de movimiento rápido. Así que las aventuras amorosas pueden suceder de muchas formas y a través de muchas personas. Así es como eres. Tus necesidades y tus actitudes amorosas también tienden a cambiar rápidamente. Dependen de dónde esté Venus en un determinado momento y de los aspectos que reciba. En las previsiones mes a mes hablaré de estas tendencias con más detalle.

Cuatro eclipses lunares pondrán a prueba el matrimonio o la relación actual de tus hermanos o figuras fraternas. No significa que la relación se acabe rompiendo —si es sólida tiende a superar las crisis—, pero atravesará momentos difíciles. Si la relación deja mucho que desear, es probable que no supere todos estos eclipses.

El matrimonio o la relación actual de un progenitor o figura parental atravesará momentos difíciles del 23 de marzo al 1 de julio. Pero las cosas se suavizarán después del 20 de diciembre.

La vida amorosa de tus hijos o figuras parentales seguirá igual este año.

Progreso personal

La mente de los Escorpio es profunda, muy profunda. Ningún otro signo profundiza tanto como ellos en cualquier tema. A los Escorpio no les gusta limitarse a aprender algo de memoria y a repetir hechos y cifras memorizados. Necesitan entender cualquier tema de verdad. Por eso destacan tanto como investigadores e intelectuales. Quieren ir más allá de los hechos. Esta tendencia es incluso mayor este año. Tu tercera casa es la más poderosa de tu carta astral. Apúntate a cursos que te interesen y profundiza en los temas. Dedícales el tiempo necesario. Será una buena inversión. Este año es el momento de aumentar tu capital intelectual y de hacer grandes progresos intelectuales.

Saturno ingresará en tu cuarta carta el 18 de diciembre y se quedará largo tiempo en ella. Pero antes la visitará brevemente del

21 de marzo al 1 de julio. Este tránsito, como he indicado, muestra que asumirás más responsabilidades familiares. Hay situaciones que no puedes evitar. Y tampoco deberías intentar hacerlo. Si las aceptas, descubrirás que recibirás ayuda para manejarlas. Saturno en tu cuarta casa también afecta a tu vida emocional. La cuarta casa, como saben nuestros lectores, no solo trata del hogar y de la familia, sino que también tiene unos significados más profundos. Rige tu estado de ánimo y tus emociones, es decir, tu vida psicológica. Durante los dos años próximos te centrarás en estas facetas. Desde la perspectiva espiritual, Saturno transitando por tu cuarta casa significa la necesidad de poner en orden tu vida emocional. Indica que aprendes a dirigir y manejar tus emociones para que te ayuden a alcanzar tus objetivos. Así es como siempre las cosas han funcionado. Pero tienes que hacerlo correctamente. Dirigir y manejar tus emociones no significa reprimirlas. La represión no puede durar demasiado. Al final los sentimientos negativos acabarán saliendo a la luz y lo más probable es que sea de una manera más destructiva de lo que la situación requiere. Además, reprimir tus sentimientos tampoco es bueno para tu salud en general. Tienes que expresar los sentimientos negativos (muchos de ellos son bastante naturales) de una forma que no sea dañina. No es bueno que te los guardes dentro. Considéralos como «productos de desecho psicológicos», expúlsalos de tu sistema cuando vayas al cuarto de baño, tira de la cadena y luego sigue con tu vida. Así la presión negativa que sientes desaparecerá. Hay varias formas de llevarlo a cabo. Si haces terapia puedes desprenderte de los sentimientos negativos hablando de ellos. Pero también puedes escribirlos en una hoja de papel cuando los sientas (lo antes posible), o expresarlos en voz alta mientras los grabas con una grabadora o con cualquier otro aparato. No te guardes nada dentro. Expresa lo que sientes. No es necesario que seas educado, porque lo que digas solo lo sabréis tú y tu grabadora. Cuando hayas terminado (y sabrás cuándo es el momento de detenerte) rompe la hoja de papel o elimina lo que has grabado. Pero no vuelvas a leerlo ni a escucharlo. Ahora ya te lo has sacado de dentro y puedes seguir con tu vida. La cuestión es que cuando expresas tus sentimientos negativos, las puertas se abren en tu mente y encuentras las soluciones (o la forma de actuar) a los problemas que te hacían sentir mal. Si meditas, este método te permitirá además meditar mucho mejor que antes.

También hay otros métodos. En el segundo y el tercer capítulo de mi libro *A Technique for Meditation*, hablo de estos temas. Si deseas conocer estos métodos más a fondo, puedes visitar mi blog en www.spiritual-stories.com.

La cuestión es que no tienes por qué ser víctima de tus estados emocionales.

Neptuno ya lleva muchos años en tu quinta casa. De modo que, como he señalado, tus gustos en cuanto al ocio y la diversión se están volviendo más refinados y espirituales. Ahora te atraen más los vídeos, la música y las películas espirituales. En la actualidad hay una amplia selección de estos productos en el mercado. Muchos más que en el pasado. Además, como he indicado en previsiones anteriores, tu creatividad ha mejorado enormemente y es una fuente de inspiración. Si te dedicas a las artes creativas, ya estarás notando hasta qué punto ha aumentado.

Previsiones mes a mes

Enero

Mejores días en general: 1, 9, 10, 18, 19, 27, 28
Días menos favorables en general: 5, 6, 12, 24, 25, 26
Mejores días para el amor: 5, 6, 13, 14, 18, 19, 27, 28
Mejores días para el dinero: 5, 6, 14, 20, 21, 22, 23
Mejores días para la profesión: 5, 6, 12, 14, 15, 24, 25

Empiezas 2020 cerca de la medianoche (hablando en sentido figurado) de tu año. Además, el 80 por ciento y, a veces, el 90 por ciento de los planetas se encuentran debajo del horizonte, en el hemisferio nocturno de tu carta astral. O sea que es una temporada para dedicarte al hogar, la familia y el bienestar emocional. Incluso el Sol, tu planeta de la profesión, estará en tu cuarta casa a partir del 20. Ahora tu hogar y tu familia son tu verdadera misión, tu auténtica profesión en este periodo. (A veces esta coyuntura muestra a alguien que trabaja desde su hogar.)

Es un año para preparar tu éxito profesional en el futuro. Para alcanzar tus objetivos externos necesitas establecer los cimientos adecuados. Y este año te dedicarás a construirlos.

Empiezas el año con el predominio de la mitad oriental de tu carta astral, la del yo. O sea que sigue siendo un momento de independencia personal. Tu iniciativa importa. Si necesitas hacer cambios para ser feliz, hazlo pronto este mes. Ya que el 20 el poder planetario cambiará a la mitad occidental, la de la vida social, y entonces te costará más llevarlos a cabo.

El eclipse lunar del 10 ocurrirá en tu novena casa y afectará a otros tres planetas. Es un eclipse potente. Sus efectos sobre Plutón, el regente de tu carta astral, muestran que te afecta personalmente. Es posible que depures tu cuerpo y que redefinas tu imagen y tu forma de presentarte ante el mundo. Si eres universitario o preuniversitario también te afectará. Es posible que surjan trastornos en tu facultad o instituto, que cambies de centro docente o que cambien los planes de estudios. Los coches y los equipos de comunicación pueden fallar o comportarse de manera imprevisible. Tus hermanos o figuras fraternas vivirán dramas personales en sus vidas y también desearán redefinirse en los próximos meses. Los efectos sobre Mercurio causarán de nuevo que los coches y el equipo de comunicación puedan fallar, pero también indicará que los aparatos de alta tecnología pueden comportarse de manera imprevisible. Tu cónyuge, pareja o amante actual está viviendo muchos cambios, pero este eclipse traerá además cambios económicos. Así que procura relajarte y tómate con calma este periodo del eclipse.

Tu salud es buena este mes, pero vigílala más después del 20. Tu menor nivel de energía no es seguramente patológico, sino un cambio natural debido al tránsito de los planetas rápidos. Tu salud es buena en general. Marte, tu planeta de la salud, estará en tu casa del dinero a partir del 2. De ahí que para ti la buena salud signifique una buena salud económica. Muestra que los ingresos te llegarán de tu trabajo.

Febrero

Mejores días en general: 6, 7, 14, 15, 23, 24, 25
Días menos favorables en general: 1, 2, 8, 9, 21, 22, 28, 29
Mejores días para el amor: 1, 2, 7, 8, 16, 17, 26, 27, 28, 29
Mejores días para el dinero: 1, 2, 10, 11, 16, 17, 19, 20, 28, 29
Mejores días para la profesión: 3, 4, 8, 9, 12, 13, 23, 24

Aunque tu salud sea buena, no te hará ningún daño descansar y relajarte más hasta el 19. Tu nivel de energía no es tan alto como de costumbre. Pero mejorará enormemente a partir del 19.

Marte lleva en tu casa del dinero desde el 2 de enero. Y la ocupará hasta el 16. Este aspecto indica dinero procedente del trabajo, de los servicios productivos. No es el aspecto astrológico de alguien a quien le toca la lotería. También muestra que ahora gastas más dinero en la salud y en productos saludables, y que además te pueden llegar ingresos de estos ámbitos. Marte ingresará en tu tercera casa, en el signo de Capricornio, el 16. En cuanto a la salud, la columna, las rodillas, la dentadura y la alineación esquelética se vuelven ahora importantes para ti. Al igual que una buena postura corporal. Tu situación económica es buena este mes, pero mejorará mucho más el próximo. Estás llevando a cabo proyectos económicos importantes.

Tu vida amorosa ya hace un tiempo que es complicada, desde la entrada de Urano en tu séptima casa. Parece que será muy feliz hasta el 7 (en términos relativos). Ahora tienes un gran encanto social. Surgirá una oportunidad romántica del 1 al 3. Tu vida amorosa será divertida hasta el 7. Te atraen las personas espirituales y las que te lo hacen pasar bien. Venus ingresará en Aries el 7 —no es su posición favorita—, por lo que en este signo es más débil. Los astrólogos lo denominan «estar en detrimento». Venus no se encuentra lo más mínimo en su hogar natural. Además, recibirá aspectos desfavorables. De modo que tu vida amorosa atravesará momentos difíciles en esta temporada. Tenderás a iniciar relaciones con demasiada rapidez. Te enamorarás demasiado rápido en este periodo. Y serás proclive a conocer a personas enamoradizas. Surgirán oportunidades para tener una aventura amorosa en la oficina, pero esta clase de relaciones serán muy complicadas.

Venus, tu planeta del amor, alcanzará su solsticio del 8 al 10. Después se detendrá en el firmamento —ocupará el mismo grado en latitud— y cambiará de sentido. Por lo que se dará una pausa en tu vida social y luego un cambio de dirección. No te alarmes, es algo tan natural como un amanecer.

El Sol ingresará en tu quinta casa el 19 y empezarás uno de tus momentos más placenteros del año. Ahora te toca divertirte y dejarte llevar por el niño o la niña que llevas dentro. Descubrirás que en esta temporada también te llevas mejor con los niños.

Marzo

Mejores días en general: 4, 5, 12, 13, 22, 23
Días menos favorables en general: 1, 6, 7, 19, 20, 27, 28

Mejores días para el amor: 1, 8, 17, 18, 27, 28
Mejores días para el dinero: 1, 8, 9, 14, 15, 17, 18, 27, 28
Mejores días para la profesión: 4, 5, 6, 7, 12, 13, 24, 25

La mitad occidental de tu carta astral, la de la vida social, es incluso más poderosa este mes. Ha estado predominando desde el 20 de enero. Por lo que ahora estás más pendiente de los demás que de ti. El cultivo de las habilidades sociales es más importante en esta temporada que la iniciativa personal o las habilidades profesionales. Es el momento de dejar que los demás hagan las cosas a su manera, mientras no actúen de forma destructiva. Es como si te tomaras unas vacaciones de ti. La buena disposición de los demás te beneficiará en gran medida.

Este mes es muy próspero. Te llegarán grandes entradas de dinero. Júpiter, tu planeta de la economía, viajará con Plutón, el regente de tu carta astral. De modo que se te presentarán ingresos inesperados y oportunidades económicas agradables. Los derechos de autor serán rentables y se revalorizarán. Las personas adineradas de tu vida están ahora más unidas a ti y te son útiles. Tienes aspectos planetarios favorables para el comercio —la compraventa—, la mercadotecnia y las relaciones públicas. Tus hermanos o figuras fraternas también están prosperando y, por lo visto, están implicados en tu economía. Las oportunidades económicas también surgirán de tus vecinos.

Marte viajará con Júpiter del 15 al 21. Este tránsito indica oportunidades laborales agradables y lucrativas. El poder de tu sexta casa a partir del 20 también muestra oportunidades laborales. Si eres empresario, es un buen momento para aumentar tu plantilla.

El amor se palpa en el aire, pero es sumamente inestable. Venus viajará con Urano del 6 al 9. Este aspecto puede agitar una relación actual, pero también puede hacer que conozcas de pronto a otra persona. Te aseguro que tu vida amorosa no será aburrida lo más mínimo en esta temporada. Al contrario, será un culebrón.

El Sol, tu planeta de la profesión, viajará con Neptuno del 6 al 9. Una buena intuición es importante para tu carrera. Tus hijos o figuras filiales te están ayudando en tu profesión. Tu vida onírica es ahora más activa y es posible que revele algunos aspectos interesantes de tu vida profesional. En esta temporada (hasta el 20) desearás disfrutar de tu profesión, divertirte mientras la ejerces. A veces este aspecto indica que harás que un cliente se divierta o que alguien de tu ámbito profesional hará que pases un buen rato.

Tu salud es buena este mes. Aunque puedes mejorarla con los métodos descritos en la previsión anual. También te convienen los masajes en la espalda y en las rodillas.

El Sol ingresará en tu sexta casa el 20. De modo que destacarás por tu buena ética laboral y tus superiores lo advertirán, y esto mejorará tu carrera. Este aspecto también indica que estarás pendiente de tu salud. Espero que sea para llevar un estilo de vida saludable y prevenir las enfermedades con ello. A veces cuando la salud es buena este aspecto muestra la tendencia a la hipocondría, es decir, a creer que uno tiene alguna enfermedad grave cuando no es más que un achaque. Ten cuidado con esta tendencia.

Abril

Mejores días en general: 1, 2, 9, 10, 18, 19, 28, 29
Días menos favorables en general: 3, 4, 15, 16, 23, 24, 30
Mejores días para el amor: 7, 8, 15, 16, 17, 23, 24, 25, 26
Mejores días para el dinero: 6, 11, 12, 14, 24
Mejores días para la profesión: 3, 4, 12, 23, 30

Tu salud es más delicada este mes. Saturno empezó a formar una alineación desfavorable en tu carta astral el 23 de marzo. Y Marte se unió a Saturno el 31 de marzo. El Sol formará también una alineación desfavorable el 19. Así que vigila más tu energía en esta temporada. Si has nacido en los primeros días de tu signo —23-25 de octubre— lo notarás más, pero todos los Escorpio lo percibiréis en mayor o menor medida. Estar pendiente de tu salud hasta el 19 te ayudará a mantenerte sano más adelante.

Este mes sigue siendo muy próspero. Como Júpiter y Plutón están viajando juntos, te llegarán grandes entradas de dinero y oportunidades económicas agradables. La prosperidad incluso será mayor después del 19.

Tu vida amorosa es el principal titular este mes. Tu vida social es muy activa. Si estás sin pareja, surgirán oportunidades románticas en tu vida. Por lo visto, te llevas bien con todo tipo de personas estos días: individuos importantes y poderosos, empresarios, personas creativas o espirituales. El único problema, como lleva ocurriéndote hace un tiempo, es que son relaciones pasajeras. Aunque son excitantes mientras duran. No hace falta que hagas planes para el futuro. Disfruta de estas breves relaciones en el presente.

La profesión se está volviendo más importante este mes. El 19 la mitad superior de tu carta astral, el hemisferio diurno, empezará a ganar fuerza. Aunque nunca llegará a ser más poderosa que la mitad inferior, el hemisferio nocturno, habrá momentos en los que será igual de potente. Por eso ahora necesitas compaginar, como le ocurre a tanta gente, una profesión exitosa con un hogar y una vida familiar feliz. Pasarás de un ámbito al otro una y otra vez. Tu planeta de la profesión (el Sol) viajará con Urano del 24 al 26. Este tránsito muestra un acontecimiento profesional repentino, un evento súbito. Quizá sea necesario un cambio. Tu familia, por lo visto, te apoya en tu profesión y tus jefes también te apoyan en tus objetivos familiares.

Tu planeta de la profesión se alojará en tu séptima casa a partir del 19. En esta temporada promoverás tu carrera a través de medios sociales. Gran parte de tu socialización tiene que ver con tu profesión. Alternarás con personas poderosas, con gente que te puede echar una mano profesionalmente. Los contactos sociales promueven ahora tu carrera y te abren puertas. Es muy positivo para ti asistir a la clase adecuada de encuentros y quizá organizar también algunos.

Mercurio viajará con Neptuno el 3 y 4. Lo más probable es que tu vida onírica sea muy activa y reveladora en esta temporada. Si te dedicas a las artes creativas, este tránsito te traerá inspiración.

Mayo

Mejores días en general: 6, 7, 15, 16, 25, 26
Días menos favorables en general: 1, 13, 14, 20, 21, 27, 28
Mejores días para el amor: 4, 5, 13, 14, 20, 21, 23, 24
Mejores días para el dinero: 3, 8, 9, 12, 22
Mejores días para la profesión: 1, 2, 3, 11, 23, 27, 28

Venus, tu planeta del amor, salió fuera de límites el 13 de abril y seguirá así todo el mes. Ahora estás fuera de tu ambiente habitual tanto en tu vida amorosa como espiritual. Si no tienes pareja, es posible que salgas con alguien que no pertenece a tu esfera o que la búsqueda de amor te lleve a lugares nuevos. También estás explorando sistemas y prácticas espirituales que no son las habituales en ti. Sientes que en tu ambiente habitual no encontrarás las respuestas y que te conviene buscarlas en otra parte. Aunque en territorio desconocido la confianza social disminuye, sobre todo después del 13, a medida que Venus inicia su movimiento retrógrado. Así que disfruta de tu vida amorosa (es excitante e intrépida), pero no tomes aún decisiones importantes, en especial después del 13.

Venus pasará el mes en tu octava casa, por eso ahora el magnetismo sexual te parece esencial, aunque no es lo único importante para ti en el amor. También necesitas que tu pareja sea compatible mentalmente contigo para poder comunicaros mejor.

El poder planetario sigue este mes en la mitad occidental de tu carta astral, la de la vida social. Y todavía te encuentras en uno de tus mejores momentos amorosos y románticos del año hasta el 20. Ahora la vida social es la protagonista. Los demás y sus intereses son más importantes que los tuyos en esta temporada. También pareces depender más de la gente, pero tus grandes habilidades sociales te serán muy positivas. Los demás te beneficiarán. Sigue dejando que hagan las cosas a su manera mientras no actúen de forma destructiva. Tomar tú la iniciativa no es probablemente lo más indicado estos días.

Tu salud mejorará mucho —enormemente— después del 20. Mientras tanto, fortalécela con los métodos descritos en la previsión anual. Hasta el 13 te convienen además los masajes en las pantorrillas y los tobillos. También es importante gozar de una buena salud emocional. Ten una actitud positiva y constructiva ante la vida. Marte, tu planeta de la salud, ingresará en Piscis, tu quinta casa, el 13. Este aspecto propicia la reflexología podal o los tratamientos de hidromasaje en los pies. Si notas que tienes un tono vital bajo, sumérgete en un manantial natural, un lago o un río. Si no te es posible, goza de un baño relajante en casa. Las terapias espirituales serán poderosas a partir del 13. Si adviertes que tu estado anímico está bajo, recurrir a un sanador espiritual puede serte de ayuda.

La prosperidad será muy abundante este mes, pero por lo visto estás indeciso sobre algunas oportunidades. Plutón inició su movimiento retrógrado el 25 de abril y seguirá así durante muchos meses más. De modo que ahora es el momento de volver a considerar tus objetivos personales. Aunque tengas menos autoconfianza y autoestima que de costumbre, tu rica vida social compensará este aspecto. En este momento un exceso de ego no sería apropiado.

Tu octava casa —tu favorita— se volverá poderosa después del 20. O sea que te dedicarás a lo que se les da tan bien a los Escorpio, es decir, a la transformación personal y la reinvención de uno mismo. A despejar tu vida, tu mente y tus emociones, y a adquirir o saldar deudas.

Junio

Mejores días en general: 3, 4, 11, 12, 13, 21, 22, 28, 29
Días menos favorables en general: 9, 10, 16, 17, 18, 24
Mejores días para el amor: 1, 9, 10, 16, 17, 18, 19, 20
Mejores días para el dinero: 5, 6, 8, 18, 27, 30
Mejores días para la profesión: 1, 9, 10, 20, 21, 24

La actividad retrógrada llega a su punto máximo este mes (en septiembre también lo hará). Del 23 al 25 el 60 por ciento de los planetas serán retrógrados, y después del 25 lo serán un 50 por ciento. Tu vida bajará de ritmo. Tómate con un cierto escepticismo lo que leas en la prensa. La retrogradación de Venus, Júpiter y Plutón —tres planetas importantes en tu carta astral— es lo que más te afectará en esta temporada. Plutón es el regente de tu horóscopo y representa tus deseos personales. Venus gobierna tu vida amorosa, y Júpiter, tu economía. Así que todas estas áreas de tu vida se ralentizarán. Sin embargo, seguirá siendo un mes próspero, aunque habrá demoras y problemas. Júpiter continuará viajando con Plutón este mes. Tu vida amorosa mejorará después del 25, cuando Venus inicie su movimiento de avance.

Es bueno aprovechar estos periodos retrógrados para repasar tus objetivos y ver si puedes hacer alguna mejora. Lo esencial es llegar a ver con una cierta claridad estos asuntos. Más adelante será el momento propicio del año para progresar a medida que los planetas reanuden su movimiento directo.

Habrá dos eclipses este mes. Uno es un eclipse lunar el 5, y el otro un eclipse solar el 21. Los eclipses siempre causan cambios y trastornos, pero los cambios pueden darse con un cierto retraso debido al movimiento retrógrado.

El eclipse lunar del 5 tendrá lugar en Sagitario, en tu casa del dinero. De modo que te conviene hacer cambios económicos importantes. Tu forma de ver y planificar tu economía no ha estado siendo realista. Necesitas tomar medidas correctoras en este aspecto de tu vida. Pero, como he indicado, piénsatelo bien antes de hacer cualquier cambio. Observa la situación desde todos los puntos de vista. Ten en cuenta los máximos factores posibles. Este eclipse también afecta a Venus, tu planeta del amor, o sea que tu vida amorosa atravesará momentos difíciles. También puede traer cambios espirituales, es decir, cambios en tus prácticas, enseñanzas y maestros. Surgirán trastornos en una organización espiritual o benéfica de la que formas parte. Tus gurús o figuras de gurús vivirán dramas personales en sus vidas. Marte, tu planeta de la salud y la profesión, también recibirá los efectos del eclipse. Es posible, pues, que haya cambios laborales en tu empresa actual o en otra nueva. Las condiciones laborales pueden cambiar. Surgirán trastornos en el lugar de trabajo. También habrá cambios en tu programa de salud. Cada eclipse lunar afecta a los estudiantes universitarios del signo de Escorpio y este no es una excepción (y se darán más a lo largo del año). De modo que habrá cambios en los planes de estudios, si eres un universitario es posible que cambies de facultad y que haya disturbios y trastornos en la universidad. También surgirán problemas y crisis en tu lugar de culto y en las vidas de tus líderes religiosos.

El eclipse solar del 21 también afectará a los estudiantes universitarios, a tu lugar de culto y a las vidas de tus líderes religiosos. Es casi una repetición del eclipse lunar, aunque con algunas diferencias. Traerá cambios laborales, cambios en la dirección de tu compañía o sector, y dramas en las vidas de tus jefes, padres o figuras parentales.

Julio

Mejores días en general: 1, 9, 10, 19, 20, 27, 28
Días menos favorables en general: 6, 7, 8, 14, 15, 21, 22
Mejores días para el amor: 6, 7, 8, 14, 15, 16, 17, 25, 26
Mejores días para el dinero: 2, 3, 4, 5, 14, 15, 23, 24, 29, 30, 31
Mejores días para la profesión: 1, 9, 10, 20, 21, 22, 29

Otro eclipse lunar, el tercero del año, afectará a todos los estudiantes, tanto a los universitarios como a los estudiantes de secundaria. Tendrá lugar el 5 en tu tercera casa. También afectará a otros tres planetas, aunque no lo hará de lleno, sino solo ligeramente.

Los estudiantes vivirán trastornos en su centro docente. Surgirán cambios (de nuevo) en los planes de estudios. Es posible que los coches y los equipos de comunicación fallen y que sea necesario repararlos o reemplazarlos. Te conviene conducir con más precaución en esta temporada. Evita los viajes nacionales o internacionales innecesarios. Postérgalos si es posible para viajar en un momento más adecuado. Se producirán trastornos en tu lugar de culto y tus líderes religiosos vivirán dramas personales en sus vidas. Los problemas jurídicos darán un gran vuelco en un sentido o en otro. Si estaban pendientes de resolución, habrá un dictamen jurídico. Te cuestionarás tus creencias religiosas. Te conviene abandonar algunas y cambiar otras para perfeccionar esta faceta de tu vida. Tus hermanos o figuras fraternas sentirán el deseo de redefinirse y cambiar su imagen, su personalidad y su aspecto. Las personas adineradas de tu vida harán cambios económicos importantes. Los efectos del eclipse sobre Mercurio indican que los ordenadores y el equipo de alta tecnología pueden fallar, aunque en menor grado. Tu cónyuge, pareja o amante actual debe tomar medidas correctoras en cuanto a su economía. A ti también te conviene hacer cambios en las finanzas. Es posible que haya dramas en tu lugar de trabajo, cambios laborales y cambios en las condiciones laborales. Tu programa de salud también cambiará en los meses siguientes.

Como Saturno deja de formar el aspecto desfavorable en tu carta astral el 1, tu salud mejorará notablemente. Pero vuelve a vigilarla el 22. Aunque no será nada serio, solo la acción natural de los planetas rápidos. La buena noticia es que ahora estás pendiente de tu salud y que las cosas deberían irte bien en este sentido. Fortalece tu salud con los métodos citados en la previsión anual. Te sentarán bien en especial los masajes en el cuero cabelludo y la cara, y también el ejercicio físico. Mantén un buen tono muscular.

La mitad superior de tu carta astral, el hemisferio diurno, ha alcanzado ahora su momento más poderoso del año. El Sol, tu planeta de la profesión, ingresará en tu casa diez de la profesión el 22. En esta posición es poderoso, ya que además de encontrarse en su signo y su propia casa (dignificado), ocupa la cúspide de tu carta astral. Ahora iniciarás uno de tus mejores momentos profesionales del año y, por lo visto, será todo un éxito. Viviste mejores temporadas profesionales en el pasado y vivirás otras en el futuro, pero esta es la mejor de este año.

Gran parte de lo que acabo de decir puede ocurrir con un cierto retraso. La actividad retrógrada es muy fuerte. Hasta el 12 el 50 por ciento de los planetas serán retrógrados. Después del 12, lo serán el 40 por ciento, aunque sigue siendo un porcentaje elevado.

Te conviene seguir mostrándote precavido en la economía, ya que Júpiter todavía es retrógrado. También tendrás que hacer algunos cambios este mes, pero estudia más a fondo la situación antes de efectuarlos. Este mes seguirá siendo próspero, aunque el ritmo de tu vida esté bajando.

Agosto

> *Mejores días en general:* 5, 6, 15, 16, 23, 24
> *Días menos favorables en general:* 3, 4, 10, 11, 17, 18, 30, 31
> *Mejores días para el amor:* 3, 4, 10, 11, 15, 16, 23, 24
> *Mejores días para el dinero:* 2, 11, 20, 25, 26, 27, 29
> *Mejores días para la profesión:* 8, 9, 17, 18, 19, 28

Este mes será relativamente exitoso. Aunque el hemisferio nocturno siga predominando, procura prestarle más atención a tu profesión. Es posible que te centres en tu hogar y luego en tu profesión alternativamente una y otra vez para intentar compaginar con éxito ambas facetas de tu vida.

Tu salud mejorará de forma notable después del 22. Júpiter, tu planeta de la economía, formará parte de un gran trígono sumamente afortunado en los signos de tierra. Por lo que están ocurriendo unas situaciones económicas muy afortunadas. Como Júpiter sigue siendo retrógrado, te conviene estudiarlas más a fondo y mejorarlas antes de pasar a la acción. Este mes será próspero, aunque si Júpiter fuera directo aún lo sería más.

Tu planeta del amor inició su movimiento de avance el 25 de junio y seguirá así el resto del año. Este tránsito da claridad en el amor. Venus ingresará en tu novena casa el 7. Por lo que recibirá aspectos conflictivos. O sea que tendrás que esforzarte más para alcanzar tus objetivos sociales y románticos. Es posible que se den algunos desacuerdos económicos y personales entre tú y el ser amado. Os habéis distanciado mucho el uno del otro en esta temporada. Normalmente esto indica una distancia psicológica. Veis la vida y las cosas en general de distinta forma. Si superáis vuestras diferencias, vuestra relación será muy sólida. Tu pareja parece estar más malhumorada este mes, más susceptible y vulnerable emocionalmente que de costumbre. Tú, en cambio, tienes los pies en el suelo y eres práctico. Si no tienes pareja, surgirán oportunidades románticas a través de tu familia y de los contactos familiares. Te atraerán las personas extranjeras que viven cerca de tu casa. En la facultad y en tu lugar de culto también pueden surgir oportunidades románticas. Para ti ahora es muy importante que tú y tu pareja seáis sumamente compatibles filosófica y emocionalmente.

Tu casa once se volverá muy poderosa a partir del 22. Será una temporada feliz. Esta casa es benéfica. Es el lugar donde tus esperanzas y deseos más profundos se hacen realidad. (Y en cuanto los alcances, surgirán otros, los deseos son interminables.) Tu vida amorosa tal vez esté atravesando un momento difícil, pero en el terreno de la amistad todo te irá de maravilla. Implicarte con grupos, con organizaciones comerciales y profesionales te será útil en tu carrera. Es un buen momento para aprender más cosas sobre ciencia, alta tecnología, astronomía y astrología. Muchas personas piden que les tracen la carta astral cuando tienen esta clase de tránsito.

Urano, tu planeta de la familia, iniciará su movimiento retrógrado el 15. Aunque en esta fecha estés centrado sobre todo en tu hogar y tu familia, evita hacer cambios importantes en este ámbito de tu vida. Estudia antes la situación. Con el paso de los meses (Urano seguirá siendo retrógrado muchos meses más) se te ocurrirán otras soluciones.

Septiembre

Mejores días en general: 1, 2, 3, 11, 12, 20, 21, 29, 30
Días menos favorables en general: 6, 7, 8, 14, 15, 26, 27
Mejores días para el amor: 2, 3, 6, 7, 8, 13, 14, 22, 23
Mejores días para el dinero: 6, 7, 16, 17, 22, 23, 24, 25
Mejores días para la profesión: 6, 7, 14, 15, 17, 26

La actividad retrógrada vuelve a alcanzar su punto máximo por segunda vez este año. Del 9 al 12 el 60 por ciento de los planetas serán retrógrados, un hecho pocas veces visto. Antes y después de este periodo, lo serán el 50 por ciento. Es un porcentaje muy alto. Tu vida ahora bajará de ritmo en gran medida. Se dará un estancamiento tanto en el plano personal como en el mundo en general. (Los niños nacidos en esta temporada tendrán muchos problemas interiores con los que trabajar a medida que crezcan y tenderán a «tardar más en desarrollarse» en la vida.) Es una etapa para aprender a ser paciente. Si hay algo positivo que puedas hacer, hazlo. En el caso contrario, trabaja en tus asuntos cotidianos de una forma espiritual. Aunque las puertas mundanas estén cerradas, las espirituales siempre están abiertas, en especial a partir del 22.

Con esta gran cantidad de planetas retrógrados, el cosmos nos está advirtiendo (a todos, sea cual sea nuestro signo) que seamos más perfectos en todo cuanto llevemos a cabo. Evita las soluciones rápidas a modo de parches. Hazlo todo bien. Este proceder no eliminará las demoras, pero al menos las reducirá.

Venus, tu planeta del amor, ingresará en tu décima casa el 6. En general, este tránsito propicia el amor. Muestra que es una de tus prioridades. Además, cualquier planeta en la cúspide de tu carta astral es más poderoso que de costumbre. Ahora tu encanto social es mayor de lo habitual. Promueves tu profesión a través de medios sociales. Esta clase de habilidades son ahora quizá más importantes que las profesionales. Tu cónyuge, pareja o amante actual está, por lo visto, triunfando notablemente y te ayuda en tu profesión. Buena parte de tu socialización estará relacionada con tu carrera este mes. Si no tienes pareja, te atraerán las personas poderosas y prestigiosas, y surgirán oportunidades románticas con ellas. Aunque esto conlleva el riesgo de que salgas con alguien por conveniencia y no por amor. Lograr que tu familia acepte a tu pareja es, por lo visto, un reto en esta temporada. Es el aspecto planetario que indica un encuentro amoroso en la oficina, es decir, oportunidades románticas con tus jefes o superiores.

Júpiter, tu planeta de la economía, iniciará su movimiento de avance el 13. Esta coyuntura propicia más todavía la economía. Ahora verás las cosas con mayor claridad en este terreno. Además, Júpiter recibirá aspectos muy positivos hasta el 22, o sea que este mes será próspero. La prosperidad durará incluso hasta pasado el 22, pero implicará más retos. Ahora tendrás que esforzarte más de lo habitual para ganar los mismos ingresos.

Este mes es espiritual, y dada la alta actividad retrógrada, es algo positivo. El Sol ingresará en tu casa doce de la espiritualidad (Mercurio estará también en ella a partir del 5) el 22. Por lo que puedes fomentar tu carrera por medio de actividades benéficas y altruistas. El Espíritu te está guiando en tu profesión con sueños y corazonadas, y quizá también a través de videntes, tarotistas, astrólogos o espiritistas. Otra forma de interpretar este aspecto es que tu crecimiento interior y tu práctica espiritual son en realidad tu auténtica profesión, tu verdadera misión en esta época de tu vida.

Octubre

Mejores días en general: 9, 10, 17, 18, 26, 27
Días menos favorables en general: 4, 5, 11, 12, 23, 24, 25, 31
Mejores días para el amor: 3, 4, 5, 21, 22, 31
Mejores días para el dinero: 4, 5, 13, 14, 19, 20, 21, 23, 31
Mejores días para la profesión: 6, 7, 11, 12, 15, 16, 25

El poder planetario se encuentra ahora en la mitad oriental de tu carta astral, la del yo. Lleva siendo así varios meses, pero en este momento está en el punto máximo de la posición oriental. Es, por lo tanto, una temporada de independencia personal. Los demás siempre son importantes y hay que tratarlos con respeto, pero ahora tienes el poder de hacer las cosas a tu manera. Es lo que más te conviene en este periodo. Tienes el poder para hacer los cambios necesarios para ser feliz. Tú eres el responsable de tu propia felicidad. De ti depende. Los poderes cósmicos te están apoyando en ello.

Tu vida amorosa será feliz este mes. Sigue siendo muy inestable, pero será más feliz que en los meses anteriores. Venus pasará gran parte del mes en tu benéfica casa once de los amigos. Además, está recibiendo aspectos muy favorables de otros planetas. Forma parte de un gran trígono en los signos de tierra. Si no tienes pareja, surgirán oportunidades para el amor mientras participas en grupos y en actividades grupales. Una amistad puede acabar en algo más. La familia, por lo visto, te apoya en el amor y en las decisiones que tomas en este terreno. El mes anterior te atraían las personas poderosas y prestigiosas, en cambio este te atraerá una clase de relación más de igual a igual. Quieres que en tu relación haya tanto amistad como pasión. El único problema en el amor, aunque se puede solucionar fácilmente, es la tendencia a ser excesivamente crítico y perfeccionista. Venus no es demasiado poderoso en Virgo. Crea la tendencia a ser demasiado mental y analítico. Aunque uno se comporte así con buenas intenciones. Por lo que ahora te fijas más en los defectos de tu pareja para poder corregirlos, y esta actitud estropea los momentos románticos. Evita, pues, las críticas lo máximo posible, sobre todo si son destructivas.

Venus ingresará en tu casa doce el 28. En esta temporada te atraerán las personas espirituales, las que tienen que ver con las bellas artes. O los espiritistas, los videntes, los tarotistas u otra clase de personas similares. La compatibilidad espiritual es ahora muy importante para ti en una relación de pareja.

Este mes será próspero. Júpiter es directo y está recibiendo aspectos favorables. Tu vida económica está progresando.

Plutón, el regente de tu casa astral, retomará su movimiento de avance el 4. El Sol ingresará en tu primera casa el 23, de modo que iniciarás uno de tus momentos más placenteros del año. Ahora verás con más claridad lo que quieres y tendrás el poder para alcanzarlo. Se te presentarán oportunidades laborales agradables. Tienes el aspecto de un triunfador y los demás te ven así. Tus jefes, padres o figuras parentales (una de ellas) están más dedicados a ti que de costumbre. Aunque tendrás que esforzarte más con tu familia para que reine un buen ambiente.

Noviembre

Mejores días en general: 5, 6, 14, 15, 22, 23
Días menos favorables en general: 1, 7, 8, 20, 21, 27, 28
Mejores días para el amor: 1, 2, 3, 12, 21, 22, 27, 28
Mejores días para el dinero: 2, 11, 16, 19
Mejores días para la profesión: 5, 6, 7, 8, 14, 15, 24, 25

Este mes será muy feliz y próspero. Disfrútalo. Todavía te encuentras en uno de tus momentos más placenteros del año. Está bien disfrutar de tu cuerpo (mientras no te excedas). Muéstrate agradecido por el gran servicio que te ha estado prestando todos estos años. También es positivo poner en forma tu cuerpo y pulir tu imagen estos días.

Es un momento para hacer las cosas a tu manera. Cuentas con el apoyo del cosmos. Crea tu propia felicidad. No te preocupes por lo que los demás piensen, al final cederán.

Tu vida amorosa será feliz este mes, aunque inestable. Venus ingresará en tu signo el 21 y se quedará en él el resto del mes. Si no tienes pareja, este tránsito revela que el amor anda en tu búsqueda. Si te limitas a hacer tu trabajo, el amor te encontrará. En esta temporada tendrás el amor en tus propios términos. Si ya tienes pareja, este tránsito indica que tu cónyuge, pareja o amante actual está más pendiente de ti que de costumbre. Antepone tus intereses a los suyos. Tú eres para él o ella lo primero.

Tu salud es excelente este mes. Marte, que sigue en tu sexta casa, indica que todavía son importantes los masajes en el cuero cabelludo y la cara, y también el ejercicio físico. Marte lleva siendo retrógrado desde el 9 de septiembre. Iniciará su movimiento de avance el 14. O sea que si deseas hacer cambios en tu programa de salud o en tu situación laboral, es mejor realizarlos después del 14 en lugar de antes.

El cuarto y último eclipse lunar ocurrirá el 30. Al darse en tu octava casa, será más potente. Tómate con calma esta temporada y evita las actividades estresantes. Tu cónyuge, pareja o amante actual necesita hacer unos cambios económicos drásticos. Las personas adineradas de tu vida atravesarán crisis en sus matrimonios. Habrá encuentros con la muerte, por lo general en el aspecto psicológico. Constituyen mensajes de amor de lo alto. La vida es corta y puede apagarse en cualquier momento. Apresúrate a llevar a cabo tu misión en la vida. El eclipse afectará de nuevo a los estudiantes, en este caso a los universitarios. Ha estado siendo la tendencia a lo largo del año. Habrá dramas en la facultad y cambios en los planes de estudios. También surgirán dramas en tu lugar de culto y en la vida de tus líderes religiosos. Trastornos. Evita viajar al extranjero en esta temporada. Si no te queda más remedio, programa tu viaje antes o después del eclipse. Tus creencias religiosas y filosóficas serán cuestionadas. El cosmos no te dejará en paz hasta que perfecciones esta faceta de tu vida.

Diciembre

Mejores días en general: 2, 3, 11, 12, 19, 20, 21, 29, 30, 31
Días menos favorables en general: 5, 6, 17, 18, 24, 25, 26
Mejores días para el amor: 2, 3, 11, 12, 22, 23, 24, 25, 26
Mejores días para el dinero: 8, 13, 14, 16, 27
Mejores días para la profesión: 5, 6, 13, 14, 24

El sexto y último eclipse del año ocurrirá en tu casa del dinero el 14. Será un eclipse solar. Traerá cambios económicos importantes. Coincidirán más o menos con otros cambios económicos que están teniendo lugar. Tu planeta de la economía cambiará de signo el 20. Un cambio importante. Júpiter abandonará Capricornio, tu tercera casa, e ingresará en Acuario, tu cuarta casa. Hasta esta parte del año has estado teniendo una actitud bastante conservadora en el terreno económico, pero ahora te volverás más osado y experimentador en este sentido. Gastarás más dinero en tu hogar y tu familia, pero también obtendrás ganancias de este entorno.

Tu familia y tus contactos familiares están desempeñando un papel importante en tu situación económica. Este aspecto planetario propicia una buena adquisición o venta de una vivienda. También favorece el mundo de la alta tecnología, es decir, los ordenadores, los programas informáticos, los creadores de aplicaciones, los inventos recientes y el trabajo en Internet. Este eclipse —como cualquier eclipse solar— trae cambios profesionales. Es posible que haya trastornos en tu empresa o sector profesional. Tus jefes, padres o figuras parentales también pueden vivir dramas personales que les trastoquen la vida. Las reglas del juego están cambiando. Neptuno acusará los efectos de este eclipse. Por lo que también les afectará a tus hijos o figuras filiales. Les conviene reducir su agenda y evitar las actividades estresantes en esta temporada. Desearán redefinirse a sí mismos y esta actitud se manifestará en cambios de vestuario y de imagen en los próximos meses. Uno de tus progenitores o figura parental está tomando medidas correctoras en cuanto a su economía. Progresará en esta esfera el año que viene.

Pese al eclipse, el mes será por lo visto próspero. Te encontrarás en uno de tus mejores momentos económicos del año hasta el 21. Tu intuición económica es buena. Tus contactos sociales son provechosos e incluso es posible que surja un socio de negocios o la oportunidad de montar un negocio conjunto.

Tu vida amorosa también parece feliz este mes. Venus seguirá en tu signo hasta el 15. Indica, como ya se ha visto el mes anterior, que el amor te persigue. Solo tienes que ocuparte de tus actividades cotidianas y dará contigo. Venus ingresará en tu casa del dinero el 15, una buena señal de prosperidad. Tu cónyuge, pareja o amante actual está muy activo y te apoya en la economía. Si no tienes pareja, este aspecto muestra que las personas ricas te atraerán. Los regalos materiales te excitarán. El amor se expresará de formas materiales como, por ejemplo, a través de regalos y de apoyo económico. Si no tienes pareja, surgirán oportunidades amorosas mientras persigues tus objetivos económicos con personas volcadas en sus finanzas.

Tu salud es buena este mes, pero te conviene vigilarla más el año próximo, ya que tres planetas lentos formarán una alineación desfavorable en tu carta astral.

Sagitario

El Arquero

Nacidos entre el 23 de noviembre y el 20 de diciembre

Rasgos generales

SAGITARIO DE UN VISTAZO

Elemento: Fuego

Planeta regente: Júpiter
   Planeta de la profesión: Mercurio
   Planeta del amor: Mercurio
   Planeta de la riqueza y la buena suerte: Júpiter

Colores: Azul, azul oscuro
   Colores que favorecen el amor, el romance y la armonía social: Amarillo, amarillo anaranjado
   Colores que favorecen la capacidad de ganar dinero: Negro, azul índigo

Piedras: Rubí, turquesa

Metal: Estaño

Aromas: Clavel, jazmín, mirra

Modo: Mutable (= flexibilidad)

Cualidades más necesarias para el equilibrio: Atención a los detalles, administración y organización

Virtudes más fuertes: Generosidad, sinceridad, amplitud de criterio, una enorme clarividencia

Necesidad más profunda: Expansión mental

Lo que hay que evitar: Exceso de optimismo, exageración, ser demasiado generoso con el dinero ajeno

Signos globalmente más compatibles: Aries, Leo

Signos globalmente más incompatibles: Géminis, Virgo, Piscis

Signo que ofrece más apoyo laboral: Virgo

Signo que ofrece más apoyo emocional: Piscis

Signo que ofrece más apoyo económico: Capricornio

Mejor signo para el matrimonio y/o las asociaciones: Géminis

Signo que más apoya en proyectos creativos: Aries

Mejor signo para pasárselo bien: Aries

Signos que más apoyan espiritualmente: Leo, Escorpio

Mejor día de la semana: Jueves

La personalidad Sagitario

Si miramos el símbolo del Arquero conseguiremos una buena e intuitiva comprensión de las personas nacidas bajo este signo astrológico. El desarrollo de la arquería fue el primer refinamiento que hizo la Humanidad del poder de cazar y hacer la guerra. La habilidad de disparar una flecha más allá del alcance normal de una lanza amplió los horizontes, la riqueza, la voluntad personal y el poder de la Humanidad.

Actualmente, en lugar de usar el arco y las flechas proyectamos nuestro poder con combustibles y poderosos motores, pero el motivo esencial de usar estos nuevos poderes sigue siendo el mismo. Estos poderes representan la capacidad que tenemos de ampliar nuestra esfera de influencia personal, y eso es lo que hace Sagitario en todo. Los nativos de este signo siempre andan en busca de expandir sus horizontes, cubrir más territorio y aumentar su alcance y su campo de acción. Esto se aplica a todos los aspectos de su vida: económico, social e intelectual.

Los Sagitario destacan por el desarrollo de su mente, del intelecto superior, que comprende conceptos filosóficos, metafísicos y espirituales. Esta mente representa la parte superior de la naturaleza psíquica y está motivada no por consideraciones egoístas, sino por la luz y la gracia de un poder superior. Así pues, a los Sagitario les gusta la formación superior. Tal vez se aburran con los estudios formales, pero les encanta estudiar solos y a su manera. El gusto por los viajes al extranjero y el interés por lugares lejanos son también características dignas de mención.

Si pensamos en todos estos atributos de Sagitario, veremos que nacen de su deseo interior de desarrollarse y crecer. Viajar más es conocer más, conocer más es ser más, cultivar la mente superior es crecer y llegar más lejos. Todos estos rasgos tienden a ampliar sus horizontes intelectuales y, de forma indirecta, los económicos y materiales.

La generosidad de los Sagitario es legendaria. Hay muchas razones que la explican. Una es que al parecer tienen una conciencia innata de la riqueza. Se sienten ricos, afortunados, piensan que pueden lograr cualquier objetivo económico, y entonces creen que pueden permitirse ser generosos. Los Sagitario no llevan la carga de la carencia y la limitación, que impide a muchas personas ser generosas. Otro motivo de su generosidad es su idealismo religioso y filosófico, nacido de la mente superior, que es generosa por naturaleza, ya que las circunstancias materiales no la afectan. Otro motivo más es que el acto de dar parece ser enriquecedor, y esa recompensa es suficiente para ellos.

Situación económica

Generalmente los Sagitario atraen la riqueza. O la atraen o la generan. Tienen ideas, energía y talento para hacer realidad su visión del Paraíso en la Tierra. Sin embargo, la riqueza sola no es suficiente. Desean el lujo; una vida simplemente cómoda les parece algo pequeño e insignificante.

Para convertir en realidad su verdadero potencial de ganar dinero, deben desarrollar mejores técnicas administrativas y de organización. Deben aprender a fijar límites, a llegar a sus metas mediante una serie de objetivos factibles. Es muy raro que una persona pase de los andrajos a la riqueza de la noche a la mañana. Pero a los Sagitario les resultan difíciles los procesos largos e interminables. A semejanza de los nativos de Leo, quieren alcanzar la riqueza y el éxito de manera rápida e impresionante. Deben tener presente, no obstante, que este exceso de optimismo puede conducir a proyectos económicos no realistas y a decepcionantes pérdidas. Evidentemente, ningún signo del zodiaco es capaz de reponerse tan pronto como Sagitario, pero esta actitud sólo va a causar una innecesaria angustia. Los Sagitario tienden a continuar con sus sueños, jamás los van a abandonar, pero deben trabajar también en su dirección de maneras prácticas y eficientes.

Profesión e imagen pública

Los Sagitario son grandes pensadores. Lo quieren todo: dinero, fama, prestigio, aplauso público y un sitio en la historia. Con frecuencia suelen ir tras estos objetivos. Algunos los consiguen, otros no; en gran parte esto depende del horóscopo de cada persona. Pero si Sagitario desea alcanzar una buena posición pública y profesional, debe comprender que estas cosas no se conceden para enaltecer al ego, sino a modo de recompensa por la cantidad de servicios prestados a toda la Humanidad. Cuando descubren maneras de ser más útiles, los Sagitario pueden elevarse a la cima.

Su ego es gigantesco, y tal vez con razón. Tienen mucho de qué enorgullecerse. No obstante, si desean el aplauso público, tendrán que aprender a moderarlo un poco, a ser más humildes y modestos, sin caer en la trampa de la negación y degradación de sí mismos. También deben aprender a dominar los detalles de la vida, que a veces se les escapan.

En el aspecto laboral, son muy trabajadores y les gusta complacer a sus jefes y compañeros. Son cumplidores y dignos de confianza, y disfrutan con las tareas y situaciones difíciles. Son compañeros de trabajo amistosos y serviciales. Normalmente aportan ideas nuevas e inteligentes o métodos que mejoran el ambiente laboral para todos. Siempre buscan puestos y profesiones que representen un reto y desarrollen su intelecto, aunque tengan que trabajar arduamente para triunfar. También trabajan bien bajo la supervisión de otras personas, aunque por naturaleza prefieren ser ellos los supervisores y aumentar su esfera de influencia. Los Sagitario destacan en profesiones que les permitan comunicarse con muchas personas diferentes y viajar a lugares desconocidos y emocionantes.

Amor y relaciones

A los nativos de Sagitario les gusta tener libertad y de buena gana se la dan a su pareja. Les gustan las relaciones flexibles, informales y siempre cambiantes. Tienden a ser inconstantes en el amor y a cambiar con bastante frecuencia de opinión respecto a su pareja. Se sienten amenazados por una relación claramente definida y bien estructurada, ya que esta tiende a coartar su libertad. Suelen casarse más de una vez en su vida.

Cuando están enamorados son apasionados, generosos, francos, bondadosos y muy activos. Demuestran francamente su afecto. Sin embargo, al igual que los Aries, tienden a ser egocéntricos en su manera de relacionarse con su pareja. Deberían cultivar la capacidad de ver el punto de vista de la otra persona y no sólo el propio. Es necesario que desarrollen cierta objetividad y una tranquila claridad intelectual en sus relaciones, para que puedan mantener una mejor comunicación con su pareja y en el amor en general. Una actitud tranquila y racional les ayudará a percibir la realidad con mayor claridad y a evitarse desilusiones.

Hogar y vida familiar

Los Sagitario tienden a dar mucha libertad a su familia. Les gusta tener una casa grande y muchos hijos. Sagitario es uno de los signos más fértiles del zodiaco. Cuando se trata de sus hijos, peca por el lado de darles demasiada libertad. A veces estos se forman la idea de que no existe ningún límite. Sin embargo, dar libertad en casa es algo básicamente positivo, siempre que se mantenga una cierta medida de equilibrio, porque la libertad permite a todos los miembros de la familia desarrollarse debidamente.

Horóscopo para el año 2020[*]

Principales tendencias

Aunque este año sea un año importante en el terreno económico —la prosperidad será abundante— no es un año especialmente poderoso en el aspecto profesional. El dinero crea prestigio y una buena posición social. Además, ahora todos los planetas lentos se encuentran en el hemisferio nocturno de tu carta astral. El hemisferio diurno, la mitad superior de tu carta astral, ganará una cierta fuerza a medida que transcurre el año, pero nunca llegará a predominar. El hemisferio nocturno, la mitad de tu horóscopo que tiene que ver con el hogar, la familia y el bienestar emocional, siempre será la predominante. Volveremos a este tema más adelante.

El año pasado fuiste un Sagitario de manual, lleno de vitalidad y entusiasmo. Te tomaste la vida con alegría. Pero este, por lo visto, te la tomarás con más seriedad. Tus cualidades sagitarianas son más bajas que de costumbre. Es probable que se deba a estar volcado en los negocios y la economía.

Neptuno ya lleva muchos años en tu cuarta casa y seguirá ocupándola muchos más. Tu hogar, tu familia y tu vida emocional se están perfeccionando y espiritualizando cada vez más. Volveremos a este tema más adelante.

Urano ingresó en tu sexta casa de la salud en marzo. Se quedará en ella muchos años más. Por lo que ahora se está dando una gran experimentación en cuanto a tus programas de salud. Te has vuelto de lo más experimentador en este sentido. Tu salud en general será buena. Pero tu situación laboral será, sin embargo, muy inestable este año. Volveremos a este tema más adelante.

Marte se alojará más de seis meses en tu quinta casa a partir del 28 de junio. Normalmente este planeta no suele permanecer tanto tiempo en una casa, solo se queda un mes y medio (aproximada-

---

[*] Las previsiones de este libro se basan en el Horóscopo Solar y en todos los signos derivados del mismo: tu signo solar se convierte en el Ascendente, y las casas se numeran a partir de él. Tu horóscopo personal, el trazado concretamente para ti (según la fecha, hora y lugar exactos de tu nacimiento) podría modificar lo que se indica aquí. Joseph Polansky.

mente). Si no tienes pareja, es posible que se avecine una aventura amorosa. Aunque no es un aspecto planetario que indique que acabará en boda. No significa que un enlace conyugal sea malo, pero no hay nada en especial que lo propicie. Al parecer, no te apetece comprometerte hasta este punto en este periodo. Volveremos a este tema más adelante.

Los cuatro eclipses lunares de este año (el doble de lo normal) afectarán a tu octava casa. Por lo que, al parecer, te enfrentarás a la muerte y a asuntos relacionados con ella. Es posible que debas someterte también a intervenciones quirúrgicas. Por lo general, estos encuentros ocurrirán en el aspecto psicológico y no en el sentido literal. Al terminar el año, ya entenderás mejor la muerte y te intimidará menos esta realidad de la vida.

Las áreas que más te interesarán este año serán la economía, la comunicación y los intereses intelectuales (del 23 de marzo al 1 de julio, y a partir del 18 de diciembre); el hogar y la familia; los hijos, la diversión y la creatividad (a partir del 28 de junio); y la salud y el trabajo.

Lo que más te llenará este año será la economía (hasta el 20 de diciembre); la comunicación y las actividades intelectuales (a partir del 20 de diciembre); el sexo, la transformación personal y el ocultismo (hasta el 6 de mayo); y la religión, la filosofía, los estudios superiores y los viajes al extranjero (a partir del 6 de mayo).

Salud

(Ten en cuenta que se trata de una perspectiva astrológica de la salud, no una médica. En el pasado, no había ninguna diferencia, ambas eran idénticas, pero en la actualidad podrían diferir mucho. Para obtener un punto de vista médico, consulta a tu médico de cabecera o a un profesional de la salud.)

Tu salud será excelente este año. Solo un planeta lento —Neptuno— formará una alineación desfavorable en tu carta astral. Así pues, tendrás un montón de energía y tu salud tenderá a ser estupenda. Como es natural, habrá temporadas en las que tu salud no será tan buena como de costumbre. Pero no será la tendencia para el año, sino simplemente momentos causados por los tránsitos. Cuando los dejes atrás, tu salud y tu energía volverán a ser excelentes.

Los momentos del año para descansar y relajarte más de lo habitual son del 19 de febrero al 20 de marzo, del 21 de mayo al 21 de junio, y del 23 de agosto al 22 de septiembre. En las previsiones mes a mes hablaré de este tema con más detalle.

Urano estará muchos años en tu sexta casa como he señalado. Este aspecto indica que has entrado en un ciclo en el que te desprenderás de todos los libros tradicionales sobre la salud y descubrirás cómo funciona tu propio cuerpo al experimentar y probar distintos métodos para comprobar si te van bien. En realidad, es lo que todos tendríamos que hacer en la vida, pero ahora tú lo estás poniendo en práctica. Eres una persona única y especial que está hecha a su propia manera. Las leyes de los porcentajes ya no te sirven. Tú no eres una estadística. Es posible que lo que le funciona a la «mayoría» de la gente a ti no te vaya bien. Tienes que averiguarlo por ti mismo.

Urano en tu casa de la salud puede a veces llevar a un exceso de cosas buenas. Puedes convertirte en un obseso de la buena salud, en alguien que prueba cada nueva moda, dieta o terapia por el simple hecho de ser nueva. Te conviene estudiarlas antes más a fondo, ya que este tipo de modas relacionadas con la salud suelen ser bastante caras.

Urano en tu sexta casa muestra a alguien al que le atraen más las terapias alternativas que la medicina convencional. Sin embargo, las tecnologías nuevas más avanzadas de la medicina convencional también te pueden atraer.

Tu salud es buena, pero puedes mejorarla incluso más aún. Presta atención a las siguientes áreas vulnerables de tu carta astral.

El hígado y los muslos. Estas zonas siempre son importantes para los Sagitario. Te sentará bien trabajar sus puntos reflejos. Te convienen los masajes regulares en los muslos. Deben formar parte de tu programa de salud habitual. También es bueno para ti limpiar de vez en cuando tu hígado con infusiones de plantas medicinales, sobre todo si te notas con un tono vital bajo.

El cuello y la garganta. Estas zonas también son siempre importantes para los Sagitario. Te sentará bien trabajar sus puntos reflejos. Incluye en tu programa de salud masajes regulares en el cuello para liberar la tensión que se acumula en esta zona, sobre todo cuando estás estresado y necesitas relajarte. La terapia craneosacral es excelente para el cuello.

Los tobillos y las pantorrillas. Estas zonas sólo se volvieron importantes a partir de marzo del año anterior. (También fueron brevemente importantes en 2018). Y lo seguirán siendo durante los siete años siguientes. Te convienen los masajes regulares en los tobillos y las pantorrillas. Cuando hagas ejercicio protégete los tobillos con una mayor sujeción.

Este año se darán también muchas tendencias de corta duración relacionadas con la salud, ya que Venus, tu planeta de la salud, es de movimiento rápido. En 2020 visitará once signos y casas de tu carta astral. De modo que tus necesidades relacionadas con la salud pueden cambiar dependiendo de dónde esté Venus y de los aspectos que reciba. En las previsiones mes a mes hablaré de estas tendencias con más detalle.

Venus es el planeta genérico del amor. En tu carta astral es el regente de tu undécima casa de los amigos. O sea que la salud siempre tiene una gran dimensión social en tu caso. La buena salud significa para ti una vida amorosa y social saludables, la armonía con los amigos. Si surgen problemas en estas áreas de tu vida, te puede afectar la salud física. Procura restablecer siempre la armonía cuanto antes.

Hogar y vida familiar

El hogar y la familia llevan muchos años siendo importantes para ti y seguirán siéndolo durante muchos más. Hace mucho tiempo que Neptuno se aloja en tu cuarta casa del hogar y de la familia. Muchas tendencias que he descrito en los años anteriores siguen dándose en este.

El hogar es un lugar para sentirnos seguros y cómodos. Es un hecho. Pero para ti tu casa se ha convertido ahora más bien en un retiro espiritual (y seguirá siéndolo). En un ashram o un templo. Supongo que en tu casa tienes un altar para ti o para los miembros de tu familia. Me imagino las paredes de tu hogar cubiertas de imágenes de santones o santos. No me extrañaría que organizaras reuniones para orar o sesiones de meditación en tu propia casa. Ahora tu hogar se ha convertido en una puerta al espíritu (y lo seguirá siendo en el futuro).

Es un buen año para aplicar los principios del *feng shui* en tu vivienda. Pero no olvides que también hay otros sistemas espirituales para ello, como el ayurveda y el hermetismo. Tenerlo todo bien ordenado, de las formas adecuadas espiritualmente, hace una gran diferencia en tu vida.

La familia como un todo, y uno de los progenitores o una figura parental en particular, parecen ser mucho más espirituales que de costumbre. Están intentando dirigir la vida familiar de una manera más espiritual.

Neptuno es el planeta de la revelación. Arroja luz —una luz impersonal— sobre todo aquello con lo que entra en contacto. Esta luz suele revelar cosas ocultas —secretos— que son a menudo desagradables. Saldrán a la luz secretos familiares —buenos y malos— en esta temporada. Por lo que pueden dar lugar a escándalos en la familia.

Este año te estás llevando razonablemente bien con tu familia.

Tal vez te cambiaste de vivienda o renovaste tu hogar en 2018. Pero este año no es probable que te mudes a otra parte. No hay nada malo en ello, pero tampoco hay ningún aspecto que lo propicie en especial. 2021 o 2022 son unos años mucho más indicados que este para cambiar de vivienda.

La vida familiar de tus padres o figuras parentales seguirá siendo la misma. No es probable que se den mudanzas en su vida. La situación de su matrimonio o su relación actual también seguirá, por lo visto, igual. Una de tus figuras parentales tendrá numerosas oportunidades laborales favorables a finales de año y en el próximo. Tus hermanos o figuras fraternas están asumiendo más responsabilidades y parecen tomarse la vida más en serio. Prosperarán a finales de año. Su vida doméstica es al parecer muy inestable, y es posible que se muden de vivienda o que hagan renovaciones en su hogar en numerosas ocasiones este año y los próximos. Les conviene intentar gozar de estabilidad emocional. Si están en edad de concebir, este año serán por lo visto más fértiles. Es posible que tus hijos o figuras filiales tengan que hacer muchas reparaciones en su hogar o que se enfrenten a numerosos problemas en esta faceta de su vida, pero no es probable que cambien de casa. Tus nietos (en el caso de tenerlos) o quienes desempeñan este papel en tu vida, pueden mudarse de vivienda este año, pero el traslado será complicado y surgirán muchos problemas y retrasos.

Si estás pensando en hacer reformas o reparaciones importantes, del 13 de mayo al 28 de junio será un buen momento. Si planeas mejorar la parte estética de tu hogar o adquirir objetos de arte u otra clase de objetos bonitos para decorarlo, del 13 de enero al 7 de febrero, del 7 de agosto al 16 de septiembre, y del 21 de noviembre al 15 de diciembre será un buen momento.

Profesión y situación económica

El año pasado fue próspero y este lo será incluso más aún. Tu casa del dinero es sin duda la más poderosa de tu carta astral este año. No sólo es la más poderosa cuantitativamente, sino también cualitativamente. Una casa del dinero poderosa muestra un centro de atención. Indica alguien dispuesto a afrontar cualquier problema y reto que surja. Refleja pasión y fervor, ganas de prosperar en la vida. Esta actitud suele ser más importante que los aspectos «favorables».

Pero también hay otras señales de prosperidad. Saturno, tu planeta de la economía, está «dignificado», es decir, es poderoso en su signo y su casa. Este aspecto indica unos sustanciosos ingresos ganados «dignamente». Júpiter, el regente de tu carta astral, ocupará tu casa del dinero hasta el 20 de diciembre. Aunque no sea la mejor posición para Júpiter, ya que no es demasiado poderoso en ella, sigue indicando buena suerte. Tal vez no te sientes demasiado cómodo volcándote en la economía y los negocios, pero gozas de prosperidad en tu vida.

Júpiter en tu casa del dinero indica que gastas en ti —inviertes en ti— y que proyectas la imagen de una persona rica y próspera. Los demás también te verán como una «persona adinerada» este año. Serás más rico a finales de año que a principios. En tu carta astral no aparece cuánto dinero tendrás, pero muestra un aumento.

Te gusta arriesgarte por naturaleza. Pero estos días eres mucho más conservador en la economía. Tu criterio financiero es bueno. Ahora no procuras «ganar dinero con rapidez», sino ser rico de una forma estable y metódica, paso a paso. Es un momento favorable para los negocios.

Si deseas invertir en alguna compañía, decántate por las conservadoras, tradicionales y de mayor capitalización bursátil, como las que forman parte de los sectores estables. A los Sagitario no se les dan bien los presupuestos —tienden a gastar a manos llenas—, pero este año será bueno hacer presupuestos, ahorrar de forma disciplinada y contratar programas de inversión. Tienes la disciplina necesaria para llevarlo a cabo.

Saturno en Capricornio favorece los inmuebles comerciales, las empresas que fabrican equipos ofimáticos y las que prestan servicios al gobierno o al mundo empresarial. La entrada de Saturno en Acuario del 23 de marzo al 1 de julio, y a partir del 18 de diciembre, propicia el mundo de la alta tecnología, es decir, los ordenadores, las actividades online, las compañías de Internet y las empresas que tienen que ver con inventos recientes o con innovaciones. Además, Saturno es poderoso cuando se encuentra en Acuario (según la astrología tradicional, rige este signo).

El ingreso de Saturno en tu tercera casa favorece las compañías de telecomunicaciones, de transporte y de medios de comunicación. Así como las que tienen que ver con la educación y la venta al por menor. También propicia el comercio, es decir, la compraventa.

Tu casa del dinero será poderosa todo el año, aunque a finales de él lo será menos, ya que la economía no será tu prioridad. Este aspecto se puede interpretar como algo positivo. Como a finales de año ya habrás logrado la mayoría de tus objetivos económicos (al menos los que eran a corto plazo), te podrás centrar en otras facetas de tu vida: en tus búsquedas e intereses intelectuales.

Tu profesión, como he indicado, no destacará este año. El dinero será mucho más importante para ti. En esta temporada no te importa demasiado tu nivel social ni tu prestigio, lo que ahora cuenta para ti es el dinero. Además, como he señalado, la mitad inferior de tu carta astral, el hemisferio nocturno, es mucho más poderosa que la del hemisferio diurno. Tu cuarta casa del hogar y de la familia es más poderosa que tu casa diez de la profesión. De modo que es un año para la preparación interior —para las acciones entre bastidores— que promoverán tu carrera en el futuro. Estas acciones también tienes que valorarlas. Son tan importantes como tu profesión, te permiten triunfar en tu trayectoria laboral.

Mercurio, tu planeta de la profesión, es de movimiento muy rápido y, a menudo, errático. Transitará por cada área de tu carta astral a lo largo del año. O sea que se darán muchas tendencias de corta duración que dependerán de dónde esté Mercurio, de su movimiento y de los aspectos que reciba. En las previsiones mes a mes hablaré de estas tendencias con más detalle.

Amor y vida social

Como he señalado, este año no será demasiado poderoso en el terreno amoroso o romántico. Tu séptima casa del amor está vacía, sólo la visitarán planetas rápidos. Al parecer, este año no te centrarás demasiado en esta faceta de tu vida. Tu situación amorosa seguirá siendo la misma. Si tienes pareja, seguirás con tu relación. Y si no tienes pareja, seguirás así. La buena noticia es que este aspecto muestra que estás satisfecho con la situación actual y que no sientes la imperiosa necesidad de cambiarla. La desventaja es que si surge algún problema romántico en tu vida, probablemente se deba a tu falta de atención, a no estar centrado en esta faceta de tu vida. Será la señal para que empieces a estar más pendiente de ella.

También hay otro problema relacionado con tu vida amorosa este año. Júpiter, el regente de tu carta astral, está «en caída», es decir, en su posición más débil. De modo que tu autoconfianza y tu autoestima están más bajas que de costumbre. Y esto no ayuda en el amor. Además —quizá este factor sea más importante incluso—, pareces más serio este año, quizá más pesimista de lo habitual. Es posible que te sientas más viejo de lo que en realidad eres. La efervescencia y el entusiasmo característicos de los Sagitario no están ahí. Y los demás lo notan. Puedes dar la impresión de ser una persona «fría», reservada, distante o inaccesible. Tú no eres así, pero los demás pueden creer lo contrario. Y esta imagen que das puede ser un obstáculo en tu vida amorosa. Por fortuna, puedes resolver el problema fácilmente. Anímate. Márcate el propósito de irradiar amor y calidez. Esta actitud le dará un vuelco a la situación.

Tal vez los astros no sean propicios al matrimonio si no tienes pareja, pero favorecen una aventura amorosa. Marte estará en tu quinta casa a partir del 28 de junio. Esta relación no será para comprometerte con tu pareja, sino para divertirte y pasártelo bien.

Mercurio, tu planeta del amor, es uno de los más rápidos y erráticos del zodiaco. En algunas ocasiones se mueve velozmente, y en otras más despacio. Algunas veces se queda quieto en el firmamento y otras se mueve hacia atrás. Este movimiento describe también cómo será tu vida amorosa (así como la clase de pareja que atraerás). Siempre estará cambiando. Las oportunidades románticas te llegarán de distintas maneras y a través de distintas clases de personas y situaciones. Dado que Mercurio visitará todas las casas de tu carta astral este año, se darán muchas tendencias de corta duración relacionadas con el amor que dependerán de dónde esté Mercurio y de los aspectos que reciba. En las previsiones mes a mes hablaré de estas tendencias con más detalle.

La situación amorosa de tus hermanos o figuras fraternas, de tus padres o figuras parentales y de tus hijos o figuras filiales seguirá igual este año. Tus nietos (en el caso de tenerlos) o quienes desempeñan este papel en tu vida llevarán una activa vida social a partir del 20 de diciembre y también el año próximo. Pero su vida social será decepcionante del 23 de marzo al 1 de julio.

Progreso personal

Plutón, tu planeta de la espiritualidad, lleva muchos años en Capricornio, tu casa del dinero, y seguirá ocupándola muchos más. Este aspecto muestra una clase de espiritualidad «práctica». Ves la espiritualidad como una práctica que debe reportarte beneficios prácticos, sobre todo económicos. Indica una gran generosidad en cuanto a las contribuciones benéficas y una poderosa intuición económica. La intuición, como nuestros lectores saben, es un atajo a la riqueza. Los Sagitario siempre son generosos. Pero en estos días lo son incluso más aún. Ahora hay un propósito espiritual en tu vida económica. Has estado explorando las dimensiones espirituales de la riqueza y aprendiendo sobre este tema. Ya entiendes mucho sobre esta cuestión, los Sagitario tienen un conocimiento innato al respecto. Pero siempre hay más cosas que puedes aprender y profundizar.

El concepto espiritual de la riqueza no suele coincidir con el concepto materialista sobre la misma. Y tú experimentas un conflicto bastante grande en este sentido. Tienes una actitud muy práctica y conservadora en cuanto a la economía este año. Y también una mentalidad de empresario. Pero a la prosperidad espiritual tanto le da las condiciones materiales, el dinero que tengas en el banco, lo grande que sea tu cartera de valores, o lo que diga tu informe económico. La prosperidad espiritual viene de lo alto y actúa con los recursos del Universo y no con los tuyos. Nunca tiene que ver con cuánto tienes, sino con cuánto tiene el espíritu, y el espíritu lo tiene todo.

Cuando invocas la riqueza espiritual, esta crea los «cómo». No te preocupes por cómo se materializará en tu vida, de esta parte se ocupa el espíritu. Es inútil intentar averiguar cómo ocurrirá (y además no es más que una gran distracción). Estos «cómo» son tanto una creación como la propia fuente.

Otro hecho interesante sobre la riqueza espiritual es que siempre se encuentra donde tú estás. Siempre está en todas partes. Es una actividad interior. No es más que conectar con el principio y dejar que actúe a través de ti como desee. Además, siempre que conectas con esa prosperidad se encuentra en toda su plenitud. Es decir, puedes acceder a «toda la riqueza que existe». En teoría, puedes ser tan próspero como titanes del calibre de Bill Gates, Warren Buffet o Jeff Bezos. La riqueza se entrega por completo y de manera igualitaria a todos. La única diferencia es la capacidad que cada uno tenemos para recibirla. Estos titanes de las finanzas tienen una capacidad inmensa que han ido desarrollando a lo largo de muchos años y de muchas encarnaciones. No significa que hayan recibido más que tú o que yo, simplemente han sido capaces te tomar una mayor cantidad de lo que el Universo nos ofrece.

Este tema es muy profundo y maravilloso, pero los Sagitario lo entenderán. Si deseas conocerlo más a fondo, en mi blog —www. spiritual-stories.com— encontrarás más información.

Neptuno ya lleva muchos años en tu cuarta casa y este aspecto indica que tu práctica espiritual no sólo te ayudará en la economía, sino también en tu vida familiar y emocional. Los problemas familiares se deben entender espiritualmente para resolverlos. Y el espíritu está deseando ayudarte si estás dispuesto a recurrir a él.

Ahora estás mucho más sensible emocionalmente que de costumbre y que la mayoría de la gente. Por eso te pueden herir fácilmente. En muchas ocasiones los demás ni siquiera han querido hacerte daño aposta, lo que ocurre es que sientes las cosas con más intensidad. De modo que lo mejor es rodearte de personas positivas y optimistas. Este consejo también se aplica a los miembros de tu familia, ya que también serán más sensibles emocionalmente en esta temporada.

Previsiones mes a mes

Enero

Mejores días en general: 2, 3, 12, 20, 21, 29, 30, 31
Días menos favorables en general: 1, 7, 8, 14, 27, 28
Mejores días para el amor: 5, 6, 7, 8, 13, 14, 15, 18, 19, 25, 26, 27, 28
Mejores días para el dinero: 5, 6, 14, 22, 23
Mejores días para la profesión: 5, 6, 14, 15, 25, 26

El poder planetario se encuentra en su mayor parte en la mitad oriental este mes. Además, el dinámico Marte ingresará en tu pri-

mera casa el 2 y la ocupará el resto del mes. Ahora te sientes eufó-
rico. Normalmente eres una persona muy independiente incluso
sin la presencia de Marte. Pero estos días tu independencia personal está por las nubes. Esto tiene sus pros y sus contras. La ventaja
es que tu felicidad depende de ti. Eres el Dueño o la Dueña de tu
Destino este mes. Tu iniciativa y tus habilidades importan. No necesitas la aprobación de los demás para conseguir lo que deseas.
Además, tienes un montón de energía y de dinamismo. Y la desventaja viene de un exceso de elementos positivos. Puede que los
demás te vean como un «camorrista», y esto podría llevarte a dis-
cusiones o incluso conflictos físicos. También puedes ir demasiado
apresurado por la vida y esta actitud te podría causar accidentes.
Sé intrépido, pero de manera sensata.

Ocurrirá un eclipse lunar en tu octava casa el 10. Es un tipo de
eclipse peligroso. Además de tener lugar en tu octava casa, afecta
al regente de la misma, por lo que produce un doble efecto. Aléja-
te de las situaciones peligrosas en esta temporada. Pasa un tiempo
tranquilo en casa. El gimnasio también es un buen lugar donde
estar. Es posible que tengas encuentros con la muerte o experiencias cercanas a la muerte. Suelen ocurrir en el aspecto psicológico.
El cosmos quiere que entiendas mejor la muerte. A tu cónyuge,
pareja o amante actual le conviene hacer cambios económicos
drásticos (será así todo el año). Los efectos del eclipse sobre Saturno, tu planeta de la economía, indican también cambios económicos importantes en tu vida. Los efectos sobre Plutón traen cambios espirituales en las prácticas, las actitudes, las enseñanzas y los
maestros. Surgirán trastornos en las organizaciones espirituales o
benéficas de las que formas parte. Las figuras de gurús de tu vida
vivirán dramas personales. Este eclipse afecta también a Mercurio. Así que tu vida amorosa atravesará momentos difíciles y se
darán cambios en el ámbito profesional. Tus jefes, padres o figuras
parentales vivirán dramas personales, y quizá habrá cambios en la
dirección de tu empresa o en tu sector profesional. Es un eclipse
bastante potente. Aunque te cueste verlo mientras ocurre toda
esta agitación en tu vida, los cambios generados por el eclipse serán positivos.

Empiezas el año en uno de tus mejores momentos económicos.
El eclipse tal vez trastoque las cosas, pero no supondrá un obstáculo para tu prosperidad. Este mes será próspero.

Tu salud es buena en enero. La mayoría de planetas te son favorables. Pero puedes fortalecerla incluso más aún prestándole una

mayor atención a los tobillos y las pantorrillas (te sentarán bien los masajes regulares en estas zonas) hasta el 13, y a los pies a partir del 13. Recurrir a la curación espiritual será excelente para ti a partir del 13, y en especial del 26 al 28.

Febrero

Mejores días en general: 8, 9, 16, 17, 26, 27
Días menos favorables en general: 3, 4, 5, 10, 11, 23, 24, 25
Mejores días para el amor: 3, 4, 5, 6, 7, 8, 14, 15, 16, 17, 23, 24, 25, 26, 27
Mejores días para el dinero: 1, 2, 10, 11, 18, 19, 20, 28, 29
Mejores días para la profesión: 6, 7, 10, 11, 14, 15, 23, 24

Dado que Marte seguirá estando en tu signo hasta el 16, consulta la previsión del mes anterior.

El poder planetario cambiará este mes. El 16 Marte abandonará tu signo. Mercurio ingresará en la mitad occidental de tu carta astral el 3. Y el Sol también se moverá hacia el oeste el 19. De modo que la mitad occidental de tu horóscopo, la de la vida social, ganará incluso más fuerza. Serás mucho menos independiente que el mes anterior. Por eso es el momento de empezar a cultivar las habilidades sociales. Como ambas mitades de tu carta astral son más o menos igual de poderosas este mes, el secreto está en equilibrar tus intereses personales con los de los demás. En algunas ocasiones, harás las cosas a tu manera, y en otras dejarás que los demás las hagan a la suya.

Tu casa del dinero es muy poderosa este mes. La única que rivaliza en poder es tu cuarta casa del hogar y de la familia. Estas dos facetas serán las que más te interesarán en febrero. Debería ser un mes prospero. Tal vez seas más especulador que de costumbre, pero contrólate. Si te arriesgas de manera calculada y planeada, obtendrás beneficios. Pero evita arriesgarte probando suerte en los casinos o con otros métodos similares.

Es un mes para centrarte en el hogar y la familia. De momento, puedes dejar tu profesión en un segundo plano. Incluso Mercurio, tu planeta de la profesión, estará en tu cuarta casa a partir del 3. Ahora el hogar, la familia y el bienestar emocional son tu auténtica profesión, tu verdadera misión este mes. También indica que es el momento de trabajar en tu profesión con los métodos nocturnos, en lugar de con una acción manifiesta y directa. Antes de acostarte visualiza dónde quieres llegar profesionalmente. Imagínatelo. Siente que has alcanzado lo que te has propuesto. Y luego olvídate del asunto. Cuando los planetas empiecen a ocupar la mitad superior de tu carta astral podrás trabajar en tu profesión de una forma más directa.

Vigila más tu salud este mes, sobre todo a partir del 19. Aunque no será nada serio, ya que en general será buena este año. Sólo se tratará de una etapa en la que tendrás menos energía de la habitual. Sigue fortaleciendo tu salud con medios espirituales hasta el 7. Si tu tono vital está bajo, recurre a un sanador espiritual. Como tu planeta de la salud ingresará el 7 en Aries, tu quinta casa, te convienen los masajes en el cuerpo cabelludo y la cara, y el ejercicio físico. Divertirte será una terapia excelente a partir del 7.

El amor ronda cerca de tu hogar este mes. Mercurio, tu planeta del amor, estará la mayor parte del mes (a partir del 3) en tu cuarta casa. Ahora estás socializando más con la familia y en el ámbito doméstico. La familia y los contactos familiares están jugando un papel en tu vida amorosa, tal vez al presentarte a alguien. Te atraerán las personas espirituales y las que son sensibles emocionalmente. Ahora te excitan las personas con las que puedes compartir tus emociones. Tu planeta del amor iniciará su movimiento retrógrado el 17. Así que tu vida amorosa bajará de ritmo. Tal vez dudes de tu posible pareja o esta tenga dudas sobre ti. Es un buen momento para reflexionar sobre tu vida amorosa.

Marzo

Mejores días en general: 6, 7, 14, 15, 24, 25
Días menos favorables en general: 2, 3, 8, 9, 22, 23, 29, 30
Mejores días para el amor: 2, 3, 8, 10, 11, 17, 18, 22, 23, 27, 28, 29, 30
Mejores días para el dinero: 1, 8, 9, 17, 18, 27, 28, 29
Mejores días para la profesión: 8, 9, 10, 11, 22, 23

Tu cuarta casa del hogar y de la familia sigue siendo muy poderosa. Continúa centrado en esta faceta de tu vida. Dado que tu planeta de la profesión será retrógrado hasta el 10, no ocurrirá gran cosa en el terreno profesional, o sea que es mejor que te vuelques en tu hogar. Es un mes excelente para quienes reciben terapias psicológicas. Harán un gran progreso en ellas. Pero aunque no sigas una terapia de manera «oficial», la Naturaleza resolverá muchos de tus problemas del pasado. Hará que afloren de pronto recuerdos en tu mente —a menudo parecerán surgir por casualidad, sin ninguna razón aparente—, y al observarlos desde tu estado de evolución actual, dejarán de afectarte. Tu vida onírica también será muy activa este mes. (Es posible que sea más interesante que la vida cotidiana.) Esto también forma parte de la actividad terapéutica de la Naturaleza.

Tu situación económica sigue siendo muy buena en marzo. Tu casa del dinero estará abigarrada de planetas casi todo el mes. Este aspecto indica un centro de atención, y según la ley espiritual, obtenemos aquello en lo que nos centramos. Saturno, tu planeta de la economía, abandonará tu casa del dinero el 23 e ingresará en Acuario, tu tercera casa, el mismo día. Marte la dejará también el 31. El movimiento de Saturno no será sin embargo un tránsito en toda regla, sino un flirteo temporal con tu tercera casa. En esencia, anuncia cómo será tu situación económica el año que viene. Te mostrarás un poco menos conservador en este terreno. El sector de la alta tecnología te atraerá. La coyuntura propicia las actividades online. Te beneficiarás del comercio —la compraventa— y del buen uso de los medios de comunicación. Sea cual sea tu profesión, es importante aplicar una buena mercadotecnia, publicidad o relaciones públicas. Los clientes tienen que conocer tu producto o tu servicio. Gastarás más dinero en ello, pero también te reportará más ingresos.

Júpiter viajará con Plutón, tu planeta de la espiritualidad, todo el mes. Este tránsito muestra diferentes cosas. Tu intuición financiera será excepcional. Serás incluso una persona más generosa que de costumbre (los Sagitario son conocidos por su generosidad). Harás grandes progresos espirituales y vivirás experiencias sobrenaturales.

El Sol ingresará en tu quinta casa el 20 y empezarás uno de tus momentos más placenteros del año. Tu salud mejorará notablemente. Te llevarás bien con tus hijos o figuras filiales en esta temporada (sobre todo, del 15 al 21, mientras Marte y Júpiter viajan juntos.) Del 15 al 21 será un momento favorable para las especulaciones económicas —ten en cuenta que te conviene calcularlas y planificarlas bien—, pero no optes por ganar dinero jugando al casino o por otros medios similares.

Puedes fortalecer más tu buena salud con masajes en el cuero cabelludo y la cara, y por medio del ejercicio físico hasta el 5. Después de esta fecha presta más atención al cuello y la garganta.

Abril

Mejores días en general: 3, 4, 11, 12, 20, 21, 22
Días menos favorables en general: 5, 6, 18, 19, 25, 26
Mejores días para el amor: 1, 2, 7, 8, 10, 11, 15, 16, 17, 20, 21, 25, 26, 30
Mejores días para el dinero: 6, 7, 13, 14, 15, 24, 25
Mejores días para la profesión: 1, 2, 5, 6, 10, 11, 20, 21, 30

Este mes es muy espiritual, como el anterior. Júpiter y Plutón viajarán juntos el mes entero, o sea que tu intuición económica será excelente. Al igual que marzo, es un momento propicio a los progresos espirituales y las experiencias sobrenaturales.

Tu salud es buena este mes. Y además estarás muy pendiente de ella a partir del 19. Espero que este interés se centre en llevar un estilo de vida saludable y en prevenir las enfermedades con ello. En algunas ocasiones, sobre todo cuando la salud es buena, este interés puede llevar a la hipocondría, es decir, a la tendencia a creer que uno tiene una enfermedad grave cuando no es más que un achaque.

Dudo de que haya demasiados Sagitario desempleados estos días. Pero si hay alguno, este mes surgirán buenas oportunidades laborales. Algunas serán incluso en países extranjeros o en compañías extranjeras. Y aunque ya tengas trabajo, se te presentarán oportunidades para hacer horas extras y dedicarte al pluriempleo. Si eres empresario, recibirás muchas solicitudes de trabajadores cualificados. Y es posible que aumentes tu plantilla.

Seguirás en una de tus temporadas más placenteras del año hasta el 19. Es el momento de disfrutar de la vida y explorar sus numerosos deleites. Es probable que hagas viajes de placer hasta el 19. Marte y Saturno viajarán juntos el 1 y 2. Este tránsito propicia la suerte en las especulaciones económicas, así como gastos o ingresos procedentes de tus hijos o figuras filiales. Ganarás dinero de formas placenteras estos días. Y también gastarás más en cosas agradables.

Tu vida amorosa se complicará del 11 al 27. Tendrás que esforzarte más en tu relación de pareja, por lo visto surgirá algún conflicto conyugal. Antes del 11, Mercurio, tu planeta del amor, visitará tu cuarta casa. Ahora sigues socializando más en el hogar y con tu familia. La compatibilidad espiritual y emocional con tu pareja es muy importante para ti en esta etapa. Después del 11,

Mercurio ingresará en tu quinta casa y querrás divertirte y juguetear en tu vida amorosa. Al parecer, no te tomarás demasiado en serio las relaciones. Querrás simplemente pasártelo bien (y es probable que atraigas también a esta clase de personas). Las oportunidades románticas surgirán en los sitios habituales, como fiestas, balnearios y lugares de ocio. Mercurio ingresará en tu sexta casa el 27 y te volverás más formal en este terreno. Tu vida amorosa mejorará. Si no tienes pareja, surgirán oportunidades románticas felices. Es posible que conozcas a alguien en tu lugar de trabajo. Las oportunidades románticas también pueden darse mientras intentas alcanzar tus objetivos para mantenerte sano o te relacionas con profesionales de la salud. Venus, tu planeta de la salud, estará en tu séptima casa a partir del 3, y este aspecto apoya lo que acabo de indicar. Te atraerán los profesionales de la salud o tus compañeros de trabajo en esta temporada.

Mayo

Mejores días en general: 1, 8, 9, 18, 19, 27, 28
Días menos favorables en general: 2, 3, 15, 16, 23, 24, 29, 30
Mejores días para el amor: 2, 3, 4, 5, 12, 13, 14, 23, 24
Mejores días para el dinero: 3, 4, 12, 13, 14, 22
Mejores días para la profesión: 2, 3, 12, 13, 23, 24, 29, 30

Saturno, tu planeta de la economía, será retrógrado el 11, y continuará siéndolo durante muchos meses más. Por lo que tu vida bajará de ritmo un poco, aunque los ingresos te seguirán llegando. Sé más diligente antes de realizar inversiones o compras importantes. Es el momento de afrontar las finanzas con la actitud de «esperemos a ver». Este mes seguirá siendo próspero.

El poder planetario se encuentra en su mayor parte en la mitad occidental de tu carta astral este mes, la de la vida social, y después del 13 esta mitad será incluso más poderosa aún. Mayo es, pues, un mes social. Cuando el Sol ingrese en tu séptima casa el 20, iniciarás unas de tus mejores temporadas amorosas y sociales del año. Tu vida amorosa parece ser feliz. Si no tienes pareja, surgirán oportunidades románticas. Estás conociendo a gente nueva, quizá a extranjeros, tutores o personas religiosas. Todavía te siguen atrayendo los profesionales de la salud. Tu planeta del amor avanza con rapidez este mes. De modo que estás cubriendo mucho terreno en esta faceta de tu vida y estás lleno de confianza. Si tienes pareja, vuestra relación será más romántica, y saldréis y socializaréis más.

Marte ingresará en tu cuarta casa el 13. Es un momento excelente para hacer reparaciones o reformas en el hogar. Es posible que los miembros de tu familia estén más agresivos e irascibles que de costumbre. Sé paciente con ellos.

Vigila más tu salud a partir del 20. Asegúrate, como siempre, de descansar lo suficiente. No quemes la vela por ambos extremos. Fortalece tu salud con los métodos descritos en la previsión anual, y con masajes en los brazos y los hombros. Te conviene hacer ejercicios respiratorios. Y también respirar aire puro. Venus, tu planeta de la salud, será retrógrado el 13. De modo que estudia con más detenimiento los cambios relacionados con tu salud como, por ejemplo, los que tienen que ver con la dieta o las terapias.

Venus, tu planeta de la salud, salió fuera de límites el 3 de abril y seguirá así todo el mes. Esto indica que ahora estás explorando métodos para estar sano fuera de tu esfera habitual. Aunque también podría indicar que tu trabajo te está obligando a ir más allá del terreno por el que te mueves.

Mercurio, tu planeta del amor, también estará fuera de límites del 17 hasta finales de mes. Indica que en el amor te estás moviendo fuera de tu ambiente usual y que quizá ahora te atraen personas que no forman parte del entorno en el que te mueves.

Plutón, tu planeta de la espiritualidad, empezó a ser retrógrado el 25 de abril y seguirá así muchos meses más. Este movimiento indica que ahora estás retrocediendo en cuanto a las cuestiones espirituales y reconsiderándolas. Verifica más tu intuición en esta temporada.

Junio

Mejores días en general: 5, 6, 14, 15, 24, 30
Días menos favorables en general: 11, 12, 13, 19, 20, 26, 27
Mejores días para el amor: 1, 3, 4, 9, 10, 11, 12, 19, 20, 21, 22
Mejores días para el dinero: 2, 7, 8, 9, 18, 19, 27
Mejores días para la profesión: 3, 4, 11, 12, 21, 22, 26, 27

Venus continuará fuera de límites el 1 y luego volverá a la normalidad el resto del mes. De modo que, en lo relativo a la salud y al trabajo, volverás a moverte por tu terreno habitual.

Como Mercurio, tu planeta del amor, seguirá fuera de límites hasta el 9, buscarás el amor fuera de tu ambiente cotidiano, como ocurrió el mes anterior. Y quizá ahora tus intereses amorosos sean otros que los habituales. Pero esta situación cambiará después del 9. A partir de esta fecha, volverás a moverte por tu ambiente habitual.

Se producirán dos eclipses este mes y la actividad retrógrada alcanzará su punto máximo del año (en septiembre volverá a darse el mismo porcentaje). Del 23 al 25 el 60 por ciento de los planetas serán retrógrados. Después del 25, lo serán el 50 por ciento. Aunque sigue siendo un porcentaje muy alto. Los niños nacidos en este periodo necesitarán madurar mucho interiormente y tal vez se desarrollen tarde en la vida.

El eclipse lunar del 5 te afectará de lleno, tómate esta temporada con calma y procura relajarte y reducir tu agenda. Se producirá en tu propio signo. Te verás obligado (en los siguientes meses) a redefinirte y cambiar tu imagen, tu personalidad y el concepto que tienes de ti. Esto se manifestará en cambios de vestuario y de imagen en los próximos meses. Este eclipse lunar traerá enfrentamientos con la muerte y quizá algunas experiencias cercanas a la muerte. Otra razón para tomarte este periodo con calma. Tu cónyuge, pareja o amante actual se verá obligado a hacer grandes cambios económicos debido a problemas financieros. Como este eclipse afectará a Marte y Venus, tus hijos o figuras filiales acusarán sus efectos. También les conviene reducir su agenda. Sentirán la necesidad de redefinirse. Deben evitar viajar al extranjero en esta temporada. Uno de tus padres o figuras parentales se verá obligado a hacer cambios económicos importantes. El eclipse también afectará a Venus. Este aspecto indica cambios laborales y en tu programa de salud. Las amistades serán puestas a prueba y surgirán dramas en las vidas de tus amigos.

El eclipse solar del 21 ocurrirá en tu octava casa. Volverán a darse enfrentamientos con la muerte, normalmente en el sentido psicológico. Es posible que te recomienden una cirugía. Tu cónyuge, pareja o amante actual se verá obligado de nuevo a hacer cambios económicos. Su estrategia y sus ideas relacionadas con la economía no han estado siendo realistas y deberá tomar medidas correctoras en este sentido. A los estudiantes universitarios también les afectará el eclipse. Se producirán cambios en los planes de estudios y trastornos en la facultad. Surgirán problemas en tu lugar de culto y dramas en las vidas de tus líderes religiosos.

Julio

Mejores días en general: 2, 3, 11, 12, 21, 22, 29, 30
Días menos favorables en general: 9, 10, 16, 17, 23, 24
Mejores días para el amor: 1, 6, 7, 8, 9, 10, 16, 17, 19, 20, 25, 26, 27, 28
Mejores días para el dinero: 4, 5, 14, 15, 23, 24, 31
Mejores días para la profesión: 1, 9, 10, 19, 20, 23, 24, 27, 28

Tu planeta de la economía regresa a Capricornio el 2. Y tu casa del dinero vuelve a estar llena de planetas. Será un mes próspero, pero los ingresos te llegarán más despacio y con muchos retrasos. Es primordial que te ocupes de todos los pequeños detalles de tu economía. Si envías un pago importante por correo, asegúrate de escribir bien la dirección del destinatario y de rellenar el cheque correctamente. Tal vez te convenga enviarlo por correo certificado. Ocuparte de los detalles quizá sea tedioso, pero minimizará los retrasos.

Ocurrirá otro eclipse lunar —el tercero del año— el 5. (Normalmente sólo hay dos.) Se producirá en tu casa del dinero e indica la necesidad de hacer cambios económicos importantes. Sin embargo, al haber esta gran actividad retrógrada, te conviene estudiar más a fondo la situación antes de efectuarlos. Al igual que le conviene a tu cónyuge, pareja o amante actual, ya que también tendrá que hacer cambios económicos. Las personas adineradas de tu vida vivirán dramas personales. Como ocurre con cualquier eclipse lunar, pueden darse encuentros con la muerte o experiencias cercanas a la muerte, por lo general en el plano psicológico. Este eclipse afecta, aunque no de manera demasiado directa, a otros tres planetas, en concreto, Mercurio, Júpiter y Saturno. Los efectos sobre Saturno reafirman los cambios económicos de los que he hablado. Los efectos sobre Júpiter son a escala personal. Es posible que depures tu cuerpo o que sientas el deseo de redefinirte o reinventarte. Los efectos sobre Mercurio muestran que atravesarás momentos difíciles en el terreno amoroso y que se darán cambios laborales. Tus padres o figuras parentales y tus jefes vivirán dramas personales.

El hemisferio nocturno de tu carta astral es el que predomina este año. Aunque la mitad superior se encuentra en el momento más poderoso del año. Tu hogar y tu familia —tu bienestar emocional— siguen siendo tu prioridad, pero ahora puedes empezar a centrarte un poco más en tu profesión. Te encuentras en el amanecer de tu año, en sentido figurado, aunque tal vez no desees levantarte de la cama.

Tu salud es buena este mes. Pero puedes fortalecerla más aún con masajes en los brazos y los hombros, y con ejercicios respiratorios. Una buena salud significa para ti llevar una vida amorosa y social saludables. Conque si surgen problemas (esperemos que no sea así), restablece la armonía cuanto antes.

Tu vida amorosa se presenta complicada este mes. Mercurio será retrógrado hasta el 12 y está recibiendo aspectos desfavorables. Te conviene esforzarte más en este ámbito de tu vida.

Agosto

Mejores días en general: 8, 9, 17, 18, 25, 26, 27
Días menos favorables en general: 5, 6, 13, 14, 19, 20
Mejores días para el amor: 3, 4, 8, 13, 14, 15, 16, 17, 18, 23, 24, 28, 29
Mejores días para el dinero: 1, 2, 11, 20, 28, 29
Mejores días para la profesión: 8, 17, 18, 19, 20, 28, 29

Como tu décima casa de la profesión ganará fuerza a partir del 22, te conviene centrarte en tu carrera laboral. Sin embargo, tu empuje profesional no será tan poderoso como en temporadas anteriores o ni siquiera como en los años futuros. En realidad, te centrarás a medias en esta faceta de tu vida. La mayor parte del poder planetario se encuentra debajo del horizonte. Progresarás laboralmente, pero eres capaz de mucho más en este sentido.

Con todo, este mes será al parecer feliz. Tu novena casa —tu favorita— se volvió poderosa a partir del 22 de julio, y lo seguirá siendo hasta el 22 de agosto. Ahora te atraen los países extranjeros. Es posible que viajes en agosto (te subirás a un avión a la menor oportunidad, alegando cualquier excusa). Ahora estás haciendo lo que te encanta hacer. Si eres estudiante universitario, progresarás en los estudios en este periodo. Al concentrarte en ellos, tienes más probabilidades de triunfar. Después del 22 harás viajes laborales.

Tu vida amorosa será mucho mejor este mes. Mercurio, el planeta del amor, avanza raudo. Ahora confías en ti y estás cubriendo mucho terreno. Mercurio recibirá aspectos mucho más favorables después del 5 en lugar de antes de esta fecha. Ingresará en

Leo, tu novena casa, el 5, y la ocupará hasta el 20. Surgirán oportunidades amorosas en países extranjeros y quizá con extranjeros. Si no tienes pareja, se presentarán oportunidades románticas en actos universitarios o académicos, o en tu lugar de culto. Ahora te atraen personas de las que puedes aprender. También necesitas que tu pareja y tú seáis muy compatibles filosóficamente. Mercurio ingresará en tu décima casa de la profesión el 20. Este aspecto indica que surgirán oportunidades románticas o sociales mientras persigues tus objetivos profesionales o te relacionas con personas de tu mundo laboral. Ahora alternas con personas poderosas y prestigiosas, por lo que promueves tu profesión a través de medios sociales. Buena parte de tu socialización tendrá que ver con tu profesión.

Tu salud será excelente hasta el 22. Después de esta fecha asegúrate de descansar más. Tu salud es en esencia buena, aunque no es uno de tus mejores momentos en este sentido. Fortalece hasta el 7 tu salud con masajes en los brazos y los hombros, asegúrate de eliminar la tensión acumulada en estos. Después del 7 te sentarán bien los programas depurativos. Gozar de una buena salud emocional es muy importante para ti. Mantén una actitud positiva y constructiva. La dieta también será importante a partir del 7.

Todos los planetas relacionados con tu economía son retrógrados, o sea que el curso de tus finanzas se ralentizará, aunque seguirás gozando de prosperidad.

Septiembre

Mejores días en general: 4, 5, 14, 15, 22, 23
Días menos favorables en general: 1, 2, 3, 9, 10, 16, 17, 29, 30
Mejores días para el amor: 2, 3, 9, 10, 13, 14, 18, 19, 22, 23, 26, 27
Mejores días para el dinero: 6, 7, 8, 16, 17, 24, 25
Mejores días para la profesión: 9, 16, 17, 18, 19, 26, 27

La actividad retrógrada vuelve a alcanzar su punto máximo este mes. Del 9 al 12 el 60 por ciento de los planetas serán retrógrados. Antes y después de estos días, lo serán el 50 por ciento. Pero la actividad retrógrada irá disminuyendo progresivamente durante los meses siguientes.

Lo más probable es que no logres eliminar todos los retrasos, pero puedes minimizarlos realizándolo todo con más perfección.

Actuar de manera lenta y adecuada es mejor que hacerlo con prisas y descuidadamente.

Marte iniciará uno de sus inusuales movimientos retrógrados a partir del 9. Este tránsito afectará a tus hijos o figuras filiales. Ahora carecen de rumbo en su vida. Parecen ir a la deriva. Uno de tus padres o figura parental necesita tener más la actitud de «esperemos a ver» en su situación económica. Le conviene evitar hacer compras o inversiones importantes a partir del 9.

Seguirás en uno de tus mejores momentos profesionales del año hasta el 22. Es mejor que te centres en este ámbito, ya que Neptuno, tu planeta de la familia, seguirá siendo retrógrado y sólo el tiempo resolverá los problemas familiares.

Sigue vigilando tu salud hasta el 22. Tu salud es buena, pero no te encuentras en uno de tus momentos de mayor energía. Fortalécela hasta el 6 con una dieta adecuada y una buena salud emocional. A partir del 7 te sentarán bien los masajes torácicos. Evita las preocupaciones y la ansiedad para que tu corazón tenga más vitalidad.

Cuando el poder planetario se trasladó a tu décima casa el 22 de agosto, hubo un cambio de la mitad occidental —la de la vida social—, a la mitad oriental —la de la independencia. El próximo mes y los siguientes esta tendencia será mayor aún. Estás entrando en una etapa en la que eres muy independiente. Los demás son importantes, pero lo mejor para ti ahora es actuar a tu manera. En estos días te será más fácil hacer los cambios necesarios para ser feliz.

Tu situación económica está progresando de forma lenta, pero segura. El estancamiento financiero está tocando a su fin. Júpiter, en tu casa del dinero, iniciará su movimiento directo el 13. Saturno, tu planeta de la economía, lo iniciará el 29. Volverás a ver tu situación económica con claridad.

Tu vida amorosa será feliz, sobre todo hasta el 5. Tu planeta del amor forma parte de un gran trígono en los signos de tierra. El amor ahora es importante para ti y estás centrado en él. Sigue persiguiendo tus metas profesionales y el amor te encontrará. Mercurio, tu planeta del amor, ingresará en la romántica Libra el 5, un aspecto positivo para las oportunidades amorosas. El único problema es que está formando aspectos desfavorables con otros planetas. Tu vida amorosa será activa, aunque llena de dificultades. Mercurio ingresará en tu casa doce el 27. En estos días te atraerán las personas espirituales o artísticas.

Gozar de compatibilidad espiritual con tu pareja se volverá importante para ti.

Octubre

Mejores días en general: 1, 2, 11, 12, 19, 20, 28, 29, 30
Días menos favorables en general: 6, 7, 13, 14, 26, 27
Mejores días para el amor: 3, 6, 7, 9, 10, 17, 18, 21, 22, 26
Mejores días para el dinero: 4, 5, 13, 14, 21, 22, 23, 31
Mejores días para la profesión: 9, 10, 13, 14, 17, 18, 26

Venus ingresará en tu casa diez el 2. Tu buena ética laboral impresionará a tus superiores. Es también una buena señal en cuanto a la salud. Esta es ahora una de tus prioridades. Venus no es demasiado poderoso en el signo de Virgo, pero al encontrarse en la cúspide de tu carta astral, su posición es fuerte. (Es poderoso terrestremente.) Tu salud será buena este mes. Puedes fortalecerla incluso más aún con masajes abdominales.

Aunque este mes no sea demasiado romántico, socializarás mucho en él. Tu casa once de los amigos es muy poderosa, por lo que saldrás con los amigos y participarás en grupos y en actividades grupales. Esta clase de poder indica que será un mes feliz. La casa once es benéfica.

Uno de tus padres o figura parental está teniendo un mes excelente en el terreno económico. El otro también está prosperando, pero más despacio. Su planeta de la economía seguirá siendo retrógrado el mes entero.

Cuando Plutón inicie su movimiento de avance el 4, tu economía se reactivará. Será un mes próspero. Todos los planetas relacionados con la economía tendrán un movimiento directo. En esta temporada verás tu situación económica con claridad y tomarás buenas decisiones en este terreno. Tu actitud en cuanto a las finanzas será conservadora y a largo plazo, como lo ha estado siendo todo el año.

Curiosamente, Plutón, tu planeta de la espiritualidad, retomará su movimiento directo un poco antes de que tu casa doce de la espiritualidad se vuelva poderosa. Todos los sistemas de creencias se activarán en tu vida espiritual a partir del 23. Progresarás notablemente en esta faceta de tu vida. La entrada del Sol en tu casa doce de la espiritualidad sugiere que te beneficias de las tradiciones místicas de tu propia religión. No hace falta que explores sistemas exóticos para alcanzar la Iluminación, tu propia religión tiene un poderoso lado místico.

Mercurio, tu planeta del amor, será retrógrado el 14, y este movimiento complicará tu vida amorosa. Si estás sin pareja, seguirás teniendo citas, pero menos de las habituales. Ahora tu confianza social no es tan alta como de costumbre. Tu relación actual parece retroceder en lugar de progresar. Surgirán encuentros románticos en espacios espirituales, pero no te apresures. Deja que el amor se desarrolle a su propio ritmo. Afronta la vida con la actitud de «esperemos a ver». Los actos benéficos también propician los encuentros románticos.

La entrada de Venus en la mitad oriental de tu carta astral establece el poder de esta parte. Ahora es la que predomina y seguirá predominando incluso más todavía en los próximos meses. Ha llegado, pues, el momento de actuar a tu propia manera. Toma la iniciativa. No esperes a que los demás aprueben tus acciones. Tu felicidad está ahora en tus manos.

Noviembre

Mejores días en general: 7, 8, 16, 25, 26
Días menos favorables en general: 2, 3, 4, 10, 22, 23, 30
Mejores días para el amor: 2, 3, 4, 12, 13, 14, 21, 22, 23, 30
Mejores días para el dinero: 2, 11, 18, 19
Mejores días para la profesión: 3, 4, 10, 13, 14, 22, 23

Este mes será, básicamente, un mes feliz en el que la espiritualidad te llenará. Ni siquiera el eclipse lunar del 30 enturbiará tu felicidad, sólo le añadirá un poco más de excitación a tu vida.

Júpiter está viajando ahora con Plutón y Saturno, tus planetas de la espiritualidad y la economía. De modo que harás grandes progresos en el plano espiritual y también gozarás de prosperidad. Tu intuición financiera se encuentra en su mejor momento. Estás alcanzando tus metas económicas fácilmente en esta temporada.

Este mes también es espiritual por otras razones. Tu casa doce es incluso más poderosa de lo que era el mes pasado. Es un gran mes para estudiar la literatura sagrada y para las prácticas espirituales. Tu vida onírica será activa y reveladora.

La entrada del Sol en tu signo el 21 inicia uno de tus momentos más placenteros del año. Es probable que viajes al extranjero (surgirán, sin duda, oportunidades para ello). Si eres un universitario, progresarás en los estudios. Es un momento favorable para los asuntos jurídicos, la situación será la más idónea para ti. Es un buen momento para disfrutar de tu cuerpo (mientras no te excedas), y para poner en forma tu cuerpo y tu imagen tal como tú desees.

Tu ritmo de vida aumentará también este mes, aunque a ti esto te gusta. A finales de noviembre el 90 por ciento de los planetas serán directos.

El eclipse lunar del 30 —el cuarto y último del año— ocurrirá en tu séptima casa del amor. Así que tu relación actual se topará con dificultades. También es posible que se den problemas con tus socios en el caso de tener un negocio conjunto. Tu cónyuge, pareja o amante actual tendrá que hacer cambios económicos de nuevo. Se darán encuentros con la muerte o experiencias cercanas a la muerte. Tus tíos o tías también harán cambios económicos importantes.

Tu salud es buena este mes, pero reduce tu agenda durante la temporada del eclipse, es decir, varios días antes y después de que ocurra. (Las personas sensibles notan el eclipse incluso dos semanas antes de que ocurra.) Puedes fortalecer tu salud con masajes en las caderas hasta el 21 y con programas para depurar el organismo después de esta fecha. Si recurres a la curación espiritual, te funcionará de maravilla después del 21.

Tu vida amorosa será más feliz después del 11. Tu planeta del amor iniciará su movimiento de avance el 3. Y dejará de formar su aspecto desfavorable en tu carta astral el 11. El amor te puede llegar por canales espirituales después del 11. Si sigues el camino espiritual adecuado, el amor aparecerá en tu vida de manera natural.

Diciembre

Mejores días en general: 5, 6, 13, 14, 22, 23
Días menos favorables en general: 1, 7, 8, 19, 20, 21, 27, 28
Mejores días para el amor: 1, 2, 3, 11, 12, 22, 23, 27, 28
Mejores días para el dinero: 8, 9, 15, 16, 17, 27
Mejores días para la profesión: 5, 6, 7, 8, 13, 14, 24

Aunque este mes seas feliz y goces de salud, al haber un eclipse solar (el último del año) el 14 en tu propio signo, te conviene reducir tu agenda en este periodo. Esta clase de eclipse suele ocasionar que tengas que enfrentarte a habladurías o difamaciones.

La gente intenta definirte de formas inadecuadas. Conque tu mejor defensa es definirte tú mismo. No te conviene viajar en esta temporada. Si es posible, programa los viajes para antes o después del eclipse. Los estudiantes universitarios acusarán en especial sus efectos. Es posible que cambien de facultad o que cambien los planes de estudios. En ocasiones, la universidad en la que habían solicitado estudiar no los aceptará y al final los admitirá otra mejor. Habrá trastornos en la facultad, en tu lugar de culto y en las vidas de tus profesores o líderes religiosos. Este eclipse afectará a Neptuno, tu planeta de la familia. Uno de tus padres o figura parental vivirá dramas personales. Los miembros de tu familia serán más temperamentales en esos días. También es posible que tengas que hacer reparaciones en tu hogar. Tu vida onírica probablemente será más activa en esta temporada, pero no le des demasiada importancia a tus sueños.

El eclipse le aporta una cierta chispa y excitación a tu vida este mes, pero tu felicidad básica no se enturbiará. Tienes buen aspecto (aunque te conviene controlar tu peso). Mercurio, tu planeta del amor, estará en tu signo hasta el 21, y Venus entrará en él el 15. Ahora eres tú el que atraes al sexo contrario. El amor te busca en lugar de ser al revés. Tienes el amor en tus propios términos y aparece en tu vida por sí solo. En el caso de mantener una relación, tú cónyuge, pareja o amante actual te está cuidando con gran dedicación. Tú eres para él o ella lo primero. Mercurio saldrá fuera de límites a partir del 13. Esta coyuntura sugiere que en lo que se refiere al amor ahora te atraen las personas que no forman parte de tu esfera. A veces también puede indicar que tu cónyuge, pareja o amante actual se está moviendo fuera de su terreno.

Este mes será muy próspero. Dos planetas importantes abandonarán tu casa del dinero este mes (Júpiter y Saturno), aunque serán reemplazados por otros dos planetas que la ocuparán. Iniciarás uno de tus mejores momentos económicos del año el 21. Y el mes próximo seguirá siendo así. Pero el año que viene no estarás tan volcado en tu economía. Este mes y el año siguiente estarás más interesado en tu desarrollo intelectual. Es un buen momento para los estudiantes de secundaria, ya que están más centrados en sus estudios. Cuando alcanzas tus objetivos económicos —al menos a corto plazo— es natural desear desarrollar la mente.

El 90 por ciento de los planetas son ahora directos, el ritmo de tu vida está aumentando, como a ti te gusta. Progresarás con más rapidez hacia tus objetivos en esta temporada.

Capricornio

La Cabra

Nacidos entre el 21 de diciembre y el 19 de enero

Rasgos generales

CAPRICORNIO DE UN VISTAZO

Elemento: Tierra

Planeta regente: Saturno
   Planeta de la profesión: Venus
   Planeta del amor: la Luna
   Planeta del dinero: Urano
   Planeta de la salud y el trabajo: Mercurio
   Planeta del hogar y la vida familiar: Marte
   Planeta espiritual: Júpiter

Colores: Negro, índigo
   Colores que favorecen el amor, el romance y la armonía social:
      Castaño rojizo, plateado
   Color que favorece la capacidad de ganar dinero: Azul marino

Piedra: Ónice negro

Metal: Plomo

Aromas: Magnolia, pino, guisante de olor, aceite de gualteria

Modo: Cardinal (= actividad)

Cualidades más necesarias para el equilibrio: Simpatía, espontaneidad, sentido del humor y diversión

Virtudes más fuertes: Sentido del deber, organización, perseverancia, paciencia, capacidad de expectativas a largo plazo

Necesidad más profunda: Dirigir, responsabilizarse, administrar

Lo que hay que evitar: Pesimismo, depresión, materialismo y conservadurismo excesivos

Signos globalmente más compatibles: Tauro, Virgo

Signos globalmente más incompatibles: Aries, Cáncer, Libra

Signo que ofrece más apoyo laboral: Libra

Signo que ofrece más apoyo emocional: Aries

Signo que ofrece más apoyo económico: Acuario

Mejor signo para el matrimonio y/o asociaciones: Cáncer

Signo que más apoya en proyectos creativos: Tauro

Mejor signo para pasárselo bien: Tauro

Signos que más apoyan espiritualmente: Virgo, Sagitario

Mejor día de la semana: Sábado

La personalidad Capricornio

Debido a las cualidades de los nativos de Capricornio, siempre habrá personas a su favor y en su contra. Mucha gente los admira, y otros los detestan. ¿Por qué? Al parecer esto se debe a sus ansias de poder. Un Capricornio bien desarrollado tiene sus ojos puestos en las cimas del poder, el prestigio y la autoridad. En este signo la ambición no es un defecto fatal, sino su mayor virtud.

A los Capricornio no les asusta el resentimiento que a veces puede despertar su autoridad. En su mente fría, calculadora y organizada, todos los peligros son factores que ellos ya tienen en cuenta en la ecuación: la impopularidad, la animosidad, los malentendidos e incluso la vil calumnia; y siempre tienen un plan para afrontar estas cosas de la manera más eficaz. Situaciones que aterrarían a cualquier mente corriente, para Capricornio son meros problemas que hay que afrontar y solventar, baches en el camino hacia un poder, una eficacia y un prestigio siempre crecientes.

Algunas personas piensan que los Capricornio son pesimistas, pero esto es algo engañoso. Es verdad que les gusta tener en cuenta el lado negativo de las cosas; también es cierto que les gusta imaginar lo peor, los peores resultados posibles en todo lo que emprenden. A otras personas les pueden parecer deprimentes estos análisis, pero Capricornio sólo lo hace para poder formular una manera de salir de la situación, un camino de escape o un «paracaídas».

Los Capricornio discutirán el éxito, demostrarán que las cosas no se están haciendo tan bien como se piensa; esto lo hacen con ellos mismos y con los demás. No es su intención desanimar, sino más bien eliminar cualquier impedimento para un éxito mayor. Un jefe o director Capricornio piensa que por muy bueno que sea el rendimiento siempre se puede mejorar. Esto explica por qué es tan difícil tratar con los directores de este signo y por qué a veces son incluso irritantes. No obstante, sus actos suelen ser efectivos con bastante frecuencia: logran que sus subordinados mejoren y hagan mejor su trabajo.

Capricornio es un gerente y administrador nato. Leo es mejor para ser rey o reina, pero Capricornio es mejor para ser primer ministro, la persona que administra la monarquía, el gobierno o la empresa, la persona que realmente ejerce el poder.

A los Capricornio les interesan las virtudes que duran, las cosas que superan las pruebas del tiempo y circunstancias adversas. Las modas y novedades pasajeras significan muy poco para ellos; sólo las ven como cosas que se pueden utilizar para conseguir beneficios o poder. Aplican esta actitud a los negocios, al amor, a su manera de pensar e incluso a su filosofía y su religión.

Situación económica

Los nativos de Capricornio suelen conseguir riqueza y generalmente se la ganan. Están dispuestos a trabajar arduamente y durante mucho tiempo para alcanzar lo que desean. Son muy dados a renunciar a ganancias a corto plazo en favor de un beneficio a largo plazo. En materia económica entran en posesión de sus bienes tarde en la vida.

Sin embargo, si desean conseguir sus objetivos económicos, deben despojarse de parte de su conservadurismo. Este es tal vez el rasgo menos deseable de los Capricornio. Son capaces de oponerse a cualquier cosa simplemente porque es algo nuevo y no ha sido puesto a prueba. Temen la experimentación. Es necesario que estén dispuestos a correr unos cuantos riesgos. Debería entusiasmarlos más lanzar productos nuevos al mercado o explorar técnicas de dirección diferentes. De otro modo el progreso los dejará atrás. Si es necesario, deben estar dispuestos a cambiar con los tiempos, a descartar métodos anticuados que ya no funcionan en las condiciones modernas.

Con mucha frecuencia, la experimentación va a significar que tengan que romper con la autoridad existente. Podrían incluso pensar en cambiar de trabajo o comenzar proyectos propios. Si lo hacen deberán disponerse a aceptar todos los riesgos y a continuar adelante. Solamente entonces estarán en camino de obtener sus mayores ganancias económicas.

Profesión e imagen pública

La ambición y la búsqueda del poder son evidentes en Capricornio. Es tal vez el signo más ambicioso del zodiaco, y generalmente el más triunfador en sentido mundano. Sin embargo, necesita aprender ciertas lecciones para hacer realidad sus más elevadas aspiraciones.

La inteligencia, el trabajo arduo, la fría eficiencia y la organización los llevarán hasta un cierto punto, pero no hasta la misma cima. Los nativos de Capricornio han de cultivar la buena disposición social, desarrollar un estilo social junto con el encanto y la capacidad de llevarse bien con la gente. Además de la eficiencia, necesitan poner belleza en su vida y cultivar los contactos sociales adecuados. Deben aprender a ejercer el poder y a ser queridos por ello, lo cual es un arte muy delicado. También necesitan aprender a unir a las personas para llevar a cabo ciertos objetivos. En resumen, les hacen falta las dotes sociales de Libra para llegar a la cima.

Una vez aprendidas estas cosas, los nativos de Capricornio tendrán éxito en su profesión. Son ambiciosos y muy trabajadores; no tienen miedo de dedicar al trabajo todo el tiempo y los esfuerzos necesarios. Se toman su tiempo para hacer su trabajo, con el fin de hacerlo bien, y les gusta subir por los escalafones de la empresa, de un modo lento pero seguro. Al estar impulsados por el éxito, los Capricornio suelen caer bien a sus jefes, que los respetan y se fían de ellos.

Amor y relaciones

Tal como ocurre con Escorpio y Piscis, es difícil llegar a conocer a un Capricornio. Son personas profundas, introvertidas y reservadas. No les gusta revelar sus pensamientos más íntimos. Si estás enamorado o enamorada de una persona Capricornio, ten paciencia y tómate tu tiempo. Poco a poco llegarás a comprenderla.

Los Capricornio tienen una naturaleza profundamente romántica, pero no la demuestran a primera vista. Son fríos, flemáticos y no particularmente emotivos. Suelen expresar su amor de una manera práctica.

Hombre o mujer, a Capricornio le lleva tiempo enamorarse. No es del tipo de personas que se enamoran a primera vista. En una relación con una persona Capricornio, los tipos de Fuego, como Leo o Aries, se van a sentir absolutamente desconcertados; les va a parecer fría, insensible, poco afectuosa y nada espontánea. Evidentemente eso no es cierto; lo único que pasa es que a los Capricornio les gusta tomarse las cosas con tiempo, estar seguros del terreno que pisan antes de hacer demostraciones de amor o de comprometerse.

Incluso en los asuntos amorosos los Capricornio son pausados. Necesitan más tiempo que los otros signos para tomar decisiones, pero después son igualmente apasionados. Les gusta que una relación esté bien estructurada, regulada y definida, y que sea comprometida, previsible e incluso rutinaria. Prefieren tener una pareja que los cuide, ya que ellos a su vez la van a cuidar. Esa es su filosofía básica. Que una relación como esta les convenga es otro asunto. Su vida ya es bastante rutinaria, por lo que tal vez les iría mejor una relación un poco más estimulante, variable y fluctuante.

Hogar y vida familiar

La casa de una persona Capricornio, como la de una Virgo, va a estar muy limpia, ordenada y bien organizada. Los nativos de este signo tienden a dirigir a su familia tal como dirigen sus negocios. Suelen estar tan entregados a su profesión que les queda poco tiempo para la familia y el hogar. Deberían interesarse y participar más en la vida familiar y doméstica. Sin embargo, sí se toman muy en serio a sus hijos y son padres y madres muy orgullosos, en especial si sus hijos llegan a convertirse en miembros destacados de la sociedad.

Horóscopo para el año 2020*

Principales tendencias

El poder planetario se encuentra en tu primera casa este año. Ahora eres más independiente, tienes más fuerza de voluntad y una mayor motivación. Y aunque estés disfrutando de todos los placeres de los sentidos, no eres proclive a ganar demasiado peso. Por lo visto, te das atracones, luego haces dieta, y después vuelves a las andadas, y así una y otra vez. Es un año excelente para poner en forma tu cuerpo y tu imagen.

Ahora que Júpiter se encuentra en tu propio signo, estás en una etapa próspera de tu vida. Aunque tu prosperidad será incluso mayor en el transcurso del año. Volveremos a este tema más adelante.

Como Urano abandonó por suerte tu cuarta casa (no volverá a visitarla hasta de aquí unos 84 años), la situación en tu hogar y en tu vida emocional se ha calmado mucho. Urano se quedará en tu quinta casa los siete años siguientes aproximadamente. Si te dedicas a las artes creativas o al mundo del ocio, este periodo será apasionante para ti. En pocas ocasiones has sido tan original e innovador como ahora. Eres incapaz de copiar a nadie. Tu trabajo es original. Necesitarás ser más paciente con tus hijos o figuras filiales de tu vida, por lo visto se muestran inusualmente rebeldes y difíciles de manejar. Volveremos a este tema más adelante.

Los cuatro eclipses lunares de este año (el doble de lo normal) agitarán tu vida amorosa y pondrán a prueba tus relaciones. Volveremos a este tema más adelante.

Marte se alojará más de seis meses en tu cuarta casa del hogar y de la familia a partir del 28 de junio, un tiempo mucho más largo de lo que suele quedarse en una casa. Esto puede avivar temporalmente las pasiones en el hogar y la familia. Aunque es un momento excelente para hacer reparaciones o reformas importantes en el hogar. Tal vez incluso desees construirte una casa en esta temporada. Volveremos a este tema más adelante.

---

* Las previsiones de este libro se basan en el Horóscopo Solar y en todos los signos derivados del mismo: tu signo solar se convierte en el Ascendente, y las casas se numeran a partir de él. Tu horóscopo personal, el trazado concretamente para ti (según la fecha, hora y lugar exactos de tu nacimiento) podría modificar lo que se indica aquí. Joseph Polansky.

Los Capricornio siempre son ambiciosos, pero este año no es demasiado poderoso en el terreno profesional. Más bien es un tiempo para preparar tus progresos profesionales en el futuro. Todos los planetas lentos se encuentran bajo el horizonte de tu carta astral, en el hemisferio nocturno. Así que ahora las actividades nocturnas te interesan más que las diurnas. Volveremos a este tema más adelante.

Las áreas que más te interesarán este año son el cuerpo y la imagen; la economía (del 23 de marzo al 1 de julio, y a partir del 18 de diciembre); la comunicación y los intereses intelectuales; el hogar y la familia (a partir del 28 de junio); y los hijos, la diversión y la creatividad.

Lo que más te llenará este año será el cuerpo y la imagen (hasta el 20 de diciembre); la economía (a partir del 20 de diciembre); el amor, las relaciones sentimentales y las actividades sociales (hasta el 6 de mayo); y el sexo, la transformación personal y el ocultismo (a partir del 6 de mayo).

Salud

(Ten en cuenta que se trata de una perspectiva astrológica de la salud, no una médica. En el pasado, no había ninguna diferencia, ambas eran idénticas, pero en la actualidad podrían diferir mucho. Para obtener un punto de vista médico, consulta a tu médico de cabecera o a un profesional de la salud.)

Tu salud debería ser buena este año. Normalmente, Saturno en tu propio signo —lleva dos años en él— no es una gran señal de salud. Pero como es un planeta amigable en tu caso —es el regente de tu carta astral—, te sientes cómodo o cómoda con su presencia. No hay ningún planeta lento formando una alineación desfavorable contigo este año. Además, tu casa seis de la salud está prácticamente vacía, sólo la visitarán planetas rápidos. Y todos son positivos para la salud. No hace falta que te centres demasiado en ella, todo va bien en este sentido. Tiendes a ser resistente a las enfermedades. Como es natural, habrá épocas del año en que tu salud y tu energía no serán tan buenas como de costumbre. Pero no será más que un bajón temporal causado por los tránsitos y no la tendencia para el año. Cuando los tránsitos desfavorables queden atrás, volverás a recuperar tu salud y energía habituales.

Por buena que sea tu salud, siempre puedes mejorarla. Préstale más atención a las siguientes zonas vulnerables este año.

La columna, las rodillas, la dentadura, la piel y la alineación esquelética en general. Estas áreas siempre son importantes para los Capricornio. Te irán bien sesiones de reflexología para trabajar sus puntos reflejos. Te conviene incluir en tu programa de salud habitual los masajes periódicos en la columna y las rodillas. También es una buena idea visitar con regularidad a un quiropráctico o un osteópata. Es muy importante mantener las vértebras bien alineadas. Una buena postura es más importante para ti que para el resto de signos zodiacales, de ahí que recomiende terapias como la Técnica Alexander, el yoga y el Pilates. Todas ellas ayudan a mantener una buena postura. Terapias como el Rolfing o el método Feldenkreis también son my eficaces para la columna. Una buena higiene dental siempre es importante. Cuando hagas ejercicio, protege tus rodillas con una mayor sujeción.

Los pulmones, los brazos, los hombros y el sistema respiratorio. Estas partes también son siempre importantes para los Capricornio. Mercurio, tu planeta de la salud, rige estas áreas. Te sentará bien trabajar sus puntos reflejos. Te convienen los masajes regulares en los brazos y los hombros. La tensión suele acumularse en los hombros y hay que relajarlos.

El eclipse lunar del 30 de noviembre en tu sexta casa de la salud indica que harás cambios importantes en tu programa de salud a partir de esta fecha. A veces muestra que te llevarás algún que otro susto relacionado con la salud, pero como esta es buena, lo más probable es que no vaya a más.

Dado que el movimiento de Mercurio, tu planeta de la salud, es rápido y errático, tus necesidades relacionadas con la salud están cambiando constantemente. También tiendes a responder mejor a ciertas terapias en distintos momentos. En las previsiones mes a mes hablaré con más detalle de estas tendencias de corta duración relacionadas con la salud.

Normalmente, cuando Júpiter se encuentra en la primera casa de cualquier signo del zodiaco —es tu situación este año—, se da la tendencia a engordar. Las mujeres en edad de concebir también suelen ser más fértiles con este aspecto astrológico. Pero los Capricornio son proclives a la delgadez. Tienden a ser más «espartanos» en la vida. Esta tendencia será incluso mayor este año, ya que tanto Plutón como Saturno están en tu propio signo. Tal vez ganes varios kilos (por disfrutar de una buena vida) y luego hagas dieta para perderlos. Como he señalado, esta tendencia será una constante que veremos este año.

Si eres una mujer en edad de concebir, los embarazos serán por lo visto complicados.

Al haber tantos planetas en tu primera casa (es ciertamente la más poderosa de tu carta astral este año), tu autoestima y tu autoconfianza deberían ser buenas. Pero ten cuidado de no excederte en este sentido. El nodo sur lunar también estará en tu primera casa, y este aspecto indica una sensación de carencia. Es posible que intentes sobrecompensarla. Pero la verdadera confianza en uno mismo es serena y natural. No es grandilocuente. Saturno en tu propio signo te aconseja «brilla, pero en silencio», mantén un perfil bajo.

Hogar y vida familiar

Tras siete años de inestabilidad doméstica, de crisis familiares y quizá incluso de rupturas, las cosas ahora se han calmado considerablemente en tu hogar, sobre todo hasta el 28 de junio. Muchos Capricornio habéis cambiado de vivienda en numerosas ocasiones en los últimos siete años. Algunos hicisteis muchas reformas en el hogar. Habéis estado actualizando vuestra casa como quien actualiza los programas informáticos o el ordenador. Pero ahora estáis mucho más tranquilos emocionalmente. Los miembros de vuestra familia también gozan al parecer de una mayor estabilidad.

Disfruta de la calma mientras dure. El ingreso de Marte en tu cuarta casa el 28 aportará excitación a tu vida. Este tránsito puede traer conflictos con uno de tus progenitores o figura parental, tendrás que esforzarte más en tu relación filial. Esta figura parental está atravesando malos momentos en el terreno emocional. Pero otros miembros de tu familia (o quienes desempeñan este papel en tu vida) también se muestran, por lo visto, más apasionados, quizá están enojados. Saltan y se enfadan por cualquier cosa. De modo que también tendrás que esforzarte más en tu relación con ellos.

Marte en tu cuarta casa suele indicar construcciones o reparaciones importantes, es decir, reparaciones de envergadura en el hogar. Protege también tu casa contra incendios. Asegúrate de que la instalación eléctrica esté en condiciones. Vigila que tus detectores de humo funcionen correctamente. Y mantén los objetos punzantes de tu hogar fuera del alcance de los niños.

Marte en tu cuarta casa también muestra que estás instalando un equipo para practicar deporte o hacer ejercicio en tu hogar.

Ahora tu casa es como un gimnasio. La seguridad doméstica también es una prioridad para ti. Puede que hayas instalado sistemas de seguridad.

No es probable que te cambies de vivienda este año, aunque posiblemente hagas reformas.

Marte, tu planeta de la familia, es de movimiento relativamente rápido. Este año visitará seis signos y casas de tu carta astral. De ahí que se den tendencias de corta duración relacionadas con la familia que dependan de dónde se encuentre Marte y de los aspectos que reciba. En las previsiones mes a mes hablaré de estas tendencias con más detalle.

El mejor momento para hacer reformas y reparaciones importantes en tu hogar es en la segunda mitad del año, a partir del 28 de junio. Si estás embelleciendo tu casa —volviéndola a pintar o decorar, o comprando objetos bonitos para decorarla—, el mejor momento es del 7 de febrero al 5 de marzo; del 6 de septiembre al 2 de octubre, y a partir del 15 de diciembre.

Uno de tus padres o figura parental vivirá dramas en su hogar y sufrirá desengaños emocionales este año, pero no es probable que se cambie de vivienda. Tus hermanos o figuras fraternas están ahora siendo espirituales e idealistas. Tal vez se están enfrentando a escándalos y revelaciones desagradables. No es probable que se muden de vivienda, pero es posible que decoren de nuevo su hogar del 3 de abril al 7 de agosto.

Tus hijos o figuras filiales son más difíciles de manejar en esta temporada, como he señalado. Se muestran más rebeldes y obstinados. Si quieres que hagan algo, necesitan una buena razón para llevarlo a cabo. Tienes que explicarles «por qué» se lo pides. No responden bien al autoritarismo. Puede que vivan en distintos lugares durante largos periodos, pero no es probable que se cambien de vivienda.

La vida familiar de tus nietos (en el caso de tenerlos) o de quienes desempeñan este papel en tu vida seguirá igual. Sin embargo, si están en edad de concebir, serán más fértiles que de costumbre.

Profesión y situación económica

Desde el ingreso de Urano, tu planeta de la economía, en Tauro en marzo del año pasado, has estado viviendo una nueva etapa financiera de prosperidad. Urano estará recibiendo aspectos muy favorables la mayor parte del año. Júpiter, tu planeta de la abundancia, también forma aspectos especialmente favorables con Urano. De modo que tus ingresos están aumentado. Será así todo el año, pero a principios del 2020 te llegarán con más facilidad que a finales. A finales de año, a medida que Saturno y Júpiter entren en Acuario, tendrás que esforzarte más para ganar los mismos ingresos, pero continuará siendo una época próspera.

Este año no sólo aumentarán tus ingresos, sino además la calidad de los mismos. Como tu planeta de la economía se encuentra en tu quinta casa de la diversión, la creatividad y los hijos (y se alojará en ella durante muchos más años), este aspecto indica «dinero feliz», es decir, ganado felizmente de forma agradable. También lo gastarás en cosas agradables, es decir, en ocio o actividades divertidas. Ahora estás disfrutando más de tu riqueza.

Tu planeta de la economía en la quinta casa muestra que ahora gastas más dinero en tus hijos o figuras filiales de tu vida. Pero también pueden ser una fuente de ingresos, depende sobre todo de su edad y su etapa en la vida. Si tus hijos son mayores, pueden ayudarte económicamente. Y si aún son pequeños, te pueden motivar enormemente a ganar dinero, y además «suelen salir de sus bocas de chiquillos» ideas rentables.

Tu quinta casa es de índole especulativa. Pero los Capricornio no suelen especular. Además, tu planeta de la economía en Tauro (también es conservador) no fomenta demasiado la especulación. Tal vez te dediques un poco a las especulaciones económicas, pero no es probable que te pases de la raya.

Tu planeta de la economía en tu quinta casa muestra una buena afinidad con el sector del ocio y la música. Al igual que con las empresas de catering dirigidas al mercado juvenil. Las empresas de servicios y las compañías eléctricas también te atraerán, en especial las que tienen que ver con la alta tecnología.

Urano en tu planeta de la economía tiende a fomentar la inestabilidad económica en tu vida. Es posible que los ingresos te lleguen de manera errática. Ha estado siendo así en los últimos siete años. Pero en Tauro los ingresos son menos volátiles, es decir, mucho más estables de lo que llevan siéndolo.

Saturno, el regente de tu carta astral, ingresará en tu casa del dinero del 23 de marzo al 1 de julio —no será más que un breve flirteo—, y luego la ocupará durante mucho tiempo, a partir del 18 de diciembre. Este tránsito es positivo para tu economía, muestra un centro de atención y buena suerte. Ahora has adoptado la imagen de una persona adinerada y los demás te ven de este modo.

Estás asumiendo un mayor control de tu economía en lugar de delegarlo en parte en otros. Júpiter ingresará también en tu casa del dinero el 20 de diciembre y la ocupará la mayor parte de 2021. La entrada de Júpiter en tu casa del dinero es una señal clásica de prosperidad. (Ten también en cuenta que Júpiter será mucho más poderoso en Acuario de lo que lo era en Capricornio, se siente más cómodo en este signo.)

No es un año demasiado potente en el terreno profesional. Todos los planetas lentos se encuentran bajo el horizonte, en el hemisferio nocturno de tu carta astral. De modo que estás preparando tu éxito profesional en el futuro. Es un año mucho más poderoso en el terreno económico que en el profesional. Es un año para construir la infraestructura psicológica —la actividad entre bastidores—, una actividad primordial para triunfar en tu vida laboral.

Venus, tu planeta de la profesión, es de movimiento rápido. De ahí que las cuestiones profesionales dependan de dónde Venus se encuentre en un determinado momento y de los aspectos que reciba. En las previsiones mes a mes hablaré con más detalle de estas tendencias de corta duración.

Amor y vida social

Tu séptima casa del amor no sobresale este año. Está prácticamente vacía, sólo la visitarán planetas rápidos. Además, como he señalado, la mayoría de planetas lentos se encuentran en la mitad oriental del yo, la de la independencia personal. La mitad occidental irá ganando fuerza en el transcurso del año, pero sólo por poco tiempo. No es un año potente en el terreno romántico o amoroso. Normalmente, este aspecto indica que estás satisfecho con tu vida amorosa actual. Si no tienes pareja, tenderás a seguir así, y si estás casado o casada, tenderás a seguir con tu pareja. Pero este año habrá seis eclipses, una cantidad inusual (dos más de lo normal). Cinco de los seis eclipses afectarán tu vida amorosa. Dos de ellos —uno solar y el otro lunar—, tendrán lugar en tu séptima casa del amor. (El eclipse lunar del 10 de enero y el solar del 21 de junio ocurrirán en tu séptima casa). Dado que la Luna es tu planeta del amor, los cuatro eclipses lunares también afectarán al amor. Así que habrá muchos trastornos en tu vida amorosa —numerosas rupturas— y una pila de crisis. La buena noticia es que si la relación con tu pareja es buena —es decir, sólida—, superaréis esta mala racha. Pero las parejas que dejen mucho que desear, se romperán. Con frecuencia estas pruebas en el terreno amoroso no suceden por la propia relación, sino debido a dramas personales en la vida de tu pareja o de los amigos. Tu vida amorosa será un viaje agitado este año. Abróchate el cinturón.

La Luna —el planeta más rápido de todos— es tu planeta del amor. Los otros planetas rápidos necesitan un año para transitar por tu carta astral, en cambio la Luna ¡lo hace cada mes! De ahí que se den tantas tendencias en el amor de corta duración —brevísimas— que describiré en las previsiones mes a mes.

En general, tu magnetismo social es más potente los días de luna creciente (cuando aumenta) que los días de luna menguante (cuando disminuye). La luna creciente incrementa además tu entusiasmo por el amor. Los días de luna nueva y de luna llena tienden a ser poderosos en cuanto al amor (si los aspectos son favorables). Además, el perigeo lunar (cuando la Luna está más próxima a la Tierra) aumenta tu magnetismo y tu energía social.

Al ser la Luna tu planeta del amor, tu estado de ánimo lo es todo en esta faceta de tu vida. Tú (y las personas que atraes) podéis ser muy cambiantes en este terreno. Si vuestro estado de ánimo es bueno, el amor es mágico y perfecto. Pero si es malo, el amor se puede trocar en odio. Es muy importante tener una actitud positiva y constructiva en cuanto al amor.

El poder de tu mitad oriental hace que seas más independiente —y esto es positivo—, pero en el amor no lo es tanto. Tal vez creas que harás todo cuanto te plazca sin tener en cuenta los sentimientos de tu pareja. Aunque ser independiente sea estupendo, evita ofender a los demás.

Durante los dos últimos años Saturno ha estado en tu propio signo y seguirá en él la mayor parte del año. Por eso ahora eres más Capricornio que de costumbre. Todas las virtudes y los defectos de un Capricornio se magnifican. Tu capacidad para los negocios y la dirección empresarial está a tope. (Es un aspecto fabuloso para los negocios.) Pero, como he indicado en previsiones anteriores, puedes dar la impresión de ser una persona demasiado fría, distante y mandona. Puede que ni siquiera te des cuenta. Simplemente es la imagen que proyectas. La vibración que emanas. Y esto te puede traer problemas en el amor. Así que, como he aconsejado en previsiones anteriores, proponte enviarles amor y calidez a los demás. A base de práctica, lo conseguirás.

Tu vida amorosa tal vez sea complicada, pero tu vida social en general —tus amistades— es estupenda. Ahora atraes a amigos. Las oportunidades para la amistad te buscan a ti en lugar de ser al contrario. Y además dan contigo sin esfuerzo alguno por tu parte. Sólo tienes que ocuparte de tus actividades cotidianas.

Si no tienes pareja, es probable que te salgan aventuras amorosas. Pero sólo serán para pasártelo bien, no es probable que acaben en una relación estable.

Progreso personal

Los Capricornio son personas prácticas, con los pies en el suelo. No son conocidas por su espiritualidad. Creen que el «deber» y las «responsabilidades» del plano terrenal es la forma más elevada de espiritualidad. (Y, en cierto modo, tienen razón.) Pero en los últimos años la espiritualidad se ha vuelto más importante para los Capricornio. En 2016 y 2017 Saturno, el regente de tu carta astral, se encontraba en tu duodécima casa de la espiritualidad, y este aspecto indica que estás muy volcado en esta faceta de tu vida. En 2019 Júpiter estuvo todo el año en tu casa doce, lo cual indica un interés incluso mayor por la espiritualidad y un gran crecimiento interior. Este año, Júpiter, tu planeta de la espiritualidad, se aloja en tu propio signo. Así que buena parte de lo aprendido se está «manifestando» de manera más patente. Estás aplicando las lecciones de la vida al cuerpo físico. Ahora tienes más poder sobre él. Ves hasta qué punto lo puedes moldear y transformar a través de medios espirituales. Los demás también te ven como una persona más espiritual.

Tu planeta de la espiritualidad en tu propio signo indica una clase práctica de espiritualidad. Tiene que funcionar en el mundo, es decir, mejorar tu vida y tus circunstancias. Este aspecto suele mostrar una predilección por las religiones ortodoxas tradicionales. A los Capricornio les gusta este tipo de religiones de todos modos. Les encantan las reglas, las regulaciones, los ritos, los rituales, y el boato y las ceremonias de las religiones tradicionales. Y este año incluso les gustarán más si cabe. Por lo que es un buen año para explorar el lado místico de tu religión nativa. Cada religión tiene su lado místico.

Neptuno lleva ya muchos años en tu tercera casa. Este aspecto muestra una espiritualización —un refinamiento— del proceso mental e intelectual. Tu gusto por la lectura se está depurando incluso más todavía. Ahora te gustan los libros y las revistas de tipo espiritual. Las conferencias, los cursos y los seminarios espirituales te atraen más que antes. Las lecturas corrientes ya no te interesan tanto.

Júpiter, tu planeta de la espiritualidad, ingresará en Acuario, tu segunda casa, el 20 de diciembre. Este aspecto aumenta la influencia de Júpiter. Este planeta es mucho más poderoso en Acuario que en Capricornio (donde está en caída). Además, este tránsito propicia una espiritualidad práctica. Desarrollarás tu intuición financiera y esta será mucho más aguda. El año que viene también la seguirás desarrollando. El asesoramiento económico te llegará de sueños o por medio de videntes, tarotistas, espiritistas o sacerdotes. Este tránsito también propicia la astrología, sobre todo su aspecto esotérico, una vía tan válida como cualquier otra.

Previsiones mes a mes

Enero

Mejores días en general: 5, 6, 14, 22, 23
Días menos favorables en general: 2, 3, 9, 10, 16, 29, 30, 31
Mejores días para el amor: 5, 6, 9, 10, 13, 14, 15, 18, 19, 24, 25, 27, 28
Mejores días para el dinero: 4, 5, 6, 13, 14, 22, 23, 24, 25, 26
Mejores días para la profesión: 13, 14, 16, 18, 19, 27, 28

Empiezas el año con la mitad oriental de tu carta astral siendo poderosísima. El 80 por ciento y, a veces, el 90 por ciento de los planetas se encuentran en esta mitad. Tu primera casa del yo también es inusualmente poderosa, en cambio tu casa siete del amor y de las actividades sociales está prácticamente vacía. Esta coyuntura muestra un claro mensaje. Este mes te centrarás en ti y en tus intereses personales. Tu felicidad está ahora en tus manos. Eres más independiente y deberías hacer los cambios que necesitas para ser feliz. Los demás son importantes (como aprendiste el 10 con el eclipse lunar), pero lo que más te conviene ahora es hacer las cosas a tu manera. Eres el dueño de tu destino en esta temporada.

El eclipse lunar del 10 en tu séptima casa del amor afecta a la Luna, tu planeta del amor. Es un eclipse potente tanto en cuanto a ti como a tu cónyuge, pareja o amante actual. Él o ella puede vivir dramas personales. La crisis que estáis atravesando en vuestra relación podría venir de esta razón. Pero también podría deberse a estar demasiado absorto en ti. Es posible que últimamente seas demasiado independiente y que no tengas en cuenta los sentimientos de tu pareja. El eclipse te obligará a fijarte un poco más en los demás. Este eclipse también afectará a Saturno, el regente de tu carta astral. De modo que puede llevarte a depurar tu cuerpo y al deseo de redefinirte. En los meses siguientes (y probablemente todo el año) estarás cambiando de vestuario y de imagen. Reduce tu agenda en esta temporada. Este eclipse también afectará a Plutón. Por lo que tus aparatos de alta tecnología pueden fallar, así que cúrate en salud antes del eclipse y haz copias de seguridad de los archivos importantes, y además actualiza tus programas antihacking y antivirus. Ten cuidado de no clicar en los enlaces de desconocidos. Como el eclipse también afectará a Mercurio, es probable que se den cambios laborales en tu empresa y en tu programa de salud. Evita viajar al extranjero en esta temporada.

Tu salud es buena este mes, pero reduce tu agenda durante el periodo del eclipse, varios días antes y después de que ocurra. Puedes fortalecer tu salud incluso más todavía prestando más atención a la columna, las rodillas, la dentadura y los huesos hasta el 16, y a los tobillos y las pantorrillas después de esta fecha.

El Sol ingresará en tu casa del dinero el 20 e iniciarás uno de tus mejores momentos económicos del año. Este mes será próspero. Lo notarás incluso más todavía antes del 20. Del 21 al 23 pueden darse cambios económicos importantes, algunos trastornos financieros, pero durarán poco. Tendrás varios desacuerdos económicos con tu cónyuge, pareja o amante actual.

Febrero

Mejores días en general: 1, 2, 10, 11, 18, 19, 20, 28, 29
Días menos favorables en general: 6, 7, 12, 13, 26, 27
Mejores días para el amor: 3, 4, 6, 7, 8, 12, 13, 16, 17, 23, 24, 26, 27
Mejores días para el dinero: 1, 2, 9, 10, 11, 18, 19, 20, 21 22, 28, 29
Mejores días para la profesión: 7, 8, 12, 13, 16, 17, 26, 27

Ahora eres incluso más independiente que el mes anterior. Marte ingresará en tu signo el 16 y se quedará en él el resto del mes. Este tránsito tiene algunas ventajas. En estos días tienes más energía. Eres más valiente. No te achicas ante los conflictos. Sobresales (rindes al máximo) en los programas de ejercicio y en los deportes. El peligro (como en el caso de la mayoría de peligros) radica en un exceso de factores positivos. Es posible que te muestres demasiado combativo. Tal vez te precipites en tus decisiones. Y esta actitud no es buena para tu vida amorosa.

Aún estás en una de tus mejores temporadas económicas del año. Urano, tu planeta de la economía, también tiene un movimiento de avance (lo inició el 11 de enero). Ahora tu criterio financiero es bueno y estás progresando en este terreno. El Sol en tu casa del dinero hasta el 19 indica un buen acceso a dinero del extranjero, ya sea a través de bancos o de inversores extranjeros. Es un buen periodo para saldar deudas. También es un buen momento para una planificación fiscal, y si tienes la edad adecuada, para una planificación testamentaria.

Tu salud es excelente este mes. Rebosas energía y esta vitalidad te abre toda clase de puertas. Lo que antes te parecía imposible ahora lo ves fácilmente realizable. Puedes fortalecer incluso más tu salud con masajes en los tobillos y las pantorrillas hasta el 3, y con masajes en los pies a partir del 4. La curación espiritual también se volverá poderosa después del 3. Tu planeta de la salud iniciará su movimiento retrógrado el 17. Evita, pues, tomar decisiones importantes relacionadas con la salud a partir de esta fecha. (No es un buen momento para someterte a exploraciones por TAC o a análisis clínicos después del 17, ya que los resultados podrían ser erróneos o inexactos.)

El amor no parece destacar este mes. Tu casa siete está prácticamente vacía, solo la Luna la visitará el 6 y 7. Por lo que tu vida amorosa tenderá a seguir igual. Tu encanto y tu energía social aumentarán del 1 al 9, y del 23 al 28, a medida que aparezca la luna creciente. La luna llena del 10 es prácticamente una «superluna llena», ocurrirá con la Luna casi en perigeo, su distancia más próxima a la Tierra. Debería ser una jornada especialmente buena en el aspecto amoroso y social.

La mitad superior de tu carta astral está vacía de planetas este mes. Después del 16 no habrá planetas en el hemisferio diurno de tu horóscopo. De modo que no es una temporada profesional poderosa. Te conviene centrarte más en el hogar, la familia y el bienestar emocional. Es una etapa preparatoria para los progresos profesionales que se darán más adelante este año, y sobre todo en los años futuros. Venus, tu planeta de la profesión, estará en tu cuarta casa del hogar y de la familia a partir del 7. Este aspecto indica también que te conviene volcarte en el hogar y la familia. Venus alcanzará su solsticio del 8 al 10. Luego se detendrá en el firmamento y cambiará de sentido (en latitud). Así que lo más probable es que se dé una pausa en tu profesión y luego un cambio de dirección. Es, en esencia, algo bueno y natural.

Marzo

Mejores días en general: 1, 8, 9, 17, 18, 27, 28
Días menos favorables en general: 4, 5, 10, 11, 24, 25
Mejores días para el amor: 4, 5, 8, 12, 13, 17, 18, 24, 25, 27, 28
Mejores días para el dinero: 1, 8, 9, 16, 17, 18, 19, 20, 26, 27, 28
Mejores días para la profesión: 8, 10, 11, 17, 18, 27, 28

Mercurio seguirá siendo retrógrado hasta el 10. Así que, como el último mes, no tomes decisiones importantes relacionadas con la salud hasta después de esta fecha. Si estás buscando trabajo (o deseas contratar a trabajadores para tu empresa) evita las ofertas (o las solicitudes de empleo) hasta después del 10.

Saturno, el regente de tu horóscopo y un planeta muy importante en tu carta astral, ingresará en tu casa del dinero el 23. Es un tránsito económico estupendo. Indica un interés en la economía por tu parte, y según la ley espiritual, obtenemos aquello en lo que nos centramos. Ahora no delegas tareas en los demás. Gastas dinero en ti y proyectas una imagen de prosperidad. La gente te ve de este modo. Tu aspecto personal y tu talante en general desempeñan un gran papel en tus ingresos. Venus viajará con tu planeta de la economía del 6 al 9. Y este tránsito acrecentará tus ingresos. Este aumento puede venir de especulaciones económicas o de una subida de sueldo (sea oficial o no oficial). Tus jefes, padres o figuras parentales son favorables a tus objetivos económicos.

Vigila más tu salud a partir del 20. Aunque no será nada serio, solo un bajón de energía. Si te sientes cansado, simplemente descansa. El descanso es la panacea para los problemas de salud este mes. También puedes fortalecer tu salud con masajes en los pies —del 1 al 3, y a partir del 16—, y mediante técnicas de curación espiritual en los mismos periodos. Del 4 al 16 potencia tu salud con los masajes en los tobillos y las pantorrillas. No dejes que los altibajos económicos normales afecten tu salud.

Júpiter viajará con Plutón el mes entero. Este tránsito muestra la prosperidad de los amigos. Ahora están progresando en esta faceta de su vida. También es probable que adquieras un equipo de alta tecnología. Tus hijos o figuras filiales de edad adecuada tendrán un buen mes en su vida amorosa.

La mitad superior de tu carta astral está vacía de planetas (es sumamente inusual), y tu cuarta casa del hogar y de la familia es poderosa. Sigue centrado en tu hogar y en tu bienestar emocional. Ahora has relegado tu profesión a un segundo plano. Es posible que la estés ejerciendo de manera automática.

El Sol viajando con Neptuno el 8 y 9 trae una vida onírica activa. Tus sueños pueden orientar en el terreno económico a tu cónyuge, pareja o amante actual.

Tu séptima casa del amor seguirá vacía este mes. Solo la Luna la visitará el 4 y 5. De modo que tu vida amorosa seguirá igual. Tu encanto y energía sociales estarán en su punto más alto del 1 al 9 y del 24 al 31. La luna llena del 9 tendrá lugar muy cerca del perigeo lunar y debería ser una jornada poderosa en el sentido amoroso y social.

Abril

Mejores días en general: 5, 6, 13, 14, 23, 24
Días menos favorables en general: 1, 2, 7, 8, 20, 21, 22, 28, 29
Mejores días para el amor: 1, 2, 3, 4, 7, 8, 12, 15, 16, 17, 23, 25, 26, 28, 29
Mejores días para el dinero: 5, 6, 13, 14, 15, 16, 17, 23, 24
Mejores días para la profesión: 7, 8, 15, 16, 17, 25, 26

Dado que Júpiter viajará con Plutón el mes entero (ambos en tu propio signo), los amigos están prosperando notablemente en su vida y muestran una buena disposición hacia ti (tal vez colaboras en ello). En estos días estás entablando amistades espirituales. Y, como señalé el mes pasado, estás adquiriendo aparatos y equipo de alta tecnología.

Sigue vigilando tu salud, aunque descubrirás que mejora enormemente a partir del 19. Puedes fortalecerla descansando más hasta el 19. Potencia tu salud a través de medios espirituales y de masajes en los pies hasta el 11. La curación espiritual será especialmente eficaz el 3 y 4. Te sentarán bien los masajes en el cuero cabelludo y la cara después del 11. También son importantes para ti el ejercicio físico y una buena salud emocional. Te sentarán bien los masajes en el cuello y la garganta después del 27.

Saturno ingresó en tu casa del dinero el 23 de marzo. Y Marte, el 31 de marzo, y ambos estarán todo el mes en ella. Marte en tu casa del dinero hará que te arriesgues más en el terreno económico y que seas especulador. Pero Saturno te contendrá un poco (algo positivo) en este sentido. Así que las especulaciones económicas calculadas y meditadas te pueden funcionar, pero evita probar suerte en el casino o con los juegos de azar. Marte, tu planeta de la familia, en la casa del dinero, indica un gran apoyo familiar, y este parece ser mutuo. Ahora gastas más dinero en tu hogar y en tu familia, pero también te pueden entrar ingresos de esta faceta de tu vida. Los contactos familiares parecen ser importantes económicamente. El Sol viajará con tu planeta de la economía del 24 al 26, y esta temporada debería ser buena en el terreno económico. Tendrás oportunidades para pedir préstamos o saldar deudas, depende de lo que necesites. Tú y tu cónyuge, pareja o amante actual estáis gozando, al parecer, de armonía en el plano económico.

El Sol ingresará en tu quinta casa el 19 e iniciarás una de tus temporadas más placenteras del año. Conque disfruta de la vida. Hazte un hueco para la diversión y el ocio. Despréndete de la seriedad de los Capricornio por un tiempo. Y no te preocupes, la recuperarás pronto.

Tu vida amorosa es un poco más activa de lo habitual este mes. Si bien tu séptima casa está vacía, la Luna la visitará dos veces este mes (lo normal es una vez). Tu encanto y tu entusiasmo sociales estarán en su punto máximo del 1 al 8 y del 23 al 30, durante los días de luna creciente. La luna llena del 8 ocurrirá muy cerca del perigeo lunar (la distancia más próxima a la Tierra), por lo que este día debería ser poderoso en el terreno amoroso y social. También será una jornada potente profesionalmente.

Mayo

Mejores días en general: 2, 3, 10, 11, 20, 21, 29, 30
Días menos favorables en general: 4, 5, 18, 19, 25, 26
Mejores días para el amor: 2, 3, 4, 5, 11, 13, 14, 23, 24, 25, 26
Mejores días para el dinero: 2, 3, 10, 12, 13, 14, 20, 22
Mejores días para la profesión: 4, 5, 13, 14, 23, 24

Dado que Venus lleva fuera de límites desde el 3 de abril y seguirá así el mes entero, te aventurarás fuera de tu ambiente profesional habitual. Es posible que tus cometidos profesionales te lleven más allá del mundo laboral por el que te mueves. Tus hijos o figuras filiales, y tus padres o figuras parentales, también parecen haber traspasado su terreno habitual.

Mercurio estará fuera de límites a partir del 17. Significa que en lo que respecta a la salud y al trabajo, estás traspasando el espacio por el que te mueves habitualmente. Podría ser —como en el caso de la profesión— que tus responsabilidades laborales te estén llevando más allá de tu esfera usual. Si buscas trabajo, es posible que intentes encontrar oportunidades fuera de tu mundo cotidiano.

Tu salud es excelente este mes. Ningún planeta formará una alineación desfavorable contigo hasta el 29. Únicamente la Luna (y sólo de manera ocasional) formará aspectos desfavorables de corta duración. Tienes mucha energía por naturaleza y esto es la mejor defensa contra las enfermedades. Si lo deseas, puedes fortalecer tu salud más si cabe con masajes en el cuello y la garganta hasta el 12, y por medio de la diversión. Después del 12, potencia tu salud con masajes en los brazos y los hombros, y a través de ejercicios respiratorios.

Seguirás en uno de tus momentos más placenteros del año hasta el 20. Disfruta, pues, de la vida y despréndete de las preocupaciones y el estrés. Rendirás más si te dedicas a lo que te apasiona que si trabajas infatigablemente. Volverás a desear trabajar y a ser más serio en la vida a partir del 20. Es una buena temporada para ocuparte de las tareas tediosas, mundanas y minuciosas que has estado posponiendo. Ahora tienes más energía para este tipo de actividades. Y aunque tu salud sea buena este mes, te conviene llevar un estilo de vida saludable y prevenir las enfermedades gracias a él.

Si buscas trabajo, este mes surgirán muchas oportunidades laborales en tu vida. Y si estás trabajando, se te presentarán oportunidades para hacer horas extras y otros empleos adicionales.

Venus iniciará su movimiento retrógrado el 13. Es un fenómeno relativamente inusual. Sólo ocurre una vez cada dos años. De modo que tus hijos o figuras filiales irán a la deriva esos días. Sólo necesitan tiempo para ver las cosas con claridad. Los asuntos profesionales también parecen ser confusos y solo el tiempo arreglará la situación. Así que es mejor que te diviertas y te vuelques en tu bienestar emocional en esta temporada.

El amor se volverá más importante cuando Mercurio ingrese en tu séptima casa a partir del 29. Si no tienes pareja, te atraerán las personas religiosas y sumamente cultas, así como los profesionales sanitarios o las personas que tienen que ver con tu salud.

Junio

Mejores días en general: 7, 8, 16, 17, 18, 26, 27
Días menos favorables en general: 1, 14, 15, 21, 22
Mejores días para el amor: 1, 9, 10, 19, 20, 21, 22
Mejores días para el dinero: 7, 8, 9, 10, 16, 17, 18, 26, 27
Mejores días para la profesión: 1, 9, 10, 19, 20

En cierto modo, es positivo que tu séptima casa del amor sea poderosa este mes y alcance su punto máximo del año. Ahora es muy importante que te centres en ella. Dos eclipses influirán en tu vida amorosa este mes, de modo que habrá mucha agitación en esta faceta de tu vida.

El eclipse lunar del 5 se producirá en tu casa doce de la espiritualidad. Cada eclipse lunar afecta tus relaciones y este no es una excepción. Tu relación de pareja atravesará malos momentos. Es posible que los trapos sucios —reprimidos durante largo tiempo— salgan a la luz para que los resolváis. Vuestros problemas conyugales también podrían venir de los dramas personales que está viviendo tu pareja. Tal vez se esté enfrentando a cambios laborales o a problemas de salud. Los amigos también harán cambios económicos importantes, corregirán el curso de su economía. Este eclipse te traerá cambios espirituales, es decir, cambios en las prácticas religiosas, las enseñanzas o los maestros. Habrá problemas y trastornos en las organizaciones espirituales o benéficas de las que formas partes. Tus gurús o figuras de gurús sufrirán dramas personales en sus vidas. Este eclipse afectará de manera bastante directa a Marte y Mercurio. Por lo que es posible que se den dramas familiares o que sea necesario hacer reparaciones en el hogar. Los efectos del eclipse sobre Mercurio traerán cambios en tu programa de salud y trastornos en tu lugar de culto o facultad. Si eres estudiante universitario, cambiarán los planes de estudios.

El eclipse solar del 21 también te afectará de lleno, quizá más que el anterior. Todos los Capricornio lo sentiréis, pero los que hayáis nacido en los primeros días de vuestro signo (21-22 de diciembre) lo notaréis más que el resto. Ocurrirá en tu séptima casa del amor y pondrá a prueba tu relación sentimental actual. Tu pareja se verá obligada a hacer cambios económicos drásticos, tal vez debido a alguna crisis financiera. Te enfrentarás a la muerte y a cuestiones relacionadas con ella, por lo general en el sentido psicológico. El Ángel de Mil Ojos sabe cómo señalar su presencia. Tal vez tengas un «roce con la muerte», es decir, una experiencia cercana a la muerte. Es posible que te enteres por la prensa de algún crimen espantoso, o del fallecimiento de un conocido. A menudo soñarás con la muerte como efecto de este tipo de eclipse. Son cartas de amor procedentes de lo alto. La vida es corta y puede apagarse en cualquier instante. Apresúrate a ocuparte de la labor que viniste a hacer.

Reduce tu agenda a partir del 21, pero en especial varios días antes y después del periodo del eclipse. Vigila tu salud a partir del 21, sobre todo a partir del 28. El descanso es probablemente el mejor remedio para cualquier problema. Pero también puedes fortalecer tu salud con una dieta adecuada, los masajes abdominales, y una buena salud emocional y social. La meditación te vendrá de maravilla para ello.

Julio

Mejores días en general: 4, 5, 14, 15, 23, 24, 31
Días menos favorables en general: 11, 12, 19, 20, 25, 26
Mejores días para el amor: 1, 6, 7, 8, 9, 10, 16, 17, 19, 20, 21, 22, 25, 26, 29
Mejores días para el dinero: 4, 5, 6, 7, 8, 14, 15, 23, 24, 31
Mejores días para la profesión: 6, 7, 8, 16, 17, 23, 24, 25, 26

El poder planetario se encuentra ahora sobre todo en la mitad occidental de tu carta astral. Empezó a ser así el 28 del mes anterior, cuando Marte comenzó a transitar por ella. Tu séptima casa del amor es también muy poderosa y estás aún en uno de tus mejores momentos amorosos y sociales del año. Este mes será social. Olvídate de tus deseos personales por un tiempo. Deja que los demás tomen la iniciativa mientras no sean destructivos. Deja que lo bueno de tu vida te venga de la buena disposición de los demás. Cultiva tus habilidades sociales.

Al igual que el mes anterior, es bueno —y necesario— que te centres en tu vida social. Otro eclipse lunar que se producirá el 5 sacudirá tu vida amorosa. Tu relación de pareja volverá a vivir malos momentos. Si es sólida, aunque paséis por una mala racha la superaréis. Pero si vuestra relación deja mucho que desear, puede que haga agua. Como este eclipse tendrá lugar en tu propio signo, tómate esta temporada con calma. Procura no dedicarte a actividades estresantes. Haz lo que debas hacer, pero pospón si es posible lo que puedas dejar para más adelante. Dado que el eclipse ocurrirá en tu propio signo, es posible que depures tu organismo. Y aunque no padezcas una enfermedad, tal vez te dé esta sensación al estar tu cuerpo expulsando toxinas. Es posible que sientas el deseo de redefinirte y de cambiar el concepto que tienes de ti y tu propia imagen. Aunque es algo saludable. Somos seres que maduramos y evolucionamos en la vida. Redefinirnos de vez en cuando es positivo. Como el eclipse te obligará a hacerlo, cambiarás de vestuario y de imagen en los próximos meses. Mercurio, Júpiter y Marte acusarán de manera indirecta (no de lleno) los efectos del eclipse, así que puede haber trastornos en tu lugar de trabajo y cambios en tu programa de salud. También pueden surgir más dramas familiares y reparaciones en el hogar. Y, de nuevo, cambios espirituales.

Vigila más tu salud hasta el 22, pero en especial varios días antes y después del eclipse. Como siempre, asegúrate de descansar lo suficiente. Fortalece tu salud con los métodos citados el mes anterior, es decir, sigue una dieta adecuada, adopta una actitud positiva y constructiva, recibe masajes abdominales periódicamente, y procura al máximo llevar una vida social saludable (aunque no sea fácil).

Saturno regresará a tu signo el 2. La economía no parece destacar este mes. Te irá mucho mejor en esta faceta hasta el 22 que después de esta fecha. A partir del 23 tendrás que esforzarte más para alcanzar tus objetivos económicos.

La entrada del Sol en tu octava casa el 22 es un buen tránsito económico para tu cónyuge, pareja o amante actual. Él o ella se encuentra en uno de sus mejores momentos financieros del año. Aunque os conviene intentar resolver vuestros desacuerdos económicos. Al parecer, no coincidís en este terreno.

Agosto

Mejores días en general: 1, 2, 10, 11, 19, 20, 28, 29
Días menos favorables en general: 8, 9, 15, 16, 21, 22
Mejores días para el amor: 3, 4, 8, 9, 15, 16, 18, 19, 23, 24, 28

Mejores días para el dinero: 1, 2, 3, 4, 10, 11, 19, 20, 28, 29, 30, 31

Mejores días para la profesión: 3, 4, 15, 16, 21, 22, 23, 24

Dado que tu octava casa será poderosa hasta el 22, es el mes perfecto para seguir programas depurativos y despejar el espacio. La octava casa es donde eliminamos lo que no pertenece al organismo en el sentido material, físico, psicológico y mental. La purgación siempre es el preludio de la renovación. Revisa, pues, tus pertenencias y deshazte de las que no uses o necesites. Véndelas o dónalas a organizaciones benéficas. Recurre a la meditación para desprenderte de los hábitos mentales y emocionales que ya no te sirvan. Te sentirás como otra persona cuando lo hagas.

Es un buen mes para contraer o pagar deudas, depende de lo que necesites. También es un buen momento para una planificación tributaria y, si tienes la edad adecuada, para una planificación testamentaria. Agosto también será un mes activo sexualmente. Sea cual sea tu edad o tu etapa vital, tu libido será más potente que de costumbre.

Tu salud es buena este mes y mejorará incluso más si cabe después del 22. A partir del 23 se dará un gran trígono en los signos de tierra (el elemento de tu signo). Te sentirás a gusto en esta coyuntura. Tus grandes habilidades directivas y organizativas aumentarán más todavía. Tu economía irá mejor y también discurrirá con más fluidez. Te aguarda una temporada muy próspera a partir del 22. Los conflictos económicos con tu cónyuge, pareja o amante actual se resolverán después del 2. El único problema en el terreno económico es el movimiento retrógrado que Urano, tu planeta de la economía, iniciará el 15. Este tránsito ralentizará las cosas, pero no frenará tus ingresos. Surgirán muchas oportunidades económicas placenteras después del 22, pero te conviene ser más diligente en este sentido. No te apresures en nada.

Tu salud mejorará gracias a los programas para depurar el organismo después del 5. Te irán bien sesiones de reflexología para trabajar los puntos reflejos del corazón. Al igual que los masajes torácicos.

Venus ingresará en tu séptima casa del amor el 7 y la ocupará el resto del mes. Si no tienes pareja, este aspecto indica que mantendrás una relación sentimental, pero no parece nada serio, será más bien para divertirte y juguetear. También muestra que estás alternando con personas ilustres —poderosas y prestigiosas— de un estado social más alto que el tuyo. Ahora promocionas tu profesión con los medios sociales. Gran parte de tu socialización está relacionada con ella.

Tu encanto y tu magnetismo sociales alcanzarán su punto máximo del 1 al 3, y a partir del 19, cuando la luna —tu planeta del amor— esté en fase creciente. El día 11 de luna llena y el 27 de luna nueva también son favorables a tu vida amorosa y social.

Septiembre

Mejores días en general: 6, 7, 8, 16, 17, 24, 25
Días menos favorables en general: 4, 5, 11, 12, 18, 19
Mejores días para el amor: 2, 3, 6, 7, 11, 12, 13, 14, 17, 22, 23, 26
Mejores días para el dinero: 6, 7, 16, 17, 24, 25, 26, 27
Mejores días para la profesión: 2, 3, 13, 14, 18, 19, 22, 23

La mitad superior de tu carta astral, el hemisferio diurno, es el máximo de poderosa que llegará a ser este año. Pero la mitad inferior, el hemisferio nocturno, es la que predomina. De ahí que, aunque estés en el «mediodía» de tu año, aún pareces estar medio dormido. Adormilado. No estás plenamente alerta. Sin embargo, como tu planeta del hogar y de la familia iniciará su movimiento retrógrado el 9, te conviene centrarte más en la profesión y en las actividades externas. Tu décima casa de la profesión será poderosa a partir del 22. O sea que da lo mejor de ti. Ha habido mejores años profesionales en tu vida y los habrá en el futuro, pero ahora has llegado al punto máximo del año en este sentido.

La actividad retrógrada alcanzará su punto máximo este mes (en junio hubo otro igual de elevado). Del 9 al 12 el 60 por ciento de los planetas serán retrógrados, y antes y después de esta fecha lo serán al 50 por ciento. Ahora el ritmo de la vida es lento. En el mundo o en tu vida apenas ocurre gran cosa. Aunque esta situación no parece afectarle a tu profesión.

Es posible que te enfrentes con la muerte, con experiencias cercanas a la muerte y quizá con cirugías este mes. El regente de tu octava casa ocupará la cúspide de tu carta astral, su posición más poderosa. Venus, tu planeta de la profesión, estará en tu octava casa a partir del 6. Este aspecto al parecer influye en tus jefes, padres o figuras parentales, es decir, las figuras de autoridad en tu vida. Tu tarea ahora, tu misión, es estar ahí para ellos.

Tu salud será excelente hasta el 22. Pero después de esta fecha procura vigilarla más. Fortalécela con masajes abdominales y tratamientos basados en el elemento tierra hasta el 5. Las compresas de barro te sentarán bien. Los baños en aguas ricas en minerales son beneficiosos para ti. Préstale más atención a tus riñones y caderas después del 5. Te convienen las sesiones regulares de reflexología para trabajar los puntos reflejos de estas zonas. Es importante practicar sexo seguro y mantener una actividad sexual moderada después del 27. Los programas para depurar el organismo también serán eficaces.

Venus abandonará tu séptima casa el 6 y esta quedará vacía a partir de entonces. Solo la Luna la visitará el 11 y 12. Tu vida amorosa seguirá igual este mes. Tu encanto y magnetismo sociales estarán en su punto máximo el 1 y 2, y del 17 al 30. Como la luna nueva en el 17 ocurrirá cerca del perigeo, será potente. Debería ser una buena jornada para tu vida amorosa y social.

Octubre

Mejores días en general: 4, 5, 13, 14, 21, 23, 31
Días menos favorables en general: 1, 2, 9, 10, 15, 16, 28, 29, 30
Mejores días para el amor: 3, 6, 7, 9, 10, 15, 16, 21, 22, 25
Mejores días para el dinero: 4, 5, 13, 14, 21, 23, 24, 25, 31
Mejores días para la profesión: 3, 15, 16, 21, 22

Marte, tu planeta del hogar y de la familia, será retrógrado este mes. Por eso, aunque no te apetezca, es mejor que en octubre te concentres en tu profesión. Las cuestiones del hogar y de la familia necesitan tiempo para resolverse. Todavía hay muchos planetas retrógrados este mes en tu carta astral —no tantos como el anterior—, pero el porcentaje continúa siendo alto (un 40 por ciento a partir del 14). Aunque, por lo visto, a tu vida laboral esto no le afecta. Venus, tu planeta de la profesión, avanza raudo este mes (el único que se mueve velozmente). Transitará por tres signos y casas de tu horóscopo. Este movimiento indica confianza en uno mismo y un rápido progreso en esta faceta de tu vida. Al encontrarse en tu octava casa hasta el 2, traerá en este periodo dramas, experiencias cercanas a la muerte y, tal vez, cirugías en las vidas de tus jefes, padres o figuras parentales, o en las de los líderes de tu sector profesional. Venus ingresará en tu novena casa el 2, y este aspecto indica viajes laborales y oportunidades formativas profesionales.

También ingresará en tu décima casa de la profesión el 28 —tu propio signo y casa—, donde será un planeta poderoso en tu beneficio. Formará aspectos muy favorables con Plutón el 21 y 22. Así que tus amigos triunfarán en esta temporada y te serán de ayuda en tu carrera laboral. La alta tecnología también parece ser importante en esta faceta de tu vida. Progresarás laboralmente este mes. Tal vez se cierren las puertas en otras áreas de tu vida, pero en la de la profesión no lo harán.

Marte, tu planeta de la familia, ocupará tu cuarta casa —su propio signo y casa— el mes entero. Lleva en ella desde el 28 de junio. De modo que si estás reformando tu hogar y haciendo reparaciones importantes, es posible que surjan retrasos.

Aunque este mes no sea especialmente romántico, ya que tu vida amorosa seguirá igual en este sentido, tu vida social será buena y activa. Plutón, tu planeta de los amigos, iniciará su movimiento de avance el 4, y el Sol ingresará en tu undécima casa el 23. Así que saldrás más con los amigos y participarás más en grupos y en actividades grupales. También es posible que tus amigos sufran dramas en sus vidas, pero tú estarás a su lado para ayudarles. Al parecer, tus amigos están muy dedicados a ti.

Vigila tu salud hasta el 23. Como siempre, lo más importante es descansar lo suficiente para que tu nivel de energía sea alto. Fortalece tu salud con programas para depurar el organismo, practica sexo seguro, sé moderado en tu vida sexual, y vigila el colon, la vejiga y los órganos sexuales. Si notas que tu tono vital está bajo, los enemas con infusiones de plantas medicinales te vendrán de maravilla.

Dado que Mercurio, tu planeta de la salud, iniciará su movimiento retrógrado el 14, evita hacer cambios importantes relacionados con la salud después de esta fecha. Evita también las ofertas de trabajo a partir del 15. Estudia la situación más a fondo. Las cosas no son lo que parecen.

Tu salud y energía mejorarán enormemente después del 23.

Noviembre

Mejores días en general: 1, 10, 18, 19, 27, 28
Días menos favorables en general: 5, 6, 12, 25, 26
Mejores días para el amor: 2, 3, 5, 6, 12, 14, 15, 21, 22, 24, 25
Mejores días para el dinero: 1, 2, 9, 10, 11, 17, 18, 19, 20, 21, 27
Mejores días para la profesión: 2, 3, 12, 21, 22

Venus permanecerá en solsticio hasta el 2. Lo inició el 29 de octubre. Después se detendrá en el firmamento (ocupará el mismo grado de latitud), o sea que en este sentido hará una pausa. De modo que tendrás un breve respiro en tu profesión y después cambiará de dirección. Tus hijos o figuras filiales lo vivirán de una forma más personal. Se dará una pausa en sus asuntos personales y luego un cambio de dirección.

La actividad retrógrada alcanzó su punto máximo en junio y en septiembre, y este mes casi desaparecerá (aunque no del todo). Después del 14, el 80 por ciento de los planetas serán directos, y a finales de mes (a partir del 29), lo serán el 90 por ciento. El ritmo de la vida se acelerará. El estancamiento desaparecerá. El mundo se reactivará y empezarás a progresar en tus asuntos personales.

El cuarto y último eclipse lunar ocurrirá el 30. Sus efectos agitarán y pondrán a prueba tu vida amorosa. (Te ha estado ocurriendo todo el año.) Al producirse en tu sexta casa, habrá cambios laborales, podrían darse en tu empresa actual o en otra. Y tus condiciones laborales también pueden cambiar. Es posible que surjan trastornos en tu lugar de trabajo. Si eres empresario, puede que hagas renovaciones en tu plantilla este mes (y también en los próximos). También habrá cambios en tu programa de salud (y probablemente también en los meses siguientes). Tu cónyuge, pareja o amante actual vivirá cambios espirituales relacionados con las prácticas, las enseñanzas o los maestros. Surgirán trastornos en las organizaciones espirituales o benéficas de las que formas parte. A tus hijos o figuras filiales les conviene tomar medidas correctoras en la economía. Tus padres o figuras parentales deberían conducir con más precaución. Es probable que les fallen los coches y los equipos de comunicación.

Pese al eclipse, tu salud es buena este mes. Como tu planeta de la salud se volverá directo el 3, verás las cosas con más claridad en esta faceta de tu vida. Fortalece tu salud hasta el 3 con masajes en las caderas. Si te notas el tono vital bajo, te sentará bien una depuración renal con infusiones de plantas medicinales. Los programas para depurar el organismo te funcionarán de maravilla después del 3. Como he señalado el mes pasado, es importante practicar sexo seguro y ser moderado en la actividad sexual.

Tu encanto social alcanzará su punto máximo del 15 al 30, cuando la luna, tu planeta del amor, sea creciente. La luna nueva en el 15 ocurrirá muy cerca del perigeo lunar, así que será una jornada especialmente poderosa en el plano amoroso y social.

Diciembre

Mejores días en general: 7, 8, 15, 16, 24, 25, 26
Días menos favorables en general: 2, 3, 9, 10, 22, 23, 29, 30, 31
Mejores días para el amor: 2, 3, 5, 6, 11, 12, 13, 14, 22, 23, 24, 29, 30, 31
Mejores días para el dinero: 7, 8, 15, 16, 17, 18, 24, 25, 27
Mejores días para la profesión: 2, 3, 9, 10, 11, 12, 22, 23

A medida que termina el año, el cosmos, al igual que nosotros, se prepara para la llegada de lo nuevo. Las piezas de ajedrez cambian de casillas y las tendencias para 2021 serán muy distintas de las del año anterior.

Saturno, el regente de tu horóscopo (un planeta muy importante en tu carta astral) abandonará tu signo por última vez y entrará en Acuario, tu casa del dinero. Esto ocurrirá el 18. Júpiter, que lleva en tu signo el año entero, también hará un movimiento importante el 20. Ingresará en Acuario, tu casa del dinero. Y se alojará en ella casi todo el 2021. Que será, por lo visto, muy próspero.

Se producirá un eclipse solar (el sexto del año) en tu casa doce de la espiritualidad el 14. Constituirá el anuncio de cambios espirituales debido al movimiento de Júpiter. El eclipse traerá cambios relacionados con el plano espiritual en tus prácticas, actitudes, enseñanzas y quizá maestros. Surgirán trastornos y crisis en las organizaciones espirituales o benéficas de las que formas parte. Tus gurús o figuras de gurús vivirán dramas en sus vidas. A tus amigos les conviene tomar medidas correctoras en el terreno económico. Tu cónyuge, pareja o amante actual experimentará cambios laborales y cambios en su programa de salud. Y como el Sol, el planeta eclipsado, es el regente de tu octava casa, te enfrentarás a encuentros con la muerte o a experiencias cercanas a la muerte. En general, ocurrirán en el plano psicológico y no en sentido literal. Son, como nuestros lectores saben, mensajes de amor procedentes de lo alto, es decir, la vida es demasiado corta como para posponer para más adelante tu misión en la vida. Dedícate a la labor que has venido a hacer en este mundo. Este eclipse afectará a Neptuno.

El año pasado fue espiritual y este mes también lo será, sobre todo hasta el 21. Es un buen mes para el estudio de la literatura sagrada, la meditación y la participación en causas idealistas y benéficas. Si deseas progresar espiritualmente, en diciembre harás grandes avances en este sentido.

El Sol ingresará en tu signo el 21 e iniciarás una de tus temporadas más placenteras del año. Es un buen momento para disfrutar de tu cuerpo (sin excederte) y de ponerte en forma tal como deseas. También es un buen momento para adelgazar y limpiar tu organismo de toxinas.

Tus ingresos te llegarán más despacio de lo habitual debido al movimiento retrógrado de Urano, tu planeta de la economía. Pero, con todo, aumentarán después del 21, sólo que ocurrirá con más lentitud.

Tu salud es buena este mes. Aunque puedes fortalecerla más aún con métodos de curación espiritual hasta el 21. Después de esta fecha poténciala con los sistemas descritos en la previsión anual.

Acuario

El Aguador
Nacidos entre el 20 de enero y el 18 de febrero

Rasgos generales

ACUARIO DE UN VISTAZO

Elemento: Aire

Planeta regente: Urano
   Planeta de la profesión: Plutón
   Planeta de la salud: la Luna
   Planeta del amor: el Sol
   Planeta del dinero: Neptuno
   Planeta del hogar y la vida familiar: Venus

Colores: Azul eléctrico, gris, azul marino
   Colores que favorecen el amor, el romance y la armonía social:
   Dorado, naranja
   Color que favorece la capacidad de ganar dinero: Verde mar

Piedras: Perla negra, obsidiana, ópalo, zafiro

Metal: Plomo

Aromas: Azalea, gardenia

Modo: Fijo (= estabilidad)

Cualidades más necesarias para el equilibrio: Calidez, sentimiento
   y emoción

Virtudes más fuertes: Gran poder intelectual, capacidad de comunicación y de formar y comprender conceptos abstractos, amor por lo nuevo y vanguardista

Necesidad más profunda: Conocer e introducir lo nuevo

Lo que hay que evitar: Frialdad, rebelión porque sí, ideas fijas

Signos globalmente más compatibles: Géminis, Libra

Signos globalmente más incompatibles: Tauro, Leo, Escorpio

Signo que ofrece más apoyo laboral: Escorpio

Signo que ofrece más apoyo emocional: Tauro

Signo que ofrece más apoyo económico: Piscis

Mejor signo para el matrimonio y/o las asociaciones: Leo

Signo que más apoya en proyectos creativos: Géminis

Mejor signo para pasárselo bien: Géminis

Signos que más apoyan espiritualmente: Libra, Capricornio

Mejor día de la semana: Sábado

La personalidad Acuario

En los nativos de Acuario las facultades intelectuales están tal vez más desarrolladas que en cualquier otro signo del zodiaco. Los Acuario son pensadores claros y científicos; tienen capacidad para la abstracción y para formular leyes, teorías y conceptos claros a partir de multitud de hechos observados. Géminis es bueno para reunir información, pero Acuario lleva esto un paso más adelante, destacando en la interpretación de la información reunida.

Las personas prácticas, hombres y mujeres de mundo, erróneamente consideran poco práctico el pensamiento abstracto. Es cierto que el dominio del pensamiento abstracto nos saca del mundo físico, pero los descubrimientos que se hacen en ese dominio normalmente acaban teniendo enormes consecuencias prácticas. Todos los verdaderos inventos y descubrimientos científicos proceden de este dominio abstracto.

Los Acuario, más abstractos que la mayoría, son idóneos para explorar estas dimensiones. Los que lo han hecho saben que allí hay poco sentimiento o emoción. De hecho, las emociones son un estorbo para funcionar en esas dimensiones; por eso los Acuario a veces parecen fríos e insensibles. No es que no tengan sentimientos ni profundas emociones, sino que un exceso de sentimiento les nublaría la capacidad de pensar e inventar. Los demás signos no pueden tolerar y ni siquiera comprender el concepto de «un exceso de sentimientos». Sin embargo, esta objetividad acuariana es ideal para la ciencia, la comunicación y la amistad.

Los nativos de Acuario son personas amistosas, pero no alardean de ello. Hacen lo que conviene a sus amigos aunque a veces lo hagan sin pasión ni emoción.

Sienten una profunda pasión por la claridad de pensamiento. En segundo lugar, pero relacionada con ella, está su pasión por romper con el sistema establecido y la autoridad tradicional. A los Acuario les encanta esto, porque para ellos la rebelión es como un juego o un desafío fabuloso. Muy a menudo se rebelan simplemente por el placer de hacerlo, independientemente de que la autoridad a la que desafían tenga razón o esté equivocada. Lo correcto y lo equivocado tienen muy poco que ver con sus actos de rebeldía, porque para un verdadero Acuario la autoridad y el poder han de desafiarse por principio.

Allí donde un Capricornio o un Tauro van a pecar por el lado de la tradición y el conservadurismo, un Acuario va a pecar por el lado de lo nuevo. Sin esta virtud es muy dudoso que pudiera hacerse algún progreso en el mundo. Los de mentalidad conservadora lo obstruirían. La originalidad y la invención suponen la capacidad de romper barreras; cada nuevo descubrimiento representa el derribo de un obstáculo o impedimento para el pensamiento. A los Acuario les interesa mucho romper barreras y derribar murallas, científica, social y políticamente. Otros signos del zodiaco, como Capricornio, por ejemplo, también tienen talento científico, pero los nativos de Acuario destacan particularmente en las ciencias sociales y humanidades.

Situación económica

En materia económica, los nativos de Acuario tienden a ser idealistas y humanitarios, hasta el extremo del sacrificio. Normalmente son generosos contribuyentes de causas sociales y políticas. Su modo de contribuir difiere del de un Capricornio o un Tauro. Estos esperarán algún favor o algo a cambio; un Acuario contribuye desinteresadamente.

Los Acuario tienden a ser tan fríos y racionales con el dinero como lo son respecto a la mayoría de las cosas de la vida. El dinero es algo que necesitan y se disponen científicamente a adquirirlo. Nada de alborotos; lo hacen con los métodos más racionales y científicos disponibles.

Para ellos el dinero es particularmente agradable por lo que puede hacer, no por la posición que pueda implicar (como en el caso de otros signos). Los Acuario no son ni grandes gastadores ni tacaños; usan su dinero de manera práctica, por ejemplo, para facilitar su propio progreso, el de sus familiares e incluso el de desconocidos.

No obstante, si desean realizar al máximo su potencial financiero, tendrán que explorar su naturaleza intuitiva. Si sólo siguen sus teorías económicas, o lo que creen teóricamente correcto, pueden sufrir algunas pérdidas y decepciones. Deberían más bien recurrir a su intuición, sin pensar demasiado. Para ellos, la intuición es el atajo hacia el éxito económico.

Profesión e imagen pública

A los Acuario les gusta que se los considere no sólo derribadores de barreras, sino también los transformadores de la sociedad y del mundo. Anhelan ser contemplados bajo esa luz y tener ese papel. También admiran y respetan a las personas que están en esa posición e incluso esperan que sus superiores actúen de esa manera.

Prefieren trabajos que supongan un cierto idealismo, profesiones con base filosófica. Necesitan ser creativos en el trabajo, tener acceso a nuevas técnicas y métodos. Les gusta mantenerse ocupados y disfrutan emprendiendo inmediatamente una tarea, sin pérdida de tiempo. Suelen ser los trabajadores más rápidos y generalmente aportan sugerencias en beneficio de su empresa. También son muy colaboradores con sus compañeros de trabajo y asumen con gusto responsabilidades, prefiriendo esto a recibir órdenes de otros.

Si los nativos de Acuario desean alcanzar sus más elevados objetivos profesionales, han de desarrollar más sensibilidad emocional, sentimientos más profundos y pasión. Han de aprender a reducir el enfoque para fijarlo en lo esencial y a concentrarse más en su tarea. Necesitan «fuego en las venas», una pasión y un deseo arrolladores, para elevarse a la cima. Cuando sientan esta pasión, triunfarán fácilmente en lo que sea que emprendan.

Amor y relaciones

Los Acuario son buenos amigos, pero algo flojos cuando se trata de amor. Evidentemente se enamoran, pero la persona amada tiene la impresión de que es más la mejor amiga que la amante.

Como los Capricornio, los nativos de Acuario son fríos. No son propensos a hacer exhibiciones de pasión ni demostraciones externas de su afecto. De hecho, se sienten incómodos al recibir abrazos o demasiadas caricias de su pareja. Esto no significa que no la amen. La aman, pero lo demuestran de otras maneras. Curiosamente, en sus relaciones suelen atraer justamente lo que les produce incomodidad. Atraen a personas ardientes, apasionadas, románticas y que demuestran sus sentimientos. Tal vez instintivamente saben que esas personas tienen cualidades de las que ellos carecen, y las buscan. En todo caso, al parecer estas relaciones funcionan; la frialdad de Acuario calma a su apasionada pareja, mientras que el fuego de la pasión de esta calienta la sangre fría de Acuario.

Las cualidades que los Acuario necesitan desarrollar en su vida amorosa son la ternura, la generosidad, la pasión y la diversión. Les gustan las relaciones mentales. En eso son excelentes. Si falta el factor intelectual en la relación, se aburrirán o se sentirán insatisfechos muy pronto.

Hogar y vida familiar

En los asuntos familiares y domésticos los Acuario pueden tener la tendencia a ser demasiado inconformistas, inconstantes e inestables. Están tan dispuestos a derribar las barreras de las restricciones familiares como las de otros aspectos de la vida.

Incluso así, son personas muy sociables. Les gusta tener un hogar agradable donde poder recibir y atender a familiares y amigos. Su casa suele estar decorada con muebles modernos y llena de las últimas novedades en aparatos y artilugios, ambiente absolutamente necesario para ellos.

Si su vida de hogar es sana y satisfactoria, los Acuario necesitan inyectarle una dosis de estabilidad, incluso un cierto conservadurismo. Necesitan que por lo menos un sector de su vida sea sólido y estable; este sector suele ser el del hogar y la vida familiar.

Venus, el planeta del amor, rige la cuarta casa solar de Acuario, la del hogar y la familia, lo cual significa que cuando se trata de la familia y de criar a los hijos, no siempre son suficientes las teorías, el pensamiento frío ni el intelecto. Los Acuario necesitan introducir el amor en la ecuación para tener una fabulosa vida doméstica.

Horóscopo para el año 2020[*]

Principales tendencias

La espiritualidad te ha estado interesando notablemente durante muchos años, pero en este te apasionará incluso más aún. Tu duodécima casa de la espiritualidad es ciertamente la más poderosa de tu carta astral. Este año trata sobre tu crecimiento y desarrollo espiritual. Tu interés por esta faceta de tu vida te llevará al progreso y al éxito profesional. Volveremos a este tema más adelante.

Tu economía también lleva muchos años siguiendo una tendencia de larga duración. Neptuno, tu planeta de la economía, hace muchos años que ocupa tu casa del dinero. Dado que se encuentra en su propio signo y casa, es muy poderoso, y este aspecto indica unos buenos ingresos. Este año será próspero. Volveremos más tarde a este tema.

Tu cuarta casa del hogar y de la familia se ha vuelto importante últimamente, desde marzo de 2019. Urano, el regente de tu carta astral, ingresó en esa fecha en tu cuarta casa y la ocupará alrededor de siete años. Habrá muchos trastornos en este ámbito de tu vida y te conviene prestar atención a tu situación familiar. Volveremos a este tema más adelante.

No es uno de tus mejores años en el terreno amoroso y social. Aunque tampoco será malo. Simplemente estas facetas de tu vida no te interesan demasiado. Tu séptima casa del amor está vacía,

* Las previsiones de este libro se basan en el Horóscopo Solar y en todos los signos derivados del mismo: tu signo solar se convierte en el Ascendente, y las casas se numeran a partir de él. Tu horóscopo personal, el trazado concretamente para ti (según la fecha, hora y lugar exactos de tu nacimiento) podría modificar lo que se indica aquí. Joseph Polansky.

sólo la visitarán planetas rápidos. De modo que tu vida amorosa seguirá más o menos igual. Volveremos a este tema más adelante.

Los Acuario no son personas conservadoras. Son innovadoras, inventoras, rebeldes e inconformistas. Pero desde que Urano ingresó en Tauro el año pasado, son por lo visto más apacibles, más tradicionales de lo habitual.

Este año habrá seis eclipses. Normalmente hay cuatro. Es un 50 por ciento más de lo normal. La cantidad de eclipses lunares también se doblará en 2020. Habitualmente hay dos, pero este año habrá cuatro. Cinco de los seis eclipses influirán en tu salud y tu situación laboral. De modo que este año vivirás muchos cambios. Volveremos a este tema más adelante.

Tu tercera casa será poderosa a partir del 28 de junio. Marte, el regente de la misma, se quedará un tiempo inusualmente largo en ella, cuatro veces más de lo habitual. Este aspecto es sumamente favorable para los estudiantes de secundaria. Estarán pendientes de los estudios, y la concentración lleva al éxito. También es propicio para los escritores, profesores, blogueros, periodistas, publicistas, mercadotécnicos y vendedores, es decir, para quienes se ganan la vida con sus habilidades comunicativas. Ten, sin embargo, en cuenta que habrá la tendencia a las disputas y los conflictos verbales.

Las áreas que más te interesarán este año serán el cuerpo y la imagen (del 23 de marzo al 1 de julio, y a partir del 18 de diciembre); la economía, la comunicación y los intereses intelectuales (a partir del 28 de junio); el hogar y la familia; y la espiritualidad.

Lo que más te llenará será la salud y el trabajo (hasta el 6 de mayo); el amor, las aventuras amorosas y las actividades sociales (a partir del 6 de mayo); la espiritualidad (hasta el 20 de diciembre); y el cuerpo y la imagen (a partir del 20 de diciembre).

Salud

(Ten en cuenta que se trata de una perspectiva astrológica de la salud, no una médica. En el pasado, no había ninguna diferencia, ambas eran idénticas, pero en la actualidad podrían diferir mucho. Para obtener un punto de vista médico, consulta a tu médico de cabecera o a un profesional de la salud.)

La salud será en esencia buena este año. En algunas ocasiones, uno (y a veces dos) planetas lentos formarán aspectos desfavorables en tu carta astral. Pero, en general, esto no bastará para causar problemas serios. Sin duda, habrá temporadas en las que tu salud y energía no serán tan buenas como de costumbre. Se deberá a los aspectos temporales desfavorables causados por los planetas en tránsito. Pero no son las tendencias para el año. Cuando los dejes atrás, tu salud y energía volverán a ser buenas. Tu salud será mucho más delicada el año que viene.

Por buena que sea tu salud, siempre puedes mejorarla. Préstale sobre todo atención a las siguientes áreas vulnerables de tu carta astral.

Los tobillos y las pantorrillas. Estas zonas son siempre importantes para los Acuario. Te conviene incluir masajes periódicos en los tobillos y las pantorrillas en tu programa regular de salud.

El estómago y los senos. Estas dos áreas siempre son importantes para los Acuario. La Luna, tu planeta de la salud, gobierna estas zonas. Te irán bien sesiones de reflexología para trabajar sus puntos reflejos. Cuando te des masajes en los pies, no te olvides también de incluir el empeine y el área que bordea los dedos, ya que para los Acuario esta zona también es importante. La dieta es siempre importante para ti. Puedes a menudo aliviar tus problemas de salud simplemente mediante un cambio dietético sencillo. Lo que comes es importante y deberías asesorarte con un profesional, pero cómo comes también es primordial. El acto de comer debe elevarse del apetito animal a un acto de culto y de agradecimiento. Da las gracias (con tus propias palabras) antes y después de las comidas. Bendice la comida (con tus propias palabras). Come tranquilamente de modo relajado. Si es posible, pon música apacible de fondo mientras comes. Estas prácticas no solo elevan las vibraciones de la comida (como Maseru Emoto ha demostrado), sino también las vibraciones de tu cuerpo y tu sistema digestivo. Obtienes lo mejor de la comida que comes y la digieres mejor. Nuestros antepasados entendían este principio de maravilla, aunque no pudieran demostrarlo científicamente. Por eso casi en todas las religiones hay rituales relacionados con la comida.

El corazón. Este órgano se ha vuelto importante recientemente (desde marzo de 2019 y por un breve tiempo en 2018). Y continuará siéndolo los dos años siguientes. Te irán bien sesiones de reflexología para trabajar sus puntos reflejos. Lo más importante es desprenderte de las preocupaciones y la ansiedad. Todos los sanadores espirituales coinciden en que estas emociones negativas son las causas principales de los problemas cardíacos. La meditación va de maravilla para ello.

La Luna, tu planeta de la salud, es el más rápido de todos. Transita por tu carta astral cada mes. De ahí que haya numerosas tendencias de corta duración relacionadas con la salud que dependan de dónde esté la Luna y de los aspectos que reciba. En las previsiones mes a mes hablaré de estas tendencias con más detalle.

En general, te sientes con más energía los días de luna creciente (cuando aumenta) que los días de luna menguante. Los días de luna creciente son buenos para las terapias cuando le añadimos elementos al cuerpo. Los días de luna menguante son adecuados para depurar y limpiar el organismo.

Como he señalado antes, cinco de los seis eclipses de este año afectarán tu salud. Así que es posible que te lleves algún que otro susto en este sentido (y lo positivo sobre ellos es que te obligarán a hacer cambios en tu programa de salud). Pero en general, tu salud será buena y lo más probable es que todo se quede en un susto.

Dado que la Luna es tu planeta de la salud, la buena salud para ti significa gozar de una buena salud emocional. Por eso es esencial que tus emociones y tu estado de ánimo sean positivos. Este año te costará más lograrlo, pero la meditación te será de gran ayuda. También es importante mantener la armonía en la familia, otro aspecto que supondrá un reto para ti.

Hogar y vida familiar

Tu cuarta casa del hogar y de la familia lleva siendo importante para ti desde marzo del año pasado. Y seguirá siéndolo —también será tormentosa— durante los siete años siguientes. Urano, el planeta de los cambios revolucionarios y repentinos, ocupa ahora tu cuarta casa.

Tu círculo familiar vivirá muchas crisis. Habrá trastornos en la familia y tal vez rupturas o casi rupturas. El matrimonio de uno de tus padres o figura parental está atravesando una gran crisis. Estás muy dedicado a tu familia y le prestas mucha atención, pero ¿bastará?

Los miembros de tu familia tienen cambios de humor extremos y repentinos. Pasan de un estado de ánimo a otro súbitamente y no sabes qué esperar. Tú también tienes cambios de humor repentinos e inexplicables.

Cuando Urano abandone tu cuarta casa (al cabo de siete años más o menos), tu familia y tu situación doméstica será totalmente distinta.

Ten en cuenta que Urano no pretende castigarte. Ni tampoco es la respuesta a tus oraciones y deseos. Tú (o los miembros de tu familia) has deseado una situación mejor y para conscguirlo es necesario que hayan cambios radicales.

Como Urano se encuentra en tu cuarta casa, tal vez te mudes de vivienda en numerosas ocasiones y en los años futuros. Este aspecto también puede indicar múltiples reformas en el hogar. Un proceso que nunca acaba. Cada vez que crees haber modernizado tu casa de «maravilla», se te ocurre una idea nueva y vuelves a hacer otra reforma. No se acaba nunca.

Además harás muchas actualizaciones relacionadas con la alta tecnología de tu hogar este año. Ahora estás instalando aparatos y equipos de alta tecnología. En el futuro es posible que tengas «electrodomésticos inteligentes» y quizá un hogar totalmente «inteligente». Todo estará conectado a Internet.

Los Acuario en edad de concebir serán más fértiles este año, en especial después del 20 de diciembre. También lo serán el próximo año.

Siempre hay muchas tendencias de corta duración relacionadas con el hogar y la familia en tu horóscopo. Se debe a que Venus, tu planeta de la familia, se mueve con mucha rapidez. Este año transitará por once signos y casas de tu carta astral (la visitará casi toda). Por eso muchos acontecimientos familiares dependerán de dónde esté Venus en un determinado momento y de los aspectos que reciba. En las previsiones mes a mes hablaré de estas tendencias con más detalle.

Uno de tus progenitores o figuras parentales está inquieto y anhela gozar de libertad estos días. Viajará mucho por los alrededores y tal vez viva largos periodos de tiempo en distintos lugares. Pero no es probable que se cambie de vivienda. El otro progenitor o figura parental podría mudarse de casa a finales de año, pero lo más probable es que lo haga el próximo. No será una mudanza fácil. Conllevará muchos retrasos y problemas.

Tus hermanos o figuras fraternas están viviendo numerosos dramas familiares este año, pero no es probable que se cambien de vivienda. La vida familiar de tus hijos o figuras filiales seguirá igual. Puede que tus nietos (en el caso de tenerlos) o quienes desempeñan este papel en tu vida, se muden de casa, pero no lo tendrán fácil. Si están en edad de concebir serán más fértiles durante los dos años siguientes.

Es probable que hagas reformas en tu hogar todo el año, pero del 16 de febrero al 31 de marzo es un momento excelente. Si planeas mejorar la parte estética de tu casa, decorarla de nuevo o comprar objetos bonitos para adornarla, un buen momento es del 5 de marzo al 3 de abril.

Profesión y situación económica

Este año parece próspero. Tu casa del dinero lleva destacando en tu carta astral durante muchos años y seguirá haciéndolo. Este aspecto muestra un centro de atención en tu vida, y según la ley espiritual, obtenemos aquello en lo que nos centramos. Además, tu planeta de la economía está recibiendo aspectos favorables de planetas lentos. Otra señal positiva para las finanzas. Júpiter, tu planeta de la abundancia, ingresará en tu signo el 20 de diciembre, y esto indica un ciclo de dos años de prosperidad. Terminarás el año en una mejor situación económica de la que lo empezaste.

Neptuno es tu planeta de la economía. Como he señalado en numerosas previsiones anteriores, es el planeta más espiritual de todos. En cierto sentido, es de otro mundo. No le interesa ninguna condición o circunstancia material, sabe que puede crear nuevas circunstancias. Como es «de otro mundo», actúa según su propia ley, y si no tienes cuidado, esta tendencia podría llevarte a escándalos económicos. Es bueno ser de otro mundo de una forma positiva, pero ten también en cuenta este mundo.

Tu intuición financiera es muy aguda estos días, lleva siéndolo muchos años. A decir verdad, se ha ido agudizando en cuanto a los asuntos económicos con el paso del tiempo.

En el plano mundano, Neptuno rige los proveedores de agua, las empresas embotelladoras de agua mineral y las compañías relacionadas con el agua, el transporte marítimo, los astilleros, y la industria pesquera y marisquera. También rige el petróleo, el gas natural (sobre todo el procedente de plataformas marinas de extracción), las residencias de ancianos, los hospitales de cuidados paliativos, el alcohol y ciertos laboratorios farmacéuticos, como los que fabrican anestésicos y ansiolíticos. Todos estos sectores te atraen como trabajo, negocio o inversión. Además, las personas de estos sectores pueden jugar un papel importante en tu economía.

Dado que Neptuno, tu planeta de la espiritualidad, lleva tantos años en tu casa del dinero, muchos Acuario deseáis ganaros la vida de formas «espiritualmente correctas». Te gustan las empresas idealistas, proyectos que beneficien al planeta. Este aspecto suele indicar trabajar para organizaciones sin ánimo de lucro. Si te preocupa el medioambiente, surgirán oportunidades para trabajar en compañías comprometidas en cuidar el planeta, y hoy en día hay muchas de esta índole. O también es posible que te dediques al sector relacionado con los libros, los seminarios o las conferencias de tipo espiritual (o tal vez seas tú el que los imparta).

Neptuno rige además las películas, la fotografía y las bellas artes. En estos sectores también surgirán oportunidades para ganar dinero y disfrutarás de esta clase de trabajo.

En el terreno profesional también se aprecia el mismo idealismo. Plutón, tu planeta de la profesión, lleva desde 2008 en tu casa doce de la espiritualidad, y seguirá en ella muchos años más. Por eso triunfar profesionalmente y ganar dinero a ti no te basta. Necesitas hacer algo significativo que le llene a tu alma. Tu profesión será por lo visto muy exitosa este año, ya que Júpiter estará viajando con tu planeta de la profesión la mayoría de 2020. Tu nivel profesional y social aumentara este año.

Tu principal reto profesional es la situación a la que mucha gente se enfrenta, pero en tu caso será más intensa, es decir, tendrás que compaginar tu feliz vida hogareña y doméstica con una profesión exitosa. Te verás obligado a hacer malabarismos para conseguirlo, ya que las obligaciones familiares y profesionales son muy grandes. Este año tendrás que ingeniártelas para encontrar una solución a este problema. Todo el mundo acaba haciéndolo de una forma u otra.

Amor y vida social

El amor y la vida romántica no destacan este año en tu carta astral. En primer lugar, la mayoría de planetas lentos ocupan la mitad oriental del yo y la independencia personal. Aunque la mitad occidental, la de la vida social, ganará más fuerza en el transcurso del año, nunca llegará a ser más poderosa que la mitad oriental. Cuando alcance su punto más poderoso (y sólo lo hará por cortos espacios de tiempo) será tan predominante como la mitad oriental. Pero buena parte del año la mitad oriental será la más poderosa. De modo que este año eres más independiente. Más autónomo. Marcas tu propio camino. Necesitas menos a los demás que de costumbre. Es un rasgo muy positivo, aunque para el amor no lo es tanto. En segundo lugar, tu séptima casa del amor está vacía, en cambio tu primera casa del yo va ganando más fuerza a medida que transcurre el año. Solo transitarán planetas rápidos por tu séptima casa. Las aventuras amorosas parecen haber pasado a un segundo plano en tu vida. Con todo, el nodo norte lunar ingresará en tu séptima casa el 6 de mayo y se quedará en ella el resto del año. Por lo tanto, aunque sea bueno ser independiente y autónomo, también es positivo socializar y cultivar amistades. Interpreto este aspecto como que tu vida social no cambiará este año. Si no tienes pareja, seguirás igual, y si mantienes una relación, seguirás con tu pareja.

Los Acuario son más proclives a las amistades que al amor. En realidad, el amor para ellos no es sino una «amistad con derecho a roce». El amor no es más que una amistad más profunda. Esta faceta de tu vida será muy activa este año.

Júpiter, tu planeta de los amigos, viajará con tu planeta de la profesión. Este aspecto indica que buena parte de tu socialización tendrá que ver con tu profesión. Alternarás con personas ilustres y poderosas y te relacionarás con ellas. No serán encuentros románticos, sino más bien afinidades profesionales. Las amistades de la casa once son distintas de las de la séptima casa. La casa siete indica amistades del corazón, es decir, te encantan este tipo de personas, sea cual sea su posición social, ocupación o poder adquisitivo. Mientras que las amistades de la casa once son más platónicas, son amistades intelectuales basadas en intereses compartidos. Y este año entablarás esta clase de amistades.

Dado que Júpiter se alojará casi todo el año en tu duodécima casa de la espiritualidad, ahora estás conociendo a personas espirituales. Tal vez sean empresarios, pero son espirituales. Estos contactos fomentan tanto tu camino espiritual como tu carrera laboral.

Júpiter ingresará en tu propio signo el 20 de diciembre. Este tránsito muestra que los amigos están entregados a ti y que eres como un imán para ellos. Te buscan a ti en lugar de ser al contrario.

Progreso personal

Este año es de índole espiritual. Como he señalado, tu duodécima casa es ciertamente la más poderosa de tu carta astral. Si captas correctamente lo que es la espiritualidad y conectas con lo Divino en tu interior y con la mayoría de las facetas de tu vida —la económica, la profesional y la de las amistades—, todo te irá bien en la vida.

Tu vida espiritual influye incluso en tu vida romántica. Saturno, tu planeta de la espiritualidad, ingresará en tu propio signo en dos ocasiones este año. La primera será un breve flirteo del 23 de marzo al 1 de julio, y la segunda durará mucho más tiempo y será a partir del 18 de diciembre. Saturno, pues, empezará a afectar al Sol en tu carta astral. Si has nacido en los primeros días de tu signo (20-23 de enero), lo notarás más que el resto de los Acuario. Ten en cuenta que el Sol es tu planeta del amor. De modo que desearás ser compatible en el plano espiritual con tu cónyuge, pareja o amante actual, y esta compatibilidad será puesta a prueba en esas temporadas.

La mayoría de los Acuario se dedican a profesiones mundanas, pero el auténtico mensaje de este aspecto es que tu práctica y tu crecimiento espiritual son, en realidad, tu profesión, tu verdadera misión estos días. Ya lleva siendo así muchos años, pero ahora de forma mucho más intensa.

Hace un montón de años que tu vida onírica está siendo activa y profética, pero en 2020 lo será incluso más si cabe. Cuando los astrólogos estudiamos esta clase de cartas astrales, nos preguntamos por qué sus propietarios se preocupan por despertar, ya que su vida onírica es mucho más interesante que la del mundo terrenal. Presta atención a tus sueños, te están ofreciendo mensajes para ayudarte a progresar en tu faceta económica y profesional este año.

Esta clase de sugerencias económicas y profesionales también te llegarán de videntes, astrólogos, tarotistas, espiritistas o gurús. Este año estás entablando esta clase de amistades.

Como tu casa doce es tan poderosa, ahora vives en el reino sobrenatural. Este es tan real para ti como el terrenal, y el reino natural lo es incluso más todavía. Vivirás todo tipo de experiencias sobrenaturales, como sincronicidades y experiencias extrasensoriales. Tus facultades espirituales están creciendo y aumentando.

Este año harás grandes progresos espirituales, más de los que hiciste en los anteriores. Cuando te ocurren, es una de las mayores alegrías que puedes experimentar. La visión que tenías de una determinada situación (y de la vida) cambia para mejor.

Tu comprensión de la dimensión espiritual de la riqueza está aumentando año a año. Tu capacidad para acceder a ella también está mejorando. Vivirás muchos momentos de «dinero milagroso». Al cabo de un tiempo, se volverán un episodio muy corriente en tu vida y empezarás a darlos por sentados (para sorpresa de los que te rodean). Te parecerá de lo más natural que el espíritu se ocupe de abastecerte.

Llevas años siendo generoso con tus donaciones benéficas. Y esta tendencia sigue este año. Dar un diezmo de lo que ganas en tu trabajo es una práctica excelente para ti, y muchos ya lo estamos dando. Te irá bien hacerlo si aún no lo has puesto en práctica. Considéralo como una forma de terapia económica. Te abre las puertas al abastecimiento sobrenatural.

Si deseas profundizar más en las leyes espirituales de la riqueza, te recomiendo mi blog www.spiritual-stories.com para obtener más información sobre este tema.

Previsiones mes a mes

Enero

Mejores días en general: 7, 8, 16, 24, 25, 26
Días menos favorables en general: 5, 6, 12, 18, 19
Mejores días para el amor: 5, 6, 12, 13, 14, 15, 18, 19, 24, 25, 27, 28
Mejores días para el dinero: 1, 5, 6, 9, 10, 14, 18, 19, 22, 23, 27, 28
Mejores días para la profesión: 6, 14, 15, 18, 19, 23

Empiezas el año con el 80 y, en ocasiones, el 90 por ciento del poder planetario en la mitad oriental de tu carta astral, la de la independencia personal. Esta parte predominará todo el año, pero no llegará a ser tan poderosa como ahora. O sea que tu felicidad depende de ti. Puedes —y debes— hacer las cosas a tu manera. Los demás siempre son importantes y hay que tratarlos con respeto, pero ahora tu forma de actuar es la mejor para ti. En esta temporada no dependes de ellos. Haz los cambios necesarios para ser feliz. Ya que si eres feliz, habrá mucha menos infelicidad en el planeta.

Este mes es sumamente espiritual. Tu casa doce de la espiritualidad es ciertamente la más poderosa de tu carta astral. El 50 y, en ocasiones, el 60 por ciento de los planetas la están ocupando o transitando por ella. De modo que es un mes para los grandes progresos espirituales. Vivirás todo tipo de sincronicidades y de experiencias sobrenaturales. El mundo invisible está cerca de ti y te hace saber que se encuentra a tu lado.

El primero de los cuatro eclipses lunares ocurrirá el 10. Afectará de lleno tu salud. Tendrá lugar en tu sexta casa e influirá al regente de la misma. Por eso, aunque tu salud sea buena, harás cambios importantes en tu programa de salud en los próximos meses. El eclipse puede también traer cambios laborales (una faceta de tu vida que será inestable este año) y trastornos en el lugar de trabajo. Si eres empresario, podría haber cambios de personal. Tus hijos o figuras filiales se verán obligados a tomar medidas correctoras importantes en su economía. Tus tíos y tías están viviendo dramas personales que les cambiarán la vida. Como este eclipse afecta a tres planetas más, es potente. Afecta a Saturno, tu planeta espiritual. A Plutón, tu planeta de la profesión, y a Mercurio (tus hijos y tú viviréis una transformación). Lo más probable es que se trate de cambios espirituales. Como tu vida espiritual es ahora tan activa, lo más probable es que procedan de nuevas revelaciones interiores que modifican tus prácticas y tus enseñanzas. Son cambios positivos. Los efectos de Plutón repercutirán en tu profesión. Habrá dramas en tu empresa y sector profesional, y también en sus jerarquías. Tus jefes, padres o figuras parentales vivirán dramas personales en sus vidas. La aprobación de normas nuevas podría cambiar tu modo de enfocar tu profesión.

El Sol ingresará en tu signo el 20 y a partir de esta fecha iniciarás una de tus temporadas más placenteras del año. Tu vida amorosa es, por lo visto, feliz. Tienes el amor en tus propios términos. Si mantienes una relación, tu pareja está pendiente de ti, deseando complacerte. Si no tienes pareja, las oportunidades románticas te están buscando. Lo único que tienes que hacer es estar disponible para que te encuentren.

Febrero

Mejores días en general: 3, 4, 5, 12, 13, 21, 22
Días menos favorables en general: 1, 2, 8, 9, 14, 15, 28, 29
Mejores días para el amor: 3, 4, 7, 8, 9, 12, 13, 16, 17, 23, 24, 26, 27
Mejores días para el dinero: 1, 2, 6, 7, 10, 11, 14, 15, 19, 20, 23, 24, 25, 28, 29
Mejores días para la profesión: 2, 10, 11, 20, 29

Sigues gozando de una de tus temporadas más placenteras del año. Así que disfruta de los placeres del cuerpo y de los sentidos. Mima tu cuerpo. Muéstrate agradecido por el valioso servicio que te ha estado prestando toda la vida.

Tu vida amorosa sigue siendo feliz este mes. El amor y las oportunidades románticas te están buscando. Te llegan también invitaciones sociales. Tu aspecto es estupendo. Tienes estilo y desprendes un aura de estrella. Se te ve radiante. Tu planeta del amor ingresará en tu casa del dinero el 19. Este tránsito indica que tu cónyuge, pareja o amante actual te apoya económicamente. También muestra oportunidades para unirte con un socio o montar una empresa conjunta.

Si no tienes pareja, hasta el 19 apenas necesitarás hacer nada para atraer el amor. Después de esta fecha, el amor y las oportunidades románticas surgirán mientras persigues tus objetivos económicos o te relacionas con personas que tienen que ver con tus finanzas. Ahora la riqueza te cautiva. Pero no te basta por sí sola. Necesitas que haya una compatibilidad espiritual con tu pareja. Si tu situación económica está en orden, debería irte bien en el amor.

Este mes será próspero. Cuando el Sol ingrese en tu casa del dinero el 19 iniciarás una de tus mejores temporadas económicas del año. Tus ingresos aumentarán. Tu intuición financiera, siempre buena, será excelente en este periodo (y el mes próximo incluso será mejor todavía).

Este mes hay dos casas poderosas: la del dinero, como he señalado, y la casa doce de la espiritualidad. En febrero te centrarás, por tanto, en la economía y la espiritualidad. Las dos facetas van de la mano. Tu comprensión espiritual beneficiará tu economía y una buena economía beneficiará tu espiritualidad.

Dado que Marte ingresará en tu casa doce de la espiritualidad el 16, sentirás el irreprimible deseo de poner en práctica tus ideas espirituales —de una forma física— a través del activismo espiritual o benéfico. No te bastará con tener percepciones interiores y hacer grandes progresos en el plano espiritual. Este tránsito favorece ejercicios de índole espiritual, como el yoga o el taichí.

Tu salud es excelente este mes. Solo hay un planeta lento formando una alineación desfavorable en tu carta astral. El resto forma aspectos armoniosos o te está dejando en paz. Puedes fortalecer tu salud más todavía con los métodos descritos en la previsión anual.

Todos los planetas son directos este mes, algo sumamente inusual. Por eso después de tu cumpleaños es un buen momento para lanzar productos o proyectos nuevos. Los días de luna creciente del 23 al 28 serán el mejor momento para ello. También puedes esperar progresar rápidamente hacia tus objetivos.

Marzo

Mejores días en general: 2, 3, 10, 11, 19, 20, 29, 30
Días menos favorables en general: 1, 6, 7, 12, 13, 27, 28
Mejores días para el amor: 4, 5, 6, 7, 8, 12, 13, 17, 18, 24, 25, 27, 28
Mejores días para el dinero: 1, 4, 5, 8, 9, 12, 13, 17, 18, 22, 23, 24, 25, 27, 28
Mejores días para la profesión: 1, 9, 12, 13, 18, 28

Este mes continúas siendo muy independiente, aunque algo menos que los meses anteriores. Sigue tomando la iniciativa y responsabilízate de tu felicidad. Los demás no son culpables de tu infelicidad. Haz los cambios necesarios para ser feliz.

Saturno ingresará en tu signo el 23, y esto tan sólo será un preludio —un anuncio— de lo que vendrá. Saturno sólo está flirteando ahora con tu signo. Este tránsito tiene sus pros y sus contras. Las ventajas son que te hace adoptar una actitud más seria ante la vida. Y también es bueno para adelgazar. Como Saturno es tu planeta de la espiritualidad, indica una etapa más espiritual. Ahora estás expresando tu espiritualidad con tu cuerpo, tu persona y tu imagen. Los demás te ven así. Este tránsito muestra que tienes el poder (y los conocimientos te llegarán) para moldear y transformar tu cuerpo con medios espirituales. Tus habilidades directivas y organizativas han aumentado notablemente. Las desventajas son que puede hacer que tengas menos energía. Sientes que físicamente estás tocando fondo. Tiendes al pesimismo y a sentirte mayor de lo que en realidad eres. (A los jóvenes también les ocurre.)

Los efectos del tránsito pueden repercutir además en tu vida amorosa. Puedes dar la impresión de ser una persona fría, reservada y distante. Tal vez sin darte cuenta levantes barreras. Aunque la solución es sencilla. Proponte enviar amor y calidez a los demás.

Si bien la profesión no será tu prioridad este mes —el hemisferio nocturno, la mitad inferior de tu carta astral— es sin duda el que predomina, tu carrera laboral irá viento en popa. Tal vez te dediques en esta temporada al «trabajo entre bastidores». Júpiter estará viajando con Plutón, tu planeta de la profesión, todo el mes. Tus amigos están al parecer colaborando en ello. También es posible que hagas viajes por motivos laborales.

Seguirás gozando de una de tus mejores temporadas económicas del año hasta el 20. Este mes será próspero. El Sol viajará con Neptuno, tu planeta de la economía, el 8 y 9. Este tránsito aumentará tus ingresos. Mejorará tu intuición financiera y tus contactos sociales te serán al parecer muy útiles en esta temporada. Surgirá la oportunidad de unirte con un socio o de montar una empresa conjunta.

Tu salud sigue siendo buena. Tal vez tu energía sea un poco más baja de lo habitual por haber ingresado Saturno en tu signo, pero por sí solo no bastará para causar problemas. Fortalece tu salud con los métodos descritos en la previsión anual.

El amor surgirá mientras persigues tus metas económicas hasta el 20. Después de esta fecha las oportunidades románticas aparecerán en actos académicos o educativos, como conferencias, seminarios o talleres. El amor se encuentra en tu barrio y quizá con personas vecinas.

Abril

Mejores días en general: 7, 8, 15, 16, 17, 25, 26
Días menos favorables en general: 3, 4, 9, 10, 23, 24, 30
Mejores días para el amor: 3, 4, 7, 8, 12, 15, 16, 17, 23, 25, 26, 30
Mejores días para el dinero: 1, 2, 6, 9, 10, 14, 18, 19, 24, 28, 29
Mejores días para la profesión: 6, 9, 10, 14, 24

Marte ingresó en tu signo el 31 de marzo y lo ocupará todo el mes. Ahora tienes más energía y eres más independiente y obstinado que de costumbre. Eres valiente y no tiendes a achicarte ante las controversias o los conflictos. Lo llevas todo a cabo con presteza. Aunque tu vida espiritual siga predominando, este mes eres un emprendedor o una emprendedora, un activista. Dado que Marte rige tu tercera casa, indica que tus habilidades de comunicación —siempre buenas— son ahora incluso mejores que de costumbre. Es un tránsito estupendo para estudiantes, profesores, escritores, vendedores y mercadotécnicos. Tus capacidades intelectuales son mayores de lo habitual. Pero este aspecto también tiene su lado negativo. Es fantástico ser valiente y defender tu postura, pero

Marte puede hacer que seas demasiado combativo. Puedes hablar con demasiada vehemencia y esto te puede crear conflictos. Las prisas y la impaciencia también pueden hacer que sufras accidentes o te lesiones. De modo que haz lo que tengas que hacer, pero mantente atento.

El poder este mes —hasta el 19— se encuentra en tu tercera casa de la comunicación y los intereses intelectuales. Esto reafirma lo que he señalado. Es un mes para ponerte al día en tus lecturas y hacer cursos sobre temas que te interesen. También es un buen momento para dar clases sobre materias que conozcas a fondo.

Júpiter seguirá viajando con Plutón, tu planeta de la profesión, todo el mes. Por lo que tu profesión está progresando de maravilla. Este tránsito también indica la prosperidad de jefes, padres o figuras parentales.

La profesión no será tu prioridad este mes. El 19 entrarás en la medianoche de tu año. El Sol ingresará en tu cuarta casa. Es el momento para dedicarte a actividades nocturnas. Para centrarte en el hogar, la familia y, sobre todo, en tu bienestar emocional. Incluso debes manejar de una forma más «interior» tus objetivos profesionales, es decir, a través de la meditación, el sueño lúcido y las visualizaciones. Intenta «hacerte la idea» de que alcanzas tus objetivos profesionales. Siente como si ya los hubieras conseguido. Y cuando los planetas cambien a la mitad superior de tu carta astral —al hemisferio diurno—, puedes aplicar lo que has visualizado de una forma física.

Vigila más tu salud a partir del 19. Asegúrate de descansar lo suficiente. Esto siempre es la primera línea de defensa. Fortalece tu salud, además, con los métodos descritos en la previsión anual.

El amor estará hasta el 19 cerca de tu casa este mes, lo encontrarás en tu barrio o quizá con vecinos. Después de esta fecha estará en tu hogar. Una velada romántica en casa será preferible a salir por la noche en la ciudad. Tu planeta del amor viajará con Urano, el regente de tu carta astral, del 24 al 26. De modo que ocurrirá un encuentro romántico. Ahora estás socializando más desde el hogar y con tu familia.

Mayo

Mejores días en general: 4, 5, 13, 14, 23, 24
Días menos favorables en general: 1, 6, 7, 20, 21, 27, 28
Mejores días para el amor: 1, 2, 3, 4, 5, 11, 13, 14, 23, 24, 27, 28

Mejores días para el dinero: 3, 6, 7, 12, 15, 16, 22, 25, 26
Mejores días para la profesión: 3, 6, 7, 11, 12, 21, 22

Este mes eres menos independiente. Sigues siéndolo en gran medida, pero no tanto como en los meses anteriores. Marte abandonará tu signo el 13 y el poder planetario de la mitad occidental, la de la vida social, alcanzará su punto máximo del año. Por eso, aunque tus intereses personales sigan siendo importantes, te conviene cultivar tus habilidades sociales.

Marte en tu casa del dinero a partir del 13 muestra una actitud más arriesgada con respecto a la economía. Como tu intuición es buena, esta actitud te puede funcionar. También indica que el dinero te llegará de tus habilidades intelectuales y comunicativas. Este aspecto favorece la escritura, la docencia, las ventas y la mercadotecnia. Así como el buen uso de los medios de comunicación. El peligro de Marte en tu casa del dinero es la atracción que ahora sientes por el «dinero rápido», ya que te hace vulnerable a todo tipo de estafadores que buscan víctimas con esta tendencia. Ten cuidado en este sentido.

Probablemente ahora gastas más dinero en libros, revistas y equipo de comunicación, pero pueden ser también para ti una fuente de ingresos.

Este mes seguirás progresando profesionalmente de manera notable a medida que Júpiter sigue viajando con Plutón, tu planeta de la profesión. Pero Plutón es ahora retrógrado. De ahí que gran parte de este progreso sólo lo veas más adelante. Dado que tu cuarta casa continúa siendo muy poderosa, sigue centrado en el hogar y la familia.

Tu planeta del amor se alojará en tu cuarta casa hasta el 20. Ahora el amor está cerca de tu hogar. La familia y los contactos familiares están jugando un gran papel en el amor. Tal vez estén haciendo de Cupido. Seguirás socializando más en el hogar y con la familia. Ahora te atraen personas con unos sólidos valores familiares con las que puedes compartir tanto una intimidad emocional como física. Este tránsito suele crear la tendencia a vivir en el pasado en cuanto al amor. Serás proclive a desear volver a vivir experiencias amorosas del pasado de lo más deliciosas. No hay nada malo en ello, pero puedes perderte el «ahora». El ahora siempre es el mejor momento para el amor. El ahora es el presente. Las vivencias del pasado no son más que sueños. Algunas veces, este tránsito hace que te venga de pronto a la memoria una tórrida relación del pasado. En otras, es esa persona la que vuelve a aparecer de repente, u otra parecida con el mismo fogoso patrón. Es algo bueno, ya que te permite resolver las viejas cuestiones irresueltas (traumas o malentendidos) de tu vida.

Tu planeta del amor ingresará en tu quinta casa de la diversión, la creatividad y los hijos el 19. El amor se volverá en esta temporada «poco serio». No será más que diversión y jugueteos, en lugar de compromiso. Te atraerán las personas que te lo hagan pasar en grande.

Junio

Mejores días en general: 1, 9, 10, 19, 20
Días menos favorables en general: 3, 4, 16, 17, 18, 24, 28, 29
Mejores días para el amor: 1, 9, 10, 19, 20, 21, 24
Mejores días para el dinero: 3, 4, 8, 11, 12, 13, 18, 21, 22, 27, 28, 29
Mejores días para la profesión: 3, 4, 8, 18, 27, 28, 29

La actividad retrógrada alcanza su punto máximo del año este mes. Del 23 al 25 el 60 por ciento de los planetas serán retrógrados. Un porcentaje enorme. A partir del 25, lo serán el 50 por ciento, aunque continúa siendo un porcentaje elevado. (La actividad retrógrada alcanzará de nuevo su punto máximo en septiembre, pero no excederá del 60 por ciento.) El ritmo de la vida bajará. Como no ocurrirá gran cosa en tu día a día, es mejor que te vayas de vacaciones o que disfrutes de la vida. Seguirás viviendo una de tus temporadas más placenteras del año hasta el 21.

La otra cuestión es que en este periodo habrá dos eclipses poderosos. Traerán cambios, pero debido a este porcentaje tan alto de actividad retrógrada, estos cambios requerirán por tu parte más reflexión, estudio y diligencia.

Ambos eclipses repercutirán en tu trabajo y tu situación laboral, y también en tu programa de salud. El eclipse lunar del 5 ocurrirá en tu casa once. De modo que las amistades serán puestas a prueba. Tus amigos vivirán dramas personales que a menudo les cambiarán la vida. Surgirán trastornos en las organizaciones profesionales o comerciales en las que estás involucrado. El equipo de alta tecnología se volverá inestable y tendrás a menudo que repararlo o reemplazarlo. Asegúrate de hacer copias de seguridad y de actualizar los programas antihacking y antivirus. Tus tíos y tías vivirán dramas personales. Si eres empresario, es posible que haya una renovación de la plantilla. Tus padres o figuras parentales se verán obligados a hacer cambios económicos importantes. Dado que este eclipse afecta a Marte y Venus (de forma bastante directa), pueden surgir crisis en el hogar y con miembros de tu familia. Es posible que tengas que hacer reparaciones en tu casa. Los coches y los equipos de comunicación pueden fallar, y es aconsejable una conducción más defensiva en esta temporada.

El eclipse solar del 21 tendrá lugar en tu sexta casa. De nuevo, habrá trastornos en tu lugar de trabajo y cambios laborales. Podrían ocurrir en tu empresa actual o en otra. También habrá cambios en tu programa de salud, y estos se manifestarán en los próximos meses. Tus hijos o figuras filiales pueden sufrir una crisis económica y necesitar hacer ajustes en este ámbito. Cada eclipse solar afecta a tu vida amorosa y a tu relación sentimental actual, y este no es una excepción. Las buenas relaciones sobrevivirán al eclipse solar (habrá dos este año), pero las que dejan mucho que desear —las poco sólidas—, es posible que hagan agua. Tal vez tu ser amado viva dramas personales. Tu pareja (o quienquiera que desempeñe este papel en tu vida) está haciendo cambios espirituales importantes relacionados con las prácticas, las enseñanzas y los maestros. Habrá turbulencias y trastornos en organizaciones benéficas o espirituales de las que formas parte. Tus hijos o figuras filiales se verán obligados de nuevo a hacer cambios económicos importantes.

Julio

Mejores días en general: 6, 7, 8, 16, 17, 25, 26
Días menos favorables en general: 1, 14, 15, 21, 22, 27, 28
Mejores días para el amor: 1, 6, 7, 8, 9, 10, 16, 17, 20, 21, 22, 25, 26, 29
Mejores días para el dinero: 1, 4, 5, 9, 10, 14, 15, 19, 20, 23, 24, 27, 28, 31
Mejores días para la profesión: 1, 5, 15, 24, 27, 28

Otro eclipse lunar afectará tu trabajo y tu programa de salud el 5. Es el tercer eclipse del año, y habrá otro en noviembre. A veces puede hacer que te lleves algún que otro susto relacionado con la salud, pero como la tuya es excelente en general, lo más probable es que no vaya a más. A propósito, como hay tanta actividad retrógrada y eclipses en tu carta astral, tómate con un cierto escepticismo los resultados de las analíticas. Si sale algún resultado negativo, es mejor que vuelvas a repetir el análisis más adelante. Pide segundas opiniones. Este eclipse tendrá lugar en tu duodécima casa de la espiritualidad. De modo que te están ocurriendo cambios espirituales importantes. En mi opinión, se deben a algún gran progreso en este terreno. Por lo que es natural hacer cambios. También indica turbulencias y trastornos en una organización espiritual o benéfica de la que formas parte. Los gurús o figuras de gurús vivirán dramas personales en sus vidas. Los amigos se verán obligados a hacer cambios económicos importantes. Tus tíos y tías atravesarán crisis en su matrimonio o relación. De nuevo, habrá cambios laborales y trastornos en el trabajo.

Como tu sexta casa del trabajo es muy poderosa, no hay nada que temer de ningún cambio laboral. Tienes en tu carta astral aspectos excelentes para el trabajo. Este eclipse afectará indirectamente a otros tres planetas, pero por suerte no les impactará de lleno. Los efectos sobre Mercurio repercutirán en tus hijos o figuras filiales de tu vida. Vivirán dramas personales, aunque no serán demasiado serios. A tu cónyuge, pareja o amante actual le conviene tomar medidas correctoras en la economía. Surgirán dramas (aunque no serán demasiado serios) en las vidas de los amigos y trastornos de poca importancia en las organizaciones comerciales o profesionales de las que formas parte. El equipo de alta tecnología funcionará de un modo más inestable. Los coches y los equipos de comunicación también pueden fallar. Conduce con más precaución en esta temporada.

Marte ingresó en tu tercera casa el 28 de junio. Al encontrarse en su propio signo y casa es poderoso. Ahora tus habilidades comunicativas y tus capacidades intelectuales están en su mejor forma. Es un tránsito excelente para estudiantes, profesores, escritores, vendedores y mercadotécnicos. Aumenta tus habilidades. Marte alcanzará su solsticio del 7 al 16. Ocupará el mismo grado de latitud en ese periodo, se detendrá en el firmamento, y luego cambiará de sentido (en latitud). Así que es bueno tomarte unas pequeñas vacaciones mentales en esos días. Deja tu mente en barbecho una temporada, se renovará a su debido tiempo.

El Sol, tu planeta del amor, ingresará en tu séptima casa del amor el 22. En esta posición es muy poderoso, se encuentra en su propio signo y casa. Iniciarás uno de tus mejores periodos amorosos y sociales del año. Te conviene trabajar más en el aspecto amoroso, ya que tú y tu cónyuge, pareja o amante actual no estáis coincidiendo en algunos temas. Los compromisos son necesarios en una relación. Por otro lado, tu vida social será activa.

Agosto

Mejores días en general: 3, 4, 13, 14, 21, 22, 30, 31
Días menos favorables en general: 10, 11, 17, 18, 23, 24
Mejores días para el amor: 3, 4, 8, 9, 15, 16, 17, 18, 19, 23, 24, 28
Mejores días para el dinero: 2, 5, 6, 11, 15, 16, 20, 23, 24, 29
Mejores días para la profesión: 2, 11, 20, 23, 24, 29

Tu pareja y tú tendréis un conflicto el 1 y 2, pero será un problema que desaparecerá pronto. El amor mejorará después del 2. Sigues viviendo uno de tus mejores momentos amorosos y sociales del año. La mitad oriental de tu carta astral, la del yo, continúa siendo la más poderosa, pero los planetas de la otra mitad (la de la vida social) se encuentran en su máxima posición occidental. Este mes va de equilibrio (al igual que el anterior), es decir, tienes que equilibrar tus intereses y deseos con los de los demás. Continúas siendo muy independiente, pero debes tener en cuenta a los demás.

Tendrás un conflicto con tus hijos o figuras filiales el 9 y 10, pero también se resolverá rápidamente. Será un problema de corta duración.

El amor será ahora para ti una diversión, meros jugueteos y entretenimiento hasta el 22. Ahora te atraen las personas que te lo hacen pasar en grande. No es probable que esta clase de relaciones acaben en matrimonio o con un compromiso. El amor es en esta temporada otra clase de entretenimiento, como ir al cine o al teatro.

Tu planeta del amor ingresará en Virgo, tu octava casa, el 22. En esta temporada el amor se volverá más serio. Ahora reina una mayor armonía entre tu pareja y tú. Tu vida social brilla. Si estás sin pareja, tendrás citas románticas. Pero surgirán algunas complicaciones. Es posible que haya la tendencia al perfeccionismo y a las críticas destructivas. Si no es por tu parte, puede que atraigas a esta clase de personas. Demasiados análisis pueden destruir los sentimientos románticos. Por otro lado, demuestras tu amor ayudando a tu pareja de maneras prácticas y así es también como te sientes amado. Te atraen las personas que «hacen» cosas por ti. La química sexual siempre es importante para los Acuario, pero este mes lo será más aún. Es una temporada activa sexualmente.

Los Acuario son intelectuales. Son personas de ideas. Pero este mes, después del 22, habrá muchos planetas en los signos de tierra (el 60 por ciento, y un gran trígono en el elemento tierra). De modo que los demás no apreciarán demasiado tus ideas y tus pensamientos visionarios. A la gente, y al mundo en general, les interesan las cuestiones prácticas. Si te dedicas a la mercadotecnia, te conviene recalcar lo práctico que es tu producto o servicio. Ve al grano, no te andes por las ramas. También se dará la tendencia a ser más conservador.

Vigila más tu salud hasta el 22. Asegúrate, como siempre, de descansar lo suficiente. Mejora tu salud con los métodos descritos en la previsión anual. Préstale, además, a partir del 7, más atención a las caderas, el cuello, la garganta y los riñones. Los masajes en las caderas, el cuello y la garganta potenciarán tu salud.

Septiembre

Mejores días en general: 9, 10, 18, 19, 26, 27
Días menos favorables en general: 6, 7, 8, 14, 15, 20, 21
Mejores días para el amor: 2, 3, 6, 7, 13, 14, 15, 17, 22, 23, 26
Mejores días para el dinero: 1, 2, 3, 6, 7, 11, 12, 16, 17, 20, 21, 24, 25, 29, 30
Mejores días para la profesión: 6, 7, 16, 17, 20, 21, 24, 25

La actividad retrógrada vuelve a alcanzar su punto máximo del año este mes. El 60 por ciento de los planetas serán retrógrados del 9 al 12. Antes y después de este periodo, lo serán el 50 por ciento. Por eso este mes progresarás más despacio. Los retrasos y los problemas son inevitables, pero puedes minimizarlos al ser más perfecto en todo lo que haces. Las pruebas médicas no son de fiar en esta temporada. Si te sale un resultado negativo, vuelve a hacerte la analítica más adelante o pide una segunda opinión. Los niños nacidos en esta temporada tenderán a desarrollarse tarde en la vida. Tendrán que trabajar con muchos aspectos interiores.

Como el elemento tierra seguirá siendo muy poderoso hasta el 22, ten en cuenta lo que he señalado el mes anterior. Céntrate en las cuestiones prácticas. Sé práctico en tus esfuerzos relacionados con las ventas y el marketing.

Tu salud es excelente. Estás lleno de energía. Aunque puedes fortalecer más tu salud si cabe con los métodos descritos en la previsión anual. Hasta el 6, potencia tu salud con masajes en las caderas, el cuello y la garganta. Si notas que tu tono vital está bajo, te sentará bien limpiar los riñones con infusiones de plantas medicinales.

Tu vida amorosa es, por lo visto, feliz y la elevada actividad retrógrada no parece repercutir en el amor. Pero aun así, te conviene ser más cuidadoso con las críticas destructivas y el perfeccionismo desmesurado hasta el 22. Después de esta fecha, tú y tu pareja seréis menos exigentes y más románticos. Venus ingresará en tu séptima casa del amor el 6. Este tránsito indica que socializarás más en el hogar y con la familia. Es posible que entables una relación romántica con un contacto familiar o con alguien presentado por un miembro de tu familia. Ahora también te atraen mucho los extranjeros. Este aspecto planetario muestra alguien que se enamora de un profesor o de un líder religioso. Surgirán oportunidades románticas en los actos religiosos y académicos. Estas tendencias se darán sobre todo después del 22. La mera química sexual no te basta en esta temporada. Ahora deseas poder aprender de tu posible pareja, ser compatible filosóficamente con ella. Un viaje al extranjero también te puede llevar a mantener una relación sentimental estos días. Tu círculo social se expandirá.

El poder de tu novena casa a partir del 22 indica un interés —un centro de atención— por los estudios superiores, la religión, la teología y los viajes al extranjero. Con frecuencia, propicia grandes avances relacionados con el terreno teológico y filosófico a quienes les interesan estos temas.

La economía será un poco complicada este mes. Neptuno, tu planeta de la economía, lleva muchos meses siendo retrógrado, y en septiembre recibirá aspectos desfavorables. Ahora necesitas trabajar con más dureza para alcanzar tus metas económicas. La situación mejorará después del 22. Mientras tanto, afronta tu economía con la actitud de «esperemos a ver». No te lances a ningún proyecto importante sin antes haber estudiado la situación a fondo (te conviene hacerlo más que de costumbre).

Octubre

Mejores días en general: 6, 7, 15, 16, 23, 24, 25
Días menos favorables en general: 4, 5, 11, 12, 17, 18, 31
Mejores días para el amor: 3, 6, 7, 11, 12, 15, 16, 21, 22, 25
Mejores días para el dinero: 4, 5, 9, 10, 13, 14, 17, 18, 21, 23, 26, 27, 31
Mejores días para la profesión: 4, 5, 13, 14, 17, 18, 21, 23, 31

Aunque la actividad retrógrada disminuya ligeramente este mes, continúa siendo elevada. Pero el próximo mes ya será otra historia. Mientras tanto, procura ser perfecto en todo cuanto hagas. Actuar más despacio, pero con más perfección, es mejor que hacerlo con rapidez y descuidadamente.

Dado que tu novena casa es poderosa desde el 22 de septiembre, es un buen mes para los universitarios. Se volcarán en los estudios y progresarán más en su carrera. Pero los estudiantes de secundaria están tendiendo más problemas. Marte inició su movimiento retrógrado el 9 de septiembre y seguirá así todo el mes. De modo que se dará una indecisión en las cuestiones educativas, una falta de claridad. El movimiento retrógrado de Marte es positivo para los escritores. Es bueno para la escritura y los blogs, pero no es un momento adecuado para publicar lo que escribas, es mejor hacerlo en el próximo mes.

Venus ingresará en Virgo el 2. Ahora hay más armonía con los miembros de tu familia, aunque estos son al parecer más críticos y perfeccionistas. La entrada de Venus en Virgo creará otro gran trígono en los signos de tierra de tu carta astral. De modo que si deseas vender tus productos o servicios, haz hincapié en los aspectos prácticos, en los resultados. Evita los aspectos «ideales».

Plutón, tu planeta de la profesión, iniciará su movimiento directo el 4, después de llevar muchos meses siendo retrógrado. Por lo que ahora verás con más claridad la faceta de tu profesión. Sabrás cómo progresar en ella. El Sol ingresará en tu décima casa el 23 e iniciarás una de tus mejores temporadas profesionales del año. Aunque no será ni por asomo una de las mejores que has conocido. La mayoría de planetas siguen bajo el horizonte de tu carta astral, el hemisferio nocturno. Pero será uno de tus mejores momentos profesionales de este año. Así que estás progresando. Aunque en los años futuros habrán temporadas profesionales mucho más potentes. Es positivo perseguir objetivos profesionales a través de medios sociales, como asistiendo u organizando la clase adecuada de reuniones o fiestas. La simpatía juega un gran papel en tu carrera. Si dos individuos con el mismo talento profesional compiten por alcanzar un buen puesto, ganará el más simpático. No lo olvides. Tu encanto social es un recurso importante en tu carrera.

Tu vida amorosa será feliz también este mes. Hasta el 23 el amor se encontrará en países extranjeros, con extranjeros, o en una universidad o un lugar de culto. Después del 23, buena parte de tu socialización tendrá que ver con tu profesión. Alternarás con gente ilustre e influyente, con personas poderosas y de nivel social alto. Surgirán oportunidades para los romances en la oficina, pero por lo visto esto ahora a ti no te atrae. Si mantienes una relación, tu cónyuge, pareja o amante actual está, al parecer, triunfando notablemente este mes. Te está ayudando en tu profesión. Por otro lado, tu pareja (quienquiera que desempeñe este papel en tu vida) y tú parecéis estar ahora muy distanciados. Os conviene salvar vuestras diferencias.

Noviembre

Mejores días en general: 2, 3, 4, 12, 20, 21, 30
Días menos favorables en general: 1, 7, 8, 14, 15, 27, 28
Mejores días para el amor: 2, 3, 5, 6, 7, 8, 12, 14, 15, 21, 22, 24, 25
Mejores días para el dinero: 2, 5, 6, 11, 14, 15, 19, 22, 23
Mejores días para la profesión: 2, 11, 14, 15, 19

Desde que el Sol ingresó en Escorpio el 23 de octubre, tienes que vigilar más tu salud. Esta situación durará hasta el 21. Asegúrate siempre de descansar lo suficiente. No llegues al extremo de agotarte. El eclipse lunar del 30 —el cuarto del año— también afectará a tu salud. Reduce tu agenda en esta temporada.

Este eclipse lunar ocurrirá el 30 en tu quinta casa, por lo que repercutirá en tus hijos o figuras filiales. Vivirán dramas personales en ese periodo. Desearán redefinirse en los próximos meses y esto les llevará a cambiar de vestuario y de imagen. Nuestra imagen simplemente refleja el concepto que tenemos de nosotros mismos. Cuando este cambia, cambiamos de imagen. Los Acuario que se dedican a las artes creativas harán cambios relacionados con su creatividad, tomarán un nuevo camino y la verán de distinta forma. Tus tíos y tías vivirán cambios espirituales en esta temporada. La relación con tus amigos será puesta a prueba. Y, de nuevo, se darán cambios laborales, cambios en tus condiciones laborales y trastornos en el lugar de trabajo. Tus padres o figuras parentales necesitarán tomar medidas económicas correctoras. Y tú también. Neptuno, tu planeta de la economía, acusará los efectos de este eclipse.

La buena noticia es que los cambios que necesitas ocurrirán con más facilidad y rapidez. La actividad retrógrada está casi desapareciendo. Cuando ocurra el eclipse lunar, el 90 por ciento de los planetas serán directos. El ritmo de los acontecimientos en el mundo y en tu vida aumentará. El estancamiento habrá llegado a su fin.

Tu profesión va viento en popa este mes. Aún estarás en una de tus mejores temporadas profesionales del año hasta el 21, pero lo más importante es que Júpiter está viajando con Plutón, tu planeta de la profesión, y ambos son directos. Así que este mes triunfarás. Están ocurriendo progresos profesionales muy positivos. Mercurio ingresará en tu décima casa el 11 y la ocupará el resto del mes. De modo que tus hijos o figuras filiales están teniendo éxito y te ayudan en tu profesión. Este aspecto también puede indicar que ahora disfrutas más de tu trayectoria profesional. Es más divertida. Venus ingresará en tu décima casa el 21 y se quedará en ella el resto del mes. Este tránsito muestra que tu familia también te está apoyando en tu profesión. Tal vez ven tu éxito como un «proyecto familiar».

Sé más paciente con tus hijos o figuras filiales el 16 y 17. Pareces tener un conflicto en este sentido. Deben ser más conscientes en el plano físico en ese periodo y evitar las actividades estresantes.

Diciembre

Mejores días en general: 1, 9, 10, 17, 18, 27, 28
Días menos favorables en general: 5, 6, 11, 12, 24, 25, 26
Mejores días para el amor: 2, 3, 5, 6, 11, 12, 13, 14, 22, 23, 24
Mejores días para el dinero: 2, 3, 8, 11, 12, 16, 19, 20, 21, 27, 29, 30
Mejores días para la profesión: 8, 11, 12, 16, 25, 26

A pesar del eclipse del 14, este mes será feliz. La casa once, tu favorita, será poderosa hasta el 21. Por eso ahora te dedicas a lo que te encanta, es decir, los amigos, los grupos, las actividades grupales y el *networking*. Como tu casa once es benéfica, estas actividades son agradables y satisfactorias.

El eclipse solar del 14 tendrá lugar en tu casa once de los amigos y anuncia un cambio en esta área para el próximo año. Júpiter, tu planeta de los amigos, hará un movimiento importante de tu casa doce a tu primera casa el 20. Este mes, y casi todo el año que viene, serás un «superacuario» dedicado a los amigos, los grupos, las actividades grupales, el *networking* y la alta tecnología. La ciencia siempre te ha interesado, pero esos días te interesará más aún, y esta situación durará también en 2021.

El eclipse solar pondrá a prueba ciertas amistades, en especial las deficientes. Sin embargo, tendrás un montón de amigos, y de los buenos. Te buscarán ellos a ti en lugar de ser al contrario. Tus hijos o figuras filiales vivirán algunos problemas sociales. Si tienen pareja, su relación será puesta a prueba. Al igual que ocurrirá con la tuya. Las relaciones sólidas superarán el bache. Pero las deficientes es posible que se rompan. Dado que este eclipse afectará a Neptuno, tu planeta de la economía, te conviene hacer cambios económicos importantes. Los acontecimientos del eclipse revelarán en qué aspectos tu forma de pensar y tu planificación financiera eran poco realistas.

Saturno ingresará en tu signo el 18, un tránsito importante. Se quedará en él al menos dos años más. Te conviene vigilar más tu salud el próximo año. Por otro lado, la vida te enseñará de alguna u otra forma a moldear y transformar tu cuerpo a través de medios espirituales. Júpiter en tu signo a partir del 20 (y durante el año que viene) puede hacerte engordar varios kilos. Pero Saturno, también en tu signo, controlará que no te excedas demasiado en este sentido. Este tránsito muestra a alguien que se da atracones y luego hace dieta. Irás de un extremo a otro una y otra vez.

Tu situación económica mejorará después del 21. Neptuno, tu planeta de la economía, ahora es directo y después del 21 recibirá aspectos favorables. Mientras tanto, simplemente tendrás que trabajar más para alcanzar tus objetivos económicos.

Tu vida amorosa será feliz este mes, pese al eclipse, ya que este acontecimiento no hace más que añadirle cierta excitación y dramas a tu vida. Si no tienes pareja, surgirán oportunidades amorosas en Internet o mientras participas en grupos o en actividades grupales. Este mes desearás recibir de tu pareja tanto amistad como amor. Esta coyuntura favorece las relaciones de «amigos con derecho a roce».

Piscis

Los Peces
Nacidos entre el 19 de febrero y el 20 de marzo

Rasgos generales

PISCIS DE UN VISTAZO

Elemento: Agua

Planeta regente: Neptuno
  Planeta de la profesión: Júpiter
  Planeta del amor: Mercurio
  Planeta del dinero: Marte
  Planeta del hogar y la vida familiar: Mercurio

Colores: Verde mar, azul verdoso
  Colores que favorecen el amor, el romance y la armonía social: Tonos ocres, amarillo, amarillo anaranjado
  Colores que favorecen la capacidad de ganar dinero: Rojo, escarlata

Piedra: Diamante blanco

Metal: Estaño

Aroma: Loto

Modo: Mutable (= flexibilidad)

Cualidad más necesaria para el equilibrio: Estructura y capacidad para manejar la forma

Virtudes más fuertes: Poder psíquico, sensibilidad, abnegación, altruismo

Necesidades más profundas: Iluminación espiritual, liberación

Lo que hay que evitar: Escapismo, permanecer con malas compañías, estados de ánimo negativos

Signos globalmente más compatibles: Cáncer, Escorpio

Signos globalmente más incompatibles: Géminis, Virgo, Sagitario

Signo que ofrece más apoyo laboral: Sagitario

Signo que ofrece más apoyo emocional: Géminis

Signo que ofrece más apoyo económico: Aries

Mejor signo para el matrimonio y/o las asociaciones: Virgo

Signo que más apoya en proyectos creativos: Cáncer

Mejor signo para pasárselo bien: Cáncer

Signos que más apoyan espiritualmente: Escorpio, Acuario

Mejor día de la semana: Jueves

La personalidad Piscis

Si los nativos de Piscis tienen una cualidad sobresaliente, esta es su creencia en el lado invisible, espiritual y psíquico de las cosas. Este aspecto de las cosas es tan real para ellos como la dura tierra que pisan, tan real, en efecto, que muchas veces van a pasar por alto los aspectos visibles y tangibles de la realidad para centrarse en los invisibles y supuestamente intangibles.

De todos los signos del zodiaco, Piscis es el que tiene más desarrolladas las cualidades intuitivas y emocionales. Están entregados a vivir mediante su intuición, y a veces eso puede enfurecer a otras personas, sobre todo a las que tienen una orientación material, científica o técnica. Si piensas que el dinero, la posición social o el éxito mundano son los únicos objetivos en la vida, jamás comprenderás a los Piscis.

Los nativos de Piscis son como los peces en un océano infinito de pensamiento y sentimiento. Este océano tiene muchas profundidades, corrientes y subcorrientes. Piscis anhela las aguas más puras, donde sus habitantes son buenos, leales y hermosos, pero a veces se ve empujado hacia profundidades más turbias y malas. Los Piscis saben que ellos no generan pensamientos sino que sólo sintonizan con pensamientos ya existentes; por eso buscan las aguas más puras. Esta capacidad para sintonizar con pensamientos más elevados los inspira artística y musicalmente.

Dado que están tan orientados hacia el espíritu, aunque es posible que muchos de los que forman parte del mundo empresarial lo oculten, vamos a tratar este aspecto con más detalle, porque de otra manera va a ser difícil entender la verdadera personalidad Piscis.

Hay cuatro actitudes básicas del espíritu. Una es el franco escepticismo, que es la actitud de los humanistas seculares. La segunda es una creencia intelectual o emocional por la cual se venera a una figura de Dios muy lejana; esta es la actitud de la mayoría de las personas que van a la iglesia actualmente. La tercera no solamente es una creencia, sino una experiencia espiritual personal; esta es la actitud de algunas personas religiosas que han «vuelto a nacer». La cuarta es una unión real con la divinidad, una participación en el mundo espiritual; esta es la actitud del yoga. Esta cuarta actitud es el deseo más profundo de Piscis, y justamente este signo está especialmente cualificado para hacerlo.

Consciente o inconscientemente, los Piscis buscan esta unión con el mundo espiritual. Su creencia en una realidad superior los hace muy tolerantes y comprensivos con los demás, tal vez demasiado. Hay circunstancias en su vida en que deberían decir «basta, hasta aquí hemos llegado», y estar dispuestos a defender su posición y presentar batalla. Sin embargo, debido a su carácter, cuesta muchísimo que tomen esa actitud.

Básicamente los Piscis desean y aspiran a ser «santos». Lo hacen a su manera y según sus propias reglas. Nadie habrá de tratar de imponer a una persona Piscis su concepto de santidad, porque esta siempre intentará descubrirlo por sí misma.

Situación económica

El dinero generalmente no es muy importante para los Piscis. Desde luego lo necesitan tanto como cualquiera, y muchos consiguen amasar una gran fortuna. Pero el dinero no suele ser su objetivo principal. Hacer las cosas bien, sentirse bien consigo mismos, tener paz mental, aliviar el dolor y el sufrimiento, todo eso es lo que más les importa.

Ganan dinero intuitiva e instintivamente. Siguen sus corazonadas más que su lógica. Tienden a ser generosos y tal vez excesivamente caritativos. Cualquier tipo de desgracia va a mover a un Piscis a dar. Aunque esa es una de sus mayores virtudes, deberían prestar más atención a sus asuntos económicos, y tratar de ser más selectivos con las personas a las que prestan dinero, para que no se aprovechen de ellos. Si dan dinero a instituciones de beneficencia, deberían preocuparse de comprobar que se haga un buen uso de su contribución. Incluso cuando no son ricos gastan dinero en ayudar a los demás. En ese caso habrán de tener cuidado: deben aprender a decir que no a veces y ayudarse a sí mismos primero.

Tal vez el mayor obstáculo para los Piscis en materia económica es su actitud pasiva, de dejar hacer. En general les gusta seguir la corriente de los acontecimientos. En relación a los asuntos económicos, sobre todo, necesitan más agresividad. Es necesario que hagan que las cosas sucedan, que creen su propia riqueza. Una actitud pasiva sólo causa pérdidas de dinero y de oportunidades. Preocuparse por la seguridad económica no genera esa seguridad. Es necesario que los Piscis vayan con tenacidad tras lo que desean.

Profesión e imagen pública

A los nativos de Piscis les gusta que se los considere personas de riqueza espiritual o material, generosas y filántropas, porque ellos admiran lo mismo en los demás. También admiran a las personas dedicadas a empresas a gran escala y les gustaría llegar a dirigir ellos mismos esas grandes empresas. En resumen, les gusta estar conectados con potentes organizaciones que hacen las cosas a lo grande.

Si desean convertir en realidad todo su potencial profesional, tendrán que viajar más, formarse más y aprender más sobre el mundo real. En otras palabras, para llegar a la cima necesitan algo del incansable optimismo de Sagitario.

Debido a su generosidad y su dedicación a los demás, suelen elegir profesiones que les permitan ayudar e influir en la vida de otras personas. Por eso muchos Piscis se hacen médicos, enfermeros, asistentes sociales o educadores. A veces tardan un tiempo en saber lo que realmente desean hacer en su vida profesional, pero una vez que encuentran una profesión que les permite manifestar sus intereses y cualidades, sobresalen en ella.

Amor y relaciones

No es de extrañar que una persona tan espiritual como Piscis desee tener una pareja práctica y terrenal. Los nativos de Piscis prefieren una pareja que sea excelente con los detalles de la vida, porque a ellos esos detalles les disgustan. Buscan esta cualidad tanto en su pareja como en sus colaboradores. Más que nada esto les da la sensación de tener los pies en la tierra.

Como es de suponer, este tipo de relaciones, si bien necesarias, ciertamente van a tener muchos altibajos. Va a haber malentendidos, ya que las dos actitudes son como polos opuestos. Si estás enamorado o enamorada de una persona Piscis, vas a experimentar esas oscilaciones y necesitarás mucha paciencia para ver las cosas estabilizadas. Los Piscis son de humor variable y difíciles de entender. Sólo con el tiempo y la actitud apropiada se podrán conocer sus más íntimos secretos. Sin embargo, descubrirás que vale la pena cabalgar sobre esas olas, porque los Piscis son personas buenas y sensibles que necesitan y les gusta dar afecto y amor.

Cuando están enamorados, les encanta fantasear. Para ellos, la fantasía es el 90 por ciento de la diversión en la relación. Tienden a idealizar a su pareja, lo cual puede ser bueno y malo al mismo tiempo. Es malo en el sentido de que para cualquiera que esté enamorado de una persona Piscis será difícil estar a la altura de sus elevados ideales.

Hogar y vida familiar

En su familia y su vida doméstica, los nativos de Piscis han de resistir la tendencia a relacionarse únicamente movidos por sus sentimientos o estados de ánimo. No es realista esperar que la pareja o los demás familiares sean igualmente intuitivos. Es necesario que haya más comunicación verbal entre Piscis y su familia. Un intercambio de ideas y opiniones tranquilo y sin dejarse llevar por las emociones va a beneficiar a todos.

A algunos Piscis suele gustarles la movilidad y el cambio. Un exceso de estabilidad les parece una limitación de su libertad. Detestan estar encerrados en un mismo lugar para siempre.

El signo de Géminis está en la cuarta casa solar de Piscis, la del hogar y la familia. Esto indica que los Piscis desean y necesitan un ambiente hogareño que favorezca sus intereses intelectuales y mentales. Tienden a tratar a sus vecinos como a su propia familia, o como a parientes. Es posible que algunos tengan una actitud doble hacia el hogar y la familia; por una parte desean contar con el apoyo emocional de su familia, pero por otra, no les gustan las obligaciones, restricciones y deberes que esto supone. Para los Piscis, encontrar el equilibrio es la clave de una vida familiar feliz.

Horóscopo para el año 2020*

Principales tendencias

Estás justo saliendo de 2019, un año muy potente en el terreno profesional. Has alcanzado tus objetivos principales (al menos los de a corto término) y ahora te estás empezando a centrar en otras cuestiones, como las amistades, los grupos y las actividades grupales. Los frutos de tu éxito profesional te vendrán de las personas que ahora conoces y alternas debido a tu éxito profesional. Tu triunfo te ha colocado en una nueva esfera social. Volveremos más tarde a este tema.

Tu casa once de los amigos, los grupos y las actividades grupales es la más poderosa este año. Aunque no sea una clase de vida social especialmente romántica, es satisfactoria y muy activa.

Neptuno lleva muchos años en tu signo y lo seguirá estando muchos más. De modo que tu vida espiritual ha estado siendo más activa que de costumbre (siempre es activa en tu caso). E incluso lo será más aún a medida que tu casa doce de la espiritualidad se vuelve más poderosa en el transcurso del año. Tu reto será mantener los pies en el suelo. Es posible que estés viviendo más en «otro mundo», en el mundo invisible del más allá, que en este.

Este año será, por lo visto, próspero. Marte, tu planeta de la economía, pasará más de seis meses (cuatro veces más de su tiempo habitual de tránsito) en tu casa del dinero. Ocurrirá a partir del 28 de junio. Este aspecto debería traer un aumento de ingresos y

---

* Las previsiones de este libro se basan en el Horóscopo Solar y en todos los signos derivados del mismo: tu signo solar se convierte en el Ascendente, y las casas se numeran a partir de él. Tu horóscopo personal, el trazado concretamente para ti (según la fecha, hora y lugar exactos de tu nacimiento) podría modificar lo que se indica aquí. Joseph Polansky.

oportunidades para las entradas de dinero. Volveremos a este tema más adelante.

Urano ingresó en tu tercera casa en marzo y la ocupará cerca de siete años. Este tránsito muestra cambios importantes en tu vida intelectual y en tus preferencias en cuanto a la lectura. Ahora te atraen más los libros y las revistas relacionadas con la ciencia, la tecnología, la astronomía y la astrología. Pero hay una razón espiritual detrás de ello. Este tránsito también indica cambios y trastornos importantes para los estudiantes de secundaria. Es posible que cambien de instituto (tal vez en numerosas ocasiones), de planes de estudios, o que experimenten otra clase de cambios similares. También pueden surgir problemas en el centro donde estudian. Habrá trastornos en el barrio donde vives y durarán muchos años.

Este año se producirán seis eclipses, un 50 por ciento más de lo habitual. Cinco de los seis afectarán a tus hijos o figuras filiales de tu vida. Vivirán numerosos dramas personales y también experiencias que les cambiarán la vida.

Muchos Piscis se dedican a las artes creativas. Este eclipse muestra cambios importantes en la vida creativa.

Las áreas que más te interesarán este año serán el cuerpo y la imagen; la economía (a partir del 28 de junio); la comunicación y los intereses intelectuales; los amigos, los grupos y las actividades grupales; y la espiritualidad (del 23 de marzo al 1 de julio y a partir del 18 de diciembre).

Lo que más te llenará este año será los amigos, los grupos y las actividades grupales (hasta el 20 de diciembre); la espiritualidad (a partir del 20 de diciembre); los hijos, la diversión y la creatividad (hasta el 6 de mayo); y la salud y el trabajo (a partir del 6 de mayo).

Salud

(Ten en cuenta que se trata de una perspectiva astrológica de la salud, no una médica. En el pasado, no había ninguna diferencia, ambas eran idénticas, pero en la actualidad podrían diferir mucho. Para obtener un punto de vista médico, consulta a tu médico de cabecera o a un profesional de la salud.)

Tu salud será al parecer excelente este año. No hay ningún planeta lento formando una alineación desfavorable en tu carta astral. La mayoría forman aspectos armoniosos contigo. E incluso los no armoniosos te están dejando en paz. Si en el pasado padeciste alguna dolencia, a estas alturas ya debería haber desaparecido y, en general, sólo hay buenas noticias en cuanto a tu salud.

Tu sexta casa vacía (sólo la visitarán planetas rápidos) es otro indicador positivo. No hace falta que estés pendiente de tu salud, todo está bien en este sentido. Puedes confiar en ello.

Por buena que sea tu salud, siempre puedes mejorarla. Presta más atención a las siguientes áreas vulnerables de tu carta astral. (En el caso de surgir algún problema —espero que no sea así— lo más probable es que fuera en estas áreas, de modo que mantenerlas sanas y en forma es una buena medicina preventiva.)

Los pies. Estos son siempre importantes para los Piscis. Los masajes periódicos en los pies deben formar parte de tu programa de salud. En el mercado encontrarás aparatos masajeadores de pies a un módico precio, y algunos incluso les proporcionan un tratamiento de hidromasaje. Es una buena inversión para ti. Mantén los pies calientes en invierno. Lleva un calzado de la talla adecuada que no te haga perder el equilibrio. La comodidad es mejor que ir a la moda. Pero si puedes tener ambas cosas, mejor.

El corazón. Este órgano también es importante para los Piscis. Te irán bien sesiones de reflexología para trabajar sus puntos reflejos. Lo más importante para el corazón —como nuestros lectores saben— es evitar las preocupaciones y la ansiedad, las dos emociones que lo estresan. Cultiva la fe y despréndete de las preocupaciones.

Ten en cuenta que habrá temporadas en las que tu salud y tu energía no serán tan buenas como de costumbre. Se deberá a tránsitos de corta duración, serán temporales y no las tendencias para el año. Cuando los dejes atrás, volverás a recuperar tu salud y energía habituales.

Los dos eclipses solares que ocurrirán este año, uno el 21 de junio y el otro el 14 de diciembre, pueden también repercutir en tu salud. Te obligarán a corregir tu programa de salud. Esta coyuntura suele indicar cambios de médicos o de otros profesionales sanitarios a los que habitualmente acudes. Aunque, en algunas ocasiones, refleja dramas en las vidas de estas personas, y en otras, algún que otro susto relacionado con la salud, pero como tu salud es buena lo más probable que no vaya a más.

El Sol, tu planeta de la salud, se mueve raudamente. Transitará por toda tu carta astral a lo largo del año. Cada mes cambiará de signo y de casa. De ahí que se den tantas tendencias de corta duración relacionadas con la salud que dependan de dónde se encuentre el Sol y de los aspectos que reciba. En las previsiones mes a mes hablaré de estas tendencias con más detalle.

Hogar y vida familiar

El hogar y la familia ya llevan varios años sin predominar en tu carta astral. Y la situación será la misma la mayor parte del año, salvo durante el tránsito inusualmente largo de Venus del 3 de abril al 7 de agosto. Tu vida familiar tenderá a seguir igual. Al parecer, estás satisfecho con la situación y no sientes la imperiosa necesidad de cambiar nada en esta faceta de tu vida.

La prolongada estancia de Venus en tu cuarta casa indica una renovación del hogar, y tal vez es posible que vuelvas a decorarlo. Este aspecto también podría mostrar cirugías o experiencias cercanas a la muerte en las vidas de miembros de tu familia. Un hermano o figura fraterna puede que se quede en tu hogar por un tiempo. Es posible que instales un nuevo equipo de comunicación en tu casa.

Se producirá además un eclipse lunar en tu cuarta casa el 30 de noviembre. Puede generar dramas en las vidas de los miembros de tu familia y, en especial, en la de un progenitor o figura parental. A menudo, indica la necesidad de hacer reparaciones en el hogar, ya que los fallos ocultos salen a la luz.

No hay nada malo en que cambies de vivienda este año, pero tampoco hay nada en especial que apoye esta mudanza. Lo más probable es que sigas viviendo en el mismo lugar.

Tus padres o figuras parentales están haciendo cambios económicos importantes este año. Uno de ellos, volcado en la economía, está prosperando, el otro está viviendo un año más bien espiritual. El primero puede que cambie en numerosas ocasiones de trabajo y también en los años futuros. La situación familiar de ambos seguirá, por lo visto, igual este año.

Tus hermanos o figuras fraternas se muestran más deseosos de libertad y rebeldes estos días. Están inquietos. Es posible que viajen más de lo habitual y que vivan en distintos lugares por largos periodos de tiempo, aunque no es probable que se muden de casa.

Tus hijos o figuras filiales están viviendo numerosos dramas personales y experiencias transformadoras. Muchas de ellas son bastante normales, pero les cambiarán el curso de sus vidas. Este año gozarán de amor y quizá se planteen casarse (si tienen la edad adecuada). Pero no les conviene apresurarse en nada. Si son adolescentes, es posible que tengan una vida social activa y que entablen nuevas amistades. Los que tienen la edad adecuada serán más fértiles este año. Su situación en el hogar y la familia seguirá, por lo visto, igual.

Tus nietos (en el caso de tenerlos) o quienes desempeñan este papel en tu vida, probablemente no deberían casarse este año. Si tienen pareja, sufrirán una fuerte crisis en su relación. Es posible que se muden a finales de año, pero sería mejor hacerlo el año que viene.

Es posible que tus tíos o tías cambien de casa el año próximo, pero no será una mudanza fácil. Habrá muchas demoras y complicaciones.

El mejor momento para hacer reformas o volver a decorar tu hogar es del 3 de abril al 7 de agosto. También es una buena coyuntura para adquirir objetos de arte u otros objetos para embellecer el hogar.

Profesión y situación económica

Este año será próspero como he señalado anteriormente. Tu casa del dinero será poderosa buena parte del año, en concreto, del 20 de marzo al 19 de abril (tu mejor momento económico del año), y a partir del 28 de junio. Este aspecto muestra un centro de atención, y según la ley espiritual, obtenemos aquello en lo que nos centramos, sea bueno, malo o indiferente.

El Sol en tu casa del dinero del 20 de marzo al 19 de abril muestra ingresos procedentes del trabajo, gracias a los servicios productivos dirigidos a los clientes. Marte en tu casa del dinero a partir del 28 de junio indica diversas posibilidades. En primer lugar, tenderás a correr más riesgos la segunda mitad del año. Te atraerá el «dinero rápido» y esto tiene sus pros y sus contras. Si tu intuición es buena, te puede ayudar a ganar dinero con rapidez. Pero si tu intuición es mala, puedes ser víctima de todo tipo de estafadores que se aprovechen de esta tendencia. Cuando la intuición te funcione, tomarás decisiones económicas con celeridad y una gran confianza, y te saldrán bien. Pero cuando la intuición te falle, tenderás a tomarlas con demasiada rapidez. Así que antes de hacer cualquier compra o inversión de envergadura, o de tomar cualquier decisión económica, consúltalo con la almohada.

Como Marte es tu planeta de la economía, una de las lecciones de la vida que puedes extraer es a no tener miedo en el terreno económico, a ser valiente en esta faceta de tu vida. En tu caso, no es una cuestión de ganar o perder, sino de superar el miedo al fracaso. Aunque una transacción financiera no te salga bien, si superas tu miedo, habrás ganado la partida. Esta tendencia será especialmente significativa a partir del 28 de junio.

Es bueno ser rápido y resolutivo en las cuestiones económicas, te ahorrarás un montón de tiempo. Pero como tu planeta de la economía iniciará su movimiento retrógrado (es inusual en él) del 9 de septiembre al 14 de noviembre, no es el momento para ser «rápido y resolutivo», sino para la revisión y la toma de distancia, y para ver con más claridad los objetivos económicos y la situación económica actual. Si tienes que hacer inversiones o compras importantes (que comporten grandes cantidades de dinero) realízalas antes del 9 de septiembre o después del 14 de noviembre.

Marte retrógrado no frenará las entradas de ingresos, pero las ralentizará un poco. Puedes evitar angustiarte innecesariamente haciéndolo todo a la perfección en el terreno de la economía, ocúpate de los detalles. Si envías un pago importante por correo, asegúrate de poner bien la fecha, de firmar el cheque y de escribir correctamente la dirección del destinatario en el sobre. Y si haces una transferencia de una cuenta a otra, cerciórate de haberla realizado a la perfección.

Dado que Marte se encuentra en tu casa del dinero, durante gran parte del año te atraerán las empresas emergentes como trabajo, negocio o inversión. Así como el sector del deporte y de la industria militar. Probablemente gastes también más dinero en el gimnasio, en entrenadores personales y en equipo deportivo.

Marte transitará por cinco casas de tu carta astral antes de ingresar en la del dinero. De ahí que se den tendencias de corta duración en las finanzas que dependan de dónde se encuentre Marte y de los aspectos que reciba. En las previsiones mes a mes hablaré de estas tendencias con más detalle.

Tu profesión, como he señalado, no destaca este año en tu carta astral. Lo interpreto como algo positivo, porque en esencia ya has alcanzado todo cuanto te propusiste el año anterior y ahora te estás volcando en otros aspectos de tu vida. Tu planeta de la profesión ocupará tu casa once casi todo el año, por eso tu experiencia en alta tecnología y en *networking* es importante. Tus buenos contactos sociales también son útiles en tu carrera laboral. Y buena parte de tu socialización tiene que ver con tu profesión. Harás viajes laborales al extranjero.

Tu planeta de la profesión ingresará en Acuario, tu casa doce, el 20 de diciembre, y la ocupará casi todo el año que viene. Ahora es el momento de favorecer tus objetivos profesionales participando en causas benéficas y altruistas. En casi todo el 2021 la situación también será la misma.

Amor y vida social

Este año llevarás una vida social activa, aunque no especialmente romántica. Tratará más bien de amistades y de actividades en grupo que de relaciones sentimentales. Se deberá a varias razones. En primer lugar, como he señalado, la mitad oriental de tu carta astral, la del yo, es la que predomina. La otra mitad, la occidental, irá ganando fuerza en el transcurso del año, pero nunca llegará a ser tan poderosa como la oriental. Además, tu séptima casa del amor y de las aventuras sentimentales está vacía, solo la visitarán planetas rápidos. Sin embargo, tu primera casa, la del yo, será poderosa todo el año. Tu vida romántica no cambiará este año. Aunque interpreto este aspecto como algo positivo, ya que por lo visto estás satisfecho en este sentido y no necesitas hacer cambios importantes. Si no tienes pareja, tenderás a seguir igual, y si mantienes una relación, seguirás con tu pareja. Como es natural, si no tienes pareja tendrás citas, aunque no es probable que la relación acabe en boda. (No hay nada en contra de ello, pero tampoco hay ningún aspecto que lo apoye.)

Al haber tantos planetas en la mitad oriental de tu carta astral (todos los planetas lentos se encuentran en ella), es un año para la independencia y la iniciativa personal. Para la autonomía y el hacer las cosas a tu manera. Necesitas menos a los demás.

Aunque tu quinta casa de las aventuras amorosas esté vacía (solo la visitarán planetas rápidos), numerosos eclipses afectarán esta faceta de tu vida, en concreto, cinco de los seis que ocurrirán. Por lo que puedes vivir muchas aventuras sentimentales y rupturas este año. O una aventura amorosa puede experimentar muchas rupturas y reconciliaciones. Este aspecto planetario se puede manifestar de distintas formas.

Mercurio, tu planeta del amor, es uno de los más raudos y erráticos. Solo la Luna lo gana en velocidad. En algunas ocasiones, se acelera de golpe y transita por tres signos y casas en un determinado mes. Y en otras, avanza despacio y visita un signo cada mes. O se detiene en el firmamento, o se vuelve retrógrado (tres veces al año). Así es como tú también te mostrarás en tu vida amorosa, extremadamente variable, con distintas necesidades y actitudes. De ahí que se den tantas tendencias de corta duración relacionadas con el amor que dependen de dónde esté Mercurio en un determinado momento, de su velocidad y de los aspectos que reciba. En las previsiones mes a mes hablaré de estas tendencias con más detalle.

Tu casa once de los amigos, como he señalado, es la más poderosa de tu carta astral este año. Ahora estás entablando amistades nuevas y significativas, y por lo visto se trata de gente importante de un nivel social alto. Son personas que te pueden echar una mano en el terreno profesional y que tienen que ver con tu trabajo. Más adelante a lo largo del año, a medida que Saturno, el regente de tu casa once, ingrese en Acuario (del 23 de marzo al 1 de julio, y a partir del 18 de diciembre), tu vida social continuará siendo activa, pero tenderás a entablar amistad con personas más espirituales.

Progreso personal

Los Piscis llevan la espiritualidad en los genes. Es de lo más normal. Pero ahora que hace tantos años que Neptuno está en tu propio signo, esta tendencia es mayor aún. Y como tu casa doce de la espiritualidad será además muy poderosa más adelante (del 23 de marzo al 1 de julio, y a partir del 18 de diciembre), en este año tu afán espiritual será incluso más fuerte aún.

A los Piscis suelen describirlos como personas «soñadoras», ya que para ellos —en especial ahora— el mundo invisible más allá de los cinco sentidos es más real que el que conocemos como mundo físico. Esta característica es, en esencia, buena. El mundo invisible es el de las causas, y el mundo físico, el de los efectos. Sin embargo, los Piscis deben recordar que, aunque sean seres sobrenaturales, están pasando una temporada en la Tierra, en el ambiente y las circunstancias que les ha tocado vivir. Nunca han de olvidarlo. Como he señalado antes, mantén los pies en el suelo.

La buena noticia es que te será más fácil hacerlo ahora que Urano, tu planeta de la espiritualidad, se encuentra en Tauro, un signo de tierra. Empezó a ocuparlo en marzo del año pasado y seguirá en él muchos años más. Este aspecto favorece una espiritualidad «basada en la tierra». Los Piscis aprenderán que no es necesario ir a «otros mundos» para conectar con el espíritu. Si lo buscamos bien, advertiremos que está aquí, en la Tierra. Cada piedra, cada árbol, cada flor y cada animal es la encarnación del Principio Divino. La propia Tierra es el cuerpo de una Diosa. Es una buena temporada para explorar estos sistemas basados en la tierra, como las prácticas y las enseñanzas de los indios americanos y de los indígenas. Lo Divino se está comunicando con nosotros a través de la Naturaleza todo el tiempo. ¿Se ha cruzado hoy en tu camino algún pájaro o animal? ¿Viste un mirlo debajo de tu coche en el supermercado? ¿Pasó un insecto zumbando a tu alrededor cuando estabas al aire libre? Todos estos episodios tienen un significado especial y son la forma en que lo Divino se comunica con nosotros.

Hoy en día la espiritualidad no consiste en ir a otros mundos, sino en contemplar adecuadamente este mundo físico.

Dado que tu planeta de la espiritualidad estará en tu tercera casa durante muchos años más, escribir un diario es una práctica espiritual saludable para ti. Lleva un diario de tus vivencias a lo largo del día.

Como Neptuno se encuentra en tu propio signo, has estado aprendiendo el poder del espíritu sobre el cuerpo. La mente controla el cuerpo, pero se supone que el espíritu es el que controla la mente. Por eso ahora estás moldeando y transformando tu cuerpo a través de medios espirituales, y lo seguirás haciendo durante muchos años más. El cuerpo tiene apetencias y hábitos, pero carece de fuerza de voluntad. Al final, debe obedecer las órdenes del espíritu y de la mente.

Al encontrarse Neptuno en tu primera casa, tu cuerpo se está volviendo más perfecto y espiritualizado. Ya he escrito acerca de esto en previsiones anteriores, pero la tendencia sigue dándose en 2020. Así que es mejor evitar (o minimizar) el alcohol y las drogas, pues el cuerpo puede reaccionar de forma desmesurada a estas sustancias. También sentirás las vibraciones psíquicas de manera física, justo en el cuerpo. Es importante no darle demasiada relevancia a las sensaciones físicas, las malas sensaciones puede que no sean una patología, sino una recepción de energía negativa y discordante. En muchos casos, no es tuya. (Si persiste, entonces es otra historia y te conviene actuar.) Una buena idea es estar rodeado de personas positivas y optimistas, y esta clase de personas se presentarán en tu vida este año.

Previsiones mes a mes

Enero

Mejores días en general: 1, 9, 10, 18, 19, 27, 28
Días menos favorables en general: 7, 8, 14, 20, 21
Mejores días para el amor: 5, 6, 13, 14, 15, 18, 19, 25, 26, 27, 28
Mejores días para el dinero: 1, 2, 3, 5, 6, 12, 14, 20, 21, 22, 23, 29, 30, 31
Mejores días para la profesión: 5, 6, 14, 20, 21, 22, 23

Piscis, te espera un mes próspero. Disfrútalo. Incluso el eclipse lunar del 10 no ensombrecerá tu felicidad. Sólo le añadirá excitación y cambios a tu vida. Demasiada felicidad puede ser tediosa.

Empiezas el año con la mayoría de planetas en la mitad superior de tu carta astral, el hemisferio diurno. De modo que es un periodo para centrarte en las actividades externas. Marte ingresará en tu décima casa de la profesión el 3. Este tránsito indica una actividad profesional frenética. Tienes que ser más activo, más agresivo en este terreno. Dado que Marte es tu planeta de la economía, es una buena señal para las finanzas. Marte, en la cúspide de tu carta astral, es poderoso. Además, se encontrará en el expansivo signo de Sagitario. Tus ingresos aumentarán. Contarás con los favores económicos de tus jefes, padres o figuras parentales. Es probable que te aumenten el sueldo, de manera oficial o no oficial. Tu buena reputación profesional incrementará tus ingresos.

Normalmente esta clase de eclipse lunar (en el 10) es benigno. Afecta más bien a tus hijos o figuras filiales y a tu creatividad. Pero como este eclipse afectará a tres planetas más, en concreto, Saturno, Plutón y Mercurio, será más potente de lo acostumbrado y repercutirá en muchas áreas de tu vida. Tómate, pues, con calma esta temporada.

El eclipse tendrá lugar en tu quinta casa de los hijos, la diversión y la creatividad. Así que, como he señalado, afectará a tus hijos. Les conviene alejarse de cualquier peligro en esta temporada. Uno de tus padres o figura parental se verá obligado a hacer cambios económicos importantes. El impacto del eclipse sobre Saturno repercutirá en tus amigos y en las organizaciones profesionales o comerciales de las que formas parte. Tus amigos vivirán dramas personales y además atravesarán crisis en su relación de pareja. Es posible que el equipo de alta tecnología falle y a menudo tendrás que repararlo o reemplazarlo. Los efectos sobre Plutón repercutirán en los estudiantes universitarios. Habrá cambios en los planes de estudios y trastornos en la facultad. También surgirán problemas en tu lugar de culto y en las vidas de tus líderes religiosos. Evita viajar al extranjero en este periodo. Los efectos del eclipse sobre Mercurio pondrán a prueba tu relación actual y crearán dramas en tu familia y en tu hogar. Con frecuencia, cuando se da esta clase de eclipses, es necesario hacer reparaciones en el hogar.

Mercurio, tu planeta del amor, estará fuera de límites hasta el 12. Te moverás, pues, más allá de tu esfera habitual en cuanto a tu vida romántica en esos días. (El césped siempre parece más verde en el jardín del vecino.) Es posible que el eclipse agite tu vida amorosa, pero si no tienes pareja, seguirás teniendo citas y saliendo a divertirte. Mercurio estará en Capricornio hasta el 16. Este aspecto crea una actitud más precavida en el amor. Preferirás a personas de más edad que estén establecidas en la vida. Mercurio ingresará en Acuario, tu casa doce, el 16. La compatibilidad espiritual se volverá muy importante para ti en esa temporada. Mercurio es poderoso en Acuario, está «exaltado» en este lugar. Así que tu encanto social destacará. Las oportunidades románticas te llegarán de canales espirituales, como seminarios de meditación, conferencias espirituales, kirtans y actos benéficos. Venus ingresará en tu signo el 13, de modo que tu encanto social será más fuerte aún.

Febrero

Mejores días en general: 6, 7, 14, 15, 23, 24, 25
Días menos favorables en general: 3, 4, 5, 10, 11, 16, 17
Mejores días para el amor: 6, 7, 8, 10, 11, 14, 15, 16, 17, 23, 24, 25, 26, 27
Mejores días para el dinero: 1, 2, 8, 9, 10, 11, 17, 18, 19, 20, 26, 27, 28, 29
Mejores días para la profesión: 1, 2, 10, 11, 16, 17, 19, 20, 28, 29

En la mitad occidental de tu carta astral, la de la vida social, no hay ningún planeta, salvo la Luna, y esta solo la visitará ocasionalmente. No hay ni uno solo. Cero. Nada de nada. Lo cual es muy inusual. Además, tu primera casa del yo es sumamente poderosa este mes. De modo que te encuentras en uno de tus mejores momentos del año de independencia personal. (El próximo mes también será así.) Este mes va de ti. Tu iniciativa personal, tus capacidades, son ahora lo que cuenta. Los demás son importantes, pero tu vida o tu felicidad no dependen de ellos. Tú eres el responsable de tu propia felicidad. Si necesitas hacer cambios en tu vida, ahora es el momento de llevarlos a cabo. (Como todos los planetas son directos hasta el 17, los cambios ocurrirán con rapidez.) Es el momento para tomar la iniciativa. Los demás tal vez no estén de acuerdo con tu forma de actuar, pero al final la aceptarán.

Este mes será feliz y próspero. Venus lleva en tu signo desde el 13 de enero. Así que tu aspecto es bueno y tienes un sentido intuitivo del estilo. Ahora desprendes un gran atractivo sexual. Es un buen momento para comprar ropa o complementos personales. Mercurio, tu planeta del amor, ingresará en tu signo el 3 y lo ocupará el resto del mes. Por lo que el amor te llegará sin que tengas apenas que esforzarte. Y lo tendrás en tus propios términos. Si estás manteniendo una relación, tu pareja estará pendiente de ti y antepondrá tus intereses a los suyos. Cuando el Sol ingrese en tu signo el 19 iniciarás una de tus temporadas más placenteras del año. Las delicias de los sentidos estarán a tu disposición.

Tu planeta de la economía seguirá en tu décima casa —en la cúspide de tu carta astral— hasta el 16. De modo que repasa la previsión del mes anterior. Marte en Sagitario puede fomentar la inclinación a la especulación y a correr riesgos, el dinero llegará y se irá con rapidez. Pero Marte ingresará en Capricornio el 16, y a partir de esta fecha serás más conservador en el terreno económico. Tu criterio financiero mejorará. Ahora tendrás una visión a largo plazo de la riqueza y probablemente evites las especulaciones. Los amigos y los contactos sociales están jugando un gran papel en la economía, al igual que las actividades en Internet y el mundo de la alta tecnología. Probablemente gastes más dinero en tecnología punta en esta temporada, pero puede suponerte también una fuente de ingresos. Al parecer, es una buena inversión.

Tu salud es excelente este mes. Si lo deseas, puedes fortalecerla más si cabe con masajes en los tobillos y las pantorrillas hasta el 19, y en los pies después de esta fecha. Las terapias espirituales siempre son buenas para ti, pero después del 19 lo serán incluso más todavía.

Marzo

Mejores días en general: 4, 5, 12, 13, 22, 23
Días menos favorables en general: 2, 3, 8, 9, 14, 15, 29, 30
Mejores días para el amor: 8, 9, 10, 11, 17, 18, 22, 23, 27, 28
Mejores días para el dinero: 1, 8, 9, 17, 18, 24, 25, 27, 28
Mejores días para la profesión: 1, 8, 9, 14, 15, 17, 18, 27, 28

Otro mes feliz y saludable, Piscis. Disfrútalo.

Júpiter viajará con Plutón todo el mes. Es un tránsito excelente para estudiantes universitarios (o para los que han solicitado ingresar en una facultad). Tendrán éxito en los estudios y les aguardan sorpresas felices. También es posible que se materialice un viaje al extranjero. Marte, tu planeta de la economía, viajará además con Júpiter del 15 al 21. Disfrutarás de un buen día de pago. También es posible que sucedan otros agradables progresos económicos.

Seguirás viviendo una de tus temporadas más placenteras hasta el 20. Así que es bueno mimarte un poco (mientras no te excedas) y ponerte en forma de la manera que desees.

El Sol ingresará en tu casa del dinero el 20 e iniciarás una de tus mejores temporadas económicas del año. El dinero te llegará a la antigua usanza, es decir, por medio del trabajo y de los servicios productivos. También es posible que obtengas ingresos estos días del ámbito de la salud. Tu planeta de la economía ocupará tu undécima casa de los amigos hasta el 31 (prácticamente el mes entero). De ahí que sea positivo salir con los amigos, y participar en grupos y en actividades grupales. También te conviene (desde la perspectiva económica) involucrarte con organizaciones comerciales y profesionales.

Tu salud, como he señalado, es excelente. No hay ningún planeta (salvo la Luna, y sólo será ocasionalmente) que esté formando un aspecto desfavorable en tu carta astral. Tu buena salud se notará también en tu aspecto. Irradiarás salud y bienestar, lo cual es una especie de belleza. Puedes fortalecer tu salud más si cabe con masajes en los pies y terapias espirituales hasta el 20, y con masajes en el cuero cabelludo y la cara a partir del 21. También te sentará bien hacer ejercicio después del 20. Hasta el 20, gozar de buena salud no sólo significa en tu caso la «ausencia de síntomas», sino tener un «aspecto fabuloso». Después del 20, una buena salud equivaldrá a una buena salud económica.

Saturno realizará un movimiento importante al ingresar en tu casa doce el 23. Aunque en realidad no será más que un flirteo, ya que regresará a tu casa once el 2 de julio. Pero estará anunciando lo que vendrá. En esta temporada afrontarás la espiritualidad y las prácticas espirituales con una actitud más científica y cerebral. Tenderás más a realizar una práctica espiritual diaria y disciplinada. El amor es maravilloso, un verdadero deleite, pero te conviene abordarlo con una cierta actitud científica.

Tu vida amorosa será un tanto complicada hasta el 10, ya que tu planeta del amor aún será retrógrado. Pero a partir del 11 —y, en especial, después del 16—, tu vida amorosa será feliz. Del 4 al 16 el amor y las oportunidades amorosas te llegarán de canales espirituales. Después del 16 el amor volverá a ir en tu búsqueda. Tu cónyuge, pareja o amante actual estará más dedicado a ti que de costumbre.

Abril

Mejores días en general: 1, 2, 9, 10, 18, 19, 28, 29
Días menos favorables en general: 5, 6, 11, 12, 25, 26
Mejores días para el amor: 1, 2, 5, 6, 7, 8, 10, 11, 15, 16, 17, 20, 21, 25, 26, 30
Mejores días para el dinero: 6, 7, 8, 14, 15, 16, 20, 21, 22, 24, 25, 26
Mejores días para la profesión: 6, 11, 12, 14, 24

El poder planetario ha cambiado a la mitad inferior de tu carta astral, el hemisferio nocturno. De modo que, aunque estés haciendo progresos profesionales satisfactorios, ahora estás más centrado en el hogar, la familia y el bienestar emocional. Ha llegado el momento de mejorar la infraestructura psicológica para triunfar profesionalmente en el futuro. Si arreglas tu situación en el hogar y con la familia —y llegas a sentirte bien emocionalmente—, tu profesión irá viento en popa por sí misma a su debido tiempo.

Venus ingresará en tu cuarta casa el 3 y se quedará en ella varios meses más. Es el momento ideal para volver a decorar tu hogar o comprar objetos bonitos para embellecerlo. Seguirás también socializando más en casa y con la familia.

Continuarás viviendo uno de tus mejores momentos económicos hasta el 19. Los ingresos te entrarán del trabajo, del ámbito sanitario procedente de una asociación empresarial o de una empresa conjunta (estas oportunidades surgirán después del 11). Tu planeta de la economía pasará el mes en tu casa doce de la espiritualidad. En esta temporada tu intuición económica será excelente (aunque sea siempre buena, lo será más aún). Al igual que ha estado ocurriendo los dos últimos meses, seguirás gastando dinero en alta tecnología, pero esta también puede ser una fuente de ingresos. La coyuntura favorece las actividades en Internet.

Júpiter seguirá viajando con Plutón todo el mes. Este aspecto puede traer viajes laborales y otros progresos profesionales positivos. Tal vez ahora también estás más implicado con países extranjeros en el mundo de Internet. Ya entiendes considerablemente las dimensiones espirituales de la riqueza, pero este mes las profundizarás más si cabe. Es un mes para la llegada de «dinero milagroso». Gozarás de entradas de dinero normales, pero el dinero milagroso, el que llega «como caído del cielo», da mucha más alegría.

Tu salud es excelente este mes. Solo Venus formará una alineación desfavorable en tu carta astral (la Luna formará aspectos desfavorables de corta duración ocasionalmente). Puedes fortalecer más aún tu salud con masajes en la cara y el cuero cabelludo, y por medio del ejercicio físico hasta el 19. A partir del 20 te sentarán bien los masajes en el cuello y la garganta.

Venus saldrá fuera de límites el 3. De ahí que tus gustos intelectuales salgan de lo convencional. Tu cónyuge, pareja o amante actual también se moverá fuera de su ambiente económico habitual. Tu sexualidad será más experimental en esta temporada.

Tu vida amorosa es feliz. Mercurio, tu planeta del amor, está avanzando raudamente este mes. Y tu vida social también está yendo a paso rápido. A un ritmo acelerado. Hasta el 11 el amor te perseguirá a ti, apenas necesitarás hacer nada para atraerlo. Después del 11, el amor te esperará mientras persigues tus objetivos económicos y te relacionas con gente del mundo de las finanzas. Ahora te atrae mucho la riqueza.

Mayo

Mejores días en general: 6, 7, 15, 16, 25, 26
Días menos favorables en general: 2, 3, 8, 9, 23, 24, 29, 30
Mejores días para el amor: 2, 3, 4, 5, 12, 13, 14, 23, 24, 29, 30
Mejores días para el dinero: 3, 4, 5, 12, 14, 15, 18, 19, 22, 25, 26
Mejores días para la profesión: 3, 8, 9, 12, 22

Vigila más tu salud después del 20. Aunque no será nada serio, sólo un ciclo de energía baja. (Es algo de lo más natural, la energía sube y baja.) Asegúrate de descansar lo suficiente. Hasta el 20, puedes fortalecer tu salud con masajes en el cuello y la garganta. Después del 20, te sentarán bien los masajes en los brazos y los hombros, y también el aire puro y los ejercicios respiratorios. Gozar de una buena salud emocional es muy importante después del 20. Procura tener un estado de ánimo positivo y constructivo.

Como el 20 entrarás en la medianoche (hablando en sentido figurado) de tu año, predominarán las actividades nocturnas. Aunque las actividades externas cesen, por dentro te ocurrirán cosas poderosas. El cuerpo se está preparando ahora para un nuevo amanecer. Y tú también. Los dos planetas relacionados con el amor ocuparán tu cuarta casa en mayo. Venus, el planeta genérico del amor, estará en ella el mes entero. Mercurio, tu verdadero planeta del amor, también la ocupará del 12 al 29. Así que socializarás más desde casa y con la familia. Una velada romántica en el hogar será preferible a salir por la noche en la ciudad. La compatibilidad intelectual y una buena comunicación son ahora importantes en el amor (ambos planetas del amor se encuentran en Géminis), pero la intimidad emocional también es importante para ti. Uno de los peligros de esta posición planetaria es la tendencia a vivir en el pasado en cuanto al amor. Es posible que estés intentando volver a vivir historias amorosas felices de años atrás, o tal vez estás comparando el presente con el pasado. Por eso no vives el «ahora». Te estás perdiendo lo que está sucediendo en el presente. Quizá en el pasado vivieras romances deliciosos, pero el «ahora» siempre es el mejor momento, ya que es el real.

Cuando se da esta posición planetaria, a menudo vuelves a mantener una relación apasionada. Algunas veces, se presenta de golpe en tu vida alguien con el que tuviste una tórrida historia sentimental. Y otras, te topas con una persona que te recuerda a ese antiguo amor o que encarna las mismas cualidades. Esta situación te ayuda a curarte y a cerrar tus heridas del pasado. Normalmente la relación no acaba en boda. (Pero puede llegar a ocurrir.)

Mercurio, tu planeta del amor, saldrá fuera de límites a partir del 17. De ahí que en cuestiones amorosas también salgas de tu ambiente habitual y traspases tus límites personales.

Es un mes para progresar psicológicamente y hacer grandes descubrimientos psicológicos.

Este mes también será próspero. Marte, tu planeta de la economía, ingresará en tu signo el 13 y se quedará todo el mes en él. Este tránsito traerá la llegada de ingresos no previstos y de oportunidades económicas agradables. El dinero es el que te buscará en lugar de ser al contrario. Las personas adineradas de tu vida muestran una buena disposición hacia ti.

Junio

Mejores días en general: 3, 4, 11, 12, 13, 21, 22, 28, 29
Días menos favorables en general: 5, 6, 19, 20, 26, 27, 30
Mejores días para el amor: 1, 3, 4, 9, 10, 11, 12, 19, 20, 21, 22, 26, 27
Mejores días para el dinero: 3, 4, 8, 11, 12, 14, 15, 18, 21, 22, 27, 30
Mejores días para la profesión: 5, 6, 8, 18, 27, 30

Este mes ocurrirá un ligero cambio del poder planetario a la mitad occidental de tu carta astral, la de la vida social. Pero la mitad oriental, la del yo, continuará siendo la más poderosa. Marte en tu signo prácticamente el mes entero hace que la mitad oriental sea incluso más potente aún. Este mes sigue tratando de ti, pero te conviene cultivar tus habilidades sociales un poco más.

Marte en tu signo trae llegadas de ingresos extraordinarios y de oportunidades económicas. Ahora vistes con ropa lujosa y tiendes a hacer alarde de tu riqueza. Proyectas la imagen de una persona opulenta y la gente te ve de esta manera.

Habrá dos eclipses en tu carta astral este mes. El primero es un eclipse lunar en tu quinta casa. Como será potente, reduce si es posible tu agenda. (Procura hacerlo hasta el 21, pero redúcela sobre todo antes y después del periodo del eclipse.) Este eclipse tendrá lugar en tu décima casa de la profesión. Por lo que se darán cambios profesionales. Es posible que hayan trastornos en tu empresa o sector. Las regulaciones gubernamentales pueden cambiar las reglas del juego. Tus jefes, padres o figuras parentales vivirán dramas personales. Este eclipse afectará a dos planetas más, en concreto, Marte y Venus. Por eso ocurrirán problemas económicos y será necesario hacer cambios en este terreno. Los coches y los equipos de comunicación pueden funcionar de forma inestable y a menudo te verás obligado a repararlos. Tus hermanos o figuras fraternas vivirán dramas personales. También te conviene conducir con más precaución en esta temporada. El eclipse afectará además a Neptuno, el regente de tu carta astral, aunque de manera indirecta. De modo que sentirás el deseo de redefinirte y de cambiar tu imagen y tu forma de presentarte ante el mundo. Cada eclipse lunar afecta a tus hijos o figuras filiales y este no es una excepción. Ellos también vivirán dramas personales y necesitarán hacer una buena reevaluación de sí mismos, de su imagen y de cómo se presentarán ante los demás.

El eclipse solar del 21 ocurrirá en tu quinta casa y afectará de nuevo a tus hijos o figuras filiales (por lo visto, será un proceso continuo que se dará todo el año). Además de verse obligados a redefinirse a sí mismos, también tendrán que hacer cambios económicos importantes. Este eclipse te traerá cambios laborales. Pueden ocurrir en tu empresa o en otra. Surgirán trastornos en tu lugar de trabajo. Tu programa de salud también cambiará en los próximos meses.

El Sol ingresará en tu quinta casa el 21 y en cuanto los efectos del eclipse desaparezcan, tu vida debería ser más divertida. A partir de esta fecha iniciarás una de tus temporadas más placenteras del año. También te conviene centrarte más en tus hijos o figuras filiales de tu vida, ya que necesitan tu atención.

Julio

Mejores días en general: 1, 9, 10, 19, 20, 27, 28
Días menos favorables en general: 2, 3, 16, 17, 23, 24, 29, 30
Mejores días para el amor: 1, 6, 7, 8, 9, 10, 16, 17, 19, 20, 23, 24, 25, 26, 27, 28
Mejores días para el dinero: 2, 3, 4, 5, 11, 12, 14, 15, 21, 22, 23, 24, 29, 30, 31
Mejores días para la profesión: 2, 3, 4, 5, 14, 15, 23, 24, 29, 30, 31

La actividad retrógrada sigue siendo muy alta este mes. Es un poco más baja que el anterior, pero un 40 por ciento (a partir del 12) y, a veces, un 50 por ciento (hasta el 12) de los planetas siguen siendo retrógrados, y al estar la mayoría debajo del horizonte, es mejor que te centres en el hogar, la familia y los hijos. Solo el tiempo solucionará las cuestiones profesionales. Es también un buen mes para irte de vacaciones. Tu quinta casa de la diversión será muy poderosa hasta el 22. Como se dará un gran estancamiento en el mundo debido al alto porcentaje de movimiento retrógrado, al menos pásatelo bien.

Habrá otro eclipse lunar el 5, el tercero del año. Ocurrirá en tu casa once y, básicamente, será benigno contigo. Aunque no te hará ningún daño tomarte este periodo con calma. Es posible que el eclipse afecte algún área de tu propia carta natal, la que te han trazado a medida para ti. Este eclipse causará dramas en las vidas de los amigos y trastornos en las organizaciones profesionales o comerciales de las que formas parte. Los ordenadores y el equipo de alta tecnología pueden funcionar de manera inestable, y a menudo te verás obligado a repararlos, reajustarlos o reemplazarlos. Tus hijos o figuras filiales también acusarán los efectos del eclipse. Deben mantenerse lejos de cualquier peligro y reducir su agenda para tomarse estos días con más calma. Al parecer, pueden sufrir alguna crisis social en sus vidas, es posible que sus relaciones atraviesen momentos difíciles. El eclipse afectará a tres planetas más, aunque por suerte será de manera indirecta. Por lo que tu relación amorosa actual también puede sufrir una crisis. Tu pareja podría vivir dramas personales. Uno de tus padres o figura parental tendrá una crisis personal y se verá obligado a hacer cambios económicos. Tus hijos o figuras filiales necesitarán de nuevo redefinirse y cambiar la imagen que tienen de sí mismos y la que desean ofrecer a los demás. Es posible que tengas un problema económico por un breve tiempo, tal vez unos gastos inesperados. Te conviene tomar medidas correctoras en tu economía; no es necesario que sean demasiado drásticas, equivalen más bien a un toque cariñoso que a un golpe contundente.

El mes anterior Marte ingresó en tu casa del dinero el 28, y la ocupará el resto del año. Este tránsito muestra un aumento en los ingresos, pero comportará también muchos retos y trabajo. En el terreno económico todo será más fácil a partir del 22.

Tu salud es buena. Puedes fortalecerla más si cabe con una dieta adecuada y masajes abdominales hasta el 22, y con masajes torácicos a partir del 23. Préstale más atención a tu corazón después del 22.

Agosto

Mejores días en general: 5, 6, 15, 16, 23, 24
Días menos favorables en general: 13, 14, 19, 20, 25, 26, 27
Mejores días para el amor: 3, 4, 8, 15, 16, 17, 18, 19, 20, 23, 24, 28, 29
Mejores días para el dinero: 2, 8, 9, 11, 17, 18, 20, 25, 26, 27, 29
Mejores días para la profesión: 2, 11, 20, 25, 26, 27, 29

Es la clase de mes en el que trabajas mucho, pero también te lo pasas en grande. Te las ingenias para hacer ambas cosas.

Tu salud es buena, sin embargo todavía estás pendiente de ella. Espero que tu interés sea por llevar un estilo de vida saludable y por prevenir las enfermedades con él. Sé consciente de tu tendencia a hacer una montaña de un grano de arena, a creer que tienes una enfermedad grave cuando no es más que un achaque. Si estás buscando trabajo, este mes tendrás suerte, al igual que si eres un empresario y deseas contratar a empleados. Tus hijos o figuras filiales están gozando de un mes próspero, una etapa en la que las entradas de ingresos están alcanzando su punto máximo.

El interés por tu salud hará que te mantengas en forma después del 22. Pero a partir de esta fecha, vigílala más. No se trata de nada serio, sólo es una temporada de un tono vital más bajo de lo habitual. Estos altibajos en la vitalidad son normales y no hay nada de lo que alarmarse. Hasta el 22 fortalece tu salud con sesiones de reflexología en los puntos reflejos del corazón (en la previsión anual las recomiendo) y con masajes torácicos. Y después del 22, con masajes abdominales. También te sentarán bien las terapias basadas en el elemento tierra, como las compresas de barro o los baños en aguas ricas en minerales.

El Sol ingresará en tu séptima casa del amor el 23. Mercurio, tu planeta del amor, ingresará el 20. En estos días iniciarás una de tus mejores temporadas amorosas y sociales del año. Aunque en el pasado las hubo mejores y en el futuro también las habrá. Este buen momento amoroso no es nada del otro mundo. La mitad oriental de tu carta astral, la del yo, sigue predominando (en gran medida).

Por eso ahora estás muy centrado en ti y esto no es demasiado bueno para el amor. Tu reto será compaginar tus intereses personales con los de los demás. Ha habido épocas en las que has sido más popular en tu vida. Surgirán oportunidades románticas en tu lugar de trabajo y, tal vez, con compañeros de trabajo. Ahora también te atraen los profesionales sanitarios y las personas que se ocupan de tu salud. En esta temporada socializarás más con la familia y desde tu hogar. La familia y los contactos familiares están jugando un gran papel en tu vida amorosa.

Aún tienes que poner más energía en tu situación económica y en superar los retos de tu vida, pero este mes te resultará más fácil que el anterior. Te conviene resolver las desavenencias económicas que tendrás con tus amigos y con tus padres o figuras parentales. También se dará la tendencia a tomar decisiones económicas con demasiada rapidez. Ve más despacio en este sentido. Consúltalo con la almohada antes de decidir cualquier asunto económico.

La buena noticia con relación a tu economía es que, como se producirá un gran trígono en los signos de tierra, tu sentido práctico será mayor a partir del 22.

Septiembre

Mejores días en general: 1, 2, 3, 11, 12, 20, 21, 29, 30
Días menos favorables en general: 9, 10, 16, 17, 22, 23
Mejores días para el amor: 2, 3, 9, 13, 14, 16, 17, 18, 19, 22, 23, 26, 27
Mejores días para el dinero: 4, 5, 6, 7, 14, 15, 16, 17, 22, 23, 24, 25
Mejores días para la profesión: 6, 7, 16, 17, 22, 23, 24, 25

Gozarás de uno tus mejores momentos amorosos y sociales del año hasta el 22. Como el mes anterior, tu reto será compaginar tus intereses personales con los de los demás. El hecho de no necesitar demasiado a los demás en esta temporada puede hacer que el amor sea problemático, ya que no te mueres de ganas por mantener una relación. Con todo, este mes será una temporada social activa (en términos relativos). Lo será en el aspecto romántico y también en cuanto a los amigos.

Tu situación económica será más complicada este mes. Marte, tu planeta de la economía, iniciará su movimiento retrógrado el 9 (lo interpreto como algo positivo, necesitas aflojar un poco el ritmo en las finanzas). Y después del 22, tu planeta de la economía recibirá aspectos muy difíciles en tu carta astral. Tendrás que trabajar más para alcanzar tus objetivos económicos. Aunque los aspectos que suponen un reto son buenos para la economía. Te impiden dormirte en los laureles. Presta atención a estas dificultades y supéralas. Solemos progresar ante los aspectos planetarios difíciles, aunque nos obliguen a esforzarnos más de lo habitual.

La actividad retrógrada volverá a alcanzar su punto máximo del año. Es el mismo porcentaje de junio. El 60 por ciento de los planetas serán retrógrados del 9 al 12. Antes y después de este periodo lo serán el 50 por ciento. El ritmo de la vida bajará, en el aspecto personal y en el mundo.

Aunque puedes usar esta gran actividad retrógrada en tu beneficio. Te da tiempo. Te permite reflexionar sobre distintas facetas de tu vida y ver en qué has mejorado. Y cuando los planetas retomen el movimiento directo, tú también podrás avanzar. (Esto ocurrirá en noviembre y diciembre.)

Sigue vigilando tu salud hasta el 22. Como el mes pasado, no será nada serio, sólo una etapa natural de altibajos en la que tendrás menos energía de lo habitual. Aunque durará poco. Lo esencial es mantener un nivel alto de energía, descansar cuando te sientas cansado. Una energía baja invita a las invasiones oportunistas en el organismo. Fortalece tu salud con masajes abdominales hasta el 22. También te irá bien trabajar con regularidad los puntos reflejos del intestino delgado. Tu salud mejorará enormemente después del 22. Y, si lo deseas, puedes fortalecer más aún tu salud con masajes en las caderas y al prestarle más atención a los riñones. Si notas que tu tono vital está bajo, te sentará bien depurar los riñones con infusiones de plantas medicinales.

Tu cónyuge, pareja o amante actual tendrá un mes excelente en el terreno económico a partir del 22. Equilibrará la balanza en cuanto a tu economía. Será una buena temporada para adquirir o saldar deudas, depende de tus necesidades. También es un momento propicio para una planificación tributaria y, si tienes la edad adecuada, para una planificación testamentaria.

Octubre

Mejores días en general: 9, 10, 17, 18, 26, 27
Días menos favorables en general: 6, 7, 13, 14, 19, 20
Mejores días para el amor: 3, 9, 10, 13, 14, 17, 18, 21, 22, 26
Mejores días para el dinero: 1, 2, 4, 5, 11, 12, 13, 14, 19, 20, 21, 23, 28, 29, 30, 31
Mejores días para la profesión: 4, 5, 13, 14, 19, 20, 21, 23, 31

La mitad superior de tu carta astral, el hemisferio diurno, es la que predomina. Como ahora es de día en tu año, te conviene centrarte en tu profesión y en tus objetivos externos. Júpiter, tu planeta de la profesión, inició su movimiento de avance el 13 de septiembre. Es un momento propicio para ti. Incluso tu planeta del hogar y de la familia está sobre el horizonte este mes, y además se volverá retrógrado el 14. Deja que los asuntos del hogar y de la familia se resuelvan por sí solos y vuélcate ahora en tu profesión.

Tu situación económica aún es difícil y confusa este mes. Marte, tu planeta de la economía, seguirá siendo retrógrado en octubre y recibirá aspectos desfavorables hasta el 23. El cosmos te está advirtiendo de que actúes con más perfección en tus asuntos económicos, que trabajes más, que dejes de dormirte en los laureles y veas tus finanzas con mayor claridad. Al igual que el mes anterior, tu cónyuge, pareja o amante actual, que está teniendo un mes excelente en las finanzas, deberá equilibrar la balanza en cuanto a tu economía. Tus finanzas mejorarán después del 23, pero todavía pasarán por momentos difíciles.

Tu salud es buena este mes. Sólo un planeta (además de la Luna) formará un aspecto desfavorable en tu carta astral. Responderás bien a los programas para depurar el organismo todo el mes. En octubre también es importante practicar sexo seguro y mantener una actividad sexual moderada.

El movimiento retrógrado de Mercurio, tu planeta del amor, el 14, complicará tu vida amorosa. No tomes ninguna decisión amorosa importante después del 14. El amor será inusualmente erótico este mes. Ahora el magnetismo sexual es lo que más te atrae. Venus ingresará en tu séptima casa del amor el 2. Este tránsito indica que surgirá una relación sentimental. Pero evita el perfeccionismo desmesurado y las críticas destructivas. Te conviene compaginar tus intereses personales con los de tu pareja.

Tu octava casa será poderosa hasta el 23 y después de esta fecha ganará poder el signo de Escorpio (el regente natural de la casa ocho). Por eso será un mes para despejar tu vida en todos los sentidos. Haz inventario de tus objetos y despréndete de lo que no necesites o uses. Despeja tu vida. A un nivel más profundo esto también se puede aplicar a tus hábitos emocionales y mentales. Si ya no te son útiles, mándalos a tu papelera psíquica. (La meditación va de maravilla en este sentido.) Es un mes para la purgación a distintos niveles. En cuanto lo hayas hecho, te sentirás mucho mejor. Este mes es excelente para los proyectos relacionados con la transformación personal y la reinvención de uno mismo. La purgación fomenta esta actividad interior.

Noviembre

Mejores días en general: 5, 6, 14, 15, 22, 23
Días menos favorables en general: 2, 3, 4, 10, 16, 30
Mejores días para el amor: 2, 3, 4, 10, 12, 13, 14, 21, 22, 23

Mejores días para el dinero: 2, 7, 8, 11, 16, 19, 25, 26
Mejores días para la profesión: 2, 11, 16, 19

Este mes te ocurrirán un montón de cosas agradables en tu profesión. En primer lugar, la mitad superior de tu carta astral, el hemisferio diurno, es la que predomina. En segundo lugar, iniciarás una de tus mejores temporadas profesionales del año el 21. Y en tercer lugar, Júpiter y Plutón vuelven a viajar juntos. Te espera un mes exitoso. Ahora estás tan volcado en tu profesión que esta intensidad llama al éxito. Harás un viaje laboral y gozarás de oportunidades formativas relacionadas con tu profesión. Tu buena ética laboral impresionará además a tus superiores.

Júpiter viajando con Plutón es un aspecto favorable para los estudiantes universitarios. Progresarán en sus estudios. Incluso triunfarán los que han solicitado ingresar en una facultad (y aún no son universitarios). Tendrás buena suerte en los problemas jurídicos (si estás implicado en alguno).

Tu situación económica está empezando a mejorar. Marte, tu planeta de la economía, reanudará su movimiento de avance el 14. Tus finanzas también progresarán. El estancamiento ha llegado a su fin. Los aspectos económicos te serán más favorables que el último mes, aunque esto no significa que todo te vaya a ir mejor sin esfuerzo alguno por tu parte. Todavía necesitas trabajar con más tesón para alcanzar tus objetivos económicos. Si te esfuerzas, prosperarás en el terreno económico. Hasta el 21 te conviene resolver algunos conflictos económicos que tienes con tu pareja o con uno de tus padres o figura parental.

El cuarto y último eclipse lunar del año ocurrirá el 30. Como será potente, tómate esta temporada con calma y reduce tu agenda. (Te conviene reducir tu agenda a partir del 21, pero sobre todo durante el periodo del eclipse.) Al tener lugar en tu cuarta casa del hogar y de la familia, traerá dramas en el hogar y con los miembros de tu familia. Estos se mostrarán más temperamentales en esos días, o sea que sé más paciente con ellos. Uno de tus padres o figura parental está viviendo una crisis personal. Tendrá que volver a hacer cambios económicos importantes. Necesita redefinirse y cambiar su imagen y el concepto que tiene de sí mismo. Los acontecimientos del eclipse le obligarán a hacerlo. Como este eclipse afectará a Neptuno, el regente de tu carta astral, tú también te verás obligado a redefinirte. De ahí que en los próximos meses cambies de vestuario, de peinado y tu aspecto en general.

Tu salud será buena este mes, pero vigílala más después del 21. Como sólo un planeta formará una alineación desfavorable contigo después del 21, no te espera nada serio, sólo una etapa en la que tu energía será algo más baja que de costumbre. Asegúrate de descansar más esos días. Hasta el 21 puedes fortalecer tu salud con los programas para depurar el organismo. Después del 21 presta más atención al hígado y a los muslos, los masajes en estos te serán muy eficaces.

Diciembre

Mejores días en general: 2, 3, 11, 12, 19, 20, 21, 29, 30, 31
Días menos favorables en general: 1, 7, 8, 13, 14, 27, 28
Mejores días para el amor: 2, 3, 5, 6, 7, 8, 11, 12, 13, 14, 22, 23, 24
Mejores días para el dinero: 5, 6, 8, 13, 14, 16, 22, 23, 27
Mejores días para la profesión: 8, 13, 14, 16, 27

Las piezas del tablero de ajedrez cósmico han cambiado de casillas este mes y, aunque no lo notes ahora, sin duda lo notarás el próximo año. El eclipse solar del 14 está anunciando los cambios que acaecerán en tu vida.

Es un eclipse potente en cuanto a ti, o sea que tómatelo con calma y reduce tu agenda en este periodo. Haz lo que tengas que hacer, pero pospón las actividades que puedas dejar para más tarde. Pasa más tiempo estando tranquilamente en casa. Lee un libro o mira una película, aunque lo mejor es meditar. La meditación es el mejor sistema para superar un eclipse potente.

Este eclipse, el segundo eclipse solar y el sexto del año, ocurrirá en tu décima casa de la profesión y anuncia cambios profesionales importantes. Ten en cuenta que Júpiter, tu planeta de la profesión, ingresará en tu casa doce el 20, por lo que creará también cambios profesionales de envergadura. Se producirán trastornos en tu empresa o sector profesional. Tus jefes, padres o figuras parentales vivirán dramas en sus vidas. Y como este eclipse afecta a Neptuno, el regente de tu carta astral, tú también vivirás dramas personales. Esta clase de eclipse fomenta a veces el deseo de limpiar el organismo de toxinas. De nuevo sentirás la necesidad de redefinirte y de cambiar tu imagen y el concepto que tienes de ti. Cambiarás de vestuario y de imagen en los próximos meses. Al igual que tu «aspecto», tu forma de presentarte ante los demás. Los estudiantes universitarios tendrán que hacer cambios económicos importantes. Uno de tus padres o figura parental atravesará una crisis social y su relación de pareja será puesta a prueba.

Dado que te encuentras en uno de tus mejores momentos profesionales del año, es probable que este eclipse te abra puertas en el terreno profesional. Tu carrera laboral va, por lo visto, viento en popa.

Vigila tu salud hasta el 21. Descansar más y recurrir a los masajes en las caderas te permitirá fortalecerla. También te sentará bien limpiar el hígado con infusiones de plantas medicinales. Tu salud mejorará enormemente después del 21, y si deseas potenciarla más aún préstale una mayor atención a la espalda, la columna y las rodillas. Te sentarán bien los masajes en la espalda y las rodillas.

El amor será una prioridad en tu agenda hasta el 21. Mercurio, tu planeta del amor, se encuentra en tu décima casa, en la cúspide de tu carta astral. Este aspecto muestra un centro de atención y poder. Surgirán oportunidades amorosas y sociales mientras persigues tus objetivos profesionales y te relacionas con personas de tu vida laboral. En esta temporada alternarás con gente prestigiosa de un nivel social alto, y esta clase de estatus ahora también te excita. Es posible que te enamores con demasiada rapidez en esos días. Actuarás sin pensarlo. Pero esta actitud cambiará después del 21. A partir del 22 abordarás con mucha más precaución las cuestiones amorosas.

ECOSISTEMA DIGITAL

NUESTRO PUNTO DE ENCUENTRO

www.edicionesurano.com

2 AMABOOK
Disfruta de tu rincón de lectura
y accede a todas nuestras **novedades**
en modo compra.
www.amabook.com

3 SUSCRIBOOKS
El límite lo pones tú,
lectura sin freno,
en modo suscripción.
www.suscribooks.com

DISFRUTA DE 1 MES
DE LECTURA GRATIS

1 REDES SOCIALES:
Amplio abanico
de redes para que
participes activamente.

4 APPS Y DESCARGAS
Apps que te
permitirán leer e
interactuar con
otros lectores.

R

f, Silver. *Halloween: Customs, Recipes & Spells*. Llewellyn
tions, 1999.

Layne. *When the Drummers Were Women: A Spiritual
of Rhythm*. Three Rivers Press, 1997.

n Cannon. *The Heart of Wicca: Wise Words from a Crone on
h*. Samuel Weiser, Inc., 2000.

e Witches Qabala: The Pagan Path and the Tree of Life*.
Weiser, Inc., 1997.

e Witches Tarot*. Llewellyn Publications, 1989.

yn and Brinley. *Celtic Heritage: Ancient Tradition in Ireland
les*. Grove Press, Inc., 1961.

Israel. *The Complete Golden Dawn System of Magic*. New
Publications, 1990.

. *Moon Magic: How to Use the Moon's Phases to Inspire and
ce Your Relationships, Home Life and Business*. Three
Press, 1998.

ifer. *Mysteries of Demeter: Rebirth of the Pagan Way*. Samuel
r, Inc., 1999.

n, Alan. *Earth God Rising: The Return of the Male Mysteries*.
lyn Publications, 1992.

riele Lusser. *Writing the Natural Way: Using Right-Brain
ques to Release Your Expressive Powers*. Tarcher/Putnam,

Tom. *Jitterbug Perfume*. Bantam Books, 1984.

Elizabeth, and Elias Amidon, editors. *Earth Prayers From
d the World: 365 Prayers, Poems, and Invocations for
ing the Earth*. Harper Collins, 1991.

, Laurel, Carol Flinders, and Brian Ruppenthal, *The New
's Kitchen: A Handbook for Vegetarian Cookery & Nutrition*.
peed Press. 1986.

e. *Pagan Celtic Britain: Studies in Iconography and Tradition*.
my Chicago Publishers, 1996 (reprint of 1967 edition).

heodore, Mary E. Gomes, and Allen D. Kanner, editors.
chology: Restoring the Earth, Healing the Mind*. Sierra Club
, 1995.

brielle, with John Loudon. *Maps to Ecstasy: A Healing
y for the Untamed Spirit*. New World Library, 1998.

brielle. *Sweat Your Prayers: Movement as Spiritual Practice*.
er/Putnam, 1997.

Matthews, Caitlín and John. *The Encyclopedia of Celtic Wisdom: A Celtic Shaman's Sourcebook*. Element Books, 1994.

————. *The Western Way: A Practical Guide to the Western Mystery Tradition*. Penguin/Arkana, 1994.

McArthur, Margie. *Wisdom of the Elements: The Sacred Wheel of Earth, Air, Fire, and Water*. Crossing Press, 1998.

McCarley, Becky, and Phil Travers (illustrator). *Herman's Magical Universe*. 1999.

McClure, Susan. *The Herb Gardener: A Guide for All Seasons*. Storey Publishing, 1996.

McColman, Carl. *The Aspiring Mystic: Practical Steps for Spiritual Seekers*. Adams Media Corporation, 2000.

McCoy, Edain. *The Sabbats: A New Approach to Living the Old Ways*. Llewellyn Publications, 1998.

McKenna, Terence. *The Archaic Revival: Speculations on Psychedelic Mushrooms, the Amazon, VIrtual Reality, UFOs, Evolution, Shamanism, the Rebirth of the Goddess, and the End of History*. Harper Collins, 1991.

McLelland, Lilith. *Spellcraft: A Primer for the Young Magician*. Eschaton Productions, Inc., 1997.

McMahon, Joanne D. S., Ph.D., and Anna M. Lascurain, Esq. *Shopping For Miracles: A Guide to Psychics & Psychic Powers*. Lowell House, 1997.

McNeill, F. Marian. *The Silver Bough, Volume One: Scottish Folklore and Folk-Belief*. William MacLellan, 1957.

————. *The Silver Bough, Volume Two: A Calendar of Scottish National Festivals: Candlemas to Harvest Home*. William MacLellan, 1959.

————. *The Silver Bough, Volume Three: A Calendar of Scottish National Festivals: Hallowe'en to Yule*. Stuart Titles Ltd., 1961.

————. *The Silver Bough, Volume Four: The Local Festivals of Scotland*. Stuart Titles Ltd., 1968.

McWhorter, Margaret Lange. *Tea Cup Tales: The Art of Tea Leaf Reading*. Ransom Hill Press, 1998.

Melody, *Love is in the Earth: A Kaleidoscope of Crystals*, Updated edition. Earth-Love Publishing House, 1995.

Merivale, Patricia. *Pan the Goat-God: His Myth in Modern Times*. Harvard University Press, 1969.

Merrifield, Ralph. *The Archaeology of Ritual and Magic*. Guild Publishing, 1987.

Meyer, Marvin W., editor. *The Ancient Mysteries: A Sourcebook of Sacred Texts*. University of Pennsylvania Press, 1987.

Middleton, Julie Forest, editor and compiler. *Songs for Earthlings: A Green Spirituality Songbook*. Emerald Earth Publishing, 1998.

Miller, Hamish, and Paul Broadhurst. *The Sun and the Serpent: An Investigation into Earth Energies*. Pendragon Press, 1989.

Miller, Timothy, Ph.D. *How to Want What You Have: Discovering the Magic and Grandeur of Ordinary Existence*. Henry Holt and Company, 1995.

Mindell, Arnold. *Sitting in the Fire: Large Group Transformation Using Conflict and Diversity*. Lao Tse Press, 1995.

Mitchison, Naomi. *The Corn King and the Spring Queen*. Overlook Press, 1990 (originally published 1931).

Monroe, Robert A. *Journeys Out of the Body: The Classic Work on Out-of-Body Experience*. Main Street Books/Doubleday, 1971.

Moorey, Teresa and Howard. *Pagan Gods for Today's Man: A Beginner's Guide*. Hodder & Stoughton, 1997.

Mountainwater, Shekhinah. *Ariadne's Thread: A Workbook of Goddess Magic*. The Crossing Press, 1991.

Murray, Margaret. *The God of the Witches*. Oxford University Press, 1952.

———. *The Witch-Cult in Western Europe*. Oxford University Press, 1921.

N

Neihardt, John G. *Black Elk Speaks: Being the Life Story of a Holy Man of the Oglala Sioux*. University of Nebraska Press, 1932.

Nicholson, Shirley, and Brenda Rosen, compilers. *Gaia's Hidden Life: The Unseen Intelligence of Nature*. Quest Books, 1992.

Niman, Michael I. *People of the Rainbow: A Nomadic Utopia*. University of Tennessee Press, 1997.

O

Ó hÓgáin, Dáithí. *Myth, Legend & Romance: An Encyclopedia of the Irish Folk Tradition*. Prentice Hall Press, 1991.

———. *The Sacred Isle: Belief and Religion in Pre-Christian Ireland*. The Boydell Press, 1999.

O'Donohue, John. *Anam Cara: A Book of Celtic Wisdom*. Cliff Street Books/Harper Collins, 1997.

O'Gaea, Ashleen. *The Family Wicca Book: The Craft for Parents and Children*. Llewellyn Publications, 1998.

Orion, Loretta. *Never Again the Burning Times: Paganism Revived*. Waveland Press, 1995.

Orman, Suze. *The 9 Steps to Financial Fr[eedom]: Steps So You Can Stop Worrying*. Cro[

Orr, Emma Restall. *Spirits of the Sacred [Priestess*. Thorsons, 1998.

Osborn, Kevin, and Dana L. Burgess, Ph[Guide to Classical Mythology*. Alpha [

P

Parrinder, Geoffrey. *Mysticism in the Wor[Publications, 1976.

Patai, Raphael. *The Hebrew Goddess*, Thi[State University Press, 1990.

Paterson, Jacqueline Memory. *Tree Wisdo[to the Myth, Folklore and Healing Powe[

Pauwels, Louis, and Jacques Bergier. *The [Dorset Press, 1963.

Pearson, Joanne, Richard H. Roberts, and[*Nature Religion Today: Paganism in the [University Press, 1998.

Pennick, Nigel. *Celtic Sacred Landscapes*. [———. *Crossing the Borderlines: Guising, [Disguises in the European Tradition*. Ca[———. *Magical Alphabets*. Samuel Weiser, [———. *The Pagan Book of Days: A Guide [and Sacred Days of the Year*. Destiny B[

Pepper, Elizabeth, and John Wilcock, edit[The Witches' Almanac, Ltd., annual ed[

Perkins, John. *Shape Shifting: Shamanic Te[Personal Transformation*. Destiny Books[———. *The World is as You Dream It: Sh[the Amazon and Andes*. Destiny Books, [

Pickands, Marcia L. *Psychic Abilities: How t[Samuel Weiser, Inc., 1999.

Plourde, Lynn, and Greg Couch (illustrator[Schuster, 1999.

Pollack, Rachel. *The Body of the Goddess: S[Landscape, and Culture*. Element Books, [———. *Seventy-Eight Degrees of Wisdom: A [

Pratchett, Terry. *Wyrd Sisters*. ROC/Penguin[

Puhvel, Jaan. *Comparative Mythology*. Johns [1987.

RavenW[
Public[
Redmon[
*Histor[
Reed, El[
*the Pe[
———. *T
Samu[
———. *[
Rees, Al[
*and [
Regardie[
*Falco[
Reid, Lo[
*Influe[
*River[
Reif, Je[
*Weis[
Richards[
*Llewe[
Rico, Ga[
*Techn[
1983.[
Robbins,[
Roberts,[
*Arou[
*Hono[
Roberts[
*Laur[
*Ten [
Ross, A[
*Acad[
Roszak,[
*Ecop[
*Boo[
Roth, G[
*Jour[
Roth, G[
*Tarc[

Rowling, J. K. *Harry Potter And The Sorcerer's Stone*. Bloomsbury Press, 1997.

———. *Harry Potter and the Chamber of Secrets*. Bloomsbury Press, 1998.

———. *Harry Potter and the Prisoner of Azkaban*. Bloomsbury Press, 1999.

———. *Harry Potter and the Goblet of Fire*. Bloomsbury Press, 2000.

Rush, Anne Kent. *Moon, Moon*. Random House/Moon Books, 1976.

S

Sabrina, Lady. *Exploring Wicca: The Beliefs, Rites, and Rituals of the Wiccan Religion*. New Page Books, 2000.

Samuels, Mike, M.D. & Hal Bennett. *Spirit Guides: Access to Inner Worlds*. Random House/Bookworks, 1974.

Sanders, Alex. *The Alex Sanders Lectures*, with an introduction by J. W. Baker. Magickal Childe Publishing, Inc., 1984.

Sanders, Jack. *Hedgemaids and Fairy Candles: The Lives and Lore of North American Wildflowers*. Ragged Mountain Press/McGraw-Hill, 1993.

Sara, Lady. *The Book of Light*. Magickal Childe Publishing, Inc., 1974.

Schneider, Michael S. *A Beginner's Guide to Constructing the Universe: The Mathematical Archetypes of Nature, Art and Science*. Harper Collins Publishers, 1994.

Schulz, Mona Lisa, M.D., Ph.D. *Awakening Intuition: Using Your Mind-Body Network for Insight and Healing*. Harmony Books, 1998.

Serith, Ceisiwr. *The Pagan Family: Handing the Old Ways Down*. Llewellyn Publications, 1994.

Sheba, Lady. *The Grimoire of Lady Sheba*. Llewellyn Publications, 1972.

Sher, Barbara. *Wishcraft: How to Get What You Really Want*. Ballantine Books, 1979.

Shlain, Leonard. *The Alphabet Versus the Goddess: the Conflict Between Word and Image*. Viking Press, 1998.

Simpson, Jacqueline, and Steve Roud. *A Dictionary of English Folklore*. Oxford University Press, 2000.

Sjöö, Monica, and Barbara Mor. *The Great Cosmic Mother: Rediscovering the Religion of the Earth*. Harper Collins, 1987.

Skelton, Robin, and Margaret Blackwood. *Earth, Air, Fire, Water: Pre-Christian and Pagan Elements in British Songs, Rhymes and Ballads*. Arkana, 1990.

Slater, Herman. *A Book of Pagan Rituals*. Samuel Weiser, 1978.

Spangler, David. *Everyday Miracles: The Inner Art of Manifestation*. Bantam Books, 1996.

Springer, Nancy. *The Hex Witch of Seldom*. Baen Books, 1988.

Squire, Charles. *Celtic Myth and Legend*. Revised Edition, New Page Books, 2001.

St. Denis, Ruth. *Wisdom Comes Dancing: Selected Writings of Ruth St. Denis on Dance, Spirituality, and the Body*. PeaceWorks, 1997.

Starhawk. *Dreaming the Dark: Magic, Sex and Politics*. Beacon Press, 1982.

———. *The Fifth Sacred Thing*. Bantam Books, 1993.

———. *The Spiral Dance, A Rebirth of the Ancient Religion of the Great Goddess: Rituals, Invocations, Exercises, Magic*. Twentieth Anniversary Edition, Harper San Francisco, 1999.

———. *Truth or Dare, Encounters with Power, Authority, and Mystery*. Harper & Row, 1987.

———. *Walking to Mercury*. Bantam Books, 1997.

Starhawk, Diane Baker, and Anne Hill. *Circle Round: Raising Children in Goddess Traditions*. Bantam Books, 1998.

Starhawk, M. Macha Nightmare & the Reclaiming Collective. *The Pagan Book of Living and Dying: Practical Rituals, Prayers, Blessings, and Meditations on Crossing Over*. Harper San Francisco, 1997.

Stein, Diane. *All Women Are Healers: A Comprehensive Guide to Natural Healing*. Crossing Press, 1990.

———. *All Women Are Psychics*. The Crossing Press, 1988.

———. *Essential Reiki: A Complete Guide to an Ancient Healing Art*. Crossing Press, 1995.

Stewart, R.J. *Celebrating the Male Mysteries*. Arcania Press, 1991.

———. *Celtic Gods, Celtic Goddesses*. Blandford, 1990.

———. *The Underworld Initiation: A Journey Toward Psychic Transformation*. Mercury Publishing, 1998.

Stone, Merlin. *When God Was a Woman: The Suppression of Women's Rites*. Doubleday, 1976.

Storm, Hyemeyohsts. *Seven Arrows*. Ballantine Books, 1972.

Streep, Peg. *Altars Made Easy: A Complete Guide to Creating Your Own Sacred Space*. Harper San Francisco, 1997.

———. *Spiritual Gardening: Creating Sacred Space Outdoors*. Time Life Books, 1999.

Stubbs, Kenneth Ray, editor. *Women of the Light: The New Sexual Healers*. Secret Garden, 1997.

Sturgeon, Noël. *Ecofeminist Natures: Race, Gender, Feminist Theory and Political Action*. Routledge, 1997.

Sutton, Maya Magee, Ph.D., and Nicholas R. Mann. *Druid Magic: The Practice of Celtic Wisdom*. Llewellyn Publications, 2000.

T

Teasdale, Wayne. *The Mystic Heart: Discovering a Universal Spirituality in the World's Religions*. New World Library, 1999.

Telesco, Patricia J. *A Charmed Life: Celebrating Wicca Every Day*. New Page Books, 2000.

————. *Exploring Candle Magick: Candle Spells, Charms, Rituals, and Divinations*. New Page Books, 2001.

————. *Gardening with the Goddess: Creating Gardens of Spirit and Magick*. New Page Books, 2001.

————. *A Kitchen Witch's Cookbook*. Llewellyn Publications, 2000.

————. *A Witch's Beverages and Brews: Magick Potions Made Easy*. New Page Books, 2001.

Thorsson, Edred. *Futhark: A Handbook of Rune Magic*. Samuel Weiser, Inc., 1984.

Titchenell, Elsa-Brita. *The Masks of Odin: Wisdom of the Ancient Norse*. Theosophical University Press, 1985.

Too, Lillian. *Essential Feng Shui: A Step-by-Step Guide to Enhancing Your Relationships, Health and Prosperity*. Rider, 1998.

Trobe, Kala. *Invoke the Goddess: Visualization of Hindu, Greek, and Egyptian Deities*. Llewellyn Publications, 2000.

V

Valiente, Doreen. *An ABC of Witchcraft Past and Present*. St. Martin's Press, 1978.

————. *Natural Magic*. St. Martin's Press, 1975.

————. *Witchcraft for Tomorrow*. St. Martin's Press, 1973.

W

Walker, Barbara G. *The Woman's Dictionary of Symbols and Sacred Objects*. Harper Collins, 1988.

————. *The Woman's Encyclopedia of Myths and Secrets*. Harper Collins, 1983.

Weed, Susun S. *Wise Woman Herbal for the Childbearing Year*. Ash Tree Publishing, 1986.

————. *Wise Woman Herbal: Healing Wise*. Ash Tree Publishing, 1989.

Weeks, Dudley, Ph.D. *The Eight Essential Steps to Conflict Resolution: Preserving Relationships at Work, at Home, and in the Community*. Jeremy Tarcher/Putnam, 1992.

Weil, Andrew. *Natural Health, Natural Medicine: A Comprehensive Manual for Wellness and Self-Care*. Houghton Mifflin, 1998.

Weinstein, Marion. *Earth Magic, A Dianic Book of Shadows: A Guide for Witches*. Fourth Edition. Earth Magic Productions, 1998.

————. *Positive Magic: Occult Self-Help*. Earth Magic Productions, Inc., 1994.

Weiss, Gaea and Shandor. *Growing and Using Healing Herbs*. Rodale Press, 1985.

Wilber, Ken. *A Brief History of Everything*. Shambhala Publications, 1996.

Williams, Brandy. *Ecstatic Ritual: Practical Sex Magic*. Prism Press, 1990.

Williamson, John. *The Oak King, The Holly King, and the Unicorn: The Myths and Symbols of the Unicorn Tapestries*. Harper & Row, 1986.

Wilson, Robert Anton. *Cosmic Trigger, Volume I: Final Secret of the Illuminati*. New Falcon Publications, 1986.

Wilson, Colin. *The Occult: A History*. Random House, Inc., 1971.

Wolf, Fred Alan, Ph.D. *Mind into Matter: A New Alchemy of Science and Spirit*. Moment Point Press, 2001.

Wood, Douglas, and Cheng-Khee Chee (Illustrator). *Old Turtle*. Pfeifer-Hamilton Publishers, 1992.

Wood, Douglas, and P.J. Lynch (illustrator). *Grandad's Prayers of the Earth*. Candlewick Press, 1999.

Wood, Robin. *When, Why . . . If: An Ethics Workbook*. Livingtree Books, 1996.

Woodhouse, Mark B. *Paradigm Wars: Worldviews for a New Age*. Frog, Ltd., 1996.

Woolfolk, Joanna Martine. *The Only Astrology Book You'll Ever Need*. Scarborough House Publishers, 1982.

Wylundt (Steven R. Smith). *Wylundt's Book of Incense*. Samuel Weiser, Inc., 1989.

Y

Yogananda, Paramahansa. *Autobiography of a Yogi*. Self-Realization Fellowship, 1946.

York, Ute. *Living By the Moon: A Practical Guide to Choosing the Right Time*. Bluestar Communications, 1997.

INDEX

About the Author

Carl McColman is the author of several books, including *The Aspiring Mystic*. He has been a practitioner of the old ways since 1990. He is a product manager with New Leaf Distributing Company, the world's largest distributor of metaphysical books and supplies. Carl serves on the faculty of the Atlantian Mystery Schools in Georgia, where he regularly teaches courses on spirituality and mysticism. He is also the co-leader of the Earth Mystic Circle, an interfaith Goddess meditation group based in Atlanta. A number of Carl's essays and articles can be found online at *www.carlmccolman.com*; but also look for his new Web site dedicated to The Well-Read Witch at *www.wellreadwitch.com*. Carl lives in Stone Mountain, GA, with his wife, Fran; stepdaughter, Rhiannon; and spiritual advisors (three cats named Julian, China, and Clarissa).